〈政治思想研究　第21号〉

政治思想における真実と虚偽

政治思想学会 編

風行社

まえがき

『政治思想研究』第二一号をお届けする。特集のテーマ「政治思想における真実と虚偽」は、政治思想学会第二七回研究大会の統一テーマに基づいている。研究大会は当初、二〇二〇年五月二三日・二四日に明治大学駿河台キャンパスにて開催される予定であったが、新型コロナ禍の影響により、学会ホームページ上でのウェブ開催という異例の形式で行われることになった。関係者各位のご苦労は想像に余りあるが、そのご尽力のおかげで、【二〇二〇年度学会研究大会報告】にあるとおり、「規範的政治理論における真実と虚偽」「思想史を裏から読む」「偽の世界と真理――虚構、嘘、物語」という三つのシンポジウムはじめ、すべての研究発表が予定どおり執り行われることとなった。本号もまた、シンポジウムでの発表をもとにした四本の論文からなる、充実した【特集】を編むことができた。未曾有の事態のなか、大会開催に力を尽くされたすべての方々、労を惜しまず執筆に当たって下さった方々に、心より御礼申し上げたい。

大会初日に開催予定であった、ケンブリッジ大学のジョン・ダン教授による基調講演を中心とする国際シンポジウムも、ウェブ開催というかたちとなった。ダン教授の講演原稿は、二人の討論者によるコメントとダン教授によるリプライ、さらに企画者代表による解説と併せ、巻末の【海外研究者招聘講演】に収録されている。講演の表題が示すとおり、「政治思想における真実と虚偽」という統一テーマを掘り下げる内容であり、国外はおろか国内の移動さえままならぬ状況のなか、ユーラシアの東西をまたいで行われた討論の全容を披露することができ、喜びに堪えない。講演原稿の掲載をご快諾下さったダン教授はじめ、シンポジウムの関係者各位に、心より御礼申し上げたい。

【公募論文】には、六本の論文を収めている。いずれも厳正な審査を経て掲載にいたった力作であり、うち四本が政治思想学会研究奨励賞受賞作となった。ご一読を乞うとともに、新型コロナ禍が今回の公募論文投稿に及ぼした影響について触れておきたい。エントリー段階では二〇点弱、とほぼ例年と同数の申し込みが寄せられていたが、そのうち七名の方が、リモート授業への移行にともない業務負担が急増した、図書館閉鎖のため文献資料収集が不可能になった、といった事情のため、投稿辞退のやむなきにいたった。投稿は果たしたものの惜しくも掲載にいたらなかった投稿者各位も、あるいはそうした事情のために、思うように執筆に取り組むことができなかったのかもしれない、と思う。次号以降で再チャレンジしていただければ、と切に願う。そして、困難を極める状況のなか、査読という裏方仕事を快くお引き受け下さり、貴重な時間を割いて丁寧かつ公正な審査に努めて下さった方々に、心より御礼申し上げたい。

【書評】では、過去二年以内に出版された会員による学術的な単著のうち、七冊の著作を取り上げている。本号より、書評者から希望のある場合には、版元の出版社に書評対象書籍の献本を依頼することとしたが、複数の出版社がこの依頼に快く応じて下さった。寛大なご対応に、この場を借りて御礼申し上げる。そして、ご多忙にもかかわらず、限られた字数のなかで原著の意義と魅力を存分に引き出すべく健筆をふるって下さった書評者各位に、心より御礼申し上げたい。

編集委員会が本号の作成に着手した昨春来、「真実と虚偽」というテーマのアクチュアリティを裏書きするような事件が起こるたびに、本号を世に送り出す意義と責任を再認識しつつ、世界の行く末を案じる、という奇妙な感覚に襲われることになった。そうした思いは、行政の長が自らの施政下で行われた選挙の結果を虚偽《フェイク》と呼ばわり、少なからぬ人民がこれに喝采で呼応する、という某国の惨事にさいして最高潮に達したが、対岸の火事と安んじてはいられない。一義的には決められない真実と虚偽のあわいに目を凝らし、真実と虚偽を問う枠組みそれ自体を多様な視座から問いなおし、そしてそのための不可欠の条件として学問の自由を固守しなければならない、という喫緊の課題をめぐり、当学会はすでに当事者の位置にあるからである（「日本学術会議会員任命拒否問題に対する声明」、政治思想学会ホームページ参照）。

本号の編集と刊行にあたっては、学会の外部からも、多くの皆様のご協力をいただいている。犬塚満氏はじめ風行社の編集の方々には、今回も大変お世話になった。また、一般財団法人櫻田會からは、これまで同様に出版助成を賜っている。変わらぬご支援に、あらためて、心より御礼申し上げる。

編集主任　森川輝一

政治思想における真実と虚偽（『政治思想研究』第21号）〈目　次〉

【書評】

【二〇二〇年度学会研究大会報告】

正統な権威としてのデモクラシー

――認識的価値と平等からのデモクラシー擁護論の検討

●――田畑真一

一　はじめに

デモクラシーは、どのような理由から擁護されるのか（もしくはされないのか）。近年デモクラシーが規範的に擁護可能なのか、そして可能だとすれば何に基づいて擁護されるのかを巡って、盛んに論争が繰り広げられている。本稿では、こうした論争の検討を通じて、デモクラシーがいかなる価値に基づき擁護されるのかを明らかにする。

最初に確認すべきは、デモクラシーの規範的擁護をめぐる議論が、その特定の構想を擁護すべく展開された議論と位相を異にする点である。特定の構想を擁護する議論では、利益集約、熟議、闘技などの何れをデモクラシーの本質的要素と見なすかについて対立はあるものの、デモクラシーそれ自体への疑念はなかった。これに対して、デモクラシーの規範的擁護論は、そもそもデモクラシーが擁護可能なのかを問う。

デモクラシーの規範的擁護において、道具主義と非道具主義という二つの対立する立場がある。道具主義は、デモクラシーをそれがもたらす帰結から擁護する立場であり、非道具主義とは、帰結以外からデモクラシーを擁護する立場である。本稿でも、この議論枠組みに立脚し、道具主義に立つ認識的価値（epistemic value）に基づくデモクラシー擁護とそれへの批判として展開された論争を取り上げる。認識的価値に基づくデモクラシー擁護とは、デモクラシーが正しい決定を生み出す（と期待しうる）ことを理由とした擁護を指す。これに対して、批判する側は、デモクラシーは帰結とは関係なく、何らかの価値を実現、もしくは体現するがゆえに擁護されると主張する。論争の中心に位置するのが、二〇〇八年に出版されたD・エストランドによる『民主的権威』である。エストランドは、真理を扱うことなく政治的正統性を論じる政治的リベラリズムを批判し、一九九〇年代から二〇〇〇年代にかけて真理へのコミットメントを維持したデモクラシー論の必要性を主張してきた[1]。それまでも一定の注目を集めていた彼の議論が、単著として包括的に示されたのを画期として、認識的価値に基づくデモクラシー擁護論とその批判が一気に繰り広げられたのである。

本稿は、エストランドを軸に繰り広げられてきた論争を正統な権威（legitimate authority）という観点から検討する。デモクラシーの規範的擁護論においては、正統な権威という観点に依拠しない議論もあり得るが、本稿はその文脈に議論を絞る。すなわち、政治で不可避に要請される正統な権威の創出に必要であることから、デモクラシーは擁護されるとする議論のみを取り扱う。この文脈では、近年認識的価値と平等という二つの価値を巡る対立に、議論が収斂しつつある。収斂という言葉からわかるように、道具主義から認識的価値に依拠する議論と非道具主義から平等に依拠する議論の間で、明確な一致が成立しているわけではない。しかし、両者とも、正統な権威は二つの価値を充たす必要があり、その充足がゆえにデモクラシーは擁護されるとする。本稿の第一の目的は、こうした近年の論争状況の成果を確認することにある。ただし、現状の二つの価値への収斂は、あくまで正統な権威の条件についての一致に過ぎず、認識的価値に立脚する議論と平等に立脚する議論では、目指す方向性に違いがある。本稿の第二の目的は、こうした方向性の違いを明らかにし、デモクラシー擁護という観点から二つの対立する議論を評価することにある。

以上概要を述べたが、こうした検討が二つの意味で限定されたものである点をあらかじめ確認しておきたい。第一に、本稿は、認識的価値に基づくデモクラシー擁護論全体を検討するものではない。近年、こうした擁護論は、時に認識的デモクラシー（epistemic democracy）とも呼ばれ、一群の構想が提示されている。代表的なものだけでも、コンドルセの陪審定理、もしくは多様性は能力に優る定理（Diversity Trumps Ability Theorem）などのフォーマルな理論を背景としたもの[2]、プラグマティズムに依拠し、デモクラシーを社会的探求として捉えるもの[3]、社会的認識論の知見を背景としたもの[4]、熟議デモクラシー（熟議システム論）の枠組みに基づき、熟議がもつ認識的価値を強調するもの[5]などがある。しかし、そうした構想の間には背景にある理論、哲学、そして実践的関心といった点で無視できない相違がある。また、単に背景が異なるだけでなく、構想間で対立もある[6]。そのため、すべてを同じ土俵で論じることは難しい。こうした状況を踏まえ、本稿では、エストランドが『民主的権威』で展開した議論を軸に据えることで、検討の射程を限定する。

ただ、エストランドの議論に絞ったとしても、そこには多様な批判が繰り広げられている。そのため、本稿では、先に述べた「正統な権威」という関心を共有した文脈へと更に焦点を絞る。これが第二の限定である。こうした文脈の設定によって、議論のすれ違いを防ぐことが期待できる。本稿が扱う論者は、基本的にJ・ラズによって定式化された権威理解に従っている。軸の設定による一定の哲学的背景の共有によって、論争のすれ違い、もしくは単に依拠している理論枠組みや哲学的立場・前提（例えば、真理観）の違いに、議論が帰着する事態を避けることができる。

二　概念定義

本格的検討を行う前の準備として、本稿で鍵となる、デモクラシー、権威、正統性がそれぞれ何を意味するのかを明確にする。まず、デモクラシーの定義から始める。はじめにで述べたように、本稿は、その特定の構想ではなく、デモクラシーそれ自体の擁護論を検討する。理想的には、デモクラシーを主張するものすべてによって共有されている特徴を捉えた定義が望ましい。しかし、デモクラシーには多様な理解があり、すべてを包摂する定義を行うことは困難である。そこで、本稿では、投票を通じた意思決定に限定した薄い定義を採用する。それは、以下のように示すことができる。

デモクラシー：集合的決定の重要な段階で、集団のすべての構成員に対して一人一票を付与する集合的な意思決定の手法

この定義は、集団的決定においてすべての構成員に一票を与えるというフォーマルな要請以外は何も意味しない。デモクラシーを望ましくないとする考えとも両立可能であり、集団には従来の国家だけでなく、家族、自発的結社、企業も含みうる。加えて、この定義は、代議制民主主義だけでなく、レファレンダムのような制度とも両立する。なぜならば、それらは集合的決定の重要な段階で一人一票が担保されているからである。この意味で、本稿のデモクラシー定義は、極めて薄い定義となる（ただ、治者と被治者との一致といった理念としてデモクラシーを捉える立場とは必ずしも整合しない）。このことは、デモクラシーそのものの擁護という本稿の課題に適ったものと言える。

続いて、権威の定義に移ろう。はじめにで述べたように、ここではラズによる権威理解が一つの文脈となっている。本稿で扱う論者が、ラズの議論に依拠して理解する権威は、以下のように定義できる。

権威（authority）：ある行為者が他者に従わなければならない命令を与えることで、他者を道徳的に拘束する力

権威とは、支配する道徳的権利であり、他者による行為を要請する力を意味する。他者の行為を要求、もしくは反対に禁止することで、そのことを行う、もしくは行わない道徳的義務が創り出される。権威をAとBの二者間の関係として示すならば、以下のように定式化できる。AがBに対して権威をもつ場合、AがBにφすることを要請（禁止）したということを理由として、Bはφしなければ（しては）ならない。ここにおいて、AはBを支配する道徳的権利をもち、BはAに従う道徳的義務を負う。(7)

ただし、権威は、受け手が義務を履行しなかった場合、履行の強制までもは許容しないと考えられる。権威による命令を拘束力あるものとし、最終的には強制することが許容されるかは、権威とは区別された正統性の問いとして扱われ

る。本稿では、権威とは区別された正統性を、以下のように定義する。

正統性（legitimacy）：発した命令が道徳的に拘束力をもち、その強制が道徳的に許されていること

正統性は、実力を通じて命令を強制することに関わる。定義において、どのような条件で「道徳的に許されるのか」は問わない。この部分こそ本稿が扱う論点となる。

このように権威と正統性は、区別すべきものである。しかし、少なくとも政治的権威について考える場合、両者の一致、すなわち正統な権威であることが基本的には求められる。本稿では、政治的権威を、行為者として国家を想定する権威、すなわち国家がその構成員に従わなければならない命令を与えることで他者を道徳的に拘束する力として理解する（国家以外の行為者も想定しうるが、一先ず国家に限定して考える）。通常、国家は、一定の条件の下、権威をもつだけでなく、その義務が履行されない場合、その強制が許容される。(8) 問題は、その条件、すなわち正統性の条件である。

本稿が扱うのは、デモクラシーこそが正統性の条件と考え、そのことを基点としてデモクラシーの規範的擁護を行う議論である。それゆえ、「なぜデモクラシーが正統性の条件となり得るのか」という問いが軸となる。注目されるのが、認識的価値と平等という二つの価値である。はじめにでも述べたように、デモクラシーは、この二つの価値を備えるがゆえに、正統な権威をもつ集合的意思決定手続きとされる。

以下では、まず権威理解において基点としたラズの議論とその批判と位置づけられる公正な手続きとしてのデモクラシー擁護論を確認する。この対立は、認識的価値を巡る論点が登場する前史と位置づけうるもので、その後の論争において基点となる論点が含まれている。

三　ラズの権威論とその射程

1　権威のサービス構想

ラズの権威理解を確認することから始めよう。彼は、権威を二つに分け、信念についての理由を与えるものを理論的権威、行為についての理由を与えるものを実践的権威とする。理論的権威とは、端的に言えば、何かしらの分野の専門家を指し、専門知識に基づく「助言」により、その受け手に一定の信念を形成する理由を与える。これに対して、実践的権威は、専門家であることではなく、一定の権利（権限）を保持していることに基づいて、特定の行為を行う理由を与え、その遂行を要求する。

本稿が問題とする道徳的義務を創り出す権威は、ラズにおける実践的権威である。ただし、認識的価値という観点から、両者には興味深い関係がある。それは、理論的権威による信念の形成が、時に行為理由の形成になるという点である。例えば、医者の診断にかかり、薬を処方され、今日のところは安静にしておいた方がよいと言われたとしよう。医者による専門家としての助言は、我々の信念（今日はこのまま家に帰って寝たほうが自分の健康にとってよい）の形成に寄与するもので、何ら行為を要求していない。しかし、通常我々はそうした専門家の助言に従う「べきだ」と考える。こうした場合、理論的権威と実践的権威は重なり合っているように見える。

ラズは、両者の区別を正統な権威の条件という観点から答えている。重要となるのが、彼の「権威のサービス構想」である。サービス構想とは、「権威がその受け手に資するのか（serve）」を規準に、その正統性を判断する考えである。この構想は、依存テーゼ、通常正当化テーゼ、先取りテーゼの三つを充たすことを要求する。最初の二つのテーゼから確認しよう。依存テーゼは、権威の命令が、命令以前に独立してその受け手に当てはまっていた理由（依存理由）に少なくとも部分的には基づくことを要求する（MF. 47）。権威は、その受け手があらかじめもっている理由に基づいていなければならない。通常正当化テーゼは、権威に従った方が理由によく応じるようになる場合、権威は正当化されることを示す（MF. 53）。権威の受け手が自ら理由を衡量して行為するより、権威に従うことの方が理由によりよく応じるようになる場合、権威は正当化される。例として、交通ルールを考えてみよう。通常、人は安全に移動したいと考えている。安全のためには、ルールが一義的に定まっている必要がある。こうした状況で、権威は、安全な移動という各人がもっている理由に基づき（依存テーゼ）、車両の右側通行のようなルールを定める。人々は、自ら右側を通行すべきか左側を通行すべきかの理由を勘案して行為するよりも、権威が定めたルールに従うことで、安全な移動というあらかじめもっていた理由によりよく応じることができる（通常正当化テーゼ）。

依存テーゼと通常正当化テーゼは、正統な権威の条件を示している。他方、先取テーゼは、権威の受け手が権威の命令をどのように扱うべきかを定める。先取テーゼは、権威の受け手に対して、自身がもっている諸理由のいくつかを排除し、権威の命令に取り換えることを要求する（MF. 46）。そこでは、権威が与えた理由と受け手があらかじめもっていた理由との衡量は許されない。権力や影響力は、その行使を通じて、受け手に考慮事項を新たに加える、もしくは理由のバランスを変化させる（だけな）のに対して、権威は一定の理由を排除し、置き換えるという特徴をもつ。先の右側通行の例に当てはめれば、そこでは受け手がもつ左側通行をする理由が排除され、権威の命じる右側通行をする理由に置き換えられている。先取テーゼは、依存テーゼと通常正当化テーゼを充たしている正統な権威にのみ当てはまる。この先取りという性質は、正統な権威の条件と違い、本稿が検討する論者すべてが権威の特徴と見なしている。

通常正当化テーゼと依存テーゼが正統な権威の基準であることから、理論的権威と実践的権威が時に重なり合うことも理解できる。実践的権威となった理論的権威とは、依存テーゼと通常正当化テーゼを充たした理論的権威である。先の医者の例に当てはめれば、医者が実践的権威となるのは、医者の助言を受けた人が自らの健康に関心を抱き、そうした関心を医者による助言に従った方がよりよく実現できる場合となる。

2　正統な権威の断片性

三つのテーゼから成り立つ権威のサービス構想について確認した。しかし、こうした権威の理解は、本稿が扱う政治的権威を論じる上で、無視できない問題を抱えている。その問題とは、サービス構想に従うと、正統な権威が「断片的(piecemeal)」にしか成立しない点である。

権威は、権威の受け手が権威に従うことで理由によりよく応じるようになる場合、正統性をもつことから、以下三つの状況において市民は通常権威に従うことが要請される。第一に、先の交通ルールのような調整問題として知られる状況(MF, 49, 100)、第二に、囚人のジレンマとして知られる状況(MF, 50)がある。そこで、権威の受け手は、問題状況の解決を志向する理由をあらかじめもち、権威による指令に従うことがその理由によりよく従うことに繋がる。第三に、国家、もしくは政府が専門知識をもっている状況、すなわち先の理論的権威が実践的権威となる場合がある。

しかし、三つの状況は、政治的権威が正当化される通常の状況を示しているものの、政治的権威一般を正当化するものではない。確かに、調整問題や囚人のジレンマのような状況で通常正当化テーゼは成立するが、すべての政治的権威がこうした問題の解決に関わるわけではない。例えば、殺人や強姦などを禁止する法は、この枠組みでは正当化できないとされる。第三の専門知識への依拠も、政府が常に専門知識をもっているわけではないため、例外が生じる。例えば、専門的な薬理学者は、薬の安全性について、一生をその川辺で過ごしてきた村の住人は、川の運行や保全などについて、政府の権威に服さないかもしれない(MF, 74)。なぜならば、権威に従うことで理由によりよく応じることがないと言えるからである。権威に従うべきか否かは、個々人が自ら理由に従おうとする場合と権威に従う場合とで、どちらがより理由に基づき行為できるかに応じて決まる。

以上の議論から、権威の受け手が置かれた問題状況に応じて、権威の正統性は決まることが分かる。権威はその受け手に応じた一定の領域で成立し、人によって権威が成立する領域は異なる。権威が正統性をもつのは、調整問題や囚人のジレンマのような状況で権威がその問題状況を解決できる地位にある場合、もしくは問題状況において権威の受け手よりも専門知識において優れている場合に限られる。それゆえ、正統な権威は、断片的にしか成立しないのである。

ラズに従えば、断片的に成立する権威から拡張して、一般的な政治的権威を成立させることもできない。伝統的に権威の正当化で依拠されてきた同意論はそうした拡張戦略と捉えられるが、同意は、通常正当化テーゼの範囲内ですでに成立している権威を強化することはできても、その範囲を広げて正当化することはできない。その理由は、同意が「一定の条件の下で」妥当するからである。同意は、確かに規範的状況を変化させ、権利や義務を創り出すことができるが、成立した文脈や内容に応じて、それが妥当する場合も、妥当しない場合もある。政治的権威の場合、条件には、強制の不在などと並んで、通常正当化テーゼを充たす正しい政府であることが含まれる。すなわち、通常正当化テーゼが、同意が妥当するための必要条件となる。そのため、同意は、その必要条件である通常正当化テーゼを超えて政治的権威を拡張し得ない。「正しい政府を設立し、維持するために、権威の適格な承認(qualified recognition)が必要である限り、そうした承認それ自体が、同意とは独立して、相応しい適格な従う義務を設立するのに十分なものとなる」(MF, 89)。通常正当化テーゼを介した同意内容の適格性による制限のため、権威の範囲は常に通常正当化テーゼの枠内に収まる。

このことは、権威が依然として断片的なままに留まることを意味する。社会契約論以来、同意論が(実際の)同意の不在を理由に批判されてきたことからすれば、同意を必要としないことは議論の強みと言える。通常正当化テーゼが帰結に着目する道具主義的性質をもつため、同意は正統な権威の条件でなくなるのである。

3　サービス構想におけるデモクラシー

続いて、権威のサービス構想に基づき、デモクラシーが正統な権威として認められるのか否かを検討する。ラズは、通常正当化テーゼから「究極的に重要なのは決定の真理性ないし正当性(soundness)」であり、「真理性と正当性が権威的機関の正統性のための根拠を提供する」と主張する。その上で、デモクラシーは「権威の一般的構造を共有し、正当な(sound)決定を生み出す自己の能力にその正統性を負っている」ことから、「人々の厚生に資するのに必要な限り、正当化される」とする。[9] こうしたデモクラシーと権威との関係は、通常正当化テーゼに従ったもので、先に確認した断片性という性格も引き継ぐ。そのゆえ、デモクラシーによる決定が人民の厚生に資するかどうかは、各人の事情に左右され、受け手の事情に応じて、正統な権威であることも、そうでないこともあり得る。

以上の議論から、デモクラシーは一般的な正統な権威とは認められない。なぜならば、デモクラシーによる決定に対して自動的に正統性が付与されることはないからである。集合的意思決定手続きとしてのデモクラシーは、各人の個別性に応じてではなく、一般的に正統な権威である必要がある。しかし、通常正当化テーゼは、決定手続きとしてのデモクラシーではなく、その手続きが生み出した帰結を対象とする。そのため、デモクラシーで生み出された決定は、その都度正統性を問われることとなり、その決定が人々の厚生に資する場合に限り、正統な権威として認められる。

これは、断片性という権威の特徴から導かれる当然の帰結である。ラズにおいて、通常正当化テーゼから「人々の厚生に資する」というデモクラシーが正統な権威となる条件が示されるが、条件の充足が、断片性という特徴により困難なため、デモクラシーは正統な権威に成り得ないという結論が導かれるのである。

四　公正な意思決定手続きとしてのデモクラシー

1　政治の状況

前節で確認したように、権威のサービス構想に基づけば、デモクラシーが一般的に正統な権威となることは否定される。こうした議論は、通常正当化テーゼに支えられている。そのため、デモクラシーが一般に正統な権威であるためには、通常正当化テーゼを否定する必要がある。デモクラシーとの関係では、J・ウォルドロンによる「政治の状況（the circumstance of politics）」に基づく批判が、重要な参照点となっている。以下では、政治の状況に依拠した通常正当化テーゼへの批判、そしてデモクラシーが一般的に正統な権威となるとする議論を明らかにする。

まず、議論の基点となる政治の状況について確認しよう。ウォルドロンは、以下のように定義している。

政治の状況：一定の事柄に関する共通の枠組みや決定、または行為がどのようであるべきかについての不一致があるにも関わらず、枠組みや決定、または行為の必要性が一定の集団の成員間で感じられている状態（LD, 102）。

政治の状況は、正義が可能かつ必要であることを示すためにロールズが用いた「正義の状況」を範としている。正義の状況が、穏当な希少性と限定された利他性の二つから正義が可能かつ必要であることを明らかにしたのに対して、政治の状況は、共に行為する必要性と不一致から、政治に本質的な特徴を示している（LD, 102）。政治の状況は、求められる正義について成員間で深刻な不一致がある一方、共に行為するために政治的決定が必要な状況を意味している。政治は、不一致にもかかわらず、政治的決定が必要であるという矛盾した事態への応答として捉えられる。

ラズのサービス構想は、こうした政治が応答すべき成員間の不一致を軽視し、共に行為する必要性を十分に考慮していないため、批判される。論点となるのは、正統な政治的権威の断片性と正統性の基準としての通常正当化テーゼである。断片性への批判から確認しよう。ラズは、調整問題が発生している状況で、共に行為する必要性から正統な権威を導くが、殺人や強姦を禁止する法を正当化しえないことから、政治的権威の一部を正当化するに留まるとした。これに対して、ウォルドロンは、そうした事柄についての法がもつ複雑さと論争性を考慮すれば、共に行為する必要性が導かれると主張する。ウォルドロンは、例として強姦についての法を挙げる。強姦は、法廷強姦や夫婦間の強姦のような区別に加え、同意の推定や過誤など多種多様な論点を含む。そのため、強姦の禁止という点に一致が見られるにしても、細かな論点ごとに人々の立場は分かれる。しかし、同意に特定の年齢を定めるなどの共通の枠組みの設定は、不一致ゆえに強姦についての法がない状態、もしくは論争的でない事例のみに法が限定される状態よりも望ましい。ここにおいて、共に行為する必要性が生じることとなる（LD, 105）。

共に行為する必要性は、調整問題に限定されず、通常政治的権威が問題となる状況一般で生じる。そのため、共に行為する必要性は、正統な政治的権威が広範に成立することを説明できる。このことから、ラズによる正統な政治的権威の断片性は否定され、正統な権威が一般的に成立しなければならないことが明らかになる。

続いて、通常正当化テーゼに対する批判を検討しよう。問題となるのは、政治の状況の特徴である正義についての不一致である。ロールズに代表されるリベラルが、穏当な多元性の事実の下、市民の間で正義構想の共有が可能と考えるのに対して、ウォルドロンは、正義は共有し得ないと主張する。正義の必要性は、正義が可能であることを意味せず、不一致が消えてなくなるわけではない（LD, 104）。ウォルドロンに従えば、正義について不一致がある状況では、通常正当化テーゼは正統性の基準に成り得ない。なぜならば、市民間で「通常正当化テーゼを充たしているかどうかについての不一致」が生じることで、政治的決定がもたらす厚生の理解について一致が成立しくなり、一般的な権威を正当化し得ないためである（LD, 101）。

権威の断片性を認めるラズにとって、通常正当化テーゼを充たさないことは正統な権威でないことを意味するに過ぎない。しかし、共に行為する必要性から政治的権威が一般的に成立することが要請されるならば、権威一般を正当化する方法が必要となる。通常正当化テーゼは、この不一致を乗り越えられないため、そうした基準として不適格となる。

ウォルドロンの批判は、不一致に加えて、解決すべき問題があり、その解決に共に行為することが要請されるという道徳的切迫性に支えられている。そのため、どこまで広範に正統な権威が成立するかは、その切迫性についての判断に左右される。しかし、そうした切迫性が成立するならば、通常正当化テーゼは明確に否定される（LD, 117-8）。

2　道具主義的正当化から手続き的正当化へ

政治の状況を構成する共に行為する必要性と不一致から、権威の断片性と通常正当化テーゼが否定されることを確認した。続く問題は、権威の正統性がどのような基準から判断されるのかとなる。

通常正当化テーゼのような道具主義的基準に代わるのが、手続き的基準である。道具主義的基準が個々の決定を対象にするのに対して、手続き的基準は意思決定手続きの特性を対象にする。このことで、意思決定手続きの下にいる人すべてに対して、権威は正当化される。手続き的正当化は、意思決定手続きを対象にするという性質から、個々の決定ではなく、手続きが生み出す決定全体を正当化することができる。[10] 正統な権威が断片的に成立することが否定された以上、権威は手続き的基準に従って正当化される必要がある。集合的意思決定手続きとしてのデモクラシーは、一般的に正統な権威である必要があり、この要請に手続き的基準は応えるのである。ウォルドロン以降、こうした意思決定手続きに着目し、その手続きが生み出す決定全体を正当化する議論が、基本的に受け継がれる。

ウォルドロンは、正統な権威の手続き的基準と考えるのが、多数決である。個々の成員がもつ判断に平等な重みを与える手続き、すなわち公正な手続きによって権威は正当化されるのであり、多数決はその基準を充たす。多数決は、時に功利主義的な集計手段に過ぎず、個人を尊重していないとされるが、それは誤解とされる。多数決は意見の違いを尊重し、その手続きにおいて個々の人格を尊重する原理を体現している。多数決では、不一致に直面した時すら、自身の見解を示すことが許される（LD, 108）。

多数決を支持する背景には、「反対意見が無知、偏見、自己利益的である、もしくは道徳的現実についての不十分な考察に基づいていると想定することによって、まともな討議において注目する価値のないものとして扱われる」ことへの危惧がある。これは、正義についての合意を想定し、不一致を直視しない現れとされる。なぜならば、「尊重するには、誰もが自己確証することのない状況で、互いの正義についての信念を取り扱うよう行為しなければならない」からである（LD, 111）。誰の意見も黙らせず、軽視しない多数決こそが、この要請に適う意思決定手続きとなり得るのであり、それゆえデモクラシーが擁護される。

ただし注意すべきは、公正さや人格の平等な尊重が、直接多数決を要求しない点である。J・S・ミルによる複数投票制の擁護でも確認できるように、「公正さは、知性のある賢い人の見解が、無知で思慮のない人の見解と同じ重みをもつことを要求しない」（LD, 115）。理性、知恵、経験における広く承認された差異が存在するならば、それに応じた仕方で投票権を分配することは、否定されない。多数決は、平等な尊重を充たす唯一の意思決定手続きではない。では、なぜ正統な権威の基準として多数決は擁護されるのであろうか。ウォルドロンに従えば、その理由はまたもや不一致である。賢さの証が過去の正しい決定を行ったことを意味し、人々が正義について一致していないならば、私たちは誰が賢く、誰がそうでないのかをそもそも明確にすることができない（LD, 115-6）。そのため、実質的判断を避ける仕方で平等な尊重を捉える必要が生じ、そこから一人一票という形式的な理解に根ざす、多数決が擁護されるのである。

以上、ラズによる権威のサービス構想、それへの反論であるウォルドロンによる手続き的規準に従ったデモクラシー擁護をそれぞれ確認した。こうした議論は、認識的価値に基づくデモクラシー擁護論の前史を成す。以下では。確認された議論枠組みを乗り越えて、どのようにデモクラシー擁護論が展開されているのかを明らかにしたい。

五　認識的価値に基づくデモクラシー擁護論

1　適格な受容可能性要求

エストランドが、ラズとウォルドロンとの対立構造の上に、どのように認識的価値に基づくデモクラシー擁護を構想したのかを明らかにする。エストランドは、正統な権威としてデモクラシーが擁護可能であるとするが、その議論は大きく四つの部分から成る。第一に、正統性の条件としての適格な受容可能性要求（qualified acceptability requirement: 以下ＱＡＲ）が示される。第二に、ＱＡＲによって知者の支配が排除され、第三に、ＱＡＲを充たす意思決定手続きの中で、デモクラシーが認識的価値という観点から正統な意思決定手続きとして擁護される。第四に、規範的同意を通じて、正統な意思決定手続きであるデモクラシーが同時に権威となる。以下、順に検討しよう。

正統性の条件としてのＱＡＲは、ロールズのリベラルな正統性原理の延長線上にあり、強制力の行使が許容される条件を示している。[11] エストランドに従えば、その特徴は、正統性を理に適った人による合意とし、何が受け入れられるかにおいて、内容の真理性を問わないとした点にある。こうした特徴を受け継いだ正統性の原理としてのＱＡＲは、「理に適った（reasonable）」を「適格な（qualified）」に変え、以下のように定義される。

適格な受容可能性要求（QAR）：すべての適格な観点から受容可能な基礎の上で正当化された法の強制的な執行のみが、正統性をもつ（DA, 41, 47）。

QARは、裏返せば「可能な適格な反論がない場合のみ、正統である」ことを意味する。重要なのは、QARが一定の排除の上で成立する点である。すなわち、適格でない人の排除により成り立つ、適格な人の集団による正当化によって、正統性は担保される。

排除を伴うQARが正統性の条件となる背景には、「なぜまともではない（crazy）もしくは悪意に満ちた（vicious）人の反論が、それがまともで、悪意のない人にとって受け入れることができないものであるにもかかわらず、正当化を打ち破るのに十分な道徳的重みを与えられなければならないのか」（DA, 4）という考えがある。ウォルドロンとは逆に、正統性は一定の見解を排除することを要請するとされる。少なくとも、「政治的正当化は、すべての人によって受け入れられるものでなければならない」とする見解が強すぎることは、確かである。この条件の下では、ほぼすべての法の正統性は剥奪される（DA, 46-7）。ただ、実際の同意が決定的となる局面もある。例えば、性交渉のような場面では、不同意（同意の撤回）は決定的である。そのため、QARは正統性の必要条件に留まり、他の条件を排除しない。QARは、適格な観点からの反論がある場合、正統性は担保されないことを要請する。

必要条件としてのQARは、真理と独特の関係をもつ。一方で、教説の内容が真理であるかどうかが問われないため、適格な観点から示されたのであれば、真ではない反論にも正統性を剥奪する力が認められる。例えば、①特定の宗教的教説が真で、②公立学校では真理が教えられるべきであるから、③公立学校でそうした宗教的教説が教えられるべきとする議論は、①を前提とした上でも、②に対する適格な観点からの反論を排除し得ず、正統なものとなり得ないとされる（DA, 49-52）。正統性は、適格であることを要求するが、真理であることは求めない。受け手からすれば、命令を真理と認め、自らの判断を間違ったものとして、取り下げる必要はない（DA, 102f）。

他方、ＱＡＲという正統性の条件は、土台となる適格な人から成る集団の同定において、真理へのコミットメントを要請する。この要請は、ＱＡＲを充たす複数の集団が想定しうるため、必要となる。例えば、人種差別的な人からなる集団において、人種差別は適格となる（この集団内では、平等主義こそが適格ではない）。人種差別的なものを含むＱＡＲを受容した集団が複数形成される状況に対応するには、「我々は適格である」と述べるだけでなく、真理に訴え、ＱＡＲを受容している特定の集団が真であると判断しなければならない（DA, 57）。論点となるのが、誰が適格であるのかを定める「受容基準（acceptance criterion）」である。受容基準を通じた適格な集団の同定によって、ＱＡＲは正統性の条件たり得る。このため、「適格と見なされるために保持していなければならない要素の一つが、適格とされる人についての正確な（correct）説明を含んだ受容基準を受け入れている」こととなる（DA, 61）。真なる受容基準が必要な一方、真なる受容条件に支えられたＱＡＲの下での検討では、その内容の真理性は問われないという関係となる。

2　知者の支配の排除

ここまで、ＱＡＲについて確認した。次に、この要求を用いた正統性の議論に移ろう。ＱＡＲが果たす役割は、数ある意思決定手続きをふるいにかけること、特に知者の支配の排除にある。知者の支配として想定されるのは、ラズの議論で確認した、専門家がもつ理論的権威が通常正当化テーゼを充たし、実践的権威となる事態である。政治についての理論的権威を想定しうる場合、理論的権威としての専門家が政治的権威となることが正当化されるのかが問題となる。

エストランドに従えば、専門家が政治的権威をもつべきという推論は、「専門家／ボスの誤謬（expert/boss fallacy）」を侵している（DA, 22）。なぜならば、そうした推論は、政治についての理論的権威が存在するとしても、誰がそうした理論的権威なのかを同定する段階で、それへの適格な仕方での反論を想定しうるからである。もちろん、理論的権威が存在するとしている以上、何れかの同定の仕方が正しいと考えられる。しかし、適格な観点からの反論は、それが真であることを求めない。それゆえ、理論的権威の同定が真であるかに関係なく、適格な観点からの反論が成立する。

ただし、一定の教育・トレーニングを受けたか否かという基準を用い、ＱＡＲを充たす仕方で、専門家が特定可能な場合もありうる。専門家の特定が可能な場合、通常正当化テーゼを充たしている専門家の理論的権威が実践的権威となることは許容されるのだろうか。ウォルドロンも検討したミルによる複数投票制を参考にすれば、専門家に多くの票を与える意思決定手続きなどが考えられる。エストランドは、こうした議論に反対する論拠として、「人々の内の教育された部分が、教育によって認められた認識的利益を打ち消す、認識的に害を与える要素をもつかもしれない」という人口統計に基づく反論（demographic objection）を提示する（DA, 215）。これは、専門家集団を特定し得たとしても、そうした集団は社会の成員全体に比べて、バイアスをもったものにならざるを得ないことに依拠する。ここでのバイアスは、人種や性別などのすでに知られているものに加えて、経験的に証明できないものを含むため、その除去も不可能とされる。こうしたバイアスが、教育によってもたらす価値よりも認識的害となるとの疑いに「同意しないことは、適格ではないとはいえない」（DA, 222）として、知者の支配は否定される。

注目すべきは、不一致に基づくウォルドロンの議論との違いである。ウォルドロンは、正義についての不一致から、通常正当化テーゼが成立しないこと、また知性のある賢い人が特定できないことを根拠として、通常正当化テーゼに基づく知者の支配、そして複数投票制を否定していた。これに対して、エストランドは専門知が成立し、それが真、もしくは正しいことを認めている。その上でも、ＱＡＲに基づき、知者の支配、そして複数投票制を排除できるとするところに、彼の議論の特徴がある。議論戦略の背景には、政治における真理の否定が政治的ニヒリズムを招くという考えがある。政治的ニヒリズムとは、最終的な決定内容はどうでもよく、内容の改善も起こりえないとする態度である。こうした態度は、政治的活動の動機づけを失わせ、公民権運動のような不正義との戦いを無意味なものと見なす（DA, 24-5）。ウォルドロンが、真理に基づき、不一致の強引な解消を危惧するのに対して、エストランドは、真理の否定から政治的ニヒリズムに陥るのを危惧し、真なる受容基準に支えられたＱＡＲに依拠するのである。

3　認識的手続き主義

以上の議論により、知者の支配は正当化し得ないと結論付けられ、先に述べた意思決定手続きのふるいかけが終わる。次の課題は、残った意思決定手続きの中で、どれが最もよいものかの検討となる。エストランドは、ここで手続きの公正さに基づく議論を退け、認識的価値に基づく議論に依拠する。これまでの論証が知者の支配を除外するのに注力してきたのは、こうした認識的価値に基づく議論を行うための下準備だったと評価しうる。直接認識的価値という基準を導入するのではなく、QARを充たした意思決定手続きの間で、認識的価値を二つ目の基準として用いるという二段階の戦略が取られるのである。

では、なぜ公正さへの依拠が批判されるのであろうか。エストランドの反論は、手続きの公正さに基づくのであれば、なぜコイントスで決めないのかというものである。ここで示唆されるのは、従来公正さに基づいているとされる立論も実際は認識的価値に訴えているという点である。[12] 例えば、ウォルドロンは、成員の判断を等しく尊重するために、公正な手続きとしての多数決を擁護するが、その際、投票前に多様な観点が表出され、熟議が営まれることで、情報に基づく選好が形成されるとする。これは、認識的価値に訴えた議論に思える。また、投票前の公共的討議で、各人が自身の見解を表明する機会を与えることは、人格の尊重と捉えられている。しかし、すべての認識的価値を取り払ったとしても、そうした機会を与えることに価値はあるのであろうか。エストランドの答えは、Noであり、それゆえ認識的価値への訴えかけが必要とされる（DA, 93-5）。純粋な手続き的基準だけでは不十分で、手続きが認識的価値という道具主義的特性を備えることが求められる。道具主義的基準と手続き的基準を対比させるのではなく、認識的価値をもった意思決定手続きが必要とされる（DA, 97）。

エストランドは、QARを充たし、かつ認識的価値をもつことが正統な意思決定手続きの条件であるとする自らの立場を「認識的手続き主義（epistemic proceduralism）」と呼ぶ。デモクラシーの擁護という点で課題となるのは、認識的手続き主義への適合性となる。エストランドは、一人一票の普通選挙をデフォルトとして扱い、そこからの逸脱にQARの充足を要請する（DA, 36-7）。そのため、QARはデフォルトであるデモクラシーには適用されない。論点は、「デモクラシーが認識的価値をもつのか」に絞られる。エストランドは、この問いに、デモクラシーは少なくともランダムよりも正しい結果を導く見込みが高い手続きであると応答する。QARによって知者の支配が排除されているため、要求される認識的価値は穏当なもので十分となる。最初に内容の真理性を問わないQARによってふるいをかけ、残った手続きの比較に際して、認識的価値に訴えるという二段階の手続きによって、こうした議論が可能となっている。

ただ、ランダムより正しい結果を導くことは、他のすべての意思決定手続きよりも高い認識的価値をもつことに比べれば穏当な要請だが、依然として困難な課題である。エストランドは、デモクラシーが「基本悪（primary bads）」とされる戦争、飢饉、経済的、もしくは政治的崩壊、伝染病、ジェノサイドをランダムよりはるかに高い確率で避け続けてきたことから推量して、この課題に答える。すなわち、基本悪をランダムよりはるかに高い確率で回避してきたデモクラシーは、全般的にランダムより高い確率で正しい結果を導く見込みが高いとされる。その根拠は、多様な観点の包摂を通じて多くの市民が共に考える熟議を伴うことに求められる。[13]

以上の議論を振り返るならば、論証の多くが、知者の支配の排除に割かれていることが分かる。このことは、認識的価値を正統性の条件に組み入れた上でなおデモクラシーを擁護するために不可欠となる。専門家が真なる知識をもつことを認め、その上でデモクラシーの正統性を問うがゆえに、認識的価値により容易に訴えることができる知者の支配を明確に否定する必要があったのである。QARによって知者の支配を排除し、その上で認識的価値に訴えるという戦略によって、デモクラシーは正統な意思決定手続きと見なすことができる。

4　規範的同意

エストランドによる四つの議論の最初の三つを確認することで、正統性の基準としてのQARを充たす意思決定手続きの内、認識的価値の観点から、正統な意思決定手続きとしてデモクラシーが擁護されることを明らかにした。これまでの議論は、正統性についての議論であったが、続いて権威についての議論に移る。[14]

エストランドは、仮説的同意論の一形態である規範的同意論に依拠して、権威の成立を説明する。同意は、一般に規範的状況を変化させ、権利や義務、すなわち権威を創り出す。しかし、ラズにおける同意論の検討で述べたように、同意は無条件に効力をもたず、一定の条件の下では、妥当しない場合もある。エストランドが注目するのが、同意の条件において一般に想定されている、以下のような非対称性である。「同意は一定の条件に合致した場合、権威を成立させる一方、不同意はいかなる基準に合致する必要もなく、権威の不在を成り立たせる」(DA. 121)。この非対称性を修正し、適格な不同意と不適格な不同意を分けることで、不適格な不同意を適格な同意があったように(as if)扱うのが、規範的同意である。エストランドは、不適格な不同意として、飛行機が墜落したあとの負傷者の救助において客室乗務員の指示を拒否する例を挙げる。こうした状況で、同意の拒否により、客室乗務員の権威を拒絶することは、不適格な不同意とされる。「あなたが同意を拒否しようとも、彼女の知識や状況に従って、彼女が行為を要求する力をもつことへの同意を拒否することは、時に彼女が間違った指示を行うにしても、不正である(wrong)ため、あなたは権威の下にある」(DA. 125)のである。

同意論に立脚して議論を進めるのは、「個々の人格は他者の意思から一定程度道徳的に独立している」ため、道徳的理由がない限り、いかなる権威も存在しないと考えるからである。自ら同意した場合のみ権威を認める主意主義には与しない一方、権威と意思との間に一定の連関を求める準-主意主義的制約を支持する(DA. 131)。この制約は、重要な課題の存在から単純に従う義務を導き出すことを防ぐ(DA. 152-3)。ウォルドロン(と部分的にラズ)が、解決すべき問題とその解決のための共に行為する必要性という道徳的切迫性から権威を導くのに対して、規範的同意論は、道徳的切迫性それ自体ではなく、そうした状況での不同意の不適格さとして現れる不正さ(wrongness)に依拠して権威の成立を説明する(DA. 132)[15]。

ただし、不適格な不同意の不正さがすべて無効となり、規範的同意が成立するわけではない。先の性交渉のような局面を考えてみよう。そこで性的関係を取り結ぶパートナー関係を約束と捉えるならば、あまりに頻繁な性交渉の拒絶は、そうした関係において不適格であり、不正であると見なせるかもしれない。もちろん、拒絶が無効になることはなく、不同意は、それだけで性交渉を拒むのに十分である。しかし、不同意が不正であると一定の文脈では言いうる。こうした場合、不同意の不適格さから不正さは導かれるが、不同意は無効とされず、規範的同意は成立しないことになる[16](DA. 126)。

不適格な不同意による不正さによって、規範的同意が成立するとする議論が、デモクラシーの権威の説明にも適用される。デモクラシーは、QARを充たし、かつ全般的にランダムより高い確率で正しい結果を導く見込みが高い政治的意思決定手続きであり、道徳的に価値をもつ。そのため、市民はデモクラシーの権威への同意を道徳的に要請され、市民が同意を拒否することは不適格であり、不正となる。このことから、不同意は無効とされ、デモクラシーは権威として成立するという結論が導かれる。

デモクラシーの価値として挙げられるQARの充足とランダムより高い確率で正しい結果を導くことは正統性の条件であった。そのため、デモクラシーは正統な権威と見なすことができる。デモクラシーで生み出された決定は、市民に強制することが許されるだけでなく、市民はそれに従う義務も負うのである。

六　関係的平等論に依拠したデモクラシー擁護論

1　関係的平等論

エストランドの議論は、正統な権威を認識的価値という観点からそれが生み出す結果に着目する点で、(純粋なものではないが)道具主義的正当化と言える。こうした議論に対して、近年関係的平等に依拠した非道具主義的な正当化が新たに登場している。以下では、その議論を検討したい。

関係的平等論とは、「対等な関係性」を理想とする議論である。[17] 正統な権威は、この理想を実現した社会の構成要素として擁護される。注目すべきは、各人の判断を「平等」に尊重する公正な手続きとしてデモクラシーを擁護するウォルドロンとの相違である。[18] 関係的平等論においては、各人の判断への尊重ではなく、対等な関係性の構築のため、正統な権威としてデモクラシーは擁護される。対等な関係性という理想へのコミットメントが先にあり、そこから正統な権威は関係的平等という価値の(不可欠な)構成要素であるがゆえに擁護される。このことで、帰結に着目する道具主義的な正当化ではなく、ある理想の構成要素であるという非道具主義的正当化が可能となる。

関係的平等論に依拠したデモクラシー擁護の基本戦略を確認したが、問題は、正統な権威としてのデモクラシーがどのようにして関係的平等にとって不可欠な構成要素となるのかという点にある。まず、対等な関係性という理想が何を必要とするのかという点を確認し、続いてそこからなぜデモクラシーが必要とされるのかを示したい。

ヴィーホフに従えば、対等な関係性には、平等な配慮、平等な権利、そして平等な権力関係の三つが必要とされる。まず、平等な配慮とは、「互いの厚生や利益の平等な促進」を意味する（DEPA, 353）。しかし、お互いを平等に配慮するだけでは、対等な関係は成立しない。このことは、親子関係が対等な関係性ではないことから理解できる。そこにおいて、子供は親に従うことが要請されるが、平等な配慮がないことを意味しない。ここから導かれるのは、平等な権利の必要性である。対等な市民間では、平等な権利をもつ者としてお互い見なされる必要がある（DEPA, 353-4）。

しかし、平等な関心と権利の両方が保障された場合でも、人々の間に権力の不平等がある場合、対等な関係性は成立しない。そうした状況では、平等な関心と権利が保障されたとしても、そこで従属が生じる恐れがある。重要な決定を専ら夫が行う夫婦関係（DEPA, 354-5）や慈悲深い主人の下でほぼすべての権利が認められている奴隷（RN II, 295-99）といった例を考えてみよう。そこで当の妻や奴隷が不満に感じていない場合でも、対等な関係性はなく、不正であると考えられる。こうした点を考慮すれば、平等な権力関係も同時に必要となる。関係的平等は、平等な配慮だけでなく、平等な権利と背景条件としての平等な権力関係を要請する。友人や夫婦といった関係性を範とすることで、関係的平等を成立させる条件が特定される。

2　関係的平等論の構成要素としての政治的平等

しかし、関係的平等を成り立たせている条件が特定されたからといって、そこからすぐ正統な権威としてデモクラシーが導かれることはない。その理由は、政治において不平等な政治的権利の配分が、全体として社会の関係的平等を促進し得るからである。一例として、政治における不平等な権力配分が、私的生活での対等な関係性に寄与するという議論がある。こうした議論は、デモクラシーが関係的平等の理想とする対等な関係性を実現した社会の構成要素であることと矛盾しない。デモクラシーは構成要素の一つに過ぎず、その制限が、政治以外の領域における関係的平等の促進に繋がるならば、それを拒否する理由はない。こうした議論を乗り越えることで初めて、デモクラシーは関係的平等論に依拠して擁護される。

関係的平等論は、二つの反論を提示している。第一に、政治における不平等な支配が、それ自体として関係的平等という理想に根ざした関係を掘り崩す効果をもつというものである。政治における不平等は、私的関係における対等性を侵食しうる（DEPA. 363）。しかし、これは決定的反論にはならない。より重要なのは、政治的決定がもつ特別さに注目する第二の議論である。政治的決定の特別さとは、その帰結から自らの意志で逃れることはできない不可避性と、他の決定を乗り越え、無効にする力をもつ最終性にある。政治的決定は、私的関係での権力関係とは異なり、そこからの離脱が極めて難しく、そしてその権力が他の領域にも及ぶ最終的な権力である点で、他の決定と根本的に異なる（RN II, 303-307）。以上の二点から、政治的決定に影響力を与える平等な機会が、関係的平等が要請する対等な関係性の実現に不可欠なものと位置づけられる。このことから、正統な権威は政治的決定に影響力を与える平等な機会の保障を条件とする。

ただし、政治的決定に影響力を与える平等な機会は、「寄与的（contributory）影響力の平等な機会」とされ、穏当な内容に留まる。[19] 寄与的影響力とは、決定的ではなくとも、自ら入力した力に対して感応的であることを、その結果に要求する。投票としてこれを考えると、投票結果を向きと大きさをもつベクトルと考え、その向きと大きさはすべての投票の合成で決まるという考えと言える。端的に述べれば、自らの入力がその結果に踏まえられていればよいということになる。それゆえ、寄与的影響力の「平等」は、個々の入力が平等な重みをもって捉えられることを要求する。

以上関係的平等論の理想、そして政治との関係を確認した。最初に述べたように、関係的平等論は、対等な関係性という理想を実現した社会の構成要素としてデモクラシーを擁護する。この意味は、もはや明確であろう。関係的平等論にとって、政治的決定はその不可避性と最終性という性質から特別なもので、そこから政治的決定に影響力を与える機会の平等が要請される。こうした要請を充たす正統な権威として、フォーマルな一人一票に基づく意思決定手続きとしてのデモクラシーが擁護されるのである。

七　論争の総括

1　デモクラシー擁護のための二つの条件

以上ラズの権威論から近年の関係的平等論に至る議論を確認した。以下では、道具主義的正当化としてのエストランドと非道具主義的な正当化としての関係的平等論を比較検討する。両者は、異なるように見えて、多くの共通点をもち、共に認識的価値と平等へのコミットメントをデモクラシー擁護の条件としている。

まず、関係的平等論からの議論は、関係的平等へのコミットメントから正統な権威としてのデモクラシーをその理想の構成要素として擁護するものであった。しかし、実際は、関係的平等論へのコミットメントから擁護されるのは、デモクラシーだけではない。そこでは、「ロトクラシー（lottocracy）」と呼ばれるくじ引きに基づく政治的意思決定も擁護される。[20]なぜならば、ロトクラシーも関係的平等論が要請する寄与的影響力の平等を充たすからである。こうした問いに対して、関係的平等論は、道具的価値に訴えることで応答している。例えば、コロドニーは「ある手続きがある人に投票権を与えるならば、すべての人に投票権を与えなければならない」とする平等制約の下、意思決定手続きが他の手続きよりも実質的に信頼できることを条件とする「制約された信頼性テーゼ」を提示している（RN II, 313-4）。

このテーゼは、関係的平等論が要請する政治的決定に影響力を与える平等な機会を毀損しない限りでの、道具主義への訴えかけを許容する。認識的価値は、信頼を形成する有力な候補とされ、そこからロトクラシーは拒絶され、デモクラシーが選ばれることが一つの方途として示される。こうした議論は、関係的平等論も平等だけではなく、道具主義的考慮をデモクラシー擁護において用いていることを示している。

こうした立論は、デモクラシー擁護ありきの議論ではないかという疑念を拭いきれない。関係的平等論は、デモクラシーとロトクラシーの両方を正統な権威と認めるべきところを、デモクラシー擁護に議論を終着させるため、認識的価値を加えているようにみえる。ただし、ここで重要なのは、関係的平等論からのデモクラシー擁護が、平等へのコミットメントと認識的価値を共に必要とするという結論である。

他方、エストランドの議論はどうであろうか。認識的価値への依拠は明確なため、問題は平等へのコミットメントとなる。エストランドの議論は、二つの意味で平等へのコミットメントを示している。第一に、先に確認した一人一票の普通選挙をデフォルトとして設定する点が挙げられる。第二に、正統性の条件とされたQARが機能する上で要請される「誰が適格であるのか」を定める受容基準から、平等へのコミットメントが示される。以下では、単なるデフォルトとしてではなく、理論上要請されている受容基準についての議論から平等へのコミットメントを確認しよう。

エストランドは、「正当化という構想にとって中心となる問題について、正しい見解をもつこと」が受容基準を構成し、以下二つの要請を充たしているかで判断されるとする。第一に、「一定の仕方で人を平等なものとして受け入れないような人」は、除外される。すなわち、「すべての人々が道徳的に自由で平等であるといった一定の見解をもっていない人」は、適格な人と見なせない（一階の要請）。第二に、「適格であるには、誰が適格であるかについての一定の見解をもつことが要請される」（二階の要請）。そのため、誰が適格であるかについての判断を誤っている人も、適格ではないとされる。他方、正当化にとって中心となる問題から外れる「神の存在」や「心は物理的なものか」は、そうした判断に関わらない。ここから正当化において中心に位置する平等は、受容基準の一部を構成すると解釈できる。[21]

こうした議論から、正統性の条件として、平等へのコミットメントが事実上想定されていることが分かる。受容基準を介したものに過ぎないとの反論も想定できるが、受容基準がQARを成り立たせるものであるならば、そこでの平等へのコミットメントは、彼の議論が平等に拘束されていることを示すと言える。エストランドの議論も、平等と認識的価値の二つに支えられているのである。

以上の検討をまとめれば、認識的価値と平等が共に必要という点で、エストランドも関係的平等論も一致している。なぜならば、関係的平等論は、ロトクラシーと比べて、デモクラシーの方がよいと主張するため、道具主義へのコミットメントが必要であることを認めており、エストランドもＱＡＲの前提条件となる受容基準において平等へのコミットメントを必要としているからである。

2　平等へのコミットメントの違い

平等と認識的価値がデモクラシー擁護の条件となっていることを確認した。しかし、両者は完全に同じではなく、それぞれ異なる方向性を示している。以下では、最後の検討として、平等へのコミットメントの違いという観点から、エストランドの議論戦略が、デモクラシー擁護として問題が少ないという評価を示したい。

最初に確認すべきは、平等についてのコミットメントの違いである。関係的平等論は、関係的平等を基底的価値として据える。関係的平等は、平等をそれ自体として価値あるものと見なし、他の価値に対する明確な優先性を主張する。そのため、デモクラシー擁護で認識的価値が必要であっても、認識的価値に関係的平等と同じ重要性を与えることはない。[22]他方、エストランドの平等へのコミットメントは、関係的平等論ほど強くない。適格さを判断する上で要請されるものに過ぎず、そのため適格な理由が提示されたならば、平等を犠牲にした認識的価値の促進も否定されない。

注目すべきは、エストランドが一人一票の普通選挙をデフォルトとして設定する一方で、投票において個々の入力が平等な重みをもつことをそれ自体としては要求しない点である（D.A. 220-2）。関係的平等論に依拠するヴィーホフは、この点を捉え、エストランドの平等理解を「政治権力の分配が出発点としなければならない道徳的ベースラインを設ける」見解と捉える。[23]ベースラインとしての平等は、逸脱に正当化を要請するが、逆に言えば、正当化さえなされれば、逸脱を何ら問題ないと評価するとも言える。ベースラインとしての平等において、平等へのコミットメントは存在するが、平等それ自体が価値あるものとは見なされない。関係的平等論からすれば、不十分な平等へのコミットメントで、際限なく平等が掘り崩されることが危惧される。

しかし、デモクラシー擁護という文脈では、関係的平等論からの批判に反して、ベースラインの平等の方が望ましいと考えられる。その理由は、大きく二つある。第一に、ベースラインの平等と対比された平等それ自体の価値を政治において認める立場の困難がある。ヴィーホフも認めるように政治が「集団で行為することで人びとが相互に義務を果たすことを可能にする」点で道具主義的価値をもち、こうした価値の最大化という要請に服している。政治が、道具主義的要請に応えるものとして「我々が政治的関係に向ける態度と独立に成立している」ならば、友人や夫婦を範として特定された対等な関係性の理想を、そのまま外側から適用することの是非は、改めて問われなければならない。関係的平等論での議論では、政治のもつ最終性と他の領域に与える影響という点から、政治の領域でも平等を担保することが必要との結論が導かれた。しかし、政治の次元がそれ自体独立している点に着目するならば、政治を関係的平等という理想に照らして統御すること自体の適切性が検討される必要がある。ここで適切性について結論を出すことは難しいが、政治の次元がその道具主義的要請に応えるために、一定の自律性をもつことを承認することも十分にあり得る。[24]

第二に、ベースラインとしての平等は、危惧された際限のない後退を避けうる。ベースラインの平等は、デフォルトからの逸脱に対して正当化を課し、デフォルトの平等には正当化を要請しないという非対称性をもつ。そのため、平等の促進には重きを置かないが、その毀損には強い反発力を有する。例えば、近年「義務投票が行われている国でさえ、民族的多数派や高所得者、男性、就業者、中年層などの有利な有権者は、それ以外の有権者よりも投票率が高い」ことに依拠して、人口統計に基づく反論への再反論が提起されている。[25] 人口統計に基づく反論が依拠したバイアスが民主社会にも存在することから、そうしたバイアスの回避はデモクラシーを擁護するのに十分ではないと主張される。しかし、ベースラインからの逸脱にのみ正当化が要請されるため、これだけでは有効な批判にならない。デモクラシーからの逸脱を正当化するならば、そうした逸脱がＱＡＲを充たす仕方で正当化されなければならない。そのためには、民主社会のバイアスを指摘するだけでなく、デフォルトでのバイアスを改善し、新たなバイアスを招かない手続きを提案することが求められる。これは、かなり厳しい要請であり、デモクラシーは現状安泰といってよい。[26]

以上、平等へのコミットメントという観点から、関係的平等論によって批判されたベースラインとしての平等の方が、むしろデモクラシー擁護においては問題が少ないことを確認した平等へのコミットメントの薄さと正当化における非対称性に支えられ、デフォルトとしてのデモクラシーが擁護されるのである。

八　おわりに

本稿では、ラズの権威論とその批判であるウォルドロンによるデモクラシー擁護論を背景に、認識的価値に基づくデモクラシー擁護論と関係的平等に基づくデモクラシー擁護論をそれぞれ検討した。検討の結果、正統な権威の条件として認識的価値と平等という二つの条件の充足が求められることで、デモクラシーが正統な権威として擁護されるという大枠での二つの理論の収斂が示された。その上で、もう一歩議論を進め、関係的平等論が批判するベースラインとしての平等へ依拠したエストランドの方が、デモクラシーの正当化としては問題が少ないことを明らかにした。

しかし、こうした検討は、多くの前提を所与としたまま進められている。大きなものでは、エストランドが正統性の条件とするＱＡＲ、デフォルトとしての一人一票の普通選挙が前提とされていた。こうした前提は、本稿では註で指摘するだけに留まった論点（註（15）、（16）、（26））の検討にとっても不可欠な論点と言える。

デモクラシーの規範的擁護論の検討は、近年より精緻化され、深化しているが、今後はこうした前提そのものを精査することも必要となるだろう。本稿は、デモクラシーの規範的擁護論の端緒を扱ったに過ぎない。

※以下の著作、論文については、略号を用いて引用箇所を本文中に記した。

DA: David Estlund, *Democratic Authority: A Philosophical Framework*, Princeton University Press, 2008.

DEPA: Daniel Viehoff, "Democratic Equality and Political Authority," *Philosophy and Public Affairs*, Vol. 42, Issue 4, 2014. pp. 337-75.

LD: Jeremy Waldron, *Law and Disagreement*, Oxford University Press, 1999.

MF: Joseph Raz, *The Morality of Freedom*, Oxford University Press, 1986.

RN II: Niko Kolodny, "Rule Over None II: Social Equality and the Justification of Democracy," *Philosophy and Public Affairs*, Vol.

42, Issue 4, 2014. pp. 287–336.

（1）ただし、本稿では『民主的権威』以前の論文は参照しない。『民主的権威』の序言に従えば、「これまでの議論と密接に関係している」ものの、単に以前の見解を改めて述べるのではなく、「新しい理論枠組み」を提示しているからである（DA, ix）。

（2）陪審定理に依拠した構想としては、Robert Goodin, *An Epistemic Theory of Democracy*, Oxford University Press, 2018。多様性は能力に優る定理に依拠した構想としては、Helene Landemore, *Democratic Reason: Politics, Collective Intelligence, and the Rule of the Many*, Princeton University Press 2013。これらの検討として、内田智「現代デモクラシー論における熟議の認知的価値——政治における「理由づけ」の機能とその意義をめぐる再検討」『政治思想研究』第一九号、二〇一九年も参照。

（3）プラグマティズムに依拠した構想は、社会的探求としてデモクラシーを捉える点で一致しているものの、デューイに依拠する論者とパースに依拠する論者で違いがある。デューイに依拠する議論としては、以下を参照。Elizabeth Anderson, "The Epistemology of Democracy," *Episteme*, Vol. 3, Issue. 1-2, 2006, pp. 9-23。パースに依拠する議論としては、以下を参照。Robert B. Talisse, *Democracy and Moral Conflict*, Cambridge University Press, 2009.

（4）社会的認識論の知見を背景とした構想については、以下を参照。Anderson, "The Epistemology of Democracy." Fabienne Peter, *Democratic Legitimacy*, Routledge, 2011.

（5）熟議デモクラシーに基づく構想としては、以下を参照。Simone Chambers, "Balancing epistemic quality and equal participation in a system approach to deliberative democracy," *Social Epistemology*, Vol. 31, Issue 3, 2017, pp. 266-76. 田村哲樹「熟議民主主義における「正しさと政治」とその調停——熟議システム論を中心に」田畑真一・玉手慎太郎・山本圭編『政治において正しいとはどういうことか——ポスト基礎付け主義と規範の行方』勁草書房、二〇一九年。

（6）最も顕著な対立点は、認識的価値をはかる上で手続きから独立した基準が必要か否かという論点である。この点については、以下ですでに論じた。Shinichi Tabata, "Deliberative Democracy as Quasi-Pure Procedural Justice: Epistemic Value in Habermas," in Hirohide Takikawa (ed), *The Rule of Law and Democracy: The 12th Kobe Lecture and the 1st IVR Japan International Conference, Kyoto July 2018*, Franz Steiner Verlag, 2020, pp. 93-106.

（7）本稿では詳細を扱わないが、命令によって内容独立的理由（content-independent reason）を与えることで、命令内容に関わらず、義務を創出するという特徴を、権威はもつ。行為がその行為がもつ何らかの善さを理由として行われる場合、理由は内容依存的であるのに対して、行為がその行為の内容と無関係な理由から行われる場合、理由は内容独立的とされる。先のAとBとの関係では、「AがBにφすることを要請（禁止）したということを理由として」の部分が、内容独立的理由となる。権威が内容独立的理由を与えるという観点から、デモクラシーの権威を擁護する議論としては、以下を参照。Laura Valentini, "The content-independence of political obligation: what it is and how to test" *Legal Theory*, Volume 24, Issue 2, 2018, pp. 135-57.

（8）本稿は、政治的権威の不可能性を主張する哲学的アナーキズムとは議論前提が異なる。哲学的アナーキズムについては、以下を参照。A. John Simmons, *Moral Principles and Political Obligations*, Princeton University Press, 1979.

（9）Joseph Raz, *Ethics in the Public Domain*, Oxford University Press, 1994, pp. 116-7.

（10）Thomas Christiano, "The Authority of Democracy," *Journal of Political Philosophy*, 12, 2004, pp. 266-90, 268.

（11）リベラルな正統性原理は、「政治権力が適切であるのは、それが憲法に従って行使され、しかも、その必須事項を、理に適った仕方で自由で平等なすべての市民が共通の人間理性の原理と理想に照らして支持することができるときに限られる」と定式化されている。John Rawls. *Political Liberalism: Expand Edition*, Columbia University Press, 2005, 137.

（12）エストランドは、LDではなく、以下の論文を参照している。Jeremy Waldron, 2000. "Speech: Legislation by Assembly" *Loyola Law Review*, 46, pp. 507-34.

（13）この点においては、註4で言及した社会認識論に近い立場と言える。

（14）註8で述べたように、本稿では哲学的アナーキズムに関わる論点は扱わない。この点に関して、エストランドは、人道主義的義務への応答という観点から、C・ウェルマンによる救助主義を修正して応答しようとしている（DA, 144-156）。

（15）エストランドは、ラズが示したような同意を有効にする条件こそが重要であるため、同意それ自体が不要となるという批判にも応答している（DA, 129-31）。ただし、エストランドの応答には多くの批判が提起され、この点は、規範的同意論の成否を左右する論点となっている。議論の端緒となった批判として、Gopal Sreenivasan, "Oh, but you should have: Estlund on Normative Consent," *Iyyun: The Jerusalem Philosophical Quarterly*, Vol. 58, 2009, pp. 62-72を参照。

（16）エストランドは、不適格な不同意によって生じる不正さが、不同意を無効にする場合とそうでない場合の基準を示しておらず、その点で議論は不十分なものに留まっている（DA, 127）。この点については、以下を参照。Sreenivasan, "Oh, but you should have:" p. 66.

（17）本稿では、関係的平等論の検討をD・ヴィーホフの議論（DEPA）とN・コロドニーの議論（RN II）の議論に絞る。

(18) 小林卓人「政治的決定手続きの価値——非道具主義・道具主義・両立主義の再構成と吟味」『政治思想研究』第一九号、二〇一九年、二五三頁。本稿での関係的平等論の理解全般において、参照している。

(19) Niko Kolodny, "Rule Over None I: What Justifies Democracy ?" *Philosophy and Public Affairs*, Vol. 42, Issue 3, 2014. pp. 195–229, 200. 福家佑亮「デモクラシーを支えるもの」『実践哲学研究』四二号、四六—八頁も参照。

(20) ロトクラシーについては、認識的価値に基づく議論もある。この点については、以下を参照。福家佑亮「デモクラシーを支えるもの」八六—八頁。道具的価値の観点から、現実への適応も含む包括的なロトクラシーの検討として、以下も参照。山口晃人「ロトクラシー——籤に基づく代表制民主主義の検討」『政治思想研究』第二〇号、二〇二〇年。

(21) David Estlund, "Reply to Copp, Gaus, Richardson and Edmundson" *Ethics*, Vol. 121, 2011, pp. 354-89, pp. 363-5.

(22) 小林卓人「政治的決定手続きの価値」二五八—九頁。

(23) Daniel Viehoff, "Power and Equality," *Oxford Studies in Political Philosophy*, V, Oxford University Press, 2019, pp. 3-38, 6.

(24) Daniel Viehoff, "Power and Equality," 31-3.

(25) Jason Brennan "Does the Demographic Objection to Epistocracy Succeed?," *Res Publica*, Vol. 24, pp. 53-71, 57.

(26) 逆に「厳しい要請」であることへの批判もある。純粋な道具主義者であるR・アーネソンは、リベラルな正統性に依拠した議論、とりわけ経験的に証明できないがゆえに除去不可能なバイアスに依拠した人口統計に基づく反論は、不当に厳しい要請であり、そこでは「リベラルな正統性を得るために、明らかに受け入れられない割引率で、帰結についての期待可能な実質的正義を譲り渡す」ことになると批判している。Richard Arneson, 'Elitism,' in David Sobel, Peter Vallentyne, and Steven Wall（eds.）, *Oxford Studies in Political Philosophy, Volume 2*, Oxford University Press, 2016, pp. 156-184, 181.

＊日本学術振興会科学研究費（19J01409）の助成を受けた研究成果の一部である。

＊本稿は、政治思想学会第二七回（二〇二〇年度）研究大会【ウェブ開催】シンポジウムⅠでの報告「デモクラシーはどのような意味で正しさを追求できるのか：デモクラシー擁護の必要条件についての考察」に加筆修正を施したものである。司会の早川誠先生、討論者の梅川佳子先生、もう一人の報告者であった大澤津先生、そして質問頂いた牧野正義先生から、修正の助けとなる示唆を頂いた。また、修正するに際して、いくつかの研究会等で報告させて頂き、そこでも多くの方から有益な意見を頂いた。深く御礼申し上げる。

危機の時代と仮面の政治
——バロック公共圏をめぐるヘルムート・プレスナーとヴァイマル知識人

●——大竹弘二

序　危機の時代の公共圏

第一次世界大戦はその未曾有の惨禍によって、ヨーロッパの人々に大きなトラウマを残すことになった。ヨーロッパという文明世界に回帰してきたこの野蛮は、旧来の価値観の崩壊と進歩主義への懐疑を生み出し、一種のアノミー状態をもたらしたのである。ヴァイマル期ドイツの知識人の思想には、戦争のこうした影響をはっきり見て取ることができる。それを示す一つの徴候が、この時期における一六—一七世紀のバロック政治理論への関心の高まりである。バロック期の政治理論は、ヨーロッパ全土を巻き込んだ宗教戦争とその余波を背景として形成された。バロック期は、宗教改革によって中世的なヨーロッパ世界の統一が失われ、信仰や正義の対立のうちで道徳規範の自明性が疑われるようになった時代である。陰惨な宗教戦争が百年以上にわたって続くなかで、人々のあいだに救済への不信が生まれ、歴史はいわば破局の舞台として現れてくる。まさに規範のこうした崩壊状態が、バロック期とヴァイマル期とのあいだに平行性を作り出しているのである。

ヴァイマル期の知識人がバロックの世界観とその政治理論に魅了されたのは、おそらく二つの時代のそうした類似性も一因である。カール・シュミットの『政治神学』(一九二二)における主権理論は、宗教内戦を克服し、公安と秩序を回復したバロック絶対君主を一つの範型としている。ヴァルター・ベンヤミンは、『ドイツ悲劇の根源』(一九二八)に見られるように、救済への希望を欠いたドイツ・バロック悲劇の世界から、歴史を永続的なカタストロフィとして捉える自らの歴史哲学の着想を得ている。また、周知のようにノルベルト・エリアスは、一九三三年にフランクフルト大学に提出され、のちに『宮廷社会』(一九六九)というタイトルで出版される教授資格論文『宮廷人』のなかで、儀式や礼儀作法によって情動を制御するバロック期の宮廷人のうちに、文明化のための理想的な人間類型を見出した。さらに、ヴァイマル期には一七世紀スペインの思想家バルタサール・グラシアンが注目され、エルンスト・ユンガーやベルトルト・ブレヒトなどは、グラシアンの処世訓を武装や仮面といった自分たちの思想モチーフと結びつけようとした。

ヘルムート・プレスナー(一八九二—一九八五)もまたそのようなヴァイマル知識人のうちの一人であった。動物学の研究によって学問的キャリアを開始したプレスナーは、やがて哲学へと研究の軸足を移し、マックス・シェーラーやアルノルト・ゲーレンと並ぶいわゆる「哲学的人間学」の代表的思想家となる。ユダヤ系の出自ゆえにナチス政権成立後はオランダに亡命することになり、第二次世界大戦勃発後にナチス・ドイツがオランダを占領すると、終戦までオランダで潜伏生活を余儀なくされた。戦後はドイツに戻り、ゲッティンゲン大学で教授になるとともに、五〇年代にはドイツ社会学会会長を務め、またこの間にマックス・ホルクハイマーやテオドーア・W・アドルノなどフランクフルト学派の思想家たちとも交流を持つようになる。特にプレスナーの政治的著作としての有名なのは『遅れてきた国民』(一九五九)である。もともとは一九三五年にスイスで『市民的時代の終末におけるドイツ精神の運命』というタイトルで出版されたこの著作は、ナチズムを生み出すに至ったドイツの精神史的背景を探り、ドイツの政治的未熟さの原因を一七世紀における文明化の失敗のうちに見出している。

だが、プレスナーはすでにヴァイマル期に出版された初期著作『共同体の限界』(一九二四)のなかで、ドイツにおける政治文化の未発達を問題にしていた。ただしこの著作では、おそらくヨーロッパの文明化が見せかけのものであることを顕わにした第一次世界大戦の破局の経験を背景として、政治的成熟は単にドイツ固有の問題というより、一つの人間学的な課題として扱われている。そこでプレスナーが注目するのが、「儀式（Zeremoniell）」、「威信（Prestige）」、「外交（Deplomatie）」、「礼節（Takt）」といったバロック的な宮廷作法のモチーフである。彼の見るところ、自らの内面を隠し、いわば偽装と演技のうちで他者と交流するこれらの形式的な振る舞いは、文明的な政治にとって不可欠のものであった。バロックの宮廷がいわば宗教戦争を馴致されたかたちで継続する相互不信の空間であったように、プレスナーにとって、第一次世界大戦後の公共圏は、内面的な心情によって結びつく「共同体《ゲマインシャフト》」ではなく、人々が互いに自らの真意を晒すことなく交流する「社会《ゲゼルシャフト》」とみなされるべきものであった。公共圏は一種の戦場であり、そこでは自己にとっての脅威である他者と距離を取りつつ付き合うための処世の技術が必要となるのである。

一九九〇年代からのプレスナー・リヴァイヴァルにおいて中心的な役割を果たしたヘルムート・レーテンは、『共同体の限界』でのプレスナーの議論を、ヴァイマル期ドイツの「新即物主義（Neue Sachlichkeit）」という背景のもとに考察している[1]。自らの主観的感情を赤裸々に表出する一九一〇年代までの表現主義とは反対に、第一次世界大戦後のこのアヴァンギャルド運動においてはむしろ外面、客観性、冷静さが重んじられ、主観性の表明は極力回避される。新即物主義を特徴付けるこうした外面上の冷たさやよそよそしさは、儀式や作法といった外見的行為についてのバロック期の議論と共鳴するものであり、プレスナーをはじめとするヴァイマル知識人たちのあいだでグラシアン的な「冷たいペルソナ」が再び注目されるようになったのはそれゆえだというわけである。この「冷たいペルソナ」は、バロック期やヴァイマル期のように生の意味と規範が自明性を失った危機の時代への応答とみなすことができる。こうした時代の危機においては、「決断」によって意味と規範を取り戻そうとするシュミット的な試みがある一方、プレスナーなどは「仮面」による武装を通じてこの危機の時代の生き延びを模索した。仮面もまた決断と同じように、同時代の危機状況に対する「政治的な」応答であった。バロックを範としたヴァイマル知識人たちの仮面の政治は、真実／虚偽、本来性／作為性、内面性／公共圏の関係という政治理論上の主題を、一つの歴史的状況下でいわば実演したものであったと言える。

一　共同体イデオロギーと政治の荒廃

1　共同体急進主義への批判

プレスナーの初期著作『共同体の限界《ゲマインシャフト》』は、社会学者フェルディナント・テンニースが『ゲマインシャフトとゲゼルシャフト』（一八八七）で導入した「共同体《ゲマインシャフト》」と「〔利益〕社会《ゲゼルシャフト》」の区別を出発点としている。周知のようにテンニースは、人間の社会的組織化の類型としてこれら二つを区別したうえで、人々の「本質意志」に基づく自然的な統一である共同体から、「選択意志」に基づく人為的な統一としての〔利益〕社会への発展を論じている。そのさいテンニースは、人々がただ自己利益を得るための交換を通じて互いに結び付く〔利益〕社会に対して批判的である。現代資本主義に対する彼の批判的態度は、人間同士の本来的な結合とされる共同体へのある種の憧憬を伴うものであった。

それに対してプレスナーは、共同体のそうした理想化を強く退ける。彼は『共同体の限界』のなかで、共同体への渇望がその限界を超えて肥大化することの危険性を指摘するのである。彼によれば、共同体と社会との区別はしばしば「文化と文明との対比」（GG: 11）と結び付く。それは人間の精神を体現する「文化」に対して単なる機械的・物質的な「文明」を対置するドイツ的な時代批判の常套句であり、そのときには、現代の堕落した社会を批判するために本来のあるべき共同体を理想化する悪しきロマン主義に陥ってしまう。プレスナーにとって、共同体への行き過ぎた渇望は人間の自由を奪う危険性を孕んでいる。重要なのはむしろ、共同体思想のそうした急進化を防ぐことなのである。

プレスナーの共同体批判は、同時代における「共同体急進主義」（GG: 27, 93）をその背景としている。一九世紀末以来ドイツでは近代的な都市化や工業化に対する疑念が徐々に広がりを見せ、それはブルジョワ市民階級の退潮と急進的な近代批判の台頭をもたらすことになった。プレスナーはとりわけ、近代社会を批判する二種類の共同体運動について言及している。一つは、一九世紀末以来のドイツ青年運動のような、「血（Blut）」に基づく共同体思想であり、もう一つは、コミュニズムのような、「事柄（Sache）」に基づくそれである。これらはいずれも、近代社会の抽象化された人間関係を批判し、「成員同士の無制限な信頼」（GG: 58）に根差した共同体を回復しようとする。血の共同体は愛の感情という自然的な紐帯によって、事柄の共同体はより合理化された理念のもとに人々を結びつけることで、それを行おうとするのである。

これらの左右いずれの政治運動も、文明としての社会を逃れ、共同体のうちに救いを求めようとする。だがプレスナーにとって、共同体への固執は単なるアナクロニズムでしかない。コミュニズムに関して言えば、それは啓蒙主義以来の合理主義的・主知主義的な仕方で、人間疎外を克服するための「国際的な人類コミュニズム」（GG: 49）を目指している。しかしプレスナーにすれば、人間の生全体を導きうる共同体の紐帯をそのように理性によって作り出すことはできない。こうした彼の主張のうちには、たしかに「生の哲学」からの強い影響を見出すことができる。[2] しかし、プレスナーは単純に生の哲学の非合理主義を受け入れていたわけではない。実際、彼が『共同体の限界』で警戒していたのは、コミュニズムよりも、ドイツ青年運動の非合理主義的な共同体思想のほうだからである。[3] 機能化された近代社会を拒否して人間同士の自然的紐帯を称揚する青年運動は、民族主義的なイデオロギーに結び付きうるものとして、共同体急進主義の危険性をより顕著に示している。

共同体思想の急進的性格は、「理念のために所与の現実を破壊」（GG: 17）しようとするところにある。それは既存の社会を全面的に否定し、根本的に新しい世界を作り出そうとする。それは人間同士が心情によって直接的に結びつく共同体を創出することで、人間同士が利益を通じて間接的にしか関わらなくなった現代社会を乗り越えようとする。だがプレスナーは、そのような共同体がむしろ人間にとって危険であると考える。「すべてを包括する有機的結合への没入としての共同体を理想とし、人間同士が距離を取る権利を心情に従って放棄するなら、人間自身が脅かされることになる」（GG: 28）。共同体と心情的に一体化しようとする「絶対的心服のエートス」（GG: 58）は、個人の自由を犠牲にする。そのさいプレスナーは、第一次世界大戦が勃発した一九一四年八月の愛国的熱狂を引き合いに出し、心情の無制限な拡大を戒めている。愛の心情に基づく関係は個人的・具体的なものにとどまるべきであり、それを超えて「わが民族、わが土地、人類、世界」を愛そうとするなら、「真の愛」や「真の共同体」に至ることはそれだけ困難になる（GG: 46）。プレスナーが意図しているのは、共同体それ自体の否定ではなく、あくまでその範囲の限界設定である。心情によって結びついた同質的な共同体は、決して社会そのものを覆い尽くすまで全体化されてはならないのである。

プレスナーを彼に先立つ表現主義の世代から分かつのは、心情の直接的表出に対するこのような警戒である。彼にとって、心情を正直に発露することは人間関係にとってのリスクであり、本来性や真正性に固執することは社会を危うくする。一九一〇年代前半にハイデルベルクでマックス・ヴェーバーのサークルに属していたプレスナーは、[4]この点でヴェーバーによる「心情倫理」批判を受け継いでいる。[5]また、のちのプレスナーの著作には、「世人（Man）」への零落を概嘆して「本来の」人間的実存を探究するハイデガーの現存在分析への批判的言及が見られる（MN: 154ff, 234）。現代の堕落した公共圏を逃れて、より根源的な共同体のうちで人々が和解できると考えるのは誤りである。そしてプレスナーの見るところ、とりわけドイツには、そのような心情の純粋さを追い求める政治的な未熟さがあるというのである。

2　ドイツにおける政治文化の貧困

プレスナーによれば、ハイデガーが暗に前提しているような、「魂の救済という私的領域」と「暴力という公的領域」との対置は、「ルター主義によって悲劇的に生み出された分裂」である（MN: 234）。プレスナーは現在の急進主義を一六世紀のプロテスタンティズムに起因するものと考えている。プロテスタンティズムにおいては「あらゆる人間は神と直接的に向き合う」とされ、それとともに「現実との断絶」がひき起こされる（GG: 20）。こうして生じた「内面性と現実」という「悲劇主義的な二元論」（GG: 23）が、ドイツにおける政治文化の未熟さをもたらしているとプレスナーは見る。もっぱら内面性というものの価値を重視するルター主義的な思想は、政治的現実を軽視し、心情や理念の純粋さを追い求める現在の急進主義にまで繋がっているというわけである。ここから帰結するのが、今日における「戦闘習慣の野蛮化と社会の革命化」（GG: 24）である。プレスナーはカール・シュミット的な口吻で、理念の名のもとに現実政治《リアル・ポリティクス》を廃棄しようとする急進主義が、相互の尊敬に基づくかつての騎士的な闘争倫理を破壊し、戦争の過激化をもたらしたことを嘆いている。「戦争は退廃し、イデオロギーは平和主義的になればなるほどいっそう戦闘的になっていく」(GG: 24)。

プレスナーは他の著作でも、ドイツにおける「政治文化」の不在を繰り返し問題にしている。「すべてのドイツ人は政治的事柄を過小評価するという点において一致している」(PK: 51)。彼の見るところ、少なくとも「ビスマルク以来」、ドイツでは政治文化という概念が存在しなかった。政治は単なる「技術」とされ、その限りで「超日常的なものの精髄としての文化」に比して劣った「文明」に属するものとして、むしろ蔑みの目で見られてきたのである(PK: 51)。ビスマルクはいわば、左右の急進主義をそれぞれ体現する「(誤解された)マルクス」と「(誤解された)ニーチェ」によって抑圧されてきた(GG: 33)。「国家技術(Staatskunst)と人間性」(一九二〇)と題されて、第一次世界大戦の休戦日にあたる一一月九日に発表された論文でも、終戦前後のドイツ国内の革命騒乱を回顧しつつ、「純粋に人間性の精神から成る国家を作り上げるために自立的な政治をすべて廃棄しようとする」急進左派の「ユートピア的革命」が批判されている(SM: 47)。プレスナーは決して「人間性なき国家技術」という単純な権力政治を擁護しているわけではなく、「人間性のための、人間性から成る国家技術」、つまり、国家技術を媒介とした人間性の実現を目指している(SM: 49f)。とはいえ彼にすれば、道徳が政治を圧殺するようなことがあってはならないのであり、ドイツ人は政治が「それ自体自足した完全に固有の領域」(PK: 55)として存在することを学ばねばならないのである。

ドイツにおいては、このように急進主義が政治領域の自立性を脅かす一方、ブルジョワ市民階級のうちには政治的無関心あるいはむしろ政治忌避の態度が広がっている。「若者」(青年運動)と「下層階級」(コミュニズム)によって支持された二つの急進主義を前にして(GG: 14)、ドイツの市民階級は政治的に無防備なままにとどまっている。プレスナーにとって、このような「大多数のドイツ市民階級の政治的受動性」(PK: 56)もまた深刻な問題である。それは急進主義の運動に劣らず、ドイツにおける政治文化の荒廃に責を負っているのである。ドイツで政治文化を打ち立てることができるかどうかは、こうした市民階級の政治的無関心を克服できるかどうかにかかっている。

一九二〇年代前半の若きプレスナーによるこうした主張は、のちの著作『遅れてきた国民』での有名な分析を先取りしている。ナチス政権成立後の三〇年代半ばに（異なるタイトルで）最初に出版されたこの著作では、ドイツにおける政治文化の貧困がナチズムを生むに至った精神史的過程が描き出されている。そこでもプレスナーは、ドイツの市民階級における政治意識の欠如を指摘し、そこに彼らがナチスの支持に流れた原因を見出している。この著作での議論によれば、ルター主義的な内面性の世俗化された代用物であるドイツ的な文化概念は、現実政治を忌避するドイツ人にとって一種の宗教的な拠り所として機能した。だが、一九世紀の歴史主義によるあらゆる価値の相対化、さらにはマルクス、キルケゴール、ニーチェによるラディカルな「イデオロギー懐疑」とともに、ドイツの市民階級は自らが依拠する権威や信念を失っていく。にもかかわらずなお何らかの価値基盤を求める市民階級の最後の拠り所として残されたのが、民族という生物学的な理念だったというのである。

市民階級はマルクスを恐れている。しかし市民階級はマルクスに立ち向かうにも、大衆のファンタジーに訴えるような強力な反論を見出すことができなかった。……〔市民階級は〕大きな政治的ビジョンを作り出すことはできなかった。そのような状況のもとで反マルクスの陣営が、大衆の唯物論を逆手にとって生物学的な観念を利用するとしても、何の不思議があろうか（VN: 157f.（二四〇―二四一頁））。

マルクスの急進主義を恐れる市民階級が頼りにできたのは、民族生物学が客観的なものとして提示する「事実」だけであった。プレスナーにとってこのことは、非政治的な現状肯定以外の立場を見出せなかったドイツ市民階級の弱さを示すものにほかならなかった。

『遅れてきた国民』の一九五九年版のまえがきでは、こうしたドイツ市民階級の政治的な未熟さは、ドイツの「失われた（versäumte）一七世紀」（VN: 17（二〇頁））に遠因があるとされている。この時代のドイツでは、三十年戦争などの宗教内戦を背景として、他の西欧諸国に見られるような「政治的ヒューマニズム」が形成されなかったというのである。ナチズムの惨禍を経験した第二次世界大戦後のプレスナーは、この「失われた一七世紀」を取り戻すことに懐疑的である。他方、一九二〇年代のプレスナーはまだ、ドイツ市民階級の政治的無関心を克服し、彼らのあいだに政治的ヒューマニズムを育成する可能性に期待を寄せていた。ドイツにおける「政治教育」を論じた論文のなかで、彼は国家技術に通じた政治家という「職業的階級」の創出を訴えている（PE: 59）。保守リベラリズムあるいは「防衛的リベラリズム」(6)と呼ぶこともできる立場に立っていたこの時期のプレスナーは、中産階級のうちに成熟した政治文化を根付かせることで、急進主義からの社会防衛を模索していたのである。

では、市民階級のうちに形成されるべき「政治的ヒューマニズム」として、プレスナーはいかなるものを構想していたのか。それは、「共同体《ゲマインシャフト》」ではなく、互いのよそよそしさを尊重する「社会《ゲゼルシャフト》」のなかで生きる能力である。政治文化は、人間同士の距離を廃棄しようとする「共同体心情」ではなく、他人と距離を取る「社会心情」があるところで育成される。その限りで、プレスナーにとって、工業化や技術発展によってもたらされる他者と疎遠な都市生活は、単に否定されるべき人間疎外の状態ではない。それはむしろ、市民階級が親密さを欠いた社会の生活に耐える能力を獲得するチャンスである。「社会を肯定するがゆえに社会を支配する者は強い。社会を否定するがゆえに社会から逃げ、共同体を求める者は弱い」（GG: 31）。プレスナーが求めるのは、人々が互いに距離を取りつつ付き合う社会を肯定する強さを持った人間である。心情や良心の重荷から解放され、内面性の文化が克服されるとき、ドイツは他の西欧諸国と同様に「文明化」されるはずなのである。

二　距離と武装の公共圏——ヴァイマルからバロックへ

1　社会の作為性

『共同体の限界』のプレスナーは、テンニースによる「共同体《ゲマインシャフト》／社会《ゲゼルシャフト》」の二元論を前提として受け入れているが、社会に対するテンニースの否定的評価に同意することはない。社会における抽象化された人間関係の背後に、回復されるべき本来の人間関係があるわけではない。むしろプレスナーにすれば、一種の疎外された人間関係としての社会は、共同体に劣らず人間の本質的な活動領域なのである。「我々自身のうちには、共同体を求め、それを保護するだけでなく、社会を求め、距離を取ろうとする身体および魂の諸力が存在する……」（GG: 115）。親密な人間関係を無制限に拡大してはならず、公共圏は互いに距離を取る人間同士の間接的な関係を基礎とせねばならない。

プレスナーによれば、抽象的・間接的な関係としての社会のうちで交流することは、決して人間の「非本来的な」あり方を示すものではない。むしろ、「人間の独自性は間接的なもののうちで示される」（GG: 106）。人間の条件は、まさに社会のうちで互いに距離を取って交流することのうちに存するのである。社会とは、各人が相互に異なる自らの利害を自己抑制しつつ、また互いを害することなく実現しようとする関係形式である。ここでは自然的直接性は断念されねばならない。「公共圏は人間同士の自然的関係の反対物となった」（GG: 102）。いわば人間は「第二の自然」のうちに生きることを定められているのであり、作為としての社会こそが人間関係の「本来の」あり方なのである。プレスナーの有名な表現で言うなら、「人間は「本性的に（von Natur）」作為的である」（MN: 199）。

それゆえプレスナーは、同時代のドイツの文化悲観主義者とは異なり、技術発展や近代工業社会を批判的に見ることはない。むしろ彼はテクノロジーによって媒介された文明の発展を積極的に肯定する。互いの関係が作為としてのテクノロジーによって媒介されることは、そもそも社会のなかで生きる人間にとって必然的だからである。「機械におけるユートピア」（一九二四）という論文では、プレスナーは人間とテクノロジーがますます一体化していくという「テクノクラシー保守主義」に近い立場すら取っている。(7) 近代都市生活に背を向けて理想化された自然に回帰しようとする青年運動のノスタルジーとは反対に、彼は技術的進歩によって切り開かれるユートピアの可能性に期待を寄せている。「機械は我々を解放しないし、我々も機械を解放しない」以上、「機械の精神からユートピアを実現するためにすべてを犠牲にする用意のある」新しい人間類型を創出することが重要だというのである（UM: 38）。

「結びつきのない人間同士の開かれた交流システム」（GG: 95）としての社会は、テクノロジーと不可分である。個々の人間のあいだにはアプリオリな結びつきが存在せず、それゆえ人間同士を結びつけるためには一定の作為的な手段が必要となるからである。「技術を広い意味で取るなら、技術や文明なしに社会はありえない。道具や作為的手段を必要とする人間同士の交流はすべて、共同体の領域を脱し、社会として機能する」（GG: 40）。社会と文明の作為性のなかでのみ、人間同士の関係は発展していくことができる。プレスナーにとって、公共圏において人間を互いに結びつけるものは、内面性や道徳ではなく、テクノロジーなのである。

こうしてプレスナーは社会における人間関係を、技術的手段を通じた外面的・即物的な関係として捉えることになる。公共圏においては、各人はその直接的な姿においてではなく、媒介された姿でしか他者の前に現前しない。

公共の生活のうちで各人は他者を見て取る。もっともそれは、その人がある通りの姿においてではなく、その人がそうありたいと欲する姿においてである。というのも、個人の人間性は仮面の背後に消えてしまって、もっぱら非現実的な機能だけが効果を持ち続けるからである（GG: 102）。

社会における交流は、道徳的・内面的交流ではなく、仮面を媒介とした外面的な交流である。この点でプレスナーは、隠蔽や偽装を特徴とする宮廷人の人間類型を発展させたバロック期の政治理論に接近することになる。

すでに知られているように、リチャード・セネットは『公的人間の没落』（一九七六、邦訳タイトル『公共性の喪失』）のなかで、プレスナーを髣髴とさせる仕方で「親密さの専制」[8]を批判している。セネットは近代都市生活のうちに共同体的な親密性による公的領域の侵食を見出し、それに対して、まだ公／私の領域の明確な分離が存在していた一八世紀を理想化している。その時代においては、人はその私生活とは無関係に、あくまで公的な人格としての役割演技によって評価されていたというのである。[9]プレスナーにとっての公共圏もまた、このように私的領域から切り離された公的演技に基づくものでなくてはならない。しかし、彼がモデルとするのは、セネットのように「温かみ」をもった一八世紀の市民たちの公共圏ではなく、「冷たさ」を帯びた一七世紀の宮廷社会の公共圏のほうである。[10]それはまさに、一六―一七世紀の宗教戦争の余波のなかで形成された絶対王政期の公共圏が、第一次世界大戦および戦後の半ば内戦的な状況を反映したヴァイマル期の公共圏と符合するものであったからであろう。

『共同体の限界』のなかで一七世紀フランスのモラリストであるラ・ロシュフーコーのアフォリズムがたびたびエピグラフとして引用されていることから分かるように（G: 58, 79）、プレスナーにとって絶対王政期の宮廷は近代公共圏の原形式である。彼はそのなかに、近代市民社会に先立って生まれたある種の合理主義、いわゆる「政治的ヒューマニズム」を見ている。それは宗教内戦によって形而上学的な共通基盤が崩壊し、人々のあいだに相互不信が支配するようになった時代のなかで、むき出しの暴力を抑制するために生み出された生き延びの技法である。バロック期の人々は、儀式や礼儀作法のような、内面性を隠して行為する偽装の技術によって、暴力のあからさまな衝突を馴致しようとした。近代啓蒙主義が偽善として批判するこのような宮廷倫理は、不信と疑念が支配する「冷たい」公共圏を生き抜くための武装としての意味を持っていた。まさにこうしたバロック期の公共圏と同じように、プレスナーはヴァイマル期の公共圏を武装が必要な一種の戦場として捉えたのである。「個人は何よりもまず自らを堅忍不抜にするための一つの形式を与えられねばならない。つまり、公共圏という戦場に足を踏み入れるための武装である」（GG: 82）。バロック期とヴァイマル期という平行性を持った二つの時代の政治的合理主義は、仮面で武装した人間像のうちに示されている。

2　仮面、外交、ゲーム

社会は親密性ではなく、人と人との距離によって成り立っている。社会においては、人は裸の個人同士として交流するのではなく、作為としての仮面を媒介として間接的に交流する。「社会エートスの根本特徴に属するのは、直接性がその背後に消え去る仮面への憧憬である」（GG: 41）。プレスナーはユンガーと同じように、両大戦間期の都市大衆生活を第一次世界大戦の戦場と連続的なものとして理解する。そこでは人は仮面によって武装するが、それは自己を他者から守りながら、同時に他者に対して自己を主張するためである。公共圏という戦場では、むき出しの個人は仮面の背後に姿を消し、架空の役割を引き受けつつ他者の前で自己を上演する。

一つの形式という架空の補完物なしに公共圏に歩み入るのはあまりに無謀である。こうした架空の補完物によって人間は仮面をつける。そうして人間は、個人として見られ、尊重されるのを断念する。しかし少なくともそれは、代行するという意味において、ある特定の機能において、代表として（repräsentativ）活動し、尊重されるためなのである。……人間は仮面を通じて自らを普遍化し、客観化する。人間はその仮面の背後に退き、ある程度は見えなくなるが、人格として完全に消え去ることはない（GG: 82）。

他者との直接的関係を持とうとすることは危険であり、むしろ人間は仮面を通じた自己疎外のうちで自己を実現する。作為的なフィクションとしての仮面こそが、他者と向き合う人間の顔を作り出し、自己呈示を可能にする。仮面は自己を他者から隠蔽すると同時に、他者に対して可視化する。公共圏は、人々が自らの外見を作り出すことで相互に作用し合うような場なのである。

人は社会において自分自身の領域を守るために仮面で武装するが、しかし仮面は同時に、人々が互いを尊重しながら付き合っていくための手段でもある。仮面をつけて役割を演じることで、人は互いに相手に深く立ち入ることも、相手を傷つけることもなしに、相互に承認し合う。ここにはプレスナーが「気品（Grazie）のエートス」と呼ぶものを見て取ることができる。つまり、「互いに出会うことなく接近し、互いに無関心によって傷つけ合うことなく遠ざかるゲーム規則の巧みな使用」（GG: 80）である。公共圏において重要なのは、親密さを避け、他人に近づきすぎるのをやめることである。それは他者への単なる無関心ではなく、互いの尊厳を維持する非個人的な交流である。

人と人とのあいだに否応なく生まれる疎遠さは、より高尚な隔たりへと高められる。それによって、互いによそよそしく暮らすことによる不快な無関心・冷淡・不作法さは礼儀・敬意・心配りによって打ち消され、また、あまりにも近づきすぎることは慎み深い態度によって控えられるようになる（GG: 80）。

プレスナーが「儀式（Zeremoniell）」や「威信（Prestige）」といったバロック的なモチーフを取り上げるのは、それがこのように近づきすぎず、離れすぎない関係を可能にするものだからである。それは個人の自己保存と間人格的な相互行為とを両立させるような形式である。こうしたフィクション的な形式を通じて、人は他者との相互承認のなかで自分自身に固有の領域をも守ることができる。

　社会のなかで人間はある程度形式化された仕方で交流するというプレスナーの議論は、社会学的な観察というよりも、彼独自の人間学的な考察に基づくものである。彼の「生の哲学」的な前提によれば、人間における心的なものは「存在」と「生成」という両義性がある。つまり、それは、そういうものとして他者から承認され、固定化されることを欲すると同時に、そうした固定化から逃れ、絶えず変化することを欲している。いわば「魂の生」は、「開示への衝動、承認欲求」と「抑制への衝動、恥じらい」とのあいだで引き裂かれている（GG: 63）。これは決して払拭することのできない両義性であり、まさにここに動物と比較した場合の人間に固有の特徴が存する。こうした両義性を逃れようとして心的なものを完全に表現しようとするなら、それは動物の領域への転落を意味する。そのとき人間は、「滑稽さ」のうちでその尊厳を失うのである。「むき出しのままで現れてくる心的なものはすべて……滑稽さのリスクを負う」（GG: 70）。それゆえ人は、自己の直接的な表現は避け、自らを完全にさらけ出すことなく間接的に表現せねばならない。一定の客観的な形式を通じて表現されることで、魂は他者の嘲笑から守られる。「あらゆる心的なものは自らを実現するためにこうした迂回路を必要とする。心的なものは自らを失うことでのみ自らを獲得する」（GG: 91）。

　プレスナーにとって、人間の身体は心的なもののこうした間接的な表現のための媒体である。「身体（Körper）」は動物への転落を避けるための適切な表現形式を人間に与えるのであり、それは無意識としての「肉体（Leib）」的な存在から人間の自我を守るのである。プレスナーはデカルト的な心身二元論を退け、心的なものと肉体的なものが接合される場として身体を捉えている。身体という媒介的な形式のうちで心的なものが上演されるという点に、人間の人間たるゆえんがある。これはプレスナーの主著『有機的なものの諸段階と人間』（一九二八）で、人間の「脱中心的位置（exzentrische Positionalität）」と呼ばれているものに等しい。人間は動物と異なり、自分自身と距離を取ることができ、自分自身の外に立つことができる。人間は自己を放棄することで、自己を表現する。「自分自身と距離を取るということ以上に、人間がその自由を純粋に示しうるものはない」（GG: 94）。プレスナーが「自然的作為性（natürliche Künstlichkeit）」（SOM: 383）という語で言い表しているように、作為性こそが人間にとっての自然である。プレスナーの「否定的人間学」[11]を特徴づけるのは、人間は本来的に自己疎外されているという認識である。こうしたアプリオリな人間学的条件ゆえに、人間が互いに心的なものを傷つけずに交流するためには、作為的なフィクションが必要だとされるのである。

のちにユルゲン・ハーバーマスがプレスナーに宛てた書簡のなかで難詰することになるが[12]、こうした人間学に基づくプレスナーの社会的行為の理論は、自己と他者とがパースペクティヴを交換する共同主観的なものというよりも、むしろ孤立した主体が他者を利用して自己保存を図る「戦略的行為」[13]とみなすことができる。プレスナーは社会における交流を「外交の論理」という言葉で特徴づけている。「外交の冷たい空気、この公共圏の論理、この名声と作為の仮面なくしては」魂は息をすることができない（GG: 104）。外交の論理を通じて、他者との心情的な直接的接触を回避する「魂の衛生学」（GG: 87）が可能となる。ここにプレスナーの考える「政治」がある。公共圏においては、人は自身のすべてをさらけ出すわけではない。外交は「脅しと威圧、策略と説得、行為と交渉、権力拡大の方法と技術のゲーム」（GG: 99）である。それは互いに敬意をもって距離を取りつつ、一定の礼儀のもとに各人が自己利益を追求する方法である。いわば「生死をかけた闘争もまた形式のうちで行われる」（GG: 102）という点に、人間の特有性がある。政治とは、各人が一定の社会的役割を引き受けつつ互いに抗争や交渉を行う「ゲーム＝遊び（Spiel）」なのである。「形式を守ることはゲームのルールの遵守と同様の意味を持つ。それによって、人々が互いに機能や役割のなかで現れる公共の生活は、その本性においてゲーム＝遊びになる」（GG: 83）。

プレスナーが問題とするのは、今日こうした「遊びの精神」（GG: 94）が危機にあるという事態である。彼は、ヨハン・ホイジンガが有名な『ホモ・ルーデンス』（一九三八）で指摘したのとそう変わらぬ仕方で、遊びの精神が失われることによる戦争の野蛮化に警鐘を鳴らしている。「戦争の決断に敏感な人間ほど、外交的ゲームという騎士の技巧を高く評価するだろう。それはむき出しの暴力に訴えることをできる限り未然に防ぎ、動物同士の争いが根底にある人間同士のあからさまな殲滅戦争をできるだけ先延ばししようとするのである」(GG: 125)。政治は殲滅戦争ではなく、騎士の決闘にも似たアゴーン的な抗争でなければならない。「礼節(Takt)」や「優しさ(Zartheit)」といった宮廷的な作法のうちには、そのように遊びを伴う相互作用の精神が保持されている。「脅しや策略」といえども、むき出しの暴力ではなく、互いの距離を保つ外交として行われる限りでは、「個人の自由を尊重している」(GG: 101)。政治とは仮面をかぶった交流の技術である。だが、今日台頭しつつある「社会的急進主義」に見られるのは、政治を過激化するような「無礼さ(Taktlosigkeit)の倫理」でしかないというのである(GG: 110)。

したがって、プレスナーの考える「政治教育」とは、「外交」としての政治を遂行できる資質を備えた人物を育成することである。そのさい彼が一つの理想とするのが「ビスマルク」である(GG: 123)。その成熟した政治家としてのあり方は、青年運動の若者たちにおける未熟な急進主義の対極をなすものとされる。プレスナーの議論が、ヴェーバーやフリードリヒ・マイネッケと同じような一種の「権威主義的リベラリズム」の性格を帯びていることは否定できない(14)。プレスナーはドイツ人の政治的未熟さをいわば貴族主義的なやり方で克服しようとしている。第一次世界大戦の敗戦という破局のなかで、彼は愛国的な情熱をもって「内政と外政のための国家技術の学校」(PE: 62)の必要性を訴え、とりわけ政治を嫌悪してきたドイツの市民階級のなかから、政治的エートスを備えたエリートが生まれることを期待している。そうしたエリートは「機械時代の英雄的な楽観主義者」であり、社会や文明から逃避することのない「真の強者」である(GG: 38)。プレスナーにとって、テクノロジーの挑戦を引き受けることができるのはほんの少数者であり、技術時代の大衆は彼らによって指導される。作為の世界としての公共圏を耐え、形式のゲームとしての政治を繰り広げることのできるエリートこそ、若きプレスナーが求めた強い人間像であった。

3　ヴァイマル知識人とバロック宮廷人

プレスナーをはじめとするヴァイマル知識人たちは、第一次世界大戦の破局がもたらした旧来の価値の崩壊のなかで、もはや純粋な内面性や本来性を素朴に信じることはできなかった。彼らは生の拠り所を失ったこの世界を、外見上の冷ややかさと仮面によって武装することで生き延びようとした。内面の心情を切り詰めた彼らの「新即物主義」的な人間観はここから帰結するのであり、そのさいに一つのモデルとなったのがバロック時代の宮廷人であった。H・レーテンはとりわけ、ヴァイマル期の思想家たちのあいだで、一七世紀スペインのイエズス会士であり、多くの処世訓を残しているバルタサール・グラシアンが少なからぬ存在感を持っていたことを指摘している。[15] ドイツにおいてグラシアンは、一九世紀前半にショーペンハウアーが『神託必携および処世智の技』（一六四七）を翻訳・紹介したのをはじめ、ニーチェにも愛好されるなど、少なからぬ読者を獲得してきた。二〇世紀になるとロマンス語文学者のカール・フォスラーがグラシアンに熱心に取り組み、おそらくグラシアンにも触発された彼の「ペルソナ」概念は、カール・レーヴィットなどに大きな影響を与えることになる。[16]

グラシアンの処世訓は、魂の真正性というルター主義的な理想の対極にある。『神託必携』でグラシアンが述べているような、情動の抑制、内心の隠蔽、名声の獲得、他者の感情や意志の操作などはすべて、人間の見かけに関わる徳もしくは叡智であり、それに比べれば本来性や内面性は二次的なものである。「物事は実際の中身よりも、見た目がまかり通ってしまうものだ。……表に見えてこないものは、あたかも存在しないも同然である。……要は見た目の良さが、中身の完璧さを示す最上のしるしとなりうるということだ」（第一三〇番）。[17] グラシアンのこうした「冷たいペルソナ」は、他者との相互理解など存在しえない危険な世界を生き抜くための武装である。そうしてそれは、少なからぬヴァイマル知識人たちにとって、「二〇年代の武装した自我」[18] のモデルとなったのである。

第一次世界大戦に前線兵士として参加したエルンスト・ユンガーは、その物量戦を今日の技術時代の原風景と捉え、戦後の都市大衆社会を一種の戦場として理解した。そうして彼は、技術発展がもたらすショックや苦痛を冷静に受け止めることのできる新しい人間類型の出現を期待する。終戦直後の一九二〇年前後にベルリンで陸軍規則委員会の活動に関わっていたころ、ユンガーはグラシアンの『神託必携』を熟読していたが、[19] グラシアン的な宮廷人は、まさにユンガーが「兵士」や「労働者」といった形象に託すことになる武装した人間像の一つの範型になったと見ることができる。

グラシアンへの傾倒はヴァルター・ベンヤミンのうちにも見出すことができる。一九二〇年代のベンヤミンはグラシアンの著作を継続的に読んでおり、グラシアンについての論文や注釈の執筆も計画していた。[20]『ドイツ悲劇の根源』ではバロック悲劇における冷静さと自制心を備えた宮廷人の形象に触れるさいにグラシアンが直接的に言及されているほか、[21]一九世紀イタリアの詩人ジャコモ・レオパルディの独訳書の書評（一九二八）でも、自分自身とアイロニカルに距離を取るレオパルディがグラシアンに類似しているとされ、そうした態度のうちに、武装することで幻想なしに社会的現実を観察する知識人の原型が見出されている。[22]ベンヤミンがグラシアン的な仮面に注目するのは、それがテクノロジーを通じた本来性や一回性の解体に積極的な意味を見出す彼自身の思想と合致していたからである。彼はパウル・シェーアバルトやパウル・クレーといった作家・芸術家たちのうちに「内面性」や「動機」からの人間の解放を見、今日の技術時代においては「表面」にとどまる態度こそが重要だとしている。[23]

また、ベンヤミンは一九三〇年代初めに友人のベルトルト・ブレヒトにグラシアンの『神託必携』を贈呈しており、ブレヒト自身、グラシアンに少なからぬ興味を持っていたようである。[24]実際、『都市住民のための教本』（一九二六）に所収された詩「痕跡を消せ」、あるいは偽装と仮面が一つの中心的なテーマとなっている教育劇『処置』（一九三〇）などは、グラシアンの思想との親和性を見出すこともできる。ブレヒトもまた同時代の「新即物主義」的な雰囲気のなかで、内面でも素顔でもなく、外見というものが持つ固有の演劇的価値に着目していたと言える。

この時期におけるバロック的な政治思想のリヴァイヴァルがより明示的に見出されるのは、ノルベルト・エリアスである。[25]彼は周知のように、元来は一九三〇年代前半に執筆された教授資格論文である『宮廷社会』において、礼儀作法と儀式という宮廷的な行為類型を再評価している。彼がこのように近代市民社会以前の「宮廷的合理性」を評価するのは、それが内面的教養を重んじるドイツ市民階級の「文化」概念と対極をなすような、「文明化」の指標だからでもある。ナチスの政権掌握後に亡命先で執筆された『文明化の過程』（一九三九）では、情動を制御し、身体を規律化する宮廷的な振る舞いが「文明化」とみなされ、暴力を馴致する近代社会の成立に大きな役割を果たしたとされている。直接的に意識していたかどうかはともかく、エリアスの議論はプレスナーの人間学的考察を「歴史化」したものとみなすことができる。[26] たしかにエリアスは、『共同体の限界』のプレスナーほど保守的ではない。エリアスは自然的衝動の抑圧が文明への不満を生むというフロイト的観点から、文明化を終わりのない弁証法的な過程として理解しており、宮廷社会を単純に理想化することはない。とはいえ彼は後年、プレスナーが『遅れてきた国民』で診断しているのと同じように、一七世紀フランスのような文明化が存在しなかったことがナチスを生むドイツの悲劇の一因になったとも述べている。[27] 宮廷社会における行為の形式化は、むき出しの暴力という野蛮を抑えるのにともあれ寄与したわけである。

人は仮面を通してのみ他者と接することができるという思想が、バロック期とヴァイマル期のあいだに平行性を作り出している。自己は一定の作為を媒介として武装することで、つねに危険を孕んだ他者との関係を生き延びることができる。ヴァイマル期においては、このような仮面の生は、自己の実存的な立場を公然と明らかにする決断主義とは異なるような、危機の時代に対する政治的なもののもう一つの応答だったのである。

三 仮面と決断のはざまで

1 政治的なものの二義性——プレスナーとシュミット

一九二〇年代のプレスナーは、礼儀のような見かけ上の形式を通じて暴力を馴致しつつ他者と交渉する「外交」のうちに政治を見ていた。しかし三〇年代に入り、世界恐慌に伴う政治的・社会的危機が先鋭化していくなかで、プレスナーの理論も急進化していく。つまり、『共同体の限界』で中心的な役割を果たしていた「儀式」・「威信」・「礼節」などの概念は後景に退き、むしろ彼はシュミット的な決断主義の立場を鮮明にしていくのである。いまや仮面の政治は、コミュニズムやファシズムといった左右両翼の脅威を前にして無力だとみなされる。三〇年代のプレスナーは、以前のような「自己防御という防衛的態度」ではなく、「自身の可能性を増大し、自身の安全領域を拡大する」ような「能動的な態度」を求めるようになる。[28] すなわち政治は、ある虚構上の役割を引き受け、それをいかにうまく演じるかではなく、危険な他者に対し自らの立場を明確にして対峙する友敵決断のうちに存するというのである。それは他者と交流するための外交的な技術というよりも、敵としての他者を前にした、自らの実存的意味の創出である。

一九三〇年代初頭の著作『権力と人間の本性』（一九三一）には、プレスナーのそうした急進的な立場がはっきりと現れている。この著作は、三〇年前後にベルリンで彼と個人的な交友関係にあったシュミットの影響下に書かれたものであり、いわばシュミットの友敵理論の人間学的な基礎づけを意図している。[29] とはいえ、プレスナーに対するシュミットの影響はこの著作ではじめて見られるわけではなく、すでに『共同体の限界』のなかでも、シュミットの『政治神学』における主権理論が肯定的に言及されていた（GG: 116f.）。実際、『共同体の限界』においても、他者は潜在的な敵をも意味していた。他者は自己を脅かす存在だからこそ、それとの交流には仮面が必要なのである。「……破壊が少なくとも脅威として存在するのでない限り、政治は存在しない……」（GG: 124）。仮面を通じた外交としての政治は、他者を敵とみなすことを前提とする。そして『権力と人間の本性』では、まさに敵との対決としての政治が前景化するのである。

プレスナーは友敵の区別が人間にとって必然的であることを示そうとする。アプリオリな人間学的理由から、人は敵というものを持たざるを得ないというのである。先述のように、プレスナーの考える人間の条件とは、自分自身の外に立つことができるという「脱中心的位置」にある。人間は本来的な自然的基盤というものがなく、つねに作為の世界に疎外されて生きている。つまり、人間ははじめから「地盤喪失」の状態にあり、無根拠の深淵にさらされている。しかし、こうした（フロイト的な意味で）「不気味なもの」と向き合うことでのみ、人間は自分自身のアイデンティティを見出すことができる。

見知らぬものとは自分固有のものであり、他者のうちにおける、そして他者としての親密なもの・馴染みのものであり、それゆえ――ここでフロイトの認識を思い起こすなら――不気味なものである。……人間は自分というこの場だけでなく、他者というよその場においても「自分自身」を見出す（MN: 193）。

人間は決して自分自身のうちに安らうことはなく、本来的に自己分裂を抱えている。つまり、人間は自らのうちに見知らぬ他者を持つ。だが同時に人間は、このような他者との否定的な関係のうちでのみ、自分が何者であるかを知ることができる。「人間であるということは自分自身であることとは別の存在であるということである」(MN: 225)。

友敵の区別が人間にとって不可避的なのは、人間の抱えるこうした自己分裂ゆえである。いかなる本質も持たない開かれた存在としての人間は、他者との対決を通じてのみ自分自身に至ることができる。「友敵関係はむしろ人間の本質体制に属するものとして理解される。しかもそれは、人間の具体的な本質規定が妨げられており、人間は開かれた問いあるいは権力として扱われるがゆえにそうなのである」(MN: 192)。人間は異質なものを通じて自らの固有性を獲得する。こうした人間の実存形式ゆえに、友敵の区別としての「政治」は、人間にとっての「運命」となる。それは、「友情と敵意、親密さと疎遠さを克服できない人間の運命的な必然性」に由来するのである(MN: 195)

『権力と人間の本性』では、政治は自己と他者との区別に存するとされている。『共同体の限界』とは異なり、ここでは人間存在の政治性は、自らの内面を隠して他者と交流することのうちにではなく、敵としての他者と対決することのうちに見出される。重要なのは、異質な他者から自己を画する決断であり、それによって人間は自らの本来的な地盤喪失を克服し、自分自身の安全な領域を画定することができる。人間の実存はこのようにリスクや不安定性を絶えず克服することから成っている。「あらゆる確実性は不確実性から勝ち取られ、また新たな不確実性を生む」(MN: 198)。人間はそのつどリスクを冒して他者を克服していかねばならないのであり、いわば恒常的な戦場に身を置いているのである。

『遅れてきた国民』に第二次世界大戦後に付された補遺では、プレスナーはシュミットやハイデガーの決断主義を、ファシズム的な「政治の美学化」の徴候とみなしている(VN: 212f.(三二二―三二三頁))。だが、ナチスの政権掌握直前の時期に出版された『権力と人間の本性』でのプレスナーの議論が、シュミットやハイデガーと親縁性を持っていることは否定できない。実際、この著作では「民族性は人間の本質特徴である」(MN: 233)と述べられ、ハイデガーと同じような、哲学の「政治化と民族主義化」を見て取ることができる。(30) その末尾で語られているのは、自分自身の立場の「特殊性」を自覚した民族の「政治」であり、自らの実存の無根拠な「偶然性」を認識することは、個人だけでなく、民族の使命であるともされている（MN: 233）。『共同体の限界』においては、他者の疎遠さは公共圏での文明化された交流の前提であった。しかしいまやそれは、民族や国家がそれを敵として自己主張し、自らに固有の安定したアイデンティティ領域を確保するための契機となる。異質な他者に対して、仮面による役割演技を通じて交流するか、自己主張する決断によって対決するか。両大戦間期という危機の時代にあって、プレスナーはこれら二つの政治のあり方のあいだで揺れていたと言える。

2 二つのグラシアン――ヴェルナー・クラウスとシュミット

仮面というバロック的な処世術のリヴァイヴァルをもたらしたのは、ヴァイマル期ドイツの半ば内戦的な状況であった。だが、その後成立したナチス政権のもとでアナーキーが国家体制そのものにまで高まると、こうした危機の時代をいかに生き延びるかということは、知識人たちのあいだでより切迫性をもった問題として意識されるようになる。ドイツのロマンス語文学者であり、後に東ドイツで政治家となるヴェルナー・クラウスは、この文字通り危険な体制下で生存するための手掛かりを、バロックの宮廷人とりわけグラシアンの処世術のうちに見出そうとした。先述のカール・フォスラーおよび文献学者エーリヒ・アウエルバッハの弟子としてその学問的キャリアを積んだクラウスは、第二次世界大戦中にナチスへの抵抗組織「赤いオーケストラ（Rote Kapelle）」のメンバーとして逮捕され、大逆罪幇助の罪で一九四三年に死刑判決を受ける。結局刑は執行されなかったが、彼はベルリン・プレッツェンゼー監獄収監中にグラシアンについての著作を執筆し、これは戦後になって『グラシアンの人生訓』（一九四七）というタイトルで出版される。この本のなかでクラウスは、いわばグラシアンの処世訓に自らの虜囚体験を重ね合わせていると見ることができる。

クラウスによれば、グラシアンにとっての「宮廷」は、単に同時代スペインの宮廷を指しているのではなく、「危険な生の集積場所」[31]の象徴である。つまりそれは、相互不信と闘争の舞台であり、人間がそのなかで生きる危険な生そのものを表している。その限りで、宮廷は「政治的なもの」[32]の範型である。こうした危険のただ中を生き抜くためには、「道徳のすべては戦術的な規則に還元される」[33]。生は闘争に満ちており、それゆえ武装をし、狡知をめぐらすことは不可避的である。クラウスは、人間の生は人間の「悪（malicia）」に対する「闘い（milicia）」であるとする、『神託必携』第一三番の箴言を引き合いに出している。[34] したがって、グラシアンの宮廷処世訓で説かれるのは、真意を晒すことなく外見を装うことである。クラウスもまたレーヴィットと同じように、フォスラーの「ペルソナ」概念を受け継でいる。[35]「存在は外見を必要とする。姿を現すことのないものは、認められないままである。外見が目立つことによって存在が傷つくことはなく、逆にそれは存在の内容を強化する」。[36] こうした外見は単なる虚偽や欺瞞ではない。むしろそれは野蛮から文明への移行を示しているのであり、そのなかでこそ「文化が形成される」。[37]

クラウスのグラシアン論が含意しているのは、ナチスとの暗黙理の対決である。彼は外見の文明性を強調することで、ナチスの民族主義的な根源神話に反対し、非合理主義的な力の称揚を退ける。彼は太古の共同体の喪失やあるべき本来性からの疎外を嘆くのではなく、外見を装うことのうちに人間性の進歩を見るのである。たしかに、彼は単純にグラシアンを称揚しているわけではなく、例えば、イエズス会士グラシアンの処世訓における女性の欠如を問題視している。[38]「グラシアンの人生訓は、女性という相手役を絶えず考慮することで形成されるフランスのモラリストの人間像とは、考えうる限り最も強烈な対照をなしている」。[39] このように女性的なものに対して閉ざされている限りで、グラシアンはユンガーがそうであったように、ナチスと一定の親和性がある「男性同盟」のイデオロギーと同じ地平にいる。しかしそれでも、虜囚の身であったクラウスにとって、グラシアン的な偽装はナチスの圧政に抵抗し、生き延びるための方途を指示してくれるものであった。危険に満ちた時代にあっては、仮面こそが真実の生の指針となるのである。

実のところシュミットもまた同じように、自らの虜囚体験のなかで、偽装と隠蔽による生き延びの必要性について語っていた。ただしそれは、クラウスとは逆に、第二次世界大戦後に連合軍によってナチス協力者として捕囚されたことをきっかけとしてであるが。『獄中記』（一九五〇）や『注釈集《グロッサリウム》』をはじめとする終戦直後のシュミットの著作には、戦前の彼の主張とは正反対に思える記述を各所に見て取ることができる。つまり、決断によって自らの立場を鮮明にするのではなく、自らの内面の自由を保護するために公共圏から退隠することが強く説かれるのである。シュミットのナチス期の著作『レヴィアタン』（一九三八）では、公権力から自由な私的内面性が国家の権威を侵食するリベラリズムのイデオロギーとして批判されていたが、戦後の『獄中記』ではそれとはまるで反対に、精神は「レヴィアタンの爪牙の下においてさえ」自らの自由を「内面」のうちで保持すると述べられ、ホッブズがそうした内面の自由を守り抜いた思想家として賞賛されている。(40) 人々の内面をも掌握しようとする全体的支配に対しては、「沈黙と静寂という対抗力(41)」によって「精神の自由」が守られねばならないというのである。

終戦直後のシュミットのこうした議論には、自身のナチ・コミットに対する自己弁明が含まれている。彼は連合軍による戦犯裁判のための取り調べを受けたさい、自らの理論はナチスを積極的に擁護したわけではなく、ナチスによって歪曲されて利用されただけだとの弁解を繰り返している。ナチスも連合軍も自らの理論を曲解していると主張するシュミットに言わせれば、今日の公共圏は「意味の変造」を伴う「拡声器」になってしまったとされる。(42) ある学問や思想をその本来の意図の通りに受容してくれるような公共圏はもはやなく、その内容が恣意的に歪められるのは不可避だというのである。シュミットはナチ・コミットの責任を追及される戦後の自身の窮状を、大衆社会における知識人の状況へと一般化して理解している。いまや「真の公共圏」は失われ、大衆が言葉や概念の意味を歪め、誤解する「偽の公共圏」しか存在しないというわけである。(43)

このように大衆が支配する公共圏のもとでは、知識人は自らの内面を守るための偽装が必要となる。そうして終戦直後のシュミットの日記『注釈集』では、グラシアンの処世訓がしばしば示唆されることになる。例えば、一九四八年五月一日の日記には、「大衆世論調査状況のためのドン・カピスコの神託必携」という記述がある。(44) 「ドン・カピスコ」とは第二次世界大戦中から使われ始めるシュミットの自称であるが、この語は草稿ではもともと「グラティアン（Gratian）」と記載されていたものが抹消されて書き直されたものである。(45) つまりここでシュミットは自らをグラシアン（というよりむしろグラシアンの小説『クリティコン』に登場する広い知見を持った主人公クリティーロ）に重ね合せたうえで、現代の公共圏への不信を書き記している。

もし汝が大声で叫んでいるシュプレヒコールのなかに入り込むときには、汝はこのテキストもまたできるだけ大声で叫ばねばならない。さもなくば、汝は間違いなくひどい死を迎えることだろう。というのも、もし汝が内面からの叫びによって自身を守らねば、汝の耳と脳は外界によって潰されてしまうからだ。(46)

シュミットは「音波による殲滅」という言葉を用いて、個人の内面性に対する今日の大衆社会の脅威を強調している。こうした状況のもとでは、人は不用意に自らの内面を表に出してはならないというのである。また、四八年六月二九日の日記でも「ドン・カピスコのさらなる規則」が書き記されている。「あらゆる拡声器に用心せよ。汝の声を偽の公共圏へ運び入れるマイクロホンに用心せよ。すべての拡声器は意味の改ざん者である。世界公共圏、これは世界の欺瞞である。世界のなかにあるものは悪魔のものである」(47)。言葉や概念の意味を歪められる大衆公共圏においては、個人が自らの内面を自由に表現することは危険である。こうしてシュミットは、公共圏というものそれ自体に対して極めて悲観的な見解を吐露するようになる。

このような終戦直後のシュミットの省察は、クラウスのグラシアン論に近いように見えても、結局はナチ・コミットの自己正当化を動機としたものにすぎない。シュミットが弁明するところでは、自らの理論がナチスによって（自らの意にそぐわぬかたちで）利用されたというのは、今日の大衆社会において知識人が必然的に見舞われる悲劇の一例である。このような状況のもとで彼に残された希望は、そのような「偽の公共圏」から逃避し、私的内面性へと退隠することである。「精神と知性は公的な活動の喧騒に対し、儀礼的で几帳面で皮肉な態度をもって応じ、最後には沈黙をもって応じる」(48)。いまやシュミットは公共空間での言語形成それ自体を放棄し、「沈黙の安全のなかへ」引きこもろうとする。ここには敵としての他者も、外交の相手としての他者も存在しない。終戦直後のシュミットの仮面の生を、「政治」と呼ぶことができるかはもはや疑わしい。

結語

危険な時代においては真実を語ることがすべてではない。特に二〇世紀前半はこのことが多くの知識人に切迫性をもって意識された時代であった。その場合には、偽装することが生き延びの、さらには抵抗の技法となる。実のところこのことはドイツの知識人だけが問題としていたわけではない。フランスの思想家ヴラジミール・ジャンケレヴィッチは、ナチス・ドイツ占領下のフランスで対独抵抗運動に参加していた時期に、『嘘について』（一九四二）という小論を公刊している。自身グラシアンの愛好者でもあったジャンケレヴィッチはそのなかで、一切の嘘を許容しない厳格主義を退け、過去も未来もない「瞬間の支配[49]」としての嘘に一定の役割を認めている。「ドイツの官憲」や「アウシュヴィッツの処刑人」に正直である必要はなく、具体的な諸状況を顧慮せずにただ真実だけを語ろうとする「純粋主義」はそれ自体が不誠実だというのである[50]。

ジャンケレヴィッチのこの小論は、かつてカントとバンジャマン・コンスタンのあいだで行われた「人間愛からの嘘」をめぐる論争の再演とみなすことができる。ジャンケレヴィッチはカント的な純粋主義を批判するわけだが、彼が究極的に擁護しているのは、人を惑わせるだけの「嘘」というよりも、真実への隠れた案内を含み、解釈を行う能力を育成する「皮肉《アイロニー》」である[51]。とはいえ、状況が真実の隠蔽を求める場合があるという点では変わりはない。実践とは、理論的あるいは道徳的な純粋性の直接的な実現ではなく、そのつどの状況を顧慮した判断を伴うものである。しかし、偽装や隠蔽がこうした状況的な判断を含むのだとすれば、もはや仮面と決断は単純に対立するものとみなすことはできない。仮面は単なる身に付いた形式ではなく、そのつど一回的な状況下で選び取られた役割である。その限りで、仮面の政治は真剣さと遊びが交錯するゲームである。もっとも、この政治空間が安全に保たれることを保障するものは何もない。それは一方では決断主義を通じた自己絶対化、他方では絶えず虚構の自己を産出する無限の自己相対化という二つの危険にさらされ続けるだろう。

プレスナーの著作から引用するさいに使用した略号は、以下の対照の通り。

GS: Helmuth Plessner, *Gesammelte Schriften*, 10 Bände, Suhrkamp: Frankfurt a. M. 1980-1985.

GG: „Grenzen der Gemeinschaft. Eine Kritik des sozialen Radikalismus," in: GS V, S. 7-133.

MN: „Macht und menschliche Natur. Ein Versuch zur Anthropologie der geschichtlichen Weltansicht," in: GS V, S. 135-234.

PE: „Politische Erziehung in Deutschland," in: Helmuth Plessner, *Politik – Anthropologie – Philosophie. Aufsätze und Vorträge*, Wilhelm Fink: München 2001, S. 57-70.

PK: „Politische Kultur. Vom Wert und Sinn der Staatskunst als Kulturaufgabe," in: Plessner, *Politik – Anthropologie – Philosophie*, a. a. O., S. 51-56.

SM: „Staatskunst und Menschlichkeit," in: Plessner, *Politik – Anthropologie – Philosophie*, a. a. O., S. 47-50.

SOM: *Die Stufen des Organischen und der Mensch. Einleitung in die philosophische Anthropologie*, GS IV.

UM: „Die Utopie in der Maschine," in: GS X, S. 31-40.

VN: „Die verspätete Nation. Über die politische Verführbarkeit bürgerlichen Geistes," in: Helmuth Plessner, *Die Verführbarkeit des bürgerlichen Geistes*, Suhrkamp: Frankfurt a. M. 2015, S. 7-223.（松本道介訳『ドイツロマン主義とナチズム　遅れてきた国民』、講談社学術文庫、一九九五年）

（1）Vgl. Helmut Lethen, *Verhaltenslehren der Kälte. Lebensversuche zwischen den Kriegen*, Suhrkamp: Frankfurt a. M. 1994. レーテンのこの著作を受けてドイツではプレスナーの『共同体の限界』をめぐる議論が盛り上がりを見せたが、これについては、Wolfgang Eßbach/ Joachim Fischer/ Helmut Lethen（Hrsg.）, *Plessners »Grenzen der Gemeinschaft«. Eine Debatte*, Suhrkamp: Frankfurt a. M. 2002.

（2）Rüdiger Kramme, *Helmuth Plessner und Carl Schmitt*, Dunker & Humblot: Berlin 1989, S. 62f. ヤン＝ヴェルナー・ミュラーはここに三〇年代プレスナーにおける決断主義の萌芽を見ている。Cf. Jan-Werner Müller, "The Soul in the Age of Society and Technology: Helmuth Plessner's Defensive Liberalism," in John P. McCormick（ed.）, *Confronting Mass Democracy and Industrial Technology. Political and Social Theory from Nietzsche to Habermas*, Duke University Press 2002, p. 149.

（3）Vgl. Carola Dietze, *Nachgeholtes Leben. Helmuth Plessner 1892-1985*, Wallstein: Göttingen 2006, S. 53, 518ff.

（4）Vgl. ebd, S. 33f.

（5）Lethen, *Verhaltenslehren der Kälte*, a. a. O., S. 78.

（6）Müller, “The Soul in the Age of Society and Technology,” op. cit., p. 139, 160.

（7）Ibd., p. 148.

（8）リチャード・セネット『公共性の喪失』北川克彦／高階悟訳、晶文社、一九九一年、四六七頁。

（9）ただし、ハーバーマスは『公共性の構造転換』の「一九九〇年新版への序言」のなかで、一八世紀の公共圏に対するセネットのこうした見方を批判している。ハーバーマスによれば、「セネットは代表的公共圏の特質を古典的な市民的公共圏のうちに持ち込んでしまっている」（『公共性の構造転換』細谷貞雄／山田正行訳、未來社、一九九四年、vii頁）。「よそよそしく非個人的で儀礼的な自己呈示という美的な役割演技」はあくまで絶対王政期の「代表的公共圏」の特徴であり、公共の論議に基づく一八世紀の「市民的公共圏」においては、それはすでに崩れてしまっているというのである。

（10）Lethen, *Verhaltenslehren der Kälte*, a. a. O., S. 79.

（11）プレスナーの人間学を「否定的人間学」という語で特徴づけているのはロベルト・エスポジトである（『近代政治の脱構築 共同体・免疫・生政治』岡田温司訳、講談社、二〇〇九年、一一四頁）。エスポジトは、共同体主義的な直接的関係を拒否するプレスナーの議論のうちに、いわゆる「免疫化」のパラダイムに基づく政治の典型的な表現を見出している（Roberto Esposito, *Immunitas. The Protection and Negation of Life*, Polity 2011, pp. 94-102）。

（12）ユルゲン・ハーバーマス『哲学的・政治的プロフィール（上）』小牧治／村上隆夫訳、未來社、一九八四年、一九九―二〇四頁。

（13）Axel Honneth/ Hans Joas, *Soziales Handeln und menschliche Natur. Anthropologische Grundlagen der Sozialwissenschaften*, Campus: Frankfurt a. M. 1980, S. 87. ただしホネット／ヨアスは、「プレスナーの人間学の独我論的な根本前提」を批判する点ではハーバーマスに同意しつつも、ハーバーマスのように「間主観性を目標とする理論を言語理論へ狭めること」に対しては否定的である（ebd., S. 83）。

（14）Müller, “The Soul in the Age of Society and Technology,” op. cit., p. 142, 155.

（15）Lethen, *Verhaltenslehren der Kälte*, a. a. O., S. 53ff.

（16）カール・レーヴィット『共同存在の現象学』熊野純彦訳、岩波文庫、二〇〇八年、二四六―二四八頁。

(17) バルタサール・グラシアン『処世の知恵』東谷穎人訳、白水社、二〇一一年、一〇二頁。

(18) Lethen, *Verhaltenslehren der Kälte*, a. a. O., S. 148.

(19) Heimo Schwilk, *Ernst Jünger. Ein Jahrhundertleben*, Clett-Kotta: München 2007, S. 227.

(20) Erdmut Wizisla, *Benjmain und Brecht. Die Geschichte einer Freundschaft*, Suhrkamp: Frankfurt a. M. 2004, S. 89; Heinrich Kaulen, „»Der ironische Engel«. Walter Benjamins Lektüre von Giacomo Leopordi im Spannungsverhältnis der Aphoristik nach 1800 und der zeitgenössischen Anthropologie," in: Daniel Weidner/Sigrid Weigel (Hrsg.), *Benjamin – Studien* 2, Wilhelm Fink: München 2011, S. 313.

(21) ヴァルター・ベンヤミン『ドイツ悲劇の根源(上)』浅井健二郎訳、ちくま学芸文庫、一九九九年、二〇〇頁。

(22) ヴァルター・ベンヤミン「ジャコモ・レオパルディ『考察』」『ベンヤミン・コレクション7 〈私〉記から超〈私〉記へ』浅井健二郎編訳、ちくま学芸文庫、二〇一四年、四七二頁。Vgl. Kaulen, „»Der ironische Engel«," a. a. O., S. 320. こうしたベンヤミンのレオパルディ読解自体が、先のフォスラーの著作『レオパルディ』(一九二三)に大きく依拠している(ebd., S. 316f.)。

(23) ヴァルター・ベンヤミン「経験と貧困」『ベンヤミン・コレクション2 エッセイの思想』浅井健二郎編訳、ちくま学芸文庫、一九九六年、三七一—三八四頁、および、同「パウル・シェーアバルト『レザベンディオ』」『ベンヤミン・コレクション4 批評の瞬間』浅井健二郎編訳、ちくま学芸文庫、二〇〇七年、四六—四九頁。Vgl. Bettine Menke, "Techniques of Agreement, Diplomacy, Lying," in Brenda Moran/ Carlo Salzani (eds.), *Towards the Critique of Violence: Walter Benjamin and Giorgio Agamben*, Bloomsbury Academic 2015, p. 25, 33.

(24) Wizisla, *Benjmain und Brecht*, a. a. O., S. 101.

(25) エリアスとプレスナーの関係については、Helmut Lethen, „Norbert Elias' Konstruktion der »satisfaktionsfähigen Gesellschaft«. Die Wandlungen des »verbürgerlichten Kriegerethos« und das Ideal des Lebens in der Distanz," in: Reinhard Blomert/ Hans U. Eßlinger/ Norbert Giovannini (Hrsg.), *Heidelberger Sozial- und Staatswissenschaften. Das Institut für Sozial- und Staatswissenschaften zwischen 1918 und 1958*, Metropolis: Marburg 1997, S. 291-309 参照。

(26) Lethen, *Verhaltenslehren der Kälte*, a. a. O., S. 128.

(27) ノルベルト・エリアス『エリアス回想録』大平章訳、法政大学出版局、二〇一七年、一一六頁。

(28) Kramme, *Helmuth Plessner und Carl Schmitt*, a. a. O., S. 150.

(29) 一九三二年に出版されたシュミットの『政治的なものの概念』第二版では、プレスナーの『権力と人間の本性』における「政治的人間学」が好意的に言及されている（カール・シュミット『政治的なものの概念』田中浩／原田武雄訳、未來社、一九七〇年、七二頁）。リュディガー・クランメは、プレスナーの「哲学的人間学」とシュミットの「政治理論」が相補的な「一つのテキスト」として読まれるべきとしている（Kramme, *Helmuth Plessner und Carl Schmitt*, a. a. O., S. 7）。

(30) リュディガー・ザフランスキー『ハイデガー　ドイツの生んだ巨匠とその時代』山本尤訳、法政大学出版局、一九九六年、三一〇頁。

(31) Werner Krauss, *Graciáns Lebenslehre*, Vittorio Klostermann: Frankfurt a. M. 1947, S. 80.

(32) Ebd., S. 79.

(33) Ebd., S. 19

(34) Ebd., S. 121.

(35) Helmut Lethen, »Norbert Elias' Konstruktion der »satisfaktionsfähigen Gesellschaft««, a. a. O., S. 299.

(36) Krauss, *Graciáns Lebenslehre*, a. a. O., S. 113.

(37) Ebd., S. 80.

(38) Vgl. Lethen, *Verhaltenslehren der Kälte*, a. a. O., S. 68, 132.

(39) Krauss, *Graciáns Lebenslehre*, a. a. O., S. 156f.

(40) カール・シュミット「獄中記」長尾龍一訳『カール・シュミット著作集Ⅱ　1936-1970』、二〇〇七年、慈学社、一三六頁。ナチス期から第二次世界大戦後に至るシュミットの著作に見られるホッブズ評価の変化については、大竹弘二「カール・シュミット『レヴィアタン　ある政治的象徴の意義と挫折』を読む」『思想』、一一四〇号、二〇一九年、一八三―一九一頁参照。

(41) シュミット「獄中記」、前掲書、一三九頁。

(42) 同、一三八頁。

(43) 同、一三九頁。

(44) Carl Schmitt, *Glossarium. Aufzeichnungen aus den Jahren 1947 bis 1958*, Dunker & Humblot: Berlin 2015, S. 108.

(45) Vgl. »Kommentar«, in: ebd., S. 443.

(46) Ebd., S. 108.

（47）Ebd., S. 129.

（48）シュミット「獄中記」、前掲書、一三八頁。

（49）Vladimir Jankélévitch, "Du Mensonge," in *Philosophie morale*, Flammarion 1998, p. 229.

（50）ヴラジミール・ジャンケレヴィッチ『徳についてⅡ　徳と愛Ⅰ』仲澤紀雄訳、国文社、二六六―三〇九頁。

（51）Jankélévitch, "Du Mensonge," op. cit., pp. 231-232、および、ジャンケレヴィッチ『徳についてⅡ』、前掲書、二二三―二二四頁参照。

何を詩題となすべきか
——徳富蘇峰と漢文学の系脈

●——島田英明

一　はじめに

時代とともに青春を謳歌した徳富蘇峰（一八六三—一九五七）に、「無名の英雄」という小文がある。初出は明治二十年六月、『基督教新聞』第二〇四号。内容はすこぶる興味深い。自分は幼いころから熊本城の壮麗にみとれ、英雄に憧れてきた。しかしいま、いかなる高城も無数の礎石が積み重なってできていることに気がついた。同じように、史上に輝く「英雄の事業」も、その実「裏面」に隠れた「世に知られざる無数の英雄」に依存している。また、その無数の英雄たちもさらに、「農夫、職工、労役者、商人、兵卒、小学教師、老翁、寡婦、孤児等、数限りもなき無名の英雄」に依存している。しかし「軽情なる歴史家」は帝王から殺人犯まで世の耳目を集める人物ばかりを描きあげ、彼ら彼女らを夢のごとく看過してきた。

蘇峰は小文を結ぶにあたり、たたみかけるような調子で、この「裏面の英雄」の尊重すべきを説いている。

嗟呼彼等は国の生命なり、世の光なり、平和の泉なり、祝福の源なり、社会の大恩人なり。世若し英雄を愛する人あらば、先づ此の無名の英雄を愛せよ。世若し英雄の脚下に頭を垂るる人あらば、先づ此の無名の英雄の脚下に頭を垂れよ。世若し英雄の出でんことを希ふものあらば、先づ此の無名の英雄の出でんことを希へよ。知らずや、一株の樹は大なりと雖、以て森を成すには足らず、一片の石は大なりと雖も、以て城を成すに足らざることを。(1)

「思想史を裏から見る」(2)というお題について頭を悩ませていたおり、ふと思い出したのがこの論説だった。「裏」ということばが使われているのも理由のひとつだが、なにより、歴史や社会への既存のまなざしが見逃してきた裏面を捉えようとする蘇峰の企図が、今回のシンポジウムの主旨にふさわしいのではないかと思ったからでもある。

もちろん、この議論への注目はすでに周到になされてきた。(3)しかし、多くは平民主義の健全な現われを認め、社会的下層の主題化という点に社会主義の萌芽を読みとるといった理解に終始している。まちがっているとはいわない。だが、すくなくとも同じ程度に説得的で、異なる魅力を引き出しうる説明の方途もあるように思う。

本稿は、何を文筆の題材とすべきかをめぐるモードの変遷と、それと連動した知識人のアイデンティティの再編という江戸時代以来の問題系のなかで、蘇峰の位置を見定めようとするものである。それにより、(一)同時代の知識青年に対して蘇峰の議論がもった新しい魅力について理解を深めること、(二)江戸期漢文脈の有する射程を確かめること、(三)あわせて江戸後期漢文学史についての新たな見取り図を提示することを目指したい。(4)すこし欲張り過ぎている気もするが、アウトラインを示すことができれば事足りる。図式的であることも承知だが、複雑な問題を単純化せずしかし簡素に筋道立てることも可能ではないかと考えている。そして、近時の政治思想史研究が多くの成果をあげてきたこの時期（江戸中期～明治前期）の歴史を、文学という視座から眺めてみる試みは、ひょっとしたらこれまでの政治学者たちが見落としてきた「裏」への注意を促せるのではないか……というのは、ちょっとこじつけかもしれない。

ともあれ、反古文辞の狼煙があがったところから、長い道のりを駆けていこう。

二　性霊の聲

1　山本北山の性霊説

十八世紀も半ば過ぎ、江戸の藝苑は反徂徠の喊声にわいていた。経義における折衷諸派と、詩文における山本北山（一七五二―一八一二）たちの擡頭である。ここでの主題である後者は、権威的作品からのパッチワークを旨とする古典主義を退け、自らの真情（「性霊」）の表出を重んじたことから、性霊派、清新派などと呼ばれている。多くの研究者が「人の詩を剽窃して、巧ならんよりは、吾詩を吐出して、拙きが優れると心得べし」(5)といった壮語に目をとめて、個性の解放を論じ、漢文学の近代化だと言祝いできた。

とはいえ、実際に北山の著作をひもといてみると、必ずしも「性霊」「真情」といったことばが厳密に定義され、キーワードとして頻用されているわけではないと気がつく。彼の主張の大部分を占めるのは、古文辞派のずさんなパッチワークがもたらす字句や文法の混乱、要するに「エラそうにしている徂徠たちだがろくすっぽ漢文をわかっちゃいない」というあげつらいであった（「焉」字の用法や「謂」「云」の区別をはじめ、北山は徂徠や南郭らの誤用例を執拗に並べたて中傷する）。近年、北山の文学説を「内面性」には関わらない「技芸論」だとする解釈が注目されたゆえんである。(6)

しかし、だからといって、これを単なる技術的問題とみなすことにも疑問が残る。というのも、仮にそうだとすれば、古文辞学はまちがっているだけでなく嫌悪すべきなのだとする北山らの苛烈さがうまく理解できないからだ。北山は「豪傑の士」たるもの「自己の真情」を吐かずしてどうすると揚言し、「大丈夫たるもの如何ぞ、已に有する真詩を舎て、他の詩を剽襲模擬すべき」と憤る。(7)彼によれば、徂徠や南郭を崇め、自らを先人に及ばないものと信じこむ態度は、倫理的に恥ずべき卑屈そのものだった。

　世の学者志陋く量小く識足ず、故に古人を畏ること鬼神の如し。徂徠南郭と謂ば及ぬもののやうに覚へ、甘じて其奴隷となる。……世の人識量なし。故に古文辞に非れば時俗に遭ざるを以て時好《はやり》に従ひ古文辞を奉ずること律令の如し。能く此時好に惑れざるを豪傑の士と謂ふ[8]。

ここで用いられているのは、同時代の折衷学とも通底する〈奴隷／豪傑〉というコードである。権威的古典の成句をつぎはぎする古文辞は先人に従属する「奴隷」の文学であり、表現および題材においておのれの「性霊」を吐きだす詩こそ卓爾たる「豪傑」にとってふさわしい。古人の秀作にひるむことなく、詩人たるもの敢然と「新」「奇」を追求し、「前人未発」の「機軸」を示して世に「一家」をなすべきなのだ。

こうした主張に裏づけされた性霊派の詩風は、眼の前の景物をなんらかの典拠あるものに〝見立てる〟ことが少ないため（漢詩文である以上典拠表現は多用されるがそこに趣向の肝がない）、写実性に優れる一方で平淡に堕すきらいがあり、日常性への過度な密着が詩情を損ねるとも評されてきた。しかし、「眼前景物」といったありふれた合言葉も、ときに「眼前景物・平常情事、而れども人未だ経て道はざる者、我能く之を道破す[9]」（長野豊山）のようなヒロイックな気概と結びついていたことに注意が必要である。卑近な題材の選択や日本的な語彙の導入は、なにより誰もいいのべてこなかったものを新たに表現するという意味で、すぐれて豪傑精神に裏打ちされていたのである。

当時盛名を誇った詩人に、次のような作がある[10]。

丁字橋南十字沙
前山閣日斂余霞
紅残烏柏村辺樹
紫吐款冬水際花
鹿度氷渓蹄跡陥
鷺翹風渚頂糸斜

丁字橋南、十字の沙
前山、日を閣いて余霞を斂む
紅は残る、烏柏村辺の樹
紫は吐く、款冬水際の花
鹿は氷渓を度りて蹄跡陥り
鷺は風渚に翹ちて頂糸斜めなり

詩材画料無人拾　　詩材画料、人の拾ふこと無し
一段荒涼也耐嗟　　一段の荒涼も也た嗟するに耐へたり

山に夕陽が落ちるなか紅に染まるナンキンハゼと、紫に映えるふきのとう。氷った川面に鹿たちが足跡を残して駆けていき、白いサギの毛が冬風になびく。現代の都会生活に慣れた目にはずいぶん興趣ある景観に見えるが、当時の田園ではありふれた風物であり、彼の眼前にひろがっていたのは「荒涼」たる景色に過ぎなかったのだろう。しかし、そのなかにも、誰も知らない無数の「詩材画料」が眠っている。これを新たに「拾ふ」ことこそ新時代を生きる詩人に課せられた使命であり、だからこそ彼らはもはや絶景を求めて遠路さすらう必要をもたない。「景を求めて何ぞ遠遊せんや、幽居総て是れ詩なり」(11)（高梨聖誕）と、人は口々にいうのであった。

2　詠物詩の流行

新しい文学理論の鼓吹には、多くの場合、その主張に適った実作面でのスタイルが附随する。比較的容易に作ることができ、これに励んでおけばすくなくとも時代遅れではないとマイナーポエットたちが感じることができれば好便だ。江戸の性霊説にとって、それにあたるのが詠物だった。

基本的なところから確認しておこう。(12)詠物詩とは、なんらかの「物」を題材として詠われる詩を指し、詩社における題詠の普及とともに江戸後期の詩壇にもてはやされた。『日本詠物詩』（安永六年刊）をはじめ、『絵本詠物選』（安永八年刊）、『詠物詩選』（天明元年刊）、『詩学咏物捷径』（天明四年刊）など、特に安永・天明期以降多くのアンソロジーが刊行されている。なお、ここでいう「物」の指す範囲は極めてひろく、『日本詠物詩』で列挙される項目をみると、「雨晴」や「立春」、「尋山家」などまで含んでいる。したがって、ほとんどの漢詩が何らかの意味で詠物にあたるのではないか、という疑義すらあったらしい。

ともあれ、ここで注意したいのは、何らかの「物」を題に据える詠物詩は、これまで詩人たちがとりあげてこなかっ

た景物を詠うのに格好の——安直な、といってもよい——スタイルだった点である。「設題新奇」「珍敷詠物之詩を集る」とうたわれた太田玩鷗（一七四五—一八〇四）の『玩鷗先生詠物百首』を見てみよう。同書では「千里鏡《トヲメガネ》」や「顕微鏡《ムシメガネ》」といった文華開ける江戸の世を飾る新奇な品々から、ふだん見慣れてはいるがついぞ詩の世界に汲み取られてこなかった「釜星《ナベズミノ火》」や「救火水籠《用心水カゴ》」まで、実に多くの珍題が詠われている。定番の麗人ものも「美人昼寝」のほか「美人角觝」（女相撲）のようないささか猥雑な題が採られているのがおもしろい[13]。ともに詩社を営んでいた巌垣龍渓（一七四一—一八〇八）が、「遊戯の緒余に出ると雖も」とことばを濁しているのは、あるいはこのあたりの事情を勘案したのであろう[14]。韻文中に用いられる語彙、いわゆる「詩語」の場合も同様で、先に実作を紹介した六如（一七三四—一八〇一）の著書『葛原詩話』は、新奇な語を集めて解説した作詩案内書であり、「恨月」や「毫丹」といった表現が「新奇甚し」とか「造語の新奇喜ぶべし」と評されている[15]。同書には「近来詩を学ぶ者、つとめて詠物を事とす。其題種々新奇を以てし、巧緻の至り、造化の秘を奪ふと云ふへし」ともあるから[16]、こうした新奇な詩語の探求が詠物詩における新奇な詩題の模索と軌を一にしていたことはまちがいない。事実、六如は詠物の名手でもあった。

柏木如亭（一七六三—一八一九）の詩集に附された序のひとつに、当時の知的雰囲気をよく伝えるものがあり、引用に値する。

> 凡そ殊俗・異風・細言・小事、人以て華語に入る可からざると為す者、悉く収拾し来たりて詩料と做し、曲折態を極む。此れ其の自家の功夫なり。故を以て其の語奇険多く、常人の喜ぶ所と為らずして、常に指揮者の賞を受く。古色閑澹は猶ほ未だ及ばずと雖も、而れども尖巧細深は頗る藍出なるもの有り。（高岡秀成[17]）

六如の詩でも使われていた「詩材」「詩料」という字句については追って触れよう。「華語」云々は文脈的に詩語を指すのだろうが、ひろく漢文表現とみてもまちがいではあるまい。江戸後期の文士が桜花に代表される日本的な景物と語彙とを積極的に漢詩文にとりいれていたことは、つとに「和習」問題として知られているが、これも単にナショナリズムや日本意識の高揚とみなすのではなく、以上の事情をふまえて考えなおす必要があるといえよう[18]。

三　奇語険題を越えて

1　宋詩批判の潮流

しかし、どうだろうか。たしかに玩鷗の拾う詩題は新鮮であり、六如らの用いる字句は古典に多くの例を見ない。とはいえ、徒らに新奇を追い求め、珍品を探りだそうと躍起になっているさまは、いくらか眉をひそめさせる。彼らは「前時の未言ざる所を発して」「風がはりに珍しき事を時花《はや》せ」、「軽薄尖奇」に陥っているのではないか[19]――。そう感じたのはなにも劣勢著しい古文辞末裔だけではなかった。性霊説およびそれに見あったスタイルとしての詠物詩の流行は、ほどなく激しい誇難の的となったのである。

本稿にとって重要な局面だから、煩を厭わず証言を並べておこう。文中、「明風」や「滄溟弇州」は古文辞を、「宋元体」「公安竟陵」は性霊説を指している。

元禄・享保に及びて明風大に行はれ、其の宏麗肥美、観るべき者有りて、而して詩始めて盛んなり。其の流弊は模擬縁飾、神骨消亡して、而して詩乃ち衰へたり。天明・寛政の間に及びて、稍々其の厭ふ可きを覚へて、而れども未だ其の人を得ず。乃ち新を競ひ奇を争ひ、人々自ら喜ぶ。論密にして藝は疎、説高くして語は卑、萎茶振はず、以て今日に至る。（篠崎小竹[20]）

滄溟弇州が徒は模擬に傷られ、公安竟陵が徒は奇僻に傷らる。皆故意になし出せる家風にて、大に自然の気象に乏し。其流弊一は剽窃塗沫となりて、自ら一語を造し得ず。一は鄙俚浅近となりて、街談巷語に韻せるのみ。是等み

な全く風雅の趣を失へり。（尾藤二州(21)）

近年之を聞くに、或は宋元体を称して、務めて奇巧を出し、俚諺・諧謔、以て詩を為す者、亦た世に多く有りと。是れ流俗の然らしむる所以なるか。……終に悟らざる者は、又た所謂る下劣詩魔有りて、其の肺腑の間に入る。立志の高からざるに由る者なり。（塚田大峰(22)）

此の如く都下の詩浅陋なること論無し。即ち一切の鄙俚醜悪の事、皆之を詩に用ひ、以て此の如くして後情を言ふと謂ふべしと為す。其の詩を読まば以て其の人を得べし。故に彼は皆淫蕩無検にして礼義を知らず。北山の風行、吾其れ其の詩を作し其の心を害ふことを恐るるなり。（古賀侗庵(23)）

それぞれの詩論は同じでないが、批判の骨子に大差はない。一様に難じられているのは、性霊派に同調する詩人たちのあつかう題材と詩語が卑近にして奇を衒うばかりで風趣に欠けること、それが作者の人品や世の風俗に悪影響をもたらしていること、である。最後のものは特に山本北山を名指ししていておもしろい。

名指しの批判といえば、六如も忘れてはならない。安永・天明期、理論の北山と並んで実作面をリードしたこの詩人は、化政期以降とりわけ痛罵の対象となった。非難の矛先は主に奇異な詩語の不用意な多用に向けられている。

詩に生字を用ふるは六如の癖なり。其の人淹博該通にして、鑿拠無きにあらずと雖も、然れども亦た古人の無き所なり。古人意を以て勝ち、字を以て勝たず。六如は則ち字を挟んで勝を闘ふ。僅に以て中人を悦ばしむべくして、以て上智を牢籠すべからざるなり。（菊池五山(24)）

近人好んで奇字を用ふ、蓋し六如老衲之が張本為り。是れ宋詩を学ぶ者の弊病なり。……作意奇を欲し、特に字面

を擣撦し、以て粧飾と為す。是を以て或は首尾浅易の中、唐突攙入して更に語脈の支離を覚ゆ。（林蓀坡[25]）

モードの変遷にともない、遅れてやってきた者は先行者を誇っておのれの位置を世に示す。その意味で、ここで北山や六如らに向けられた罵詈は、かつて北山たち自身が古文辞派に向けたそれと同じく、文壇の軽躁浮薄を示しているに過ぎない。しかし、一方で、「難題」や「奇字」を用いた新奇性の追求が、たしかに江戸の性霊派にとってその文学理論にともなう内在的問題であったことも、事実ではないだろうか。末弊として片付けて済む問題ではない。

だが、そうだとすれば、いったいどうすればよいのだろう。いつの世でも時流を罵るだけならたやすいこと。ひときわ傲慢な若者は、かかる潮流をふまえた上で、やがて新たな方向を指示するだろう。安藝の人、頼山陽（一七八〇―一八三二）の出番である。

2 頼山陽の解法

山陽にとっても、その文学説の基調をなすのはひとまず北山流の反古文辞であった。いわく、詩は必ずしも「古」を模擬する必要もなければ、「今」に媚びる必要もない。ただ「眼前の事」と「胸中の意」を写し出せばそれが「佳詩」となる。過去の詩人たちの作品が範となるのは、それがおのれの胸に「詩思」を生じさせる限りに過ぎず、だからこそ唐詩か宋詩かなど緊要な問題とはいえない[26]。

しかし、と彼は続ける。そうはいっても、「胸中の意」を吐露していればそれがただちに詩になるわけではない。「天下の情 叙す可からざるもの莫し」となれば「浅俗」に流れ、「天下の景 写す可からざるもの莫し」となれば「猥瑣」に堕す[27]。景物にもことばにも、詩に詠うにふさわしいものとそうでないものとがあるからだ。

山陽によれば、こうして詩人たちは新味を求め、「魔境」へ踏み込んでいくという。

大抵漢土の士大夫、官跡浮沈の感触、多少詩とすべき者有り。而れども邦人は否らず。故に題目無きに苦しむ。是に於て工を詠物に逞しふせざるを得ず。詠物の材料、漢人と之を共にし、毎に其の輿儓と為る。勢なり。唯だ遇ふ処に拠りて、歳月を紀し情景を写す。是れ漢人の知らざる所にして、吾独り知る者なれば、或は新を標し異を領すべきのみ。是れ余の詠物を欲せざる所以なり。詠物は詠史に若かず。史中無数の題目有り。読者の浅深に随ひ、皆真詩を成すべし。(28)

花鳥風月、題目陳陳たり。新意を出ださんと欲して、輒ち魔境に堕す。独り詠史一途のみ、太平の時節にして、啼哭怒罵を為すべきもの有り。且つ此を做さんと欲すれば、必ず前志を撿閲す。是れ作詩に因りて、読書を得。両に益有りと為す。(29)

ふたつの引用は両ながら同じ消息を伝えている。

第一に、日本詩人最大の悩みが「題目」の欠如と把握されている。「花鳥風月」を陳腐とする指摘はありふれているが、「官跡浮沈」の有無という彼我の境遇のちがいを原因にあげているのは興味深い。次いで第二に、多くの人がこの困難を克服するため、「詠物」という安易な手法に飛びついているさまが批判される。ここでは、詠物の流行が詩題をめぐる問題系において認識されていること、新異標榜において不適切な手段だと判断されていること、さらに先人の「輿儓」(奴隷)に留まるのを嫌忌する心性がはっきりと示されていることに注意しよう。いずれも、頼山陽と一世代前の豪傑たちとの連続と差異のありかをよく照らしている。

とはいえ、本稿にとってより注視すべきは、第三の点である。山陽はここで、以上にみた詩壇の隘路を意識しながら、ひとつの解法を提起している。いわく、「詠物は詠史に若かず」。歴史である。開化の風物と日常のさざ波から目を転じて自国の過去を眺めれば、そこは詩題の宝庫ではないか。歴史は穏やかな治世に居場所を得ない慷慨を洩らすに最適であり、しかも史実の勉強にもなるのだから、一石二鳥というわけだ。

歴史という新たな版図のもつ魅力について、この文士は極めて自覚的だった。次に引くのは、つまるところ歴史家とはいったい何者なのかという問いに対する、彼なりの答えである。

文を三代の後に論ずれば、二篇のみ。賈生の秦を論ずるや、事を論ずる者、以て焉に尚ふる莫し。司馬子長の項を紀すや、事を紀す者、以て焉に尚ふる莫し。秦の事は偉なり。賈生に非ずんば孰れか能く之を論ぜん。項の事は奇なり。子長に非ずんば孰れか能く之を紀さん。蓋し奇偉の事を世に為すは、必ず力有る者なり。而して焉を論じ、焉を紀すは、則ち文士なり。曰く論、曰く紀、文の体焉に尽く。士の文を学び詩を学ぶは、二篇にして足る。余は一文士のみ。酒酣なる毎に、二篇を出だして之を読みて、以て自ら快すと云ふ。(30)

これを、山本北山の以下の呻きと比べてほしい。

経済有用の学に非ば文章春花の如くなりとも雕蟲の小技のみ。故に英雄たる者、文人を以て称せらるることを訴とす。然れども太平を潤色すべき者、文章に非れば不可なり。太平の世に生れ其名を後世に不朽すべき者、文章に非れば為べき無し。是、余が文章を黽勉する所以なり。世の人必しも文章を以て余が本色と謂こと勿れ。(31)

北山がとりわけ激しい功名心の持ち主だったというわけではない。吐露されているのは、武士的自我と士大夫的教養によりはぐくまれた政治への熱意と、その機会をくれない平和な時代への怨嗟である。詩文など「小技」に過ぎない、しかし泰平の世にほかに「名」を残すべき手段もない、決してこれをわたしの「本色」だと思わないでくれ……。

徳川時代、同じような煩悶が多くの知識人の胸に巣食っていたことについて、すでに詳しく論じたことがあるから、ここではくりかえさない。(32) 確認しておきたいのは、詠物の隘路に対して山陽の示した突破口が、こうした悩みへの有効な処方箋たりえていることである。秦や項羽のなしとげた事業は偉大だが、だからこそそれらを論じ、書き記す作業も凡庸な学者の手には負えない。賈誼や司馬遷のようなすぐれた文士を待ってはじめて成就される。もちろん政治的偉業をうちたてるのは「有力者」だが、それを忘却から救うのはあくまで「文士」の筆であり、歴史という時空において両者は共依存の関係にある。とすれば、自慢の雄筆をふるって歴史を描く「文士」の業は、政治的偉業に勝るとも劣らないとはいえないか——。「蕭・曹の功名、諸循吏の治績、諸豪侠の素権なども、みな子長氏の区々筆端に籠罩す[33]」。こうして歴史は、奇語険題という魔境から逃れる活路として、学識をより豊かにできる術として、さらには泰平に倦む豪傑文士にふさわしい事業として、にわかに光輝を放ちはじめる。

極めて、魅力的な解法だったといってよい。詩人たちは旅の道すがら歴史の痕跡を求めて詩に詠い、酒宴のさなか英雄を談ずるようになる。知識人たちの詩集には詠史詩が、文集には史論があふれるだろう。時すでに十九世紀。騒々しい歴史の時代が幕を開けた。

四　豪傑文士から上帝の代理人へ

1　歴史の隘路

山陽の示した道はひろく支持を集め、多くの雷同者たちを呼びこんだ。結び目はすべてほどけたのだろうか。いいかえれば、冒頭でみた蘇峰の議論（「無名の英雄」）も、ここに用意されたレールの上に置いてなんら問題ないのだろうか。もちろん、そうではない。またしても隘路は詩人たちのゆくてに立ちはだかるであろう。歴史であれば、題材がいくらでもあるというわけではないのである。

透徹した批評眼と嫌味な性格とをそなえたポスト山陽世代の旗手は、もはや侮蔑を隠さない。

嘗て邦人の詩集を観るに、百年前なれば、則ち巻首必ず四言若干首・擬古楽府若干首を掲げ、其の意は蓋し復古なり。三十年来なれば、則ち必ず詠物若干首・詠史若干首を揚げ、其の意は蓋し趨今なり。……其形は同じからざれども、其の己を舎て世を追ふは一なり。（広瀬旭荘）[34]

詠史詩の千篇一律化。この新たな課題に対する突破の試みは、主としてふたつの方向に試みられた。

第一の方向は、対外的危機と歩をたずさえて流れ込んだ新知識をいかして、泰西の歴史から素材をとること——いわゆる「外国詠史」——である（この場合「外国」「海外」が中国を指すことはない）。竹堂こと斎藤馨（一八一五—一八五二）を見ておこう。

斎藤竹堂、字は子徳、涌谷伊達藩士。仙台で大槻平泉（一七七三—一八五〇）に学んだのち昌平黌で舎長を務め、『鴉片始末』などの著作で幕末の江戸に文名をはせた。「夙に山陽を欽す」[35]といってはばからない、熱心な山陽フォロワーのひとりである。早逝の割に著作の数は多いのだが、いま目をとめるべきは『外国詠史』（嘉永六年序）一冊である。すべて七言絶句。なにが詠われているのか推測しながら読んでほしい。

半生鉛槧著精神　　半生の鉛槧は精神を著はし
曽作王家席上珍　　曽て王家席上の珍と作る
可憾楚懐遭遇別　　憾むべし楚の懐、遭遇の別
令君去伴汨羅人　　君をして去りて汨羅の人に伴はしむ[36]

かつてとある王家に珍重された賢者は、しかし王の死後に後継者から疎まれ命を絶つ。添えられた自注によれば、詩題はなんと「亜里斯多」（アリストテレス）。起句は群書を編纂し諸学術にまたがる「標準」を示した功績を、承句・転句はもちろんアレキサンダーとの関係を指している。アリストテレス自殺説は『ギリシア哲学者列伝（Βίοι καὶ γνῶμαι τῶν ἐν φιλοσοφίᾳ εὐδοκιμησάντων）』以来諸書に見えるので、そのいずれかに触れる機会があったのだろう。詩には小野湖山（一

八一四—一九一〇）の評が附されているが、「亜里斯多は穆生に類して末路の短気遂に屈平なり」というものである（魯穆生の故事は『漢書』楚元王伝）。

実は頼山陽の詠史詩も同様なのだが、陳腐を厭う竹堂の作品は、かなり細かな逸話までふまえておかなければなにを詠んでいるのかわからない場合が多い。もうひとつ例を引く。

収蔵万巻棟全充　　収蔵万巻、棟全て充つ
秘閣営成洛邑中　　秘閣営成る洛邑の中
勝算只応胸裏決　　勝算只だ応に胸裏に決すべし
笑他咄咄更書空　　笑ふ他の咄咄として更に空に書するを(37)

詠まれているのはローマ中興の主コンスタンティヌスⅠ世。詳述は省くが、「書空」云々はエウセビオス『コンスタンティヌスの生涯（Vita Constantini）』に見える逸話をふまえ（あるとき空に十字架と託宣が浮びあがるのを見たというもの）、表現としては『世説新語』の故事に則っている。

この妙な知識に基づくクイズのような詩が、果たして泰西の偉人たちの姿をどれほど正しく描きえているか、今日の読者は疑わしく思うだろう。語彙と故事に強い規範性が働く漢文学の性質とあいまって、いずれも日本史や中国史上の名場面とよく似ていることはいなめない。とはいえ、山陽流の詠法を西洋史に適用する彼の手腕が同時代に対してもった新鮮さまで否定するいわれはない。竹堂はほかに西洋通史なども手がけており、このすぐれた文士が活路をどこに見出していたのかを示している。

次に、隘路をこえる第二の試みは、森田節斎（一八一一—一八六八）に典例を見ることができる。森田益、字は謙蔵、大和の国五條生まれ。頼山陽や古賀侗庵（一七八八—一八四七）に学び、幕末期には尊王攘夷アジテーターとして京摂三備に躍動した。才能の多寡は歴然としているが、自己の文筆業の性格について極めて自覚的だったところが、すこしばかり師に似ている。彼はおのれの事業をこう規定していた。

其意に曰、史をかくは已為先輩所先、且御治世迄の事記録あれば不泯也。治世以来文武異能及忠孝節義之士、往々先輩之選著あれども（畸人伝先哲叢談抔之類〔原注〕）、未有為各家伝者也。且世所伝記事、類皆庸陋無識、玉石相混、不足観也。(38)

歴史を描くことはすでに先輩たちがよくやってきた。しかし、すぐれた人物はなにも古や戦乱の世にばかり生まれてくるわけではない。徳川による治平の実現以後も「文武異能及び忠孝節義の士」は多く存在したはずである。しかし、彼ら彼女らをあつかう史書は少なく、事蹟はすでに失われつつある（「此事不至今謀之則三四十年之後事実不可知也と被存候(39)」）。こうした「市井民間」の「孝子順孫奇人偉士」を後世に伝えることが、彼の見出した任務であった。

益　少小にして読書・作文を好んで、四方に漫遊し、常に天下の忠臣・孝子・貞女・烈婦、及び文武異能の士を叙し、一書を為して以て後世に伝へんと欲す。窃かに謂へらく、「天下の事を記すは、先づ我が郷より始めん」と。因りて見聞する所を以て、郷の父老に質し、上は代官より、下は甲頭に至るまで、苟くも伝ふべき者は之を叙列し、名づけて『桑梓景賢録』と曰ふ。今謹んで一本を浄録し以て奉呈す。若し覧観を賜はれば、或いは治化に裨補する者有らん。(40)

ここで紹介されている『桑梓景賢録』とは、「中賢女伝」「三代官伝」「粛翁敬業二先生伝」「福島芳翁伝」「西川懿伝」という諸伝からなる小著で、いずれも彼の郷里の名代官や良婦、良医、好学の人などである。すぐれた人物を忘却から救うという師の論理を継承しつつ、こうして節斎は、古ではなく今の、名だたる英雄ではなく平民の方へと視線を転換した。外国詠史とならぶ、平民史の方向と名付けることができるだろう。

2　政治小説と実録

思いのほか、紙幅がかさばってきた。蘇峰のもとへ急ごう。

大雑把な見立てになるが、先述の二方向は、おおよそ明治前半期の文藝に見られる諸特徴と呼応する。念頭にあるのは、開化期の藝苑を風靡した政治小説と伝記ブームである。

主として民党関係者によって書き散らされた政治小説は、数多のフランス革命、ロシア虚無党ものをはじめ、舞台を泰西に採るものが多い。しかし、かつて柳田泉が「支那臭」と評したように、必ずしも人物造形や場面構成の妙において伝統的想像力の範囲を超え出ていない[41]。強いていえば、技巧性が薄れ著者の意見の陳述がより比重を占めていること、そのための装置として雄弁という新要素が加味されていることが斎藤竹堂との主たるちがいであり、この二点はそのまま政治小説の本質を照射しよう。「当時政治小説を通じて注意せられるのは、主人公の主人公として立つ所以は、その行動によるのではなくて、その言論によることであつた。或は同志と共に議論風発、或は公会幾千の面前に滔々の弁、これによつて読者の血を躍らしめるのである[42]」という指摘は、なお古さびていない。

次いで、伝記ブームについて。これは広範な現象であり、政治小説の過半も伝といえば伝なのだが、ここでもやはり題目をめぐる問題系から事態を把握しておく必要がある。ある戯作者がもらした歎き節を引こう。

> 御維新以来の看客方は何れも学者におなり遊ばして、動ともすると彼も虚だ是も方弁で愚に絶ぬからなんでも当時の実録でなければならぬといふ評判ゆゑ、小説家も成たけは諸君の御意に入やうに当時の実記を書く気なれど、夫では甚だ不都合で、如何も趣向の為憎いわけは、先第一に敵討は厳禁なり、魔術を遣ふといふ理はなく、生霊死霊変化はもちろん、神仏に不可思議の霊応利益のある筈もなく、親子兄弟わかれわかれて行衛が知れぬといった所が、戸籍帳も昔と違って厳重に成てゐるうへ、郵便もあり電信もあれば長く分らぬ道理はなし。人殺しや大喧嘩も多分は巡査の御厄介になれば、曖昧として小説の趣向と成べき事のないので小説家は閉口しますが、小説家は幾ら

泣ても世が穏かで総ての事の理を究めたは結構だから開化を恨む所はなけれど（高畠藍泉）[43]

急に「学者」のように分別くさくなった読者の前で、得意の「魔術」も「神仏」も嘲弄され、仇討を描こうにも法令が、親兄弟の離別を描こうにも郵便・電信制度が邪魔をする。ユーモラスな筆致は「小説の趣向」にふさわしい「曖昧」さを許容しない世相の平板化を怜悧にとらえている。そして、「なんでも当時の実録でなければならぬ」といわれるように、こうした苦衷のなか戯作者たちが活路を求めたのが、実伝実録の世界だった。研究者たちが関心を寄せてきたのは高橋お伝ら毒婦ものだが、「正史の裏みち」に隠れた「孝子義僕等の稀なる伝記」がくりかえし主題化されていたことが本稿にとって興味深い[44]。こうした傾向は、民権運動の盛りあがりのなかで民権義士の顕彰へと連繋し、戯作者だけでなく多くの政治小説家たちがその潮流に身を投じていった[45]。小室信介（一八五二―一八八五）の『東洋民権百家伝』を想起すればよい。該書ははしがきで忠臣孝子らが「正史逸史」を飾るのに対して「民権家」たちが忘却の危機に瀕しているのを歎き、「阿弗利加の浜辺に金剛石《だいやもんど》をさぐりあてし夷人のうれしみ」をかみしめながら事蹟を追った経緯を印象的な文章でつづっている[46]。義士を義士たらしめる尺度こそ様変わりしたが、企図の性格は森田節斎の類亜とみなして問題ない。

そして、いずれにせよ、こうした明治前期の「壮士」文化と対抗する言説として国民之友をあつかった木村直恵は、驚くべき炯眼だった[47]。話はようやく「青年」蘇峰に舞いもどる。

3 造化の秘密、新たな倨傲（Ⅰ）胎動

論説「無名の英雄」の発表から四年後、徳富蘇峰はひとつの講演をおこなっている。演題は「新日本の詩人」（『青年文学雑誌』明治二十四年三月六日掲載）。そこで蘇峰は、詩の構成要素を「言葉」「格律」「観念」の三つに分けた上で、日本の伝統的詩歌が「言葉」と「格率」とを過度に重んじてきたと批判する。その結果、「題」にも「言葉」にも無益な決まりごとのみが増え、その規定に沿ってさえいれば実情を欠いていても秀歌になるという頽廃に沈んできた[48]。しかし、こ

の国の詩人の置かれた境涯は、決して不利なものではない。というのも「国が旧いものだからして」、この国には「色々の慣習、色々の仕事、色々の事といふものが今日まで沢山ある」。「後になつて遂に詩人の材料となるべきものを作つて置いたのである」(49)。

かくして蘇峰は、「神仙談」「口碑」「流行歌」など、いくつかの詩題候補を列挙した上で、「此事丈けは流石に山陽先生が何かやつて居る」とことわりながら、「歴史上の事実」を有力候補にあげている。当時の口語のさまを伝える生彩ある文章なので、すこし長いが引用したい。

> それでモー上杉謙信の事も山陽に作られた、楠正成の事も作られた、源義経の事も那須与一の事も作られたといふやうに。……併し然う云ふものを作られたから迚、失望しては往けませぬ。此世の中の詩の材料といふものが、必しも歴史上の材料とは違ふ。歴史家といふものは歴史を以て本として居るのです。詩人は歴史を道具に使ふです。――是が違ふ所です。――デ歴史家ならば必ずナポレオンとか太閤とかいふ者を、材料に書かなければならぬけれ共、詩人の方では太閤もなければナポレオンもなし、シーザーもなければクロムウエルもない。詩人の方では詩の材料に好いものであるならば宜いです。或は賤ヶ嶽の七本鎗の一人加藤の家来の木村又蔵の詩でも宜いです。……亦その又蔵の草履取か何かであつても宜い。兎に角歴史上の事を材料にするのであつて、歴史を書く事ではない。即ち近頃咏史とか何とか言つて、議論半分に面白くもない理屈を附けて頻りにやるが、彼云《あーい》ふ事は以ての外の事である(50)。

本稿にとって重要な論点が出そろっている。第一に、蘇峰は明確に文筆の題材という問題系のなかで、しかも歴史の隘路をふまえて発話している。彼にはその名のとおり「文学者の新題目」という論説もあり(『国民新聞』明治二十五年六月四日)、「千篇一律」のなか「題目に窮する」困難が主題化されている(51)。いずれも本稿が江戸後期漢文学史において特筆してきた系脈であることは論を俟たない。また第二に、蘇峰はここで「裏面の英雄」の具体的なイメージを語っている。加藤清正が〈表〉の英雄であるとすれば、その家来の又蔵こそ「裏面の英雄」であり、草履持ちらはそのさらなる「裏面」といえるだろう。蘇峰の〈裏〉が、あくまではなばなしい英雄的事業との連接面において把握されていることについては、のちにまた触れる。そして第三に、かかる「裏面の英雄」を主題化できることが、「詩」と「歴史」の相違であるとされている。蘇峰によれば、歴史叙述であれば重要な出来事を担った人物に焦点をあてる必要があり、英雄が主題となる。又蔵と清正、ナポレオンと名もなき兵士との落差は否定しがたい。しかし、詩はそうした「議論」や「理屈」に関わらない。「歴史上の材料」にならない対象でも「詩の材料」にはなりうるのだ。

しかし、これらをふまえた上でなお、次のように問うことができるだろう。なぜ、歴史家（歴史叙述）と異なり詩人（文学）は〝凡庸〞さえも主題化できるのか。蘇峰は同じころに書き散らしたいくつかの小文において、ことの消息に触れている。

されればよし彼等は、浮世の歴史には其名を留めずとも、羈人寡婦が暗室に於て流す所の涙痕の滴数さへ、数へ尽して漏すことなき、上帝の記録には必らず特筆大書されたるや、疑ふ可くもあらず。上帝の眼中に於ては、ビスマルクを大なりとし玉ふ乎、抑も亦彼等を大なりとし給ふ乎。上帝の隠密不可思議は、我も人も得て知る能はざるを奈何せん。（「無名の英雄」[52]）

詩人は上帝と人類と万有との紹介者なり。……故に詩人の職分は、宇宙の美妙を探るに在り。即ち上帝と人と万有とを一貫したる、宇宙の美妙を探るに在り。日月星辰の大なるより、一草一木の微に及ぶ迄、皆な詩人の占領する妙所なり。（「新日本の詩人」『国民之友』明治二十一年八月十七日[53]）

苟も詩眼を以て之を見れば、万物身辺、悉く是詩料ならざるはなし。それ唯だ身辺の事のみ、身辺の物のみ、故に人之を読んで、恰も自家の境遇を映出せられたるが如く、自家の胸中の秘密を発かれたるが如く、覚へず点頭するに到るなり。眼前の景、口頭の語、総て詩人無尽蔵中の一物なり。(「帰省を読む」『国民之友』明治二十三年七月十三日(54))

理路はシンプルである。時の流れにうずもれる「羈人寡婦」も、だれにも見向きされない「一草一木」も、しかしすべて「上帝」の創造した宇宙の構成物として「美妙」をたたえている。従来の文学者たちはそれらに目をくれなかったが、「上帝の記録」にはしかと大書されている。そして蘇峰いわく、来たるべき新日本の詩人とは、かかる「上帝の記録」を現世に開示する存在──「宇宙の秘密を穿鑿して、之れを同胞の人類に説明するもの(55)」──にほかならなかった。詩人たちは「神力」とも呼ばれる特殊技能「インスピレーション」を発動させてこの世界を「観察」し、そこに宿る神聖な秘密を掬い出し、凡民に向けて教えくだす。だからこそ、「眼前の景」も「口頭の語」も、「詩眼」さえあればなべて「詩料」となるのである。

吾人は実に我邦の文学者、特に詩人に向て、其の深省猛警を促す所なきを得ず。彼等が歌ふ所、何ぞ必らずしも白雲明月ならん、何ぞ必らずしも紅豆緑鬢ならん、何ぞ必ずしも金章紫綬ならん。彼等は眼前に好個の活題目あるを知らざる耶。歌人亦た然り、俳家亦た然り。花、薄、恋、郭公の外、四季各題の外、彼等は眼前に好個の活題目あるを知らざる耶。活題目とは何ぞや、ウオルズウオルス云はずや、"Love had he found in huts where poor men live" 賤が伏屋に、彼は愛を見出しぬ。(「平民の詩人」『国民新聞』明治二十五年十月二十三日(56))

表題からも明らかなように、ここに平民主義を認めるのはまちがってはいない。poor men の焦点化に、いわゆる社会問題への関心を読みとるのも妥当である。Wordsworth に依拠する立論を理想主義的浪漫性などと評すのも、それはそれでかまわないと思う。しかしいまこだわりたいのはそれらとりどりの符牒ではない。強調点を明示するためにも、ここですこし迂路を経よう。

4　造化の秘密、新たな倨傲（Ⅱ）分岐

この時期、蘇峰の論説に感化を受け、衛星のごとく彼をとりかこんでいた一群の青年たちがいた。のちの独歩こと、若き日の国木田哲夫（一八七一―一九〇八）もそのひとりである。

明治二十六年から三十年にかけて書き継がれた日誌『欺かざるの記』をひもとくと、影響の跡は歴然としている。独歩は「哲学史と文学史と政権史と文明史の外に小民史を加へよ」と述べて「山林海浜の小民」を主題化することを訴え、「ウオーズウオースの詩想」に依拠して「草花、雲雀、泉流、平野、胡蝶、虹蜺悉く神の黙示たり」と喝破する。詩人を上帝と凡民を媒介する「預言者」とみなすことや、「観察」の重視も変わりない[57]。

ただし、次の一節はどうだろうか。耳をすませばかすかだが、なにか軋む音が響いている。

> 国木田哲夫の主観よりして彼等（「小民」を指す）を評する時は、彼等は実に酔生夢死のいとも浅間敷きもの共なり。天地の美妙を感ずるにも非ず。高尚の希望を懐くにも非ず。只だ煩悩の境に苦戦し、談笑しつつあるなり。されど如何に吾かく評すればとて、之れ此の吾よりの評のみ。而かも之れ実に諸々の吾が此の悠々の天地に刻む事実なるを如何せん。嗚呼此の事実、其の意味は如何[58]。

おのれが主題化を試みている凡民たちは、「いとも浅間敷きもの共」に過ぎない。「天地の美妙」も「高尚の希望」も知らない俗人である。しかし、それはあくまで「国木田哲夫の主観」から見た結果であり、彼ら彼女らが厳然たる「事実」であることにちがいはない。この「事実」ということばは同書で執拗にくりかえされ、にもかかわらず含意が不分明なのだが、要するに次のことをいいたいらしい。まず独歩には、「余は余なり。余に取りて余程大なる者あるか。余は余の全体に非ずや」という強烈な個我の意識がある。だが、果たしてこうしたかけがえのない「余」は、世界に「余」一人なのだろうか。自分にはつまらなく、あさましくすら見える人々も、その人においては同様に無二の「余」（「他の

吾」）であり、「一個堂々たる霊」なのではないか。たとえばあの渡し舟の老船頭。彼はなぜこの職に就いたのだろう、どんな子供時代を過ごしてきたのだろう、妻子はどうしているのだろう……すなわち、「嗚呼此老人が一生は如何なる生命なるぞ」[59]。これらの問いを織りなすすべてが、詩人にとっては「詩料」となる[60]。

市街にすむ人々も亦た人間なり。天地間に於ける人間ならん。其の生存、生活、は意味ある者に相違なし。或はラブ。或は悪、或は高き感情、皆な彼等を動かす者ならぬはなし。うす暗き燈障子にうつりたる家、戸しまりて人げ空しき家、軒破れてかたむける家、笑ふ声のもるる家、かのかじや。かのをけや。かのこつじき。彼の小供等。彼の理髪所。彼の井戸、豈に意味深き物語りなしとせんや。記憶せよ。皆な天地間に存し、此自然の中に起る事実なり。高き処より見下ろせ。豈に深趣ある物語りなしとせんや[61]。

蘇峰の口調にセンチメンタルな気味を加えて反復しているだけに見えるかもしれない。しかし、独歩にとって、新日本の詩人たちが主題とすべき対象は、もはやそれ自体として優れている必要がない。義士偉人でも絶景でもなく、平凡な個々の生活であってよいし、そこここに見慣れた景色でかまわない。それらは、「天地間」に存在しているという「事実」、ただそれだけで「記憶」するに足るのである[62]。そして、独歩にとって、むしろこうした凡庸さすら主題化できるからこそ、詩人は〝上帝の代理人〟たるにふさわしかった。「嗚呼吾凡ての吾に同情す。吾は凡ての吾たらんことを希ふ。凡ての人は神の作り給ひしもの也。此の故に吾、詩をとらん。美文をとらん。吾若し吾が筆に由りて吾ならぬ他吾と共に呼吸し得るならは如何に幸ぞ。……オー神よ。吾之れ視て之れを語らん哉。嗚呼吾一ツの神と凡ての人とに住まん。一ツの神と凡ての人！アア然り」[63]。ここには、すべてに共感できるが故に神にも等しい、新たな詩人のアイデンティティが示されている。

対して、蘇峰の場合、実は論旨に自家撞着が潜んでいた。彼は〝上帝の代理人〟のヴィジョンを語る一方、そこで描かれる凡庸たちが、あくまで英雄的事業との関連において意味をもつというロジックを捨てきっていない。草履持ちはあくまで加藤清正の戦功を支える限りで、一片の石は熊本城の壮麗を構成する限りで、意味を見出されているに過ぎない（冒頭の引用を読みかえしてみてほしい）。ここにははっきりと、あくまで卓越者を忘却から救うという頼山陽のヴィジョンの残影を認めることができる。その卓越者を小民に求めるとしても、森田節斎の企図とさほど隔たったものにはなっていない。

もっとも、蘇峰その人は、こうした事情に無頓着であった。彼は矛盾を内包する「自家撞着」こそ「一個の小天地」としての人間の条件であり、たえざる変化をのみこんで「其性を全うする」のが「英雄」の真髄だと理解していた。「世の中は広し、然れども議論に依て狭くなるなり」（『国民新聞』明治二十三年二月）[64]。過度に分析的な対象への接近は、彼の好むところではない。

蘇峰という宇宙のなかで整合をはかられることすらなく同居していた異質な論理は、やがて後続者たちによってそれぞれ敷衍されていく。その過程で、彼らは互いにぶつかりあい、あるいは蘇峰からも離反する。山路愛山（一八六五―一九一七）と北村透谷（一八六八―一八九四）の描く軌跡がその代表であり、若き日の国木田独歩の彷徨も、明治の日本が織りなしたかかる思想史劇のひとこまであった[65]。

五　おわりに

日露戦役の余韻冷めやらぬ明治末年のざわつく春、文壇は熱を帯びた口吻に満ちていた。「帝国の歴史は新紀元を開きたり。文藝界には、果して此の新なるページに記載すべき程の現象ありや否や」（長谷川天渓）[66]。わきあがる呼号に唱和するかのように、創刊されたばかりの第二次『早稲田文学』が野心的な文壇整理を試みた。「小説壇の新気運」として、注目すべき作家の新作三点をとりあげ、従来とは異なる尺度に基づく論評を施したのである。選ばれたのは、島崎藤村『破戒』、夏目漱石『吾輩は猫である』、そして独歩の『運命』だった[67]。

「武蔵野」こそ「数年間の観察を試むべき詩題[68]」だと宣言して青春の日記を閉じた独歩は、やがて作家として短編小説をぽつぽつ発表するようになるが、概して注目を集めなかった。一時は新作の発表先に窮したことさえある。しかし明治の終わり、旧作をまとめただけの短編集がにわかに喝采をあびはじめ、周囲のまなざしが短期間に温度をあげていく。困惑の声を聞こう。

僕は実に今日まで僕自身の観た所、思ふた所感じた所を書いて来たのである。そして十年前から四五年前までの作物は、文壇から全く度外視されて、口八釜しい評論家の悪口の材料にすらも上らなかつたのである。……唯だ僕には僕の自信が有つたばかり、そのまま三十八年と九年となり、旧作を集め「独歩集」となし「運命」として世に出したら、急に僕の名が高くなつて従て愛読者の殖たやうである。けれど其為に僕は急にエラくなつた訳でもなく、エライのなら初めからエラかつたので矢張り独歩は独歩であつたのである。[69]

「悪口の材料」にすらならなかったというくだりに、長らく等閑視されてきた二流作家のねじけたこころを読みとるのは、いささか酷に過ぎよう。「思ふた所」「感じた所」に先んじて「観た所」を挙げるところに、青年期の「観察」論の残影をみとめるのは牽強付会だろうか。いずれにせよ、自身を急にもてはやしはじめた気運に関して、彼が違和感とともに空々しさを覚えていたことはまちがいない。「独歩は独歩であつた」。突然の令名をいぶかしみながら、それを作品に昇華させるいとまもなく、作家は病におかされていく。

このとき、独歩をまつりあげた新潮流を指して、「自然主義」という。日露戦後文学が新たにみつけた「現象」の本体である。この新主義は、あらゆる標語と同じく、その空疎さのゆえに絶大な威力を発揮し、またたく間に藝苑の地図をぬりかえていった。変わったのは人気作家の顔ぶれだけではない。題材をめぐる議論も、作者のアイデンティティに関する認識も、それまでの変遷を忘却に附しながら新たなことばで語りだされることになろう。

そのゆくすえを見定めることは、もはや本稿の任ではない。それは漢文学の射程が尽きた先にひろがる、広漠とした領野である。

（1）徳富蘇峰「無名の英雄」『静思余録』民友社、一八九三年、一八〇頁。
　資料の引用にあたり読みやすさを考慮して適宜字体を改め、句読点を補った。強調表現等は断りなく割愛したが、一部の難読箇所のみ原文のルビを残している。漢文資料の場合、漢詩を除いて書き下し文のみを記した。
（2）本稿は政治思想学会シンポジウムⅡ「思想史を裏から見る」（二〇二〇年五月）における報告をもとに、北海道大学政治研究会「野村真紀さんメモリアル・レクチャー」（同年十月）における議論をふまえ修訂を施したものである。それぞれの場で司会と討論の労をとられた重田園江先生、杉田敦先生、眞壁仁先生、前田亮介先生および参加者のみなさまに感謝したい。
（3）優れた成果として、坂本多加雄「「英雄」の時代とその終焉」『近代日本精神史論』講談社学術文庫、一九九六年、木村洋『文学熱の時代――慷慨から煩悶へ』名古屋大学出版会、二〇一五年、同「「社会の罪」の探索――徳富蘇峰、森田思軒、樋口一葉」『日本近代文学』第九十七巻、二〇一七年を挙げておく。
（4）江戸後期の漢文学史につき、この半世紀の間、個別研究が飛躍的に進んだ一方、通史的な見取り図にはさしたる修正がなかった。ここで念頭に置くのは、中村幸彦、松下忠、富士川英郎、日野龍夫、揖斐高らの仕事であり、おおよそ以下の諸点を特徴とする。①古典からのパッチワークを重んじる古文辞学が形骸化し魅力を失ったこと、②それに応じて自らの「真情」を自身のことばで表現することを目指す性霊説が擡頭したこと、③古文辞派は唐詩を性霊派は宋詩を範とし鼓吹したこと、④この変化は個性重視と写実性の獲得という点で漢文学の「近代化」と呼べること、⑤その主唱者は山本北山であり、またはその弟子筋にあたる江湖詩社の文人たちであること、⑥この変化の社会的背景には教養ある町人層の出現があり、性霊派の詩文は、担った階層の点でも表現の特質の点でも平民（非武士身分）の文学といえること。本稿で主に再考されるのは詩風理解に関わる②④⑥であり、題材の変遷に焦点を当てることで「日本化」でも「近代化」でもない眺望を示したい。なお、ここではあつかわない①③に対する再検討の試みとして、合山林太郎「性霊説以降の漢詩世界――近世後期の日本漢詩をどう捉えるか」『幕末・明治期における日本漢詩文の研究』和泉書院、二〇一四年、高山大毅「古文辞派詩の修辞技法――縁語掛詞的表現と名にちなんだ表現」『国語国文』第八十九巻第二号、二〇二〇年、参照。
（5）山本北山『作詩志彀』天明三年刊、中村幸彦校注『日本古典文学大系94　近世文学論集』岩波書店、一九六六年、二九七頁。

（6）山本嘉孝「山本北山の技芸論――擬古詩文批判の射程」『近世文藝』第九十九集、二〇一四年。

（7）山本北山『作詩志彀』二八五、三〇八頁。校注を務めた中村幸彦は、二八五頁の引用箇所をふくむ一節を袁中郎の「叙小修詩」（『袁中郎全集』巻一）および「与丘長孺」（同巻二十一）から再構成したものとする。論旨はそのとおりだが、「大丈夫」云々といった表現は袁中郎にはない。北山の強調点がうかがわれよう。

（8）山本北山『作文志彀』安永八年刊、岸上操編『日本文庫』第七篇、博文館、一八九一年、二三頁。

（9）長野豊山『松陰快談』文政四年刊、池田四郎次郎編『日本詩話叢書』第四冊、鳳出版、一九二〇年、三九三頁。

（10）六如「柏原山寺冬日雑題」『六如庵詩鈔』二編巻一、寛政九年刊、二一オ。

（11）高梨聖誕「幽居二首」『晩晴吟社詩』寛政十二年刊。引用は小財陽平「訳注『晩晴吟社詩』」『明治大学教養論集』第五二〇巻、二〇一六年。なお江戸後期の詩人における風景観と自己認識の連環につき、中島貴奈「六如と宋詩――「景」と「詩」、詩人の関係から」『国文学解釈と鑑賞』第七十三巻第十号、二〇〇八年が有益である。

（12）揖斐高「詠物の詩」『江戸詩歌論』岩波書店、一九九八年、参照。

（13）太田玩鷗『玩鷗先生詠物百首』天明三年刊「目録」。評語は江村北海の序（二ウ）および版元菱屋孫兵衛の広告。詳しくは、堀川貴司「太田玩鷗の詠物詩――十八世紀後半京都詩壇一斑」『国語と国文学』第六十八巻第二号、一九九一年、鈴木健一『江戸詩歌の空間』森話社、一九九八年、参照。

（14）巌垣龍渓「咏物百首後序」『玩鷗先生詠物百首』、一オ。

（15）六如『葛原詩話』巻四、天明七年刊、前掲『日本詩話叢書』第四巻、一七五、一八九頁。

（16）同上、巻三、一三九頁。

（17）高岡秀成「序」『木工集』寛政五年刊、揖斐高訳注『柏木如亭詩集』第一巻、東洋文庫、二〇一七年、十六～十七頁。

（18）日野龍夫「桜と近世日本漢詩」『日野龍夫著作集』第一巻、ぺりかん社、二〇〇五年、新稲法子「江湖詩社の桜花詠」『待兼山論叢』第二十五巻、一九九一年、参照。ちなみに『玩鷗先生詠物百首』でも「桜花」は詩題に選ばれている（十八ウ）。

（19）松村九山『藝園鉏莠』文政八年刊、池田四郎次郎編『日本詩話叢書』第八巻、鳳出版、一九七二年、一九三、二〇三、二一八頁。

（20）篠崎小竹「山陽詩鈔序」『山陽詩鈔』巻一、天保四年刊、二オ～三ウ。

（21）尾藤二州『正学指掌』天明七年刊、頼惟勤校注『日本思想大系37　徂徠学派』岩波書店、一九七二年、三三九頁。

(22) 塚田大峰『作詩質的』文政四年刊、池田四郎次郎編『日本詩話叢書』第一巻、鳳出版、一九七二年、三七七〜三七八頁。「所謂」云々は厳羽『滄浪詩話』詩辨。
(23) 古賀侗庵「与友人論詩書」『侗庵初集』巻五。
(24) 菊池五山『五山堂詩話』巻二、文化五年刊、揖斐高ほか校注『新日本古典文学大系65　日本詩史・五山堂詩話』岩波書店、一九九一年、一九六頁。
(25) 林蓀坡『梧窓詩話』文化九年序、池田四郎次郎編『日本詩話叢書』第十巻、鳳出版、一九七二年、三七三頁。
(26) 頼山陽「詩話五則。別大河原世則」『頼山陽文集』、徳富猪一郎編『頼山陽全書　文集』頼山陽先生遺跡顕彰会、一九三二年、三六〇頁、「手批聿庵詩稿後」同上、八〇六〜八〇七頁。
(27) 同「詩話五則。別大河原世則」三六一頁。
(28) 同「書詠物詩選後」『書後并題跋』巻下、前掲『頼山陽全書　文集』、一一三頁。「手批朴斎詩文稿後」でも「初学は毎に題目に苦しむ、是れ亦た詠史を用ふ可し」とか「詠史の奇思を発す可きに如かず」といわれている（『頼山陽文集』六三七頁）。もちろん山陽にも花鳥風月を詠む詠物詩はあるが、「余は詠物を喜ばず」と相対的な評価は低い（「自書墨牡丹詩後」同上、七五二頁）。
(29) 同「竹下詩注」同上、八〇五頁。
(30) 同「読賈馬二氏文」同上、八四頁。
(31) 山本北山『作文志彀』二四〜二五頁。『作詩志彀』三二八頁にも同趣旨の発言がある。
(32) 島田英明『歴史と永遠——江戸後期の思想水脈』岩波書店、二〇一八年、参照。
(33) 頼山陽の梶山立斎宛、享和元年、徳富猪一郎ほか編『頼山陽書翰集』下巻、民友社、一九二七年、八八二頁。
(34) 広瀬旭荘「渓陽詩草叙」『旭荘文集』、岡村繁ほか編『広瀬旭荘全集　詩文編』思文閣出版、二〇一〇年、七二一頁。
(35) 斎藤竹堂『報桑録』巻上、関儀一郎編『続続日本儒林叢書』第二冊、東洋図書刊行会、一九三六年、四頁。
(36) 同「外国詠史」『竹堂詩鈔』巻之下、四ウ。
(37) 同上。竹堂の詠史詩につき、停雲会「竹堂「外国詠史」注解〈其の一〉〜〈其の五〉」『太平詩文』第二十三〜二十八号、二〇〇二〜二〇〇三年、杉下元明「幕末維新期の知識人にうたわれたローマ帝国」『日本漢文学研究』第八巻、二〇一三年、参照。
(38) 森田節斎「与谷子正書」、田村吉永編『森田節斎全集』五條市、一九六七年、二五七頁。
(39) 同上。

（40）同「上内藤某書」同上、五〇頁。

（41）柳田泉『政治小説研究』上巻、春秋社、一九六七年、一九二頁など。ただし政治小説がその精華において達成した表現上の革新は軽視されるべきではない。林原純生「「欧州奇事花柳春話」から「斎武名士経国美談」へ——近代文学形成期への一視点」『日本文学』第二十九巻第十一号、一九八〇年、参照。

（42）永井一孝『明治文学史』文献書院、一九二九年、三九頁。

（43）高畠藍泉「文明開化は小説安を害す」『芳譚雑誌』第一三七号、明治十三年五月二十六日。引用は山本和明「結末の行方——黎明期明治戯作の位相」『近世戯作の〈近代〉——継承と断絶の出版文化史』勉誠出版、二〇一九年、一一五頁。

（44）松村春輔『春雨文庫』明治九年刊、興津要編『明治文学全集1　明治開化期文学集（一）』筑摩書房、一九六六年、三二四頁、柳葉亭繁彦『園の常夏』自序、駸々堂、明治十七年刊。なお毒婦ものへの傾斜は必ずしも後世史家の偏向とはいえない。「余が数十篇著はす冊子も或は盗賊の事実を演べ、或は毒婦の伝を綴り、忠貞節義稍や全き美談は至て稀なるものから、凡そ人の情として奇を好み異に集るは古よりの習慣にて忠貞節義の美談といへば爾のみ好んで之を読まず、人を殺し財を掠むる兇暴無頼の惨話と云ば却て之を好むめり」（花笠文京『艦褸の錦繍』序、絵入自由出版社、明治十七年刊）。

（45）もっとも、当人たちの主観に即す限りこの間には大きな価値意識の転換があった。すなわち、彼らは「忠孝節義」といった主題を「専制の歴史」を反映したものとして峻拒し、新たな義民像を「自由の気力」を「英発興起」するものと位置付けていたのである（「我国に自由種子を播殖する一手段は稗史戯曲等の類を改良するに在り」『日本立憲政党新聞』明治十六年六月九日）。「振気から教化へ」という青山英正の分析枠組を借りるなら、これを「教化から振気へ」の再転位の試みと呼べるだろう。青山英正「振気から教化へ——勤王志士詩歌集のゆくえ」『幕末明治の社会変容と詩歌』勉誠出版、二〇二〇年、参照。

（46）小室信介編『東洋民権百家伝』明治十六年刊、林基校訂、岩波文庫、一九五七年、十二、十九頁。

（47）木村直恵『〈青年〉の誕生——明治日本における政治的実践の転換』新曜社、一九九八年。

（48）徳富蘇峰「新日本の詩人」『文学断片』民友社、一八九四年、三八〜四三頁。

（49）同上、六一〜六二頁。

（50）同上、六四〜六六頁。

（51）同「文学者の新題目」同上、一八八頁。

（52）同「無名の英雄」『静思余録』、一二八〜一二九頁。

(53) 同「新日本の詩人」『文学断片』、三三頁。
(54) 同「帰省を読む」同上、一四〇頁。
(55) 同「新日本の詩人」同上、一九～二十頁。
(56) 同「平民の詩人」同上、一九五～一九六頁。「ウオルズウオルス」云々は William Wordsworth, *Song at the Feast of Brougham Castle*。ただし live は lie が正しい。
(57) 国木田独歩『欺かざるの記』明治二十六年三月二十一日、六：七十頁、同年九月十二日、六：二七七頁、同年二月十九日、六：三十頁、同年三月三十一日、六：八四頁。以下、独歩のテクストからの引用はすべて国木田独歩全集編纂委員会編『定本国木田独歩全集』学習研究社、一九七八年に依拠し、たとえば第六巻からの引用を右のように略記する。なお真正な観察者に求められる内面的態様として「シンセリテイ」を強調する点が、独歩と蘇峰の大きなちがいとして目を引くが、必要な範囲をこえて議論が拡散するのでここでは詳述しない。関連する古典的論攷として、北野昭彦『国木田独歩の文学』桜楓社、一九七四年、滝藤満義『国木田独歩論』塙書房、一九八六年、David Perkins, *Wordsworth and the Poetry of Sincerity*, Belknap Press, 1964、Lionel Trilling, *Sincerity and Authenticity*, Harvard University Press, 1972（野島秀勝訳『〈誠実〉と〈ほんもの〉——近代自我の確立と崩壊』筑摩書房、一九七六年）参照。
(58)『欺かざるの記』明治二十七年三月三十日、六：四四二～四四三頁。
(59) 同上、明治二十六年十一月七日、六：三三三頁。
(60) 独歩が用いる「詩料」ということばについて一言しておく。同じことばを蘇峰も用いているほか、類似の表現は江戸期の文士たちにも散見される（前注（10）（17）（54）参照）。いずれも伝統的漢語のようだが、古典の用例は少なく、主に性霊派の範とした宋代の詩人たち——蘇軾、陸游、楊万里など——がはじめて頻用した。中国文学の研究者、浅見洋二は、ここに〝詩を詠むという行為〟についての構造転換を見出している（『中国の詩学認識』第五部第三章、創文社、二〇〇八年）。すなわち、（一）宋代詩人らは、詩や詩句は詩人が作り出すものではなく、あらかじめ外部の世界に存在すると感じていた。（二）故に作詩行為は完成品（「見成篇」）を拾いあげる（「拾得」）ものとされ、苦吟が否定される。（三）また彼らは、詩料を提供してくれる万象を詩人の側が使役する対象とみなし、詩人と「天」との関係を対等もしくは前者の優位と位置付けた、云々。浅見の引く数多の実例は六如らの参考にした作品そのものであり、その指摘は極めて興味深い。もっとも、徳富蘇峰までこうした議論を意識していたというのはむずかしい。明治の知識人が理論面で依拠したのは、主として Emerson であり Carlyle であり Wordsworth であった（"O gentle

Reader! You would find/ A tale in everything." Wordsworth, *Simon Lee: the Old Huntsman*)。この十九世紀英米文化史と漢文脈とが交接する地点について、本稿では十分に踏みこむことができなかったので他日を期したい。同様の交接を一世代前のヴァージョンと比較する作業も緊要である。たとえば中村敬宇の場合につき、李セボン『「自由」を求めた儒者――中村正直の理想と現実』中央公論新社、二〇二〇年、特に第六章参照。

(61)『欺かざるの記』明治二十六年十一月四日、六：三二八～三二九頁。

(62) 実作の分析はここでの課題ではないが、関連する章句をいくつか引いておく。「此茶屋の婆さんが自分に向て、「今時分、何にしに来たダア」と問ふた事があつた。自分は友と顔見合せて笑て、「散歩に来たのよ、ただ遊びに来たのだ」と答へると、婆さんも笑て、それも馬鹿にした様な笑ひかたで、「桜は春咲くこと知ねえだね」と言つた。其処で自分は夏の郊外の散歩のどんなに面白いかを婆さんの耳にも解るやうに話して見たが無駄であつた。東京の人は呑気だといふ一語で消されて仕了つた」(「武蔵野」明治三十一年、二：七八頁)、「そこで此処に恩愛の契もなければ義理もない、ほんの赤の他人であつて、本来をいふと忘れて了つたところで人情をも義理をも欠かないで、而も終に忘れて了ふことの出来ない人がある。世間一般の者にさういふ人があるとは言はないが少くとも僕には有る。恐らくは君にも有るだらう」(「忘れえぬ人々」同年、二：一一四頁)、「そうだツけ、彼老爺さんを写生すると宜かツた」(「郊外」明治三十三年、二：二六二頁)、「此川岸に立つ茅屋の一家族の歴史は如何。其老夫の伝記は如何。彼一個の石、これ人情の記念にあらざるか、これ都会に立つ大紀念よりも意味深きものならざるか。少くとも多くの涙を含むものならざるか。彼の一村落は夕陽に眠れり。永久の平和！これには日本外史あらざる也。されどここには自然と人情と神の書かれたる記録存す。……嗚呼これ詩人の空想か。否、事実なり」(「凡人の伝」九：一九三頁)。

(63)『欺かざるの記』明治二十七年七月十八日、七：一七一頁。こうした「小民への共感」は、「少年時代英雄に憧れた独歩が、自らの功名心を否定し、人間の内面的価値を発見する道程において、立身出世主義を克服した」成果だと説明されることが多かった(山田博光『国木田独歩論考』創世記、一九七八年、一〇六頁)。しかし独歩にとって、新日本の詩人たることは、政治的英雄のイメージに収斂するものとは異なる〝高き処〟へと至る途であり、政治的偉功にも等しい血湧き肉躍る事業との出会いだったことについて、もうすこし注意する必要がある。この点につき、『独歩吟』に対する次の評語は示唆に富んでいよう。「この調子の高さは悲憤慷慨する壮士演説に劣らない熱血ぶりである。「国家」や「大義」の代わりに「新体詩」が信仰の対象になったのかと思うほどだ」(尼ヶ崎彬『近代詩の誕生――軍歌と恋歌』大修館書店、二〇一一年、一五二～一五三頁)。以上の事情は、山路愛山と北村透谷の相違を「不死（immortality）」と「永遠（eternity）」のちがいとして提示した坂本多加雄の仕事に対して、意味のある再考を迫るものだと思われる。坂本多加雄『知識人――大正・昭和精神史断章』（読売新聞社、一九九六年）参照。

（64）徳富蘇峰「衝突、撞着」『静思余録』、五二頁。

（65）こうした思想史理解につき、槙林滉二「徳富蘇峰と自由民権運動――民友社文化圏の射程」『明治初期文学の展開――後退戦の経路』和泉書院、二〇〇一年、から示唆を得た。

（66）長谷川天渓「昨年の文藝界」『太陽』明治三十九年一月号、一五六頁。日露戦後の文藝思潮につき、平岡敏夫『日露戦後文学の研究』有精堂出版、一九八五年、大東和重『文学の誕生――藤村から漱石へ』講談社選書メチエ、二〇〇六年、参照。

（67）「彙報　小説界」『早稲田文学』明治三十九年十月号。無記名だが大東和重は片上天弦の筆になるものと推測している（大東前掲『文学の誕生』十九～二十頁）。

（68）国木田独歩『欺かざるの記』明治二十九年十月二十六日、七：四八八頁。

（69）同「余と自然主義　附たり不思議の現象」明治四十年、一：五二九～五三〇頁。

女性思想家の〈マイナー性〉

——「愛」をめぐるウルストンクラフトのバーク批判を事例として

●——梅垣千尋

一　はじめに——女性思想家の〈マイナー性〉

本稿に与えられた課題は、「政治思想における真実と虚偽」というテーマとの関わりで、「思想史を裏から読む」ことである。「主流」とされてきた系譜にもとづく従来の思想史叙述の枠組みを問い直し、「隠された」系譜を新たに発見する、という手法は、政治思想史研究ではかならずしも異端的なわけではなく、むしろ現在では、研究の独創性を示すための常道になっているとさえ言えるかもしれない。もっとも、何をもって「表」や「裏」とみなすのかという問いには、研究者それぞれの問題関心のあり方に応じて、当然さまざまな答えがありうる。本稿では、かなり単純にそれらを思想家の性差で分け、女性の思想的営みを「裏」ととらえたい。

その理由は、日本の政治思想（史）研究において、女性思想家が扱われることが極めて少ないからである。たとえば、政治思想学会が刊行している年報『政治思想研究』の創刊号から二〇号までの論説（特集・公募論文・寄稿）を調べると、合計二五一本に及ぶ論文のなかで、特定の思想家の名前を題名に掲げたものは一八〇本あり、そのうち女性思想家の名前を含むものは二〇本であった。論文の本数だけからすれば、扱われてきた思想家の男女比は八対一となるが、さらにその内訳を見ると、二〇本のうちハンナ・アーレントが一四本を占め、残りはシャンタル・ムフが二本、キャロル・ペイトマン、ジェルメーヌ・ド・スタール、マリアンネ・ウェーバー、マーサ・ヌスバウムがそれぞれ一本となっている(1)。このリストを見るかぎり、日本の政治思想(史)の世界で、研究に値する女性思想家として公認されているのはほぼアーレントだけであり、少なくとも一九世紀より前の時代には、世界のどこにも女性思想家がほぼ存在しなかったかのようである。

このように思想家の性差にこだわることは、もちろん「本質主義」だという批判を受けてもおかしくない。性の多様性が尊重されるべき現代において、男女という二項対立的な枠組みを依然として前提にし続けることにたいする批判もあるだろう。しかし、「性を問わない」という姿勢は、かならずしもジェンダーに中立的(gender neutral)であることを意味しない。むしろジェンダーから目を塞ぐ(gender blind)ことで、意図せずして旧来の男性中心的な価値観を温存させてしまうこともある。本稿では、政治思想(史)研究で扱われる思想家の圧倒的なジェンダー・ギャップを可視化するという目的から、あえて戦略的に性差にこだわる立場をとる。

もっとも、このような問題意識は新しいわけでもオリジナルなわけでもない。たとえば、現代日本における西洋政治思想史の代表的な教科書である川出良枝・山岡龍一『西洋政治思想史』(二〇一二年)は、「政治と性Ⅰ」という章の冒頭で、「正典(canon)」における「DWEM問題」、すなわち「西洋の主流派の伝統が、Dead White European Males、つまり過去の、白人の、ヨーロッパ人の、男性の文化という、排他的なものではないのか」という問いを提示している。管見のかぎり、これは西洋政治思想史の「男性中心主義という問題」を指摘した、日本で初めての概説書の記述である(2)。

一方、英語圏に目を転じれば、こうした正典の偏りにたいする批判には、すでに長い歴史がある。いわゆる「ウーマン・リブ」以後の女性学やフェミニズム研究の隆盛を受けて、一九七〇年代末ごろから始まったのが、政治学史や哲学史においてすでに古典としての地位が確立された男性思想家たちの女性観や家族観を、フェミニズムの視点から新たに問い直す研究であった。すでに邦訳が出ている代表例としては、スーザン・モラー・オーキンの『政治思想のなかの女』や、キャロル・ペイトマンの『社会契約と性契約』などの著作がある。[3]

これがフェミニズム的な政治思想史研究の第一段階であったとすれば、二〇〇〇年ごろから顕在化しつつあるのが、第二段階の研究、つまり正典から排除されてきた歴史上の女性思想家たちの存在を掘り起こそうとする研究である。[4]たとえば、その牽引者であるペニー・A・ヴェイスは、こうした女性政治思想家を「キャノン・フォダー（canon fodder）」と呼び、彼女たちへの正当な評価を要求している。「キャノン・フォダー」とは、「砲弾の餌食になるだけの兵士」を意味するcannon fodderという言葉をもじった造語である。ヴェイスによれば、彼女たちキャノン・フォダーは、どの思想家を正典に選ぶべきかという戦いのなかで不当に犠牲にされ、全方向的な攻撃によって「その思想が沈黙させられ、その抗議が罰せられ、そのヴィジョンがかき消されたり嘲笑されたりした」存在であったという。[5]

本稿はこうした研究動向に背中を押され、政治思想史研究における女性思想家の「不在」もしくは「マイナーな扱い」が日本でもこのまま続いてよいのか、という疑問を抱いたことから出発している。[6]以下では、なぜ政治思想史研究において女性思想家が取り上げられにくいのかという問い、そして、女性思想家を取り上げることによって、どのような新しい問題が提起されるのか（あるいはされないのか）という問いを、具体的にメアリ・ウルストンクラフト（一七五九―一七九七）という女性思想家を例にあげて考えてみたい。[7]

なお、具体例としての妥当性についてあらかじめ断っておけば、ウルストンクラフトは、フェミニズム思想史の領域では思いきり「メジャー」な存在である。政治思想史研究においても、たとえば先述の川出・山岡『西洋政治思想史』の「政治と性Ⅱ」という章では、彼女の主著『女性の権利の擁護』（一七九二年）が取り上げられているし、[8]杉田敦・川崎修編著『西洋政治思想資料集』（二〇一四年）にも、彼女の項目が立てられている。[9]したがって、ウルストンクラフトを「マイナー」な女性思想家とみなすことにたいしては異論もあるだろうが、[10]ここではあくまでもほかのより知名度の低い女性思想家たちの存在を考えるための導入として、彼女の事例を用いることにする。

二　なぜ政治思想史において女性思想家があまり取り上げられないのか

なぜ政治思想史において女性思想家があまり取り上げられないのか。この問いを日本だけに限定して考えたとき、まず思い浮かぶのは、研究者の側の男女比の問題である。政治思想学会の場合、会員の正確な男女比は把握されていないようだが、「女性の会員数が異常に少ない」ことは間違いないらしい(11)。もちろん、女性研究者であればみな決まって女性思想家を扱うわけではないし、男性のなかにも女性思想家を扱う研究者はいる。だが、たとえば、比較的女性研究者が多い文学研究の世界で女性作家の作品がよく読まれたり、同じく一定数の女性研究者がいる歴史学の世界で、女性史・ジェンダー史研究が一分野として確立されたりしている状況を横目で見れば、研究者の男女比と研究対象の男女比のあいだには、それなりの相関関係を指摘することができそうである。

とはいえ、なぜ日本の政治思想（史）という分野で圧倒的に女性研究者が少ないのかという問題は、本稿で扱うことができる範囲を超えている。以下ではより内在的なアプローチをとり、研究対象として女性思想家が取り上げられない理由として、政治思想史研究者からあがりそうな「弁明」をいくつか想定した上で、それぞれの根拠を検証してみることにしたい。

1　「取り上げたくても存在しないから」——不在という問題

まず単純に、「女性思想家が歴史上、存在しなかったから」という理由が考えられるかもしれない。古代から一九世紀ごろまでは、世界中のどの地域でも明らかに男性優位の社会が成り立っており、そのような制約のある過去の時代に、女性思想家を見つけようとすること自体に無理がある、ということである。

たしかに、存在しなければ取り上げようがない。しかし、自身の文章を後世に残した女性が古代以来、まったく存在しなかったわけではない。「昔の時代は女性差別的だった」という理解は、もちろん半面では真理なのだが、しかしそれは一見ものわかりのよい態度のようでいて、過去に生きた人びとの営みについての私たちの解釈の幅を著しく狭めるものにもなりかねない。そもそも歴史研究において、それまで長らく忘れ去られていた対象が新たに「発見」されるのは、決して珍しいことではない。「歴史から隠された（hidden from history）」女性たちを史料からすくい上げる、というスローガンを掲げて一九七〇年代から本格的に始まった女性史研究が、その好例である。研究者の側が最初から「不在」を決め込めば、わずかにでも存在したかもしれない過去の女性思想家は、当然その視野に入ることがない。もし政治思想史研究を歴史学の一分野とみなしてよいとすれば、思いがけない「発見」の可能性を最初から放棄するという姿勢がどれほど容認されるのか、大きな疑問である。

いや、政治思想史はたんなる歴史学の一分野ではない、という意見もあるかもしれない。政治思想史の場合は何よりも正典のテクストを読むことが大事であって、「マイナーポエット」の作品をいくら新たに発掘して読み込んでみたところで、意義ある研究はできない、という立場である。たしかに、「古典」として長らく読み継がれ、多様な解釈に晒されてきたテクストのもつ独特な重みはあるだろう。思想史というものが究極的には、個々の思想家による、先立つ時代の知的遺産の受容の歴史なのだとすれば、後世により大きな影響を与えたテクストに特権的な地位が与えられるのは、いかにも避けがたい。しかし、そのことだけに価値を置けば、男性中心の歴史の積み重ねのなかでつくられた正典のラインナップは、ますます不動のものとなる。すでに述べたように、ウルストンクラフトは現代の政治思想史研究のなかでいくらか「メジャー」な存在になってきているが、そうなったのは、たかだかここ数十年のことにすぎない。社会の変化にともなう新たな時代の要請のもとで、正典に含めるべきテクストが新たに見つかることは十分にありうることであり、むしろそうした発見作業は、後に続く世代にたいする研究者の責務であるとも考えられるのではないだろうか。

2 「十分な学問的訓練を受けていないから」——知的水準の問題

次に、もう少し突っ込んだ理由に移ろう。女性思想家が存在することは認めるし、実際にその作品を読んだこともあるが、しかし、書かれたテクストの内容から判断して、やはり政治思想史研究ではマイナーな扱いをせざるをえない、という意見についてである。この場合、書かれたテクストの難点としては、第一に、十分な学問的訓練を受けていないという知的水準の問題、第二に、扱っているテーマがそぐわないという主題の問題の二つが指摘されると考えられる。

第一の問題については、たしかに過去に生きた女性の大部分は、一九世紀の後半まで大学などの高等教育機関にアクセスすることができなかったため、書かれたテクストが基礎的な論理展開の面で「難あり」とみなされるのは、理解できないことではない。独学で文筆の世界に入ったウルストンクラフトの場合も同様で、これまで『女性の権利の擁護』については、脱線や繰り返しが多く、論理的な明晰さや体系性に欠けるという指摘が数多くなされてきた。たとえば、日本でいち早くフェミニズムに立脚した西洋政治思想史研究を行ってきた水田珠枝は、『女性の権利の擁護』の研究に着手した一九六〇年代を振り返って、この著作が「政治思想史上の大家の業績」のような「しっかりした論理の枠組み」を欠いているために、「論理的な整理がもう少ししっかりしていないと、これだけを使って論文を書くわけにはいかないと考えるようにな」ったと述べている。(12)

また、同じ問題から派生する別の難点として、女性の書いた作品は学問的な継承関係が希薄で、「系譜」や「学派」の括りを用いた通常の思想史研究の手法がとりづらいという問題もあるかもしれない。これについてもその通りで、とくに女性の手による女性論の場合には、正規の教育機関のなかで先行する議論を体系的に学んだ上で展開されるような代物ではないため、いわゆる影響関係や、同じ系譜に属する議論のなかでの独創性といったものを論じることが難しい。ウルストンクラフトの場合も『女性の権利の擁護』では、互いに書簡を交わす関係にあったキャサリン・マコーリには賛辞を贈っているものの、約一〇〇年前のフェミニズム思想家の先達にあたるメアリ・アステルには一切言及していない。同時代のフランスで女性の権利について論じていたコンドルセやオランプ・ドゥ・グージュの存在も、どうやら知らなかったようである。

しかし、これらの難点は、研究者の側の努力次第では、決して克服できないものではない。英語圏のウルストンクラフト研究では、一九九〇年代ごろから、一読してなかなか汲み取りづらいテクストの含意をコンテクスト主義的な手法で解き明かしたり、「対話」相手（その多くは批判の対象であったが、ルソー、ミルトン、ポープ、スウィフト、アダム・スミス、バークなどが論及されている）との関係から彼女の思想史的な位置を見定めたりする作業が、着々と進んでいる。[13] また二〇一〇年代になると、もっぱら政治哲学の分野で、核となる論理を抽出した上で彼女の思想を体系化する試みが本格化しており、わかりにくいテクストでも十分にそれだけを使って論文が書かれている。[14] そもそも男性思想家の場合には、正規の学問的訓練を受けていないからといって、思想史の研究対象から自動的に除外されるわけではない。そうだとすれば、同じ理由で女性思想家だけがマイナーな扱いを受けることは、どのようにして正当化されるのだろうか。

3 「扱っているテーマがそぐわないから」――主題の問題

次に、先にあげた第二の問題、つまり扱っているテーマが政治思想史にそぐわない、という主題の問題が理由にされる場合を考えよう。女性の書いた作品がたとえ一定の知的水準を満たすとしても、彼女たちは往々にして、女性の問題や家庭、育児、教育、恋愛といった「個別的」なテーマしか扱っておらず、国家や社会全体に関わる「普遍的」な問題を論じていない、という意見である。

この意見にたいしては、私的領域における男女の関係や家族の問題という「物語の半分」が、これまでの政治理論で語られずにきたという、三〇年以上前のキャロル・ペイトマンの指摘をそのまま繰り返すしかないだろう。公的領域だけを政治思想史の取り組むべき問題とみなす範囲の設定自体が、狭いのではないかという批判である。[15] ウルストンクラフトの場合を見ても、たとえば『女性の権利の擁護』には、「政治的および道徳的問題にたいする批判を込めて」という副題がつけられており、女性をめぐる問題が、すなわち「政治的」問題であるという認識が彼女自身にあったことがわかる。彼女にとって、「公的な徳」とは「私的な徳の総計以外の何ものでもない」のであって（VW 264／三五六）、家庭という場で男性と女性が互いにどれほどの独立と自由を享受できているのかが、その政体全体の健全性を決めるものと考えられていたのである。

しかしそれ以前に、女性はもっぱら私的領域の問題に関心があり、公的領域の問題を正面から論じない、という想定自体を、本当にそうなのかと疑ったほうがよい。たしかに世界的に見て大部分の女性は、二〇世紀の後半に入るまで政治の実務を担うことはなかったが、国家といったマクロな次元の政治をテーマにした文章を書く女性が皆無であったわけではない。ウルストンクラフトの場合を見ても、『女性の権利の擁護』の二年前に発表された『人間の権利の擁護』（一七九〇年）は、バークの『フランス革命の省察』（一七九〇年）への反駁を意図して書かれた純然たる政治パンフレットであった。先述のマコーリは、ヒュームの歴史叙述に挑戦して共和主義の立場から『イングランド史』（一七六三―八三年）を執筆したことで知られるが、彼女はホッブズやバークを批判する政治論も書いており、ウルストンクラフト以上に、政治思想史研究で扱われるべき要件を満たす思想家であるように見える。フランス革命勃発後にイギリスで展開した「革命論争」のなかでは、ほかにも政治的立場の如何を問わず、匿名で政治パンフレットを出版したり、論争に触発されて哲学的な教育論を書いたりした女性たちが少なからず存在する。[16] 彼女たちは、主として小説や詩を書いていた（それが当時の女性著述家にとって「より安全」なジャンルであった）ことから文学研究で取り上げられることが多いが、だからといって、政治思想史研究では扱えないと決まるわけでもない。

以上のことから、少なくとも方法論的に考えた場合、マクロであれミクロであれ、政治についてある程度まとまった文章を書いた女性思想家であれば、政治思想史研究の対象から外されるべき正当な理由は見当たらないように思われる。なぜ女性思想家があまり取り上げられないのかという問いにたいする答えは、したがって、対象の側というより研究者の側の姿勢に求めたほうがよく、これまで語られてきた政治思想（史）の「真実」は、あえて強い表現を使うなら、無自覚かつ意図的に女性を対象から除外してきた研究者たちの集団的行為によってつくりあげられたとさえ言えるのではないだろうか。

三　ウルストンクラフトの『人間の権利の擁護』を読む――「愛」をめぐるバーク批判

それでは逆に、政治思想史研究において女性思想家を取り上げることによって、どのような新しい問題を提起することができる（あるいはできない）のだろうか。ひと言で女性思想家といっても、男性思想家と同じくもちろん一枚岩ではない。全般的な特徴を論じることなど不可能なので、事例研究のひとつとしてウルストンクラフトの『人間の権利の擁護』を読むことをもって、その答えに代えることにしたい。

すでに述べたように、このパンフレットは、バークの『フランス革命の省察』(以下『省察』)にたいする反論として書かれたものである。だが、バークの書物の刊行からわずか一ヶ月以内に出版されるという驚異的なスピードで執筆されたこともあり[17]、そのテクストは散漫で、思いつくままに書き綴られたかのような印象を与える。さらに、『省察』と同じく書簡形式で、バーク個人に呼びかけるスタイルがとられていることから、反語的表現がやたらに多く、文意を掴むのにかなり苦労する。この読みにくさに加えて、フェミニズム思想史の分野では『女性の権利の擁護』に研究者の関心が集中すること、また政治思想史では同じ反バーク陣営のなかでも、ベストセラーになったトマス・ペインの『人間の権利』(一七九一―九二年)のほうに脚光が当たることなどの事情から、研究史上、『人間の権利の擁護』は相対的にマイナーな地位にとどめられてきた[18]。かろうじて研究書で取り上げられる場合でも、かつては未熟な政治論として酷評されることが少なくなかった[19]。

しかし、バーク研究者のなかには、この作品を内在的なバーク批判の書物として高く評価する者もいる。たとえばデヴィッド・ブロムウィッチは、バークの政治論の基礎が道徳をめぐる問題にあることを『人間の権利の擁護』で適切に見極めているとして、ウルストンクラフトは、革命論争における反バーク陣営の「誰よりも独創的な道徳思想家であり、誰よりも深いバークの読み手」であったと評している[20]。ダニエル・オニールもまた、ウルストンクラフトが『人間の権利の擁護』で、スコットランド啓蒙の道徳哲学から引き出した言説上のツールを用いて、バークの道徳理論を「脱構築」していると論じ、「バーク＝ウルストンクラフト論争」のもつ思想史上の意義を明らかにしている[21]。

たしかに『人間の権利の擁護』の大きな特徴は、道徳をめぐる問題への論及にある。以下では、こうした道徳をめぐる問題のなかでも、とくに「愛(love)」の問題に焦点を当てて、『人間の権利の擁護』を検討したい[22]。「愛」は、ウルストンクラフトの思想において要となる概念のひとつであり、また彼女のバーク批判に独自性を与えているのも、この概念をめぐる議論であると考えられるからである。

1 バークの美学的「愛」にたいする批判

革命論争に加わった政治パンフレットを、「愛」の問題から読み解くというのは奇妙に感じられるかもしれない。しかし、『省察』のレトリカルな文体、一〇月事件でのフランス王妃の感傷的な描写、世襲原理の擁護、貧民の蔑視など、さまざまなバーク批判の論点が盛り込まれた『人間の権利の擁護』を注意深く読むと、ウルストンクラフトが一貫して、バークの示す「愛」のあり方にたいして異議を申し立てていたことがわかる。

たとえば、冒頭近くで、「閣下は私たちに、尊敬は愛を冷却する(respect chills love)と教えてくださいました」と述べて、バークを揶揄している箇所がある(VM 9/七)[23]。さらりと書かれているので読み飛ばしそうになるのだが、ここでウルストンクラフトが言及しているのは、バークの『崇高と美の観念の起源についての哲学的探究』(第二版、一七五九年。以下『崇高と美』)で示された「愛」の説明である。この三〇年以上も前に出版された美学論考の第二部第五節「力能」のなかで、バークは、強い力で人間に恐怖心を与える動物と、「愛らしく社交的で情け深い」動物(犬)とを対比しながら、「愛は普通想像されているよりはるかに軽蔑(contempt)と近い関係にある」と論じていた[24]。ウルストンクラフトはこの「愛は軽蔑に近い」という説明を裏返して、バークの教えを「尊敬は愛を冷却する」と大胆に言い換えているのだが、彼女自身は明らかにこのバークの教えに納得していない。別のところで述べられているように、尊敬と愛は「敵対する原理」ではないというのが、彼女の基本的立場だからである(VM 46/九五)。

その後、この論点がふたたび登場するのは、バークの『崇高と美』での女性観を問題にした後半の箇所である。周知のように、バークは「美」の性質を「小ささ」「弱さ」「滑らかさ」といった女性の身体的特徴に求め、こうした美を眺めたときに心に生じる満足感を「愛」と呼んだ[25]。当然、ウルストンクラフトはこの説明に真っ向から異議を唱える。彼女自身の表現によれば、バークの主張とは、「女性たちが掻き立てる愛情が一様かつ完全であるためには、その愛情に道徳的徳(moral virtues)が呼び起こす尊敬が染み込むべきではない」というものである。もし男性の心に女性が喚起する「愛」のなかに少しでも「尊敬」が入り混ざれば、「心地よいセンセーション」のはたらきは損なわれ、「愛の穏やかな親密さ」は妨害されるからである（VM 45-46／九二―九四）。さらに、このようなバークの議論を貴婦人たちがみずから受容する可能性も、ウルストンクラフトは次のように指摘する。

こうして、真理、剛毅さ、人間性を男性的道徳の厳格な境界内に閉じ込めたうえで、貴婦人たちは、愛されることは女性の高邁な目的であり偉大な特質であって、女性は「舌足らずの話し方や、よろめいた歩き方や、神の創造物に渾名をつけることを学ぶ」べきである、と当然論じるようになるかもしれません。（VM 45／九二―九三頁）

しかし、「もし美しき弱さがひとりの女性の体格のなかに織り込まれていて、彼女の生涯における主たる事業が、（あなたがほのめかしたように）愛を呼び起こすことであ」るとすれば、「現世における彼女の義務と幸福は、より高められた状態へのどんな心構えとも衝突せざるをえません」（VM 46／九四頁）。ここでウルストンクラフトが提起するのは、バークの美学では、女性が男性の嗜好性のニーズに応えて、ひたすら愛の客体となることを余儀なくされるという問題である。それが女性にとって深刻な意味をもつのは、「愛される」存在であろうとすることが、「より高められた状態」への「心構え」、すなわち尊敬を呼び起こすような徳の習得や、そのための理性の鍛錬という人間としての義務の回避を招いてしまうからである。ウルストンクラフトからすれば、バークの想定する「愛」とは、男性だけにその主体を限定したうえで、客体となる女性の側が被る犠牲に目を閉ざすもので、「万人に開かれた」という意味での普遍性を著しく欠いていることになる[26]。

しかし、問題はそれだけではない。ウルストンクラフトはさらに続けて、もしバークの説明がまかり通るのなら、次のような議論が成り立つことになると述べる。

プラトンとミルトンは、人間愛は神々しい愛へと通じ、同じ愛情の高まりにすぎない、なぜなら、神への愛（the love of the Deity）はもっとも深い崇敬と混じり合っていて、弱さへの同情（compassion for weakness）ではなく、完全性への愛（love of perfection）でなければならないからだ、と主張した点で大きな間違いをしたことになります。（VM 46／九四）

ここで言及されているのは、端的に言えば、キリスト教的プラトン主義における「愛（エロス）」の概念、すなわち、俗世の人間への愛をそのまま高めたものが、神への愛になるとする発想である。プラトンに始まる愛の哲学は、人間の愛を、神の方向にむけて上昇していく「階梯」という比喩でとらえた。この伝統はミルトンやルソーを経由して、確実にウルストンクラフトに受け継がれたと考えられる。[27]その理解からすると、もしバークが言うように、人間（男性）が別の人間（女性）にたいして抱く愛が「弱さへの同情」であるとすれば、それは決して神への愛にはつながらない。愛の主体が、神に連なる「完全性」を相手に認めること、あるいは少なくともそれを求めようとすることがなければ、その愛は俗世の肉体的欲求に属するよりほかないからである。[28]ウルストンクラフトにとってバークの美学論は、男性本位であるばかりか、彼がその主体とみなす男性の愛を、神に通じる道から遮断するものでもあった。

ここからもわかるように、ウルストンクラフトの考える「愛」には宗教的性格が深く刻印されているが、その議論にとりわけ顕著なのが、愛という情念を正しく導くために「理性」のはたらきを重視する立場である。ウルストンクラフトによれば、人間と動物とを決定的に分かつのは、創造主から与えられた「理性」の有無である。獣にも「希望や恐怖、愛や憎しみ」といった情念はある。しかし、彼らには理性がないため、「向上する能力（the capacity of improvement）、すなわちこれらの情念を善と悪のいずれかに変える力がない」（VM 31／五八―五九）。[29]それにたいし、人間は男女を問わず、神から理性を与えられている。子どものときには情念が一定の方向性をもたず、その衝動にただ従うしかないが、成長過程で理性を鍛え、理性によって情念を統御することができるようになると、やがて情念は「善なる性向」を帯び、人間の精神は「向上」する力をもつにいたる（VM 31-32／六〇）。こうして理性に舵を取られた情念が、神の「完全性」にむけて向上する力こそ、ウルストンクラフトが人間独自のものと考える「愛」なのである。[30]

もっとも、こうした宗教的な「愛」の理解は、バーク自身の議論とは何の関わりもないように見えるかもしれない。

バークの考える「愛」とは、もっぱら神の領域とは切り離された、世俗の人間の世界に属する情念であったからである。[31]もとより『崇高と美』でバークが意図したのは、人間の情念を分類することであり、彼はその整理のなかで、「苦や危険」にもとづき「自己保存」を目的とする「強力な」情念（恐怖、歓喜）と対比させて、愛を「快（pleasure）」にもとづき「社交（society）」を目的とする、より穏やかな情念として位置づけた。[32]ここで重要なのは、バークが愛の「目的（end）」を「社交」に見いだしていたことである。社交とは、人間が日々の交流を通じて互いに愛着や信頼を抱くようになる結合関係と言い換えられるが、一七七〇年代以降のバークが、統治者と被治者の暴走しがちな情念を抑制するための道具立てとして、名声や友情といった人間同士の相互評価にもとづく関係性を重視し、「私人間の社交」のなかから洗練された行動を旨とする規範意識が養われるという社会モデルを提示していたことは興味深い。[33]つまり、バークにとっての「愛」とは、美学上の分析概念にとどまらず、日常の緊密な人間関係によってその秩序が維持される「政治社会（civil society）」という装置を作動させるのに不可欠な感情的資源でもあったことになる。

さて、このようなバークの思想における「愛」の位置づけを、ウルストンクラフトがまるで理解していなかったかと言えば、そうではない。少なくとも愛が社交を導くという議論については、むしろその含意を掴んだうえで、だからこそ愛を宗教的にとらえる必要があるというのが、彼女の主張の柱であったと考えられる。そのことをもう少し詳しく見ていこう。

そもそも、ウルストンクラフトは明らかに、人間同士の社会関係を、心満たされることのない空しいものととらえていた。そのことは次の引用から確認できる。

> 文明化（civilization）、つまり知性の陶冶と愛情の洗練がおのずと人間を宗教的にすることを、私は喜んで認めます。ほかの何が、心のなかの疼くような隙間を埋めることができるでしょうか。人間の感じる快や人間同士の友情（human pleasures, human friendships）は、決してそれを埋めることができません。（VM 39／七八）

ここで「人間の感じる快や人間同士の友情」に与えられている評価の低さは、社交のなかに潜む権力関係にたいする彼女自身の不信に起因すると考えられるが[34]、とくにウルストンクラフトが問題視するのは、人間同士の交流のなかでは「自分自身を崇敬」することができない点であった。彼女は続けて、次のように述べる。

まったく完全な模範〔神〕にたいする心からの崇敬や、善性への愛（a love of goodness）から生じる神秘的な紐以外の何が、……私たちを甘んじて生きさせることができるでしょうか。私たちの原型である存在――私たちはその原型のかすかな写しです――にたいする崇敬以外の何が、自分自身を崇敬させることができるのでしょうか。（VM 39／七八）

このようにウルストンクラフトは、人間が神の「似姿」として創られたとする神人同形説をもとに、自己への崇敬の念は、神の存在を通じてしか生まれないと論じる。さらに別のところで、バーク本人に呼びかけながら、彼女は次のようにも言う。「そうです、閣下、偽りのない名声（honest fame）や有徳な人びととの友情（the friendship of the virtuous）にたいして私が抱く敬意（regard）は、自分自身にたいして私が抱く尊敬にはるかに及びません」（VM 34／六六）。ここで比較の対象としてあげられている「名声」や「友情」への敬意とは、やはり先のようなバークの議論を指すものと考えてよいだろう。つまりウルストンクラフトが言わんとしているのは、バークが示唆するように、他者から得られる名声や友情をどれほど顧慮したところで、自分自身を尊敬する気持ちが満たされるわけではない、ということである。このようにして、周囲の人びとから受け取る承認によってではなく、神との交流によって初めて得られる自敬の念を、ウルストンクラフトは「啓蒙された自己愛（enlightened self-love）」と呼ぶ（VM 34／六六）。

ではウルストンクラフトは、なぜこれほどまでに自己への尊敬や自己愛にこだわるのか。『人間の権利の擁護』には、その理由の説明が見当たらない。だが、彼女が自己への尊敬や愛を、他者への愛を成り立たせるための前提条件とみなしていたことは、たしかであるように思われる。たとえば、二年後に書かれることになる『女性の権利の擁護』には、もし男性が女性の「奴隷的服従」を求めることを止めれば、「そのとき私たち〔女性〕は自分自身を尊敬することを学ぶはずなのだから、当然、真の愛情をもって彼ら〔男性〕を愛するはずである」という記述がある（VW 220／二八三）。裏返して言えば、自分自身のことが尊敬できなければ、ほかの誰かを「真の愛情」で愛することはできない、ということである。つまり、人間同士の愛が社交を導くとしたバークの議論とは裏腹に、ウルストンクラフトは、現にあるような社交からは自己愛が生まれないのだから、結果的に人間同士の愛そのものが生まれないと考えていたことになる。したがって、まさに人間同士の愛を成り立たせるために、彼女はまず自己愛を必要とし、それゆえ逆説的にも、「世界にただ創造者と被造物だけしか存在しない」ような「崇高な孤独（sublime solitude）」を希求するのである（VM 40／八〇）。

以上で明らかにしてきたとおり、ウルストンクラフトの考える「愛」とは、バークが論じるように、美しい対象を見て弛緩した身体から不随意的に心に生じる情念でもなければ、人間同士の関係性のなかからおのずと生まれる「自然の感情」でもない。彼女は「愛」に、理性を最大限に用いた思考の努力と、神と向き合いその「完全性」に近づこうとする精神の力を求める。それは、神の意図を理解しようとする個々人の理性の鍛錬によって基礎づけられた、どこまでも知的な「愛」なのである。

2　バークの「公共への愛情」にたいする批判

こうして示されたウルストンクラフトの理性的な「愛」は、彼女が一七八〇年代後半にかけて、その説教を聞きにみずから礼拝堂に通っていた非国教徒の牧師、リチャード・プライスからの影響が色濃い[35]。周知のように、バークの『省察』執筆のきっかけとなったのは、イギリスの「不完全」な名誉革命にたいする模範としてフランス革命の勃発を熱烈に歓迎した、プライスの『祖国愛についての講話』（一七八九年。以下『祖国愛』）であった。そのため『人間の権利の擁護』には、バークの激しいプライス批判を目にしたウルストンクラフトが、義憤に駆られて師の仇討ちを果たしたという側面があるのだが、ここで注目すべきなのは、彼女のバーク批判が、これまで見てきたような人間への愛だけでなく、国への愛をめぐるものでもあったことである。

もとより国への愛は、その題名が示すとおり、プライスの『祖国愛』における中心的主題であった。プライスはこの論説で、愛国心とは、自国が他国よりも優れた価値をもつという確信や、自国の法や国制にたいする特別な愛好を意味しないと論じ、そうした「盲目的かつ偏狭な原理」にもとづく排他的な愛国心を「是正、純化し、それを正しく理性的な行動原理（a just and rational principle of action）にする」ことを求めた。「祖国を愛する者として、私たちの第一の関心は、祖国を啓蒙する（enlighten）ことでなければならない」という彼の主張には、こうした含意がある。[36]

ウルストンクラフトは『祖国愛』を初めて読んだときから、プライスの示す「愛」のあり方に深く共鳴していた。彼女自身が一七八九年一二月に非国教会系の雑誌『アナリティカル・レヴュー』に寄せた『祖国愛』の書評によれば、彼女が感銘を受けたのは、「祖国を愛すべきとするときの説得力ある愛の定義、すなわち、愛は理性の結果（the result of reason）であって、利己的な行き過ぎを招くような、導きを欠いた自然の衝動（the undirected impulse of nature）ではない」とする定義であったという。[37]

しかしもちろん、バークの神経を逆なでにしたのは、まさしくこのようなプライスの議論である。バークは『省察』で、プライスの「野蛮な哲学」は、国への愛情を理性によって追放するものであると論じ、それにたいして国家の側には、法を補完したり矯正したりする助けとして、愛着や賞賛を引きつけるものが必要であると主張した。それがバークの言うところの「習俗（manners）と結びついた公共への愛情（public affections）」である。バークは次のように語る。

どの国でも、よく陶冶された精神（a well-formed mind）ならば喜んで好きになるような習俗の体系（a system of manners）が存在しなければなりません。私たちに祖国を愛させるよう仕向けるためには、祖国が愛らしい（lovely）ものでなければなりません。[38]

このようにして愛される「習俗の体系」が、先に述べたような、社交から生まれる洗練された行動様式を意味することは言うまでもない。バークにとって、それは法制度と並ぶ政治社会の重要な基盤なのである。

さて、こうしたバークの「公共への愛情」論にたいして、ウルストンクラフトは『人間の権利の擁護』で刀を抜くことになるのだが、興味深いのはその批判において、彼女がこの議論を、バークの美学論の応用として受け取っている点である。つまり、国が習俗という麗しい「衣」を纏い、「愛らしい」対象となっているがゆえに、それを見る側に愛の感情を呼び起こすという主旨の議論として、である。たとえば、イギリスの習俗と文明が貴族制と宗教に立脚するというバークの主張に呼応して、[39]彼女は次のようにバークに問いただす。

世襲の弱さ（hereditary weakness）は、宗教を愛らしい（lovely）ものにするために必要なのでしょうか。そして、そのゴシック風の衣装が剥ぎ取られると、宗教の形式（her form）は、愛を呼び起こす滑らかな繊細さを失ってしまうのでしょうか。（VM 48／一〇〇）

ここでウルストンクラフトは明らかに意図して、「愛らしい」「滑らか」「繊細」など、女性身体の形状を連想させるバークの美学的語彙を用いている。彼女によれば、バークの「政治と道徳」は「宗教と徳の土台を掘り崩して、そこにまやかしの官能美（a spurious, sensual beauty）を樹立する」ものであり、その官能美は「自然の感情というまことしやかな決まり文句」で、彼の想像力を長らく「堕落させてきた」（VM 48／一〇一）。これを読んで、その性的な含意に気づかずにいることのほうが、よほど難しい。

さらに畳みかけるようにして、彼女は次のようにも言う。「あなたは繰り返し私たちに語ります。私は教会と、祖国とその法を愛している、なぜなら、それらは愛されるに値するからだ、と。しかし、あなたの口から出ると、この〔愛されるに値するという〕言葉は賛辞になりません。」というのも、バークにとっては「弱さと甘やかし（weakness and indulgence）」が、彼の「判別できる唯一の愛の誘因」だからである（VM 49／一〇三）。[40]この批判もまた、愛が「軽蔑」に近いとする先述のバークの美学論をなぞるものと言えるだろう。つまりウルストンクラフトは、バークが論じる国への愛を、すでに見たように彼女にとって極めて問題含みであった、彼の美学的な愛の延長線上に位置づけるのである。

もっとも、人間への愛と国への愛はそれぞれ次元を異にしており、両者を同列に扱うことには、当然かなりの無理がある。バーク自身も「公共への愛情」という議論を展開する際、それを『崇高と美』で自身が定式化した美学的「愛」と直結させる意図など、さらさらなかったにちがいない。[41] しかし『省察』では、バークの得意とする雄弁術で、しばしば国が人格化されたイメージで語られていることもたしかであり、[42] ウルストンクラフトはこうした過剰なレトリックによる意味の横滑りに、巧みにつけ込んでいると見ることができる。実際のところ、彼女のバーク批判をより切れ味の鋭いものにしているのは、美学的「愛」とパラレルに、彼が論じる「公共への愛情」のはらむ問題をあぶりだす独自の戦略であると言ってよい。

第一に、まずそれが誰を主体にした愛であり、誰がその主体から排除されているのか、という問題である。バークは統治にたいする同意の姿勢を、漠然と「イングランド国民」の「自然の感情」と呼んで賛美したが、それはウルストンクラフトにとって、少数の「強者(the strong)」が自己の利益のために多数者を犠牲にすることで成り立ってきた現状の階層的秩序を、まるごと正当化する議論にほかならない(VM 10/一〇)。彼女はこのようにして強いられてきた犠牲の具体例として、戦争のなかで海軍水夫として強制徴募され、退役後、もとの仕事に戻る意欲をすっかり奪われてしまう職工たちや、自分たちの労働の成果である畑の作物を食べ尽くす猟獣を、貴族の所領内で傷つけただけで狩猟法によって厳しく罰せられる小作農たちの姿をあげ(VM 15-17/一二一一六)、後者の狩猟法について、「これらは愛することが自然な法なのか」と問うている(VM 13/一六)。要するに、現状のイングランドの法制度や習俗は、少なくとも貧民にとっては愛どころか呪いの対象でしかないという指摘である。こうしてウルストンクラフトは、バークの示す国への愛が、特定の限られた人びとにとっての愛でしかなく、それが多数者の犠牲をともなう点で、普遍性をもたないと批判するのである。

そして、第二に問題となるのは、それが果たして神への愛に通じるものなのか、という点である。ウルストンクラフトが用意する答えは、もちろん否である。理性によって統御された情念が神の「完全性」にむけて向上する力を、彼女が愛ととらえたことはすでに述べたが、彼女にとってバークの示す国の愛し方とは、このような理性のはたらきを欠いた「子ども」や「動物」のそれに近い。『省察』の主旨全体から「理性にたいする激烈な反感」が感じ取れるとして、ウルストンクラフトはバークの議論の帰結を次のように見通している。

私たちは古代の錆を崇敬し、無知や間違った自己利益で塗り固められた不自然な慣習を、経験の賢明な所産と呼ぶはめになります。いやそれどころか、もし何らかの間違いを見つけたとしても、感情（*feelings*）に導かれて、私たちは盲目の愛（blind love）、つまり子どもがもつような原理に則らない愛情（unprincipled filial affection）で、旧時代の古ぼけた名残を容赦することになるでしょう。（VM 10／一〇）

ここで示されているのは、旧体制をその古さゆえに敬うという姿勢が、「原理」を欠いた子どもの「盲目の愛」に等しいという批判である。また、『人間の権利の擁護』の終わりに近い箇所で、ウルストンクラフトは「イングランド国制にたいするあなたの真の、もしくは作り物の愛情は、ある弱い性格の人びとの動物的な愛情（brutal affection）に似ているように思われます」と述べ、バーク自身の国への愛を、理性の支配を受けない「動物的な愛情」に喩えている（VM 59／一二六）。

さらにウルストンクラフトは、この議論を次のように続ける。

弱い性格の人びとは、自分の身内（relations）を盲目的に惰性で優しく愛することを義務だと考えています。このような優しさは、もし彼らの愛情が理性的な基礎（rational grounds）にもとづいて築かれていたなら直すのを手助けするかもしれない誤りを、見ようとしません（*will not* see）。彼らは、自分たちが今なぜ愛するのか知っていることを愛し（they love they know now why）、とことん最後まで愛するつもりなのです。（VM 59／一二六）

直接的に引用されてはいないものの、ここでウルストンクラフトが念頭に置いているのは、「道徳における新発見などありえない」と断言して、自分たちの「古い偏見（old prejudices）」を「それが偏見であるがゆえに慈しむ」という姿勢を是とした『省察』でのバークの主張だろう。バークにとって「偏見」とは、過去から継承されてきた「潜在的叡智」の宝庫であり、「理性折り込み済み」という性格をもつ[43]。しかし、ウルストンクラフトにとってそうした偏見擁護の姿勢は、偏狭な「身内」贔屓に終始するもので[44]、理性的思考の怠慢にしか映らない。ただし彼女は、こうした偏愛が、動物や子どもに見られる性格の「弱さ」に起因すると示唆しながらも、同時にそれが能力の欠如というより、むしろ打算の結果であることを見逃してもいない。「自分たちが今なぜ愛するのか知っていること」を「とことん最後まで愛する」という言葉で彼女が指弾するのは、国の法制度や習俗を、それが自己の利益になるとわかっているがゆえに徹底的に愛し守るという、粘着質的な利己主義の小賢しさである。

それでは、ウルストンクラフトが考える「理性的な基礎」にもとづく国への愛とは何か。自身の理性に照らして国の「誤り」を見つけ、その誤りを「直す」ことを意図する点で、それは厳しい愛し方であるにちがいない。もっとも、バークの美学的「愛」の場合も、それが「軽蔑」に近いとされていたことを考えれば、対象のもつ欠点や誤りにまるで無頓着であるとは言えない。しかしウルストンクラフトの見るところ、バークの愛し方とは、対象に誤りがあると気づいていてもヴェールを被せてそれを見ないことにし、表に見える優美な「衣」だけをひたすら愛でる、というものである。それは、彼女にとっては見下した態度による甘やかしであって、決して愛ではない。これにたいして、ウルストンクラフトはその「衣」を剥ぎ取り、一見美しい覆いのもとに隠された国の不正や不合理を、それがどれほど目を塞ぎたくなるものであっても見通そうとする。国という対象のなかに、少なくとも神に連なる「完全性」を求めようとする[45]。それが、バークの議論に対置させるかたちで、ウルストンクラフトが示す「理性的」な国の愛し方なのである[46]。

このように、『人間の権利の擁護』でウルストンクラフトは、バークの『省察』を彼の美学論と重ねて読んだ。そして、それらに共通して示される「愛し方」を問題にすることで、彼の政治論・道徳論を独自の立場から批判することに成功したのである。

四　おわりに――女性思想家を取り上げる意味

さて、以上のささやかな事例研究をもとに、女性思想家を取り上げることによって、どのような新しい問題が提起されるのか（あるいはされないのか）という冒頭の問いにたいして、さしあたりの答えを出すことにしてみたい。

まず、基本的なテクスト解釈の方法という面から言えば、教育の機会が不十分で「しっかりとした論理」がないとされる女性思想家を対象にするからといって、通常の思想史研究では想定されなかったような新しい方法論的問題が提起されるということは、おそらくない。『人間の権利の擁護』の読解は、たしかに一筋縄で行くものではないのだが、この問題は結局のところ、個々のテクストがどのようなコンテクストを前提に、どのような狙いのもとで書かれているのかを具体的に読み込んでいくこと以外に答えがなく、男性思想家のテクストであろうが女性思想家のテクストであろうが、そのことに変わりはない。本稿がひとつの事例研究として試みたのは、この作業を丁寧に進めることによって、ウルストンクラフトのバーク批判が見当違いの個人的誹謗などではなく、相手の議論の核心を突く十分な明敏さをもつものであったことを明らかにすることであった。

むしろ新しい問題が提起されるとすれば、やはりそれは思想内容の面にあるだろう。第一に、女性思想家を取り上げることによって、男性思想家だけからなる言論の場ではまず生まれないような異質な指摘や、新鮮な解釈に遭遇できるという点である。その多くは当然、女性の視点に立脚していることに由来するもので、ウルストンクラフトの場合、『人間の権利の擁護』はとくに「女性として」書かれた著作ではないのだが（初版は匿名で出版され、翌月に刊行された第二版で初めて実名が明かされた）、にもかかわらず、彼女の主張に固有の力を与えているのは、バークの議論に見られるジェンダー的な偏りにたいする強い反発である。彼女は「衣」を纏った女性身体という官能的なイメージの気持ちの悪さや、特定の主体だけに限定して語られる「愛」の身勝手さを鋭く感知して、バークが示す国の愛し方を論難する。それは、かなり意表を突いた批判の仕方ではあるものの、政治論争のなかでジェンダーが争点のひとつになることを証明してくれる。

また、プライスとの関係で興味深いのは、彼を経由してウルストンクラフトが受容したであろうキリスト教的プラトン主義が、理性的「愛」の探究というかたちをとって、彼女の思想形成を導いた点である。神の「完全性」を対象のなかに求めようとする思考の実践を「愛」ととらえ、その努力に価値を置く発想は、学びに飢えたウルストンクラフトのような女性にとって、日常の信仰生活の延長として受け入れやすく、なおかつ自身の知的エネルギーを高尚なものとして意味づけるための強力な裏づけとなったにちがいない。このことが示唆するのは、女性という立場に親和的な思想的系譜が存在した可能性である。もとより「トンネル史」のような壮大な見取り図は描けない。しかし、女性思想家を取り上げることによって、これまで表面化してこなかった意外な思想の影響関係が見つかることは十分にありうるだろう。先にあげたジェンダーの争点化という点ともあわせて考えれば、研究者のあいだで論じ尽くされたテクストを扱うよりも、マイナーな女性思想家のテクストを扱ったほうが、より思想史上の新たな発見の近道になるとさえ言えるかもしれない。

さてもう一点、女性思想家を取り上げることで生まれる新たな問題提起としてあげられるのは、そこから政治思想という言論活動そのものをいったん相対化して、メタレベルでとらえる余地が生まれるという点である。『人間の権利の擁護』は、間違いなく明確な政治的意図のもとで書かれた著作であり、ウルストンクラフトはそこで、たとえばイングランドの古来の国制の形成過程についての解釈や、世襲の大土地所有の均等分割提案など、十分に公的と言える議論を展開している。しかし、同時にこの著作に顕著なのは、革命論争のなかで出版されたほかの政治パンフレットと並べてみても不釣り合いなほど、個人的な信仰の問題に軸足が置かれていることである。ウルストンクラフトはこのなかで、宗教の問題をたんに道徳論として展開するだけでなく、ときとして力を込めて「私と神との関係」について語っている。だが、究極的には神に由来する「理性」にすべてを委ねるような議論の仕方は、十分に分析的なものとは言いがたく、ある種の独りよがりに陥っていることも否めない。現代の思想史研究者の側からすれば、こうした主張ゆえに、彼女を「二流」の思想家として切り捨てたくもなるのだろう。

しかし、あえてウルストンクラフトの側に寄り添おうとするならば、彼女がこのように神という超越的存在をたえず呼び起こすのは、そうしなければ、私的領域にその本拠を定められた女性である自分が、公的な政治論争に加わることの妥当性を確信することができなかったからではないか、とも考えられる。（しかもこの場合、批判の相手は自分より三〇歳も年長の男性で、正真正銘の庶民院議員である。）つまり、神との結びつきを求める彼女の議論自体が、マクロな次元の政治を扱う言論活動に踏み込むことを、自他にたいして正当化するためのミクロな政治の身振りであったと解釈できる、ということである。このことは、公的領域の問題を扱う政治論がどれほどの「高み」に位置しているのかを逆照射するとともに、そのハードルを越えるために、私的な一個人が動員しなければならない知的な資源と戦略のもつ固有の重みを浮かび上がらせる。このように、置かれた環境のもとでの自身の行為を振り返るという内的な「自己再帰性」までを考慮に含めたテクスト読解は、おそらく微細なものになりうるが、それは、政治思想というものが成り立つ条件とは何か、という根本的な問いを誘うものにもなるのではないだろうか。

政治思想（史）研究において、女性思想家を取り上げるべきであるという本稿の主張の前提には、そのことが倫理的に求められるという判断が、もちろんないわけではない。政治というものを、複数の人間同士がともに暮らす営みとしてとらえるならば、理念的に言って、その営みについての思考の表現である政治思想が男性によるものだけに限定されてよいはずがなく、女性を「知の主体」として認めることが、政治思想（史）研究にとってどうしても必要である、という判断である。しかし、これまでの研究で女性思想家の存在が無視されてきたことを糾弾するのが、本稿の目的ではない。女性思想家を取り上げることの難しさは、たしかにある。それでも、女性の思想的営みという「裏」を射程に含めることによって、これまでの政治思想史をまた別の角度から新たにとらえ返すことが可能になるのではないか。「マイナー性」を「虚偽」として片づけるのではなく、ラディカルな問いを促す相対化の契機をはらむものとして評価することもできるのではないか。あくまでも建設的にこのように問うことが、本稿の趣旨であった点を最後に強調しておきたい。

(1) なお、題名に女性思想家の名前があげられていなくても、フェミニズムや「性」の問題を主題にした論文はある。また本稿もそのひとつだが、政治思想学会の研究大会シンポジウムで、おそらく意識的にジェンダーや女性の視点に立った報告が（非会員によるものであっても）含められているように見受けられる点も、あわせて記しておく。

(2) 川出良枝・山岡龍一『西洋政治思想史――視座と論点』岩波書店、二〇一二年、五一頁。この問題を考慮する政治思想史研究の可能性として、ここでは「既存の研究では必ずしも十分に取り上げられてこなかった女性の思想家、例えば、クリスチーヌ・ド・ピザン、マリー・ド・グルネ、メアリ・アステルといった人々の政治思想を検討するという選択肢」も示されているが、その方法はとらないとも明言されている。

(3) Susan Moller Okin, *Women in Western Political Thought*, Princeton Univeristy Press, 1979（田林葉・重森臣広訳『政治思想のなかの女――その西洋的伝統』晃洋書房、二〇一〇年）; Carole Pateman, *The Sexual Contract*, Polity Press, 1988（中村敏子訳『社会契約と性契約――近代国家はいかに成立したのか』岩波書店、二〇一七年）. また、一九九四年から刊行が始まったペンシルヴァニア州立大学出版会の「フェミニスト・インタープリテイションズ」のシリーズも、こうした研究を代表するものと言える。

(4) おもな研究書やアンソロジーとして、次のものをあげておく。Linda Lopez McAlister (ed.), *Hypatia's Daughters: Fifteen Hundred Years of Women Philosophers*, Indiana University Press, 1996; Cecile T. Tougas and Sara Ebenreck (eds.), *Presenting Women Philosophers*, Temple University Press, 2000; Hilda L. Smith and Berenice A. Carroll (eds.), *Women's Political & Social Thought: An Anthology*, Indiana University Press, 2000.

(5) Penny A. Weiss, *Canon Fodder: Historical Women Political Thinkers*, The Pennsylvania State University Press, 2009, pp. xv-xvi.

(6) 梅垣千尋「女性思想家の「不在」――ジェンダーの視点からみた日本の西洋思想史研究とその方法（前編）・（後編）」『青山学院女子短期大学紀要』第七〇・七一号、二〇一六・二〇一七年。

(7) 以下、『人間の権利の擁護』と『女性の権利の擁護』からの引用については略号を用いて、括弧内に次の全集と邦訳の頁数を記す。なお、訳文については文脈に応じて若干変えた箇所がある。傍点による強調は原文のイタリック表記、〔 〕内は訳注である。VM: *A Vindication of the Rights of Men, in A Letter to the Right Honourable Edmund Burke; occasioned by His Reflections on the Revolution in France* (the Second edition, 1790), in Janet Todd and Marilyn Butler (eds.), *The Works of Mary*

Wollstonecraft, William Pickering, 1989, vol. 5（清水和子・後藤浩子・梅垣千尋訳『人間の権利の擁護／娘達の教育について』京都大学学術出版会、二〇二〇年）; VW: *A Vindication of the Rights of Woman: with Strictures on Political and Moral Subjects* (1792), in Todd & Butler (eds.), *The Works*, vol. 5（白井堯子訳『女性の権利の擁護』未來社、一九八〇年）.

（8）川出・山岡『西洋政治思想史』、二一三―二一五頁。

（9）杉田敦・川崎修編著『西洋政治思想資料集』法政大学出版局、二〇一四年、一四六―一四九頁。

（10）実際、一九九〇年代ごろから「女性」という集合的カテゴリーの構築性が問われ始めると、ウルストンクラフト以来の西洋フェミニズムの「伝統」内部で、人種・エスニシティ・階級・信仰の違いなどを理由に、特定の女性たちが排除や従属を余儀なくされてきたことが指摘されるようになった。そうした視点に立てば、ウルストンクラフトは女性思想家としてはむしろ特権的な位置にあることになる。このような研究状況について、詳しくは、Eileen Janes Yeo, ed., *Mary Wollstonecraft and 200 Years of Feminisms*, Rivers Oram Press, 1997（永井義雄・梅垣千尋訳『フェミニズムの古典と現代――甦るウルストンクラフト』現代思潮新社、二〇〇二年）序章を参照。

（11）二〇二〇年度の研究大会企画委員長、堤林剣会員からのメール（二〇一九年一一月）の引用。会員の男女比については入会申込書に性別欄がないため、事務局でも正確には把握できないと思われる。なお近年、日本学術会議と連携した「人文社会科学系学協会男女共同参画推進連絡会（GEAHSS）」は、自然科学系の取り組みをモデルに各学会の男女比を把握する試みを進めている。この連絡会に加盟している日本政治学会で取りまとめられた「女性研究者の学会参画に関わるワーキンググループ最終報告書」（二〇二〇年九月）によれば、二〇一九年二月時点で、日本政治学会の会員全体に占める女性の割合は一三・九％であり、さらにそれを専門分野ごとに見ると、「政治思想」は一〇・八％となっている。これは「政治学方法論」（六・六％）に次いで二番目に低い。なお、もっとも高いのは「地域研究」の二一・一％である（http://www.jpsa-web.org/doc/report_wg_women20926.pdf）。

（12）水田珠枝「政治思想史とフェミニズム」『社会科学論集（名古屋経済大学）』第七〇号、二〇〇五年、一〇頁。結果的に水田は、ウルストンクラフトの議論を敷衍するかたちで、ルソーやバークの女性観や家族観の批判的分析を展開することになる。水田珠枝「近代思想における女性の従属――ルソーとバークを中心に」『歴史学研究』第二五五号、一九六一年。その後、ウルストンクラフトの思想研究も含めてまとめられたのが、水田珠枝『女性解放思想史』筑摩書房、一九七九年。

（13）代表的なものとして、Virginia Sapiro, *A Vindication of Political Virtue: The Political Theory of Mary Wollstonecraft*, The University of Chicago Press, 1992; Barbara Taylor, *Mary Wollstonecraft and the Feminist Imagination*, Cambridge University

Press, 2003.

（14）たとえば、Lena Halldenius, *Mary Wollstonecraft and Feminist Republicanism*, Routledge, 2015; Sandrine Bergès and Alan Coffee (eds.), *The Social and Political Philosophy of Mary Wollstonecraft*, Oxford University Press, 2016; Sandrine Bergès, Eileen Hunt Botting and Alan Coffee (eds.), *The Wollstonecraftian Mind*, Routledge, 2019.

（15）ペイトマン『社会契約と性契約』、四、一五、二七五頁。もっとも、日本の政治理論研究においてはこの間、親密圏やケアや日常生活といった私的領域の問題が本格的な検討対象となっている。それにたいして政治思想史研究では、こうした領域についての考察を目的として、過去のテクストが読まれることが極めて少ないように思われる。フェミニスト的解釈もその誘因となって進んだ、こうした政治思想における〈政治的なもの〉の領域の拡大が意味するところについては、森政稔『〈政治的なもの〉の遍歴と帰結——新自由主義以後の「政治理論」のために』青土社、二〇一四年、第一部を参照。

（16）たとえば、アナ・レティシア・バーボールド、ハナ・モア、エリザベス・ハミルトンの名前があげられる。

（17）バークの『省察』の刊行日が一七九〇年一一月一日、『人間の権利の擁護』は一一月二九日であった。もちろん、もっとも早いバークへの反論ということになる。

（18）詳しい研究史の整理として、ウルストンクラフト『人間の権利の擁護／娘達の教育について』所収の解説、梅垣千尋「『人間の権利の擁護』の研究史」を参照。

（19）たとえば、次のものを参照。James T. Boulton, *The Language of Politics in the Age of Wilkes and Burke*, Routledge & Kegan Paul, 1963, pp. 167-176; R. R. Fennessy, *Burke, Paine and the Rights of Man: A Difference of Political Opinion*, Martinus Nijhoff, 1963, p. 203.

（20）David Bromwich, 'Wollstonecraft as a Critic of Burke', *Political Theory*, vol. 23, no. 4（1995）, pp. 617-618.

（21）Daniel O'Neill, *The Burke-Wollstonecraft Debate: Savagery, Civilization, and Democracy*, The Pennsylvania State University Press, 2007, pp. 17, 162-166.

（22）なお、本稿とはやや異なる角度から『人間の権利の擁護』で展開される「愛」の議論を扱った論考として、次の学会報告がある。後藤浩子「一八世紀のリプロダクション思想：バーク、ウルストンクラフト、ゴドウィン、マルサス」社会思想史学会第四一回大会「社会思想におけるリプロダクション」セッション（二〇一六年一〇月二八日）。後藤報告はとくに、長子相続にもとづく世襲制が家族の「自然の愛情」を阻害するとした、家族論をめぐるウルストンクラフトのバーク批判に着目している。

（23）ウルストンクラフトはここで、バークが「尊敬は愛を冷却する」という自身の示した原理そのままに、自分の感受性を甘やかした（つまり、尊敬とは反対の態度をとった）結果、みずからの想像力を（冷却するのではなく）燃え立たせてしまったという趣旨の皮肉を述べている。

（24）Edmund Burke, *A Philosophical Enquiry into the Origin of our Ideas of the Sublime and Beautiful*, the Second edition, 1759, part 2, sec. 5（中野好之訳『崇高と美の観念の起原』みすず書房、一九九九年、七三—七四頁）.

（25）Burke, *A Philosophical Enquiry*, part 1, sec. 10; part 3, secs. 12-18（中野訳、四六—四八、一二二—一二九頁）.

（26）ただし、『崇高と美』をよく読むと、バークは女性だけでなく、同性である男性にそなわった「美」からも「愛」が呼び起こされると明言しており、彼がかならずしも女性だけを「愛」の客体に位置づけていたとは言えない。Burke, *A Philosophical Enquiry*, part 3, sec. 1（中野訳、一〇〇頁）. バーク自身は一七五七年に女性と結婚したが、若い時期の彼が同性愛的な傾向をもっていたことは、次の研究で指摘されている。Isaac Kramnick, *The Rage of Edmund Burke: Portrait of An Ambivalent Conservative*, Basic Books, 1977, pp. 83-87; Katherine O'Donnell, "'Dear Dicky,' 'Dear Dick,' 'Dear Friend,' 'Dear Shackleton': Edmund Burke's Love of Richard Shackleton," *Studies in English Literature, 1500-1900*, vol. 46, no. 3 (2006). なお、ウルストンクラフトについても若い時期の同性愛的傾向が指摘されることがあるが、少なくともこの部分では、ある女性が別の女性にたいして抱く愛は議論の前提から外されている。

（27）キリスト教的プラトン主義との関わりでウルストンクラフトの思想を検討した研究としては、前掲の Taylor, *Mary Wollstonecraft and the Feminist Imagination* および Bergès and Coffee (eds.), *The Social and Political Philosophy of Mary Wollstonecraft* 所収の Sylvana Tomaselli, 'Reflections on Inequality, Respect, and Love in the Political Writings of Mary Wollstonecraft' のほかに、次のものがある。Sylvana Tomaselli, "'Have Ye Not Heard That We Cannot Serve Two Masters?': The Platonism of Mary Wollstonecraft," in Douglas Hedley and David Leech (eds.), *Revisioning Cambridge Platonism: Sources and Legacy*, Springer, 2020.

（28）このように、ウルストンクラフトは人間への愛を神への愛に通じるものととらえるが、現実において両者がかならずしも一致するとはかぎらず、日常レベルでのこうした「愛」の実践には、かなりの困難がともなうことが予想される。よく知られているように、ウルストンクラフトは未婚のまま一子をもうけた相手の恋人、ギルバート・イムレイとの関係がこじれた際、二度の自殺未遂を図っているが、このことは特定の人間への愛を神への愛に重ねてとらえることの危険性を感じさせる。一般に、私的領域の問題はそのまま個人の生き方に跳ね返ってきて、誰しも「安全地帯」では語ることができないという独特の怖さがある。

(29) ただし、ウルストンクラフトは注で、動物にも死後、「次の存在の段階で」理性が与えられる可能性があるとも述べている（VM 31／五九）。この言明が彼女のプラトン主義を示すという指摘については、Tomaselli, "'Have Ye Not Heard That We Cannot Serve Two Masters?'", pp. 184-185.

(30) したがって、ウルストンクラフトにとって情念のもつ力それ自体は、決して否定すべきものではない。彼女は別のところで、「情念は理性の不可欠な補助です。今ここにある衝動が私たちを前へと押し出します」とも述べている（VM 16／二四）。

(31) バークは逆に、神の観念の起源を「崇高」によって生じる恐怖という情念のほうに見いだしていたと考えられる。とくにそれが顕著なのが先にあげた「力能」という節で、ここでは「恐怖が最初にこの世界において神々をつくった」という格言が引用されている。Burke, *A Philosophical Enquiry*, part 2, sec. 5（中野訳、七七頁）. なお、この節全体は、一七五七年の初版に寄せられた批評をもとに、バークが第二版で新たに加筆した部分であり、それ自体を、「神への愛」という要素を重視するプラトン主義にたいする応答として読むことができる。バークにおける神の観念を考察した論文として、次のものを参照。岩撫明「エドマンド・バークの崇高論に関する一考察――バークの信仰との関連において」『イギリス哲学研究』第四〇号、二〇一七年。

(32) Burke, *A Philosophical Enquiry*, part 1, secs. 6-9, 18-19（中野訳、四二―四六、五七―五九頁）. 言うまでもなく、前者を喚起するのが「崇高」で、後者を喚起するのが「美」である。

(33) 犬塚元「エドマンド・バーク、習俗（マナーズ）と政治権力――名声・社会的関係・洗練の政治学」『国家学会雑誌』第一一〇巻七／八号、一九九七年。土井美徳「バーク――モダニティとしての古来の国制」、犬塚元編『岩波講座　政治哲学2　啓蒙・改革・革命』岩波書店、二〇一四年、所収。

(34) ウルストンクラフトはこの引用の少し前で、貴族にたいする聖職者の「もっとも卑屈な依存状態」を問題にし、両者のあいだの親密な付き合いから友情が生じることは決してなく、「社交という言葉に雄々しい（manly）意味を付け加えるとすれば、不平等なものたちのあいだに社交は成り立ちません」（VM 38-39／七六―七七）と述べている。

(35) プライスは、一八世紀におけるケンブリッジ・プラトン主義の継承者のひとりとされ、この系譜は、プライスを経由してウルストンクラフトに受け継がれたと考えられる。ケンブリッジ・プラトン主義者たちの思想について、詳しくは次のものを参照。原田健二朗『ケンブリッジ・プラトン主義――神学と政治の連関』創文社、二〇一四年。エリザベス・ソーソン（山川仁訳）「ケンブリッジ・プラトン主義者と理性の概念」『人間存在論（京都大学大学院人間・環境学研究科）』第二三号、二〇一七年。

（36）Richard Price, *A Discourse on the Love of our Country* (1789), in D. O. Thomas (ed.), *Richard Price, Political Writings*, Cambridge University Press, 1991, pp. 178-179, 181（永井義雄訳『祖国愛について』未來社、一九六六年、一八―二一、二六頁）.

（37）Mary Wollstonecraft, 'Article XI', *Analytical Review*, vol. 5, December 1789, in Todd & Butler (eds.), *The Works*, vol. 7, p. 185.

（38）Edmund Burke, *Reflections on the Revolution in France, and on the Proceedings in certain Societies in London relative to that Event in a Letter intended to have been sent to a Gentleman in Paris* (1790), ed. E. J. Payne, Liberty Fund, 1999, pp. 171-172（半澤孝麿訳『フランス革命の省察』新装、みすず書房、一九九七年、九八―九九頁）.

（39）Burke, *Reflections*, p. 173（半澤訳、一〇〇頁）.

（40）ここでは、母親にたいするバークの愛が言及されている。

（41）『省察』を読むかぎり、バーク自身は国への愛を、より複雑に「崇高」の要素も含めて考えているように思われる。その意味で、ウルストンクラフトがバークの議論を「誤読」していると言われれば、たしかにその通りかもしれない。なお、バークは一七九一年一月二六日付けの書簡で、『人間の権利の擁護』を含む反論のパンフレットを自宅で受け取ったが、それらを読まなかったと述べており、ウルストンクラフトの批判にたいする彼の反応はわからない。Thomas W. Copeland et al. (eds.), *The Correspondence of Edmund Burke*, Cambridge University Press, 1958-78, vol. 6: 1789-1791, pp. 214-215.

（42）たとえば、先に引用したプライス批判の文脈で、バークは、「この機械論的哲学の原理に従えば、私たちの制度が何らかの人格のなかに体現されて――仮にもこのような表現をしてよければの話ですが――、私たちの内面に愛、尊崇、賛美、愛着を創り出すことなど金輪際ありえません」と述べている。Burke, *Reflections*, p. 171（半澤訳、九九頁）.

（43）Burke, *Reflections*, pp. 181-182（半澤訳、一〇九―一一一頁）. ウルストンクラフトは別のところで、「私たちは、道徳においては自分たちが何も発見していないことを知っているし、いかなる発見もなされないと考えます」というバークの言葉を引用し、また「自分たちの偏見を「それらが偏見だから」という理由で大切にすること」にも批判的に言及している（VM 32-33／六一―六四）。

（44）もっとも、バークは『省察』で「私たちは公共への愛情を自分の家族のなかから始める」と明言し、こうした社会のなかで自分が属している「小さな区画（subdivision）に愛着をもつこと」を、「公共への愛情の第一原理（いわば萌芽）」、また「祖国そして人類への愛へと私たちを進ませる連鎖のなかの最初の環」と位置づけていた。Burke, *Reflections*, pp. 307, 136-137（半澤訳、二

四九、六〇頁）. ここでのウルストンクラフトの批判は、自分の「身内」にたいする排他的な愛に向けられていると考えられるが、彼女がバークの示したような、祖国愛や人類愛へといたる出発点としての家族愛というヴィジョンを完全に拒絶していたかと言えば、そうとも思われない。『女性の権利の擁護』には、「まず自分の親や兄弟姉妹を愛さなかったような人」が「人類への愛情を多くもつことはほとんどないと私は信じる」という言明がある（VW 234／三〇六）。

（45）ただし、ウルストンクラフトは注（43）にあげた箇所で、人間の理性は神の完全性にむけて「向上する」ことはできても、「それが到達できるであろう完全性」を「発見することなど断じてありません！」とも述べている（VM 32-33／六二）。したがって、人間の理性に限界があることを認めている点で、ウルストンクラフトはバークと共通するところもあるのだが、みずからの理性を用いて神の正しさを探究しようとする姿勢自体を、人間が神とのつながりを保つ手段として重要視しているのだと解釈できる。

（46）このことの意味をウルストンクラフトの思想形成の過程に即して考えれば、彼女にとって、バークに煽られるようにして『人間の権利の擁護』で初めて国という公的対象への愛について論じたことには、大きな意味があった。女性の生活を取り巻く日常レベルでの私的な「愛」は、彼女のデビュー作『娘達の教育について』（一七八七年）からすでに議論の対象となっていたが、バークとの対峙によって、彼女がこうした「愛」のもちうる政治的な次元を新たに認識することになったと考えられるからである。ここでは十分に展開する紙幅がないが、ウルストンクラフトが『女性の権利の擁護』で示すことになるのは、こうして押し広げられた「愛」の理解である。『女性の権利の擁護』では、女性を主体とした「愛」が関心の中心となるが、その議論の底流には、依然として宗教的な問題意識、つまり女性が「男性（man）」にたいして抱く愛が、いかにして「人類全体を包んだ後に神のもとへと高まる」ような「普遍的愛（universal love）の輝く炎の単なる一部」になるのか、という問いがある（VW 136／一三〇）。しかし、ウルストンクラフトはその答えを、もはや個々人の信仰上の努力だけには見いださない。「女性を社会の真に有用な構成員にするために、彼女たちは、自分たちの知性をより広い規模にわたって鍛え、それにより祖国にたいして、知識にもとづいた理性的な愛情（rational affection）をもつよう導かれるべきである」（VW 264／三五六）。結論部分でこう論じているように、『女性の権利の擁護』でウルストンクラフトが一貫して女性に求めるのは、祖国を理性的に愛すること、つまりバーク批判のなかで示された彼女の理解に沿って言えば、みずからの理性の力によってとらえた神の意図に照らして、誤りがあればそれを正そうとする姿勢で、国を愛することである。女性の教育の改革、政治参加、経済的自立などの要求は、この愛を十全に成り立たせるための条件であったと同時に、ウルストンクラフト自身が試みたその愛の実践でもあったと解釈できる。そのような意味で、現代の私たちが近代フェミニズムの端緒とみなす『女性の権利の擁護』の主張は、『人間の権利の擁護』で展開された「愛」をめぐるバーク批判という契機なしには生まれなかったと言ってもよい。詳しくは、梅垣千尋『女性の権利を擁護する――メアリ・ウルストンクラフトの挑戦』白澤社、二〇一一年。

＊本稿は、第二七回（二〇二〇年度）政治思想学会研究大会（ウェブ開催）「シンポジウムⅡ　思想史を裏から読む」における報告原稿に、加筆・修正を施したものである。貴重な示唆をいただいた同シンポジウム司会の重田園江会員、討論者の杉田敦会員に深く感謝申し上げる。

＊本稿は、ＪＳＰＳ科学研究費補助金（１８Ｈ００７２７）による研究成果の一部である。

ドイツ市民女性運動と女性の政治参加
――帝政期からヴァイマール初期にかけてのマリアンネ・ヴェーバーを中心に

内藤葉子

一　はじめに

一九一八年一一月、革命と第一次世界大戦敗北によるドイツ帝国崩壊からドイツ国（ヴァイマール共和国）へといたる混乱のなか、人民委員評議会により女性参政権（選挙権・被選挙権）が実現する見通しとなった。一九世紀末からヴァイマール初期にいたるまで、ドイツ市民女性運動を牽引した女性たちは参政権を含む女性の政治参加について議論し、関心を共有してきた。本稿の目的は、マリアンネ・ヴェーバー（Marianne Weber, 1870-1954）のとくに女性参政権導入期における行動と思想を検討することで、彼女が女性の政治参加の意義とその政治的主体性をどのように論じたのかを明らかにすることである。(1)

マリアンネ・ヴェーバーはマックス・ヴェーバー（Max Weber, 1864-1920）の妻として、また彼の遺稿の編集者として有名であるが、彼女自身は市民女性運動の統括組織であった「ドイツ女性団体連合（Bund Deutscher Frauenvereine, 1894-1933）」（以下ＢＤＦと表記）の活動家・理論家でもあった。ドイツ市民女性運動は急進派と穏健派に分けられるが、彼女は穏健派に属し、教育・経済・法・性とセクシュアリティにわたって当時の社会問題や実践的課題に積極的に取り組んだ。さらに一九一八年一一月に設立されたドイツ民主党（Deutsche Demokratische Partei）から立候補して、バーデン憲法制定国民議会（Die verfassunggebende badische Nationalversammlung）の議員となった。

ドイツの女性参政権獲得をめざした運動は一九世紀前半にまで遡る。一八四八年の市民革命時にはL・オットー＝ペータースが女性参政権に言及し、また文筆家のH・ドームも積極的に主張した。社会主義の陣営からはC・ツェトキンやA・ベーベルが積極的に論じており、一八九〇年代にはすでに社会民主党の綱領のなかに女性参政権が組み込まれている。市民女性運動においては、急進派のM・カウアーが一八九九年に「進歩的女性協会連盟（Verband fortschrittlicher Frauenvereine）」をベルリンで設立し、A・アウクスプルク、L・グスタファ＝ハイマンは一九〇二年に「ドイツ女性参政権協会（Deutscher Verein für Frauenstimmrecht）」をハンブルクで設立した。急進派は人間の平等性にもとづいて参政権を唱えた。穏健派に属するH・ランゲも一八九六年には女性参政権について言及している。ランゲは、女性の本質を社会的発展にとって重要な特別の価値をもつものと位置づけ、公益のために女性が力を発揮することを世論が確信し、立法者へ圧力をかけることによって、参政権の漸次的獲得を目指した。(2) 一九〇七年にBDFは「基本原則と要請」において、公的生活に関して、無制限の結社・集会の権利、教区における完全参政権、地方自治の選挙権・被選挙権および政治的選挙権・被選挙権を要請している。ただし、選挙権をどのように実現させるのかといった具体的な提案は避けられた。(3)

一般にドイツ語圏の女性運動では、英米の女性運動のように「シングル・イシュー・ムーブメント」として参政権要求を掲げる動きは目立たなかったとされる。(4) 研究史を振り返ると、女性参政権に関する研究は大きく二つの解釈傾向を指摘できる。一つは、急進派は参政権を求めて組織的に運動を展開したが大きな勢力にならず、参政権に対して消極的な穏健派が市民女性運動を主導したという見方である。エヴァンズは、BDFが一九〇七年に国政レベルでの女性参政権要求を掲げたのは、急進派がこの時期BDFを主導したことによるという。その後、急進派から穏健派へと主導権が移ったこと、一九〇八年の帝国結社法の発効によって女性の政治的結社や集会への参加が可能になった結果、保守的な女性たちも政治的活動に関わるようになったこと、とくに参政権に否定的な「ドイツ福音女性連盟（Deutsch-Evangelischer Frauenbund）」がBDFに加盟したことなどによって、BDFは参政権に対して抑制的になったと見ている。エヴァンズによると、一九〇八年以降のBDFは自由主義を「放棄」し、連合の分裂を避けるために「実質的に右傾化」した。女性の平等や個人的自由にもとづいて平等な諸権利を要求する個人主義的な自由主義としてのフェミニズムは後退し、家庭を中心とした女性的役割や母性の強調が前景化したと主張される。[5] クーンズも、ドイツの女性参政権獲得は英米のような獲得闘争の結果というよりは「混乱と敗戦の副産物」であり、穏健派のランゲとG・ボイマーは「法的な平等に向けての闘争を軽視」したと評している。[6] 参政権に積極的な急進派は少数派でしかなく、穏健派は参政権に対して消極的か、もしくは優先順位の低いものとして捉えていたという見方である。[7]

しかしこうした見方とは異なる立場がある。モイラーはとくにエヴァンズを批判して、BDFは設立当初から女性の結社禁止法の廃絶を求めて闘った組織であると反論する。一九二〇年代初めまで、BDF指導者層は人的な継続性を一貫してもつことにより急進派から穏健派へと主導権が交代したことはなく、一九〇八年の時点でBDFの政治的方向性が「右旋回」したわけでもなく、ランゲやボイマーをはじめとする指導者層は一貫して参政権を含む自由主義的かつ民主的なフェミニスト・プログラムを追求した。世俗的職業の女性団体が多くを占めるBDFでは、ドイツ福音女性連盟のような宗派的組織の影響力はさほど大きくはなかったこと、またカトリックの女性団体は傘下には入っていないことも指摘される。[8] クレメンスも、女性参政権要求は急進派によって代表されたばかりでなく穏健派によっても代表されており、それぞれが異なる考えにもとづいてその要求を展開したと主張する。急進派が啓蒙思想に由来する普遍的人権原理から女性の参政権を要求したのに対し、「公共圏における女性の文化的使命」の価値を唱える穏健派は、両性は同じではないが同じ価値をもつという人間像にもとづいて法的・政治的平等権を積極的に打ち出していた。[9] 要するに、穏健派も急進派も「女性運動の先駆者たちは女性参政権の意義を政治的意思形成に影響を及ぼすための重要な道具として早くから認識していたが、しかしその戦略と速度は異なっていた」とする見方である。[10] グレーフェン＝アショフも、両派の代表者たちはともに政治的に左派自由主義に結びついており、女性参政権を目的として掲げたと指摘する。ただ、その戦略、解放イデオロギーの理由付け、階級意識、社会改革のイメージには差異があった。より詳細には、両派の分離線は論争となる対象によって変化しており、例えば刑法二一八条（堕胎罪）をめぐっては穏健派と福音女性連盟は急進派と対立したが、女性参政権に関しては急進派と穏健派は宗派的な女性たちと対立した。また自由主義諸政党の男性指導者たちが女性参政権に対して消極的な態度をとったことも、市民女性運動の方針に影響を与え続けたという[11]。

本稿は、穏健派に属するマリアンネもまた女性の政治参加に早い時期から関心をよせ、参政権導入期には積極的にその意義を論じたことに注目する。従来の研究において、彼女が女性の政治参加をどのように考えていたかを取り上げたものは多くはない。グレーフェン゠アショフや若尾は、穏健派の重要な理論形成に彼女が果たした役割を評価するが、それは職業と婚姻制度に関する部分に集約される[12]。彼女の政治的活動や政治的関心に言及するものとして、例えばギルヒャー゠ホルテイは、教養市民層の文化的理想追求に留まったマリアンネは、政治参加に関心はもつが、女性たちのあいだに分断や対立をもちこまないように、女性を政治化させることには制限をかけたと主張する[13]。しかし、マリアンネについての包括的な著書を書いたモイラーは、彼女にとって「政治的活動は女性運動の当然の使命」と捉えられていたと強調する[14]。またホッホロイテールは南ドイツの女性議員のパイオニアの一人としてマリアンネを紹介している[15]。

マリアンネが一時期政治家として活動したことは事実である。女性の政治参加について彼女は具体的にどんな議論を展開し、女性参政権をいかなる政治理論的根拠にもとづいて主張したのか。さらに参政権獲得後、実際に議会に足を踏み入れた彼女が女性と政治の関係についてどのように観察し考察したのか。彼女の思想と行動に分け入って探究することを通じて、一九〇八年以降の穏健派の立場を「自由主義の放棄」として論じるエヴァンズのような解釈に対して、異なる実態を提示することができるだろう。

以上により、本稿では第一に、帝政期からヴァイマール初期にかけてのマリアンネの政治的活動とその思想をたどる。第二に、女性とリベラル・デモクラシーの関係についてのマリアンネの見解を資料から明らかにし、その特質を分析する。第三に、一九一九年以降議員となる彼女が、議会においてどのような活動に取り組んだのか、また議会という場をどのように観察したのかを明らかにする。これについてはとくに一九一八年一二月から一九一九年にかけて執筆された資料を中心に検討する。この期間は、彼女がドイツ民主党に加入し、選挙運動に積極的に関わり、一九一九年一月から三月まではバーデン憲法制定国民議会議員、その後はバーデン州議会議員となって活動した時期に相当する。

以上の作業を通じて、市民女性運動との関わりのなかで、マリアンネ・ヴェーバーが女性参政権に集約される女性の政治的主体性や女性と政治の関係についてどのように考えていたのかを明らかにする。本稿はこれまで政治的権利との関係ではあまり重視されてこなかった人物の思想と行動を具体的に掘り起こすことによって、女性の政治的主体性をめぐって格闘してきたフェミニズムの思想史の一端を照らすものとなる。

二　世紀転換期頃の市民女性運動と女性の政治参加

1　ゲルラッハとの論争

世紀転換期頃から第一次世界大戦前のマリアンネの言動を見ると、その関心は女性の法的権利の実現に力点が置かれており、政治的権利に関する積極的な言及はそう多くはない。しかし、一九〇一年一〇月に国民社会協会の雑誌『ツァイト』にH・v・ゲルラッハ（Helmut von Gerlach, 1866-1935）が掲載した論考「政治的女性」に対して、マリアンネは一一月に「政治と女性運動」を執筆して反論している[16]。以下では世紀転換期頃のこの論争を概観することで、女性運動と政治に関する彼女の議論を辿る。

「国民社会協会（Nationalsozialer Verein）」は、F・ナウマンがそのキリスト教社会主義の立場から、社会的弱者の地位向上と国民の理念を結合させて、市民的権利の拡大をめざすために一八九六年に設立した組織である。ゲルラッハはその設立に関わった左派自由主義に属する[17]。彼はこの論文で女性運動と女性が政党政治に参与することを要請した[18]。その論旨は、市民女性運動と労働者女性運動を比較し、社会民主党員の女性たちがその政党内部で価値ある政治的仕事を行うのに対し、市民女性たちは政党政治では完全に後方に下がっていることを遺憾に思うというものである[19]。

ゲルラッハは「ラディカルなマルクス主義」者であるC・ツェトキンとR・ルクセンブルクの政治家としての資質に一目置いている。また「大多数の社会民主主義者の女性たち」が選挙のさいに、呼び込み業務・ビラ配り・投票用紙配り・宛名書き・集金といった「実践的な細かい仕事」に打ち込む姿を「社会民主主義的な全体運動のきわめて価値ある構成部分」と高く評価する。これに対して市民女性運動、とくに「全ドイツ女性協会（Allgemeiner Deutscher Frauenverein）」（一八六五年オットー＝ペータースが設立）に関わる「右派」は「より古い傾向」を代表する「オールド・リベラル」であると判定する。とくにランゲの「政党政治の不愉快な随伴現象に対する美的抵抗の意志」を批判し、彼女を「女性運動右派の決定的な政治的発展の主要な障害」とまで評している。このため、M・シュトリットやA・ザーロモンのような政治的感覚のある女性も譲歩を強いられていると批判する。[20]

ゲルラッハが期待をよせたのは、市民女性運動の「左派」・「新しい傾向」の進歩的女性協会連盟である。カウアーやアウクスプルクの名前を挙げて、国民社会協会の目指す新しい「社会的・国民的なリベラリズム」の枠内にこの政治的女性たちが加入するべきだと訴えた。彼女たちは、その政治的専門知識はまだ僅かだが「政治への意志」はあるという。しかし、「この「左派」の女性たちさえなおも、特定の政党に加入する決心を固めることができなかった」と批判する。彼にとって市民女性運動は「根本的に純粋に倫理的で、したがって非政治的」である。それゆえ「優れて政治的」である労働者女性たちは市民女性たちにとっての「政治的教育者」となると位置づけた。[21]

ゲルラッハの論調に対してマリアンネは、ランゲ、ひいては穏健派が政党政治に対して美的抵抗の意志をもっているという彼の批判に異議を唱えている。さらに根本的な問題として、市民女性運動と政党との直接的な結びつきは不可能であると述べる。その理由としてまず、労働者女性運動と市民女性運動の違いが指摘される。彼女から見て労働者女性運動は、階級闘争と資本主義的社会秩序の廃止という政党独自の目的のための手段にすぎず、党派性に強く拘束されており、そこには「自律的」理想が欠けている。[22] 対して市民女性運動の本質的な目的とは、「自律的な道徳的理想」、すなわち、「性的本質としての女性の特別性から独立して、自己決定と自立のうえに女性の権利を実現するという意味において、伝統的な女性の理想を改革すること」である。この倫理的目的を妨げる制限を取り除くために、多種多様な「法的、社会的、知的要請、そしてほかならぬ政治的要請」が導き出されるとする。

それゆえ女性運動の目的は、「女性の観点」から女性のための要請を掲げることにあり、特定の政治的プログラムと一致するものではないことが強調される。一般的に高度に分化した社会においては、物質的利害の違いからすべての女性たちが統一的態度をとることはありえない。「特定の政治的かつ経済的理想の普遍的妥当性を信じること」が「幻想」であるのと同様に、女性運動が「さまざまな理念とそこから導かれる政治的な個々の諸要請のあいだで統一的な選択ができると信じるのもまた幻想である」。それゆえ将来ドイツの女性たちの政治的関心と理解が目覚め、「積極的な政治的活動のための空間が与えられたならば」、統一的な女性政党を形成することはなく、男性と同様に諸政党に加入するだろうと述べた[23]。

マリアンネは、市民女性運動が「倫理的」であるがゆえに「非政治的」というゲルラッハの批判に対して、倫理と政治を切り離さないところに女性運動の意義を見出している。それは自由で道徳的な女性の人格性を深め、自己決定と自立のうえに女性の権利を実現することで、その倫理的・政治的主体性を育むものと捉えられている。彼女はそのうえで、個々の女性たちは自らの関心から政党政治に関与していくものと位置づけている。ゲルラッハはマリアンネに応答して、自分も女性運動が党派性をもたないことは肯定するが、女性運動の義務とはその支持者たちを自ら支持する政党へ加入させるよう努めることだとあらためて強調した[24]。

ゲルラッハの論文を注意深く読むと、労働者女性運動への賞賛は、労働者女性たちの「細かい仕事」による政党活動支援に向けられている。また社会民主党がすでに女性参政権を党綱領に組み込んでいることには触れていない。彼はカウアーやアウクスプルクに対しては政治的感覚をもつ数少ない市民女性であると認め、政党政治への女性の参加を強く求めたが、それは国民社会協会の政党政治的戦略として「なおも活用されないでいる貯水池」を市民女性運動の人材に見出したからである[25]。マリアンネの反論からは、女性運動を政党政治戦略の下請けに組み込み市民女性を動員しようとするゲルラッハの意図は、女性の観点からの法的・経済的・政治的利害関心を後景化させかねないという危惧が読み取れる。彼女の論考は「女性運動の根本原理」を詳述したものとして、同年一二月一日号のＢＤＦ機関誌『ツェントラルブラット』にすぐさま転載された[26]。彼が名宛人とした急進派の女性たちも、政党政治への参加が参政権要求という目標を後退させることを懸念していた。実際のところ、一九〇八年以降は穏健派のほうが政党政治に協力的となり、急進派は政党政治から一層距離をおくことになる[27]。

グレーフェン゠アショフによると、社会民主主義の陣営がベーベル以来、女性の政治的権利要求を支援したのに対し、自由主義諸政党は「政治的な女性解放」を把握する状況になく、またその「具体的な目標イメージ」を党戦略のなかに統合する能力ももちあわせなかった。ゲルラッハはそのことを隠蔽したと批判されている[28]。彼は、女性の政治化の「不十分さ」について、男性中心の組織が十分に対応しなかった問題に向きあうことなく、もっぱら女性運動の側、とくに穏健派の問題として論じたことになるだろう。

2　結社法と女性の政治参加をめぐる動向

この論争が行われた一九〇一年、女性が公に政治的メンバーシップを獲得することは認められていなかった。ドイツの女性運動にとって大きな足かせとなったのは、一八五〇年の諸邦における結社法によって女性は政治団体への加入と政治集会への参加が禁止されたことである。それは一九〇八年に帝国結社法（Reichsvereinsgesetz）が成立するまで、市民女性運動および労働者女性運動を抑制し続けた。とくに労働運動にとっては社会主義者鎮圧法による弾圧も関わり、労働者女性運動は男性の労働運動と社会民主党に接近し、党のために活動することになる[29]。一方、市民女性運動の政治的活動にとっても結社法の影響は大きかった。とくに自由主義諸政党が結社の自由を重要としながらも女性参政権を度外視したことが、市民女性運動側に参政権の主張に慎重にならざるをえない効果をもたらした[30]。

しかし結社法の法的効果は一様ではなかった。プロイセンでは一九〇八年まで女性の政治的活動を抑制し続けたが、一九〇八年以前でもハンブルクでは女性の政治的活動が行われていた。クレメンスによると、ハンブルクの法律は女性についての言及がなかったため、この「法の欠缺」が利用された。これはアウクスプルクとグスタファ゠ハイマンの女性参政権協会がハンブルクで設立された背景であり、彼女たちはハンブルク自由思想人民党に女性の加入を認めるよう働きかけて成功し、入党している（ただし後に政党政治への不信から離党した）。またバーデン、ヴュルテンベルク、ブレーメン、ザクセン、一八九八年以降のバイエルンでも女性の政治的活動は可能であった[31]。

バーデンでは一九〇〇年には結社法によって、女性たちが政党の構成員になることができた[32]。一九〇四年頃、バーデン国民社会協会は女性を受け入れている[33]。マリアンネは、E・ヤッフェとM・バウムとともにこのバーデン国民社会協会に加入していたと推測される[34]。夫に随伴したアメリカ旅行からの帰国後、その見聞を基にした彼女の報告講演は、一九〇五年一月二〇日にバーデン国民社会協会主催の会で為された。講演論文ではユタ、ワイオミング、アイダホ、コロラドにおける女性の完全市民権について、注ではあるが触れられている。また総じてアメリカはドイツよりも男女平等が進んでいると報告された[35]。女性の政治参加を可能にしたのは、バーデンが自由の気風の強い土壌をもっていたことと関連するだろう[36]。マリアンネものちに、プロイセンとは違ってバーデンのゲマインデ《ゲマインデ》法には、委員会は構成員の四分の一を女性にしなければならないという規定が早くからあり、女性たちは地方自治体の課題に早い段階から関心をもつようになっていたと述べている[37]。

一九〇八年の帝国結社法以降、市民女性運動の幹部たちは穏健派・急進派とも、左派自由主義諸政党に加入している。ランゲ、ボイマー、E・リュダースらはT・バルトとナウマンの率いる「自由思想連合」に、アウクスプルクとグスタファ＝ハイマンは「自由思想人民党」に、A・パプリッツ、A・ベンシュハイマー、A・ザーロモンらは一九一〇年に左派自由主義諸政党（南独ドイツ人民党、自由思想人民党、自由思想連合）の合併した「進歩人民党」に、カウアーは自由思想連合から離党した「民主連合」に加入した（その綱領には女性を含めた国家市民権が加えられた）。二〇世紀初頭より市民女性運動の中心メンバーは左派自由主義の陣営に接近しており、一九一八年に創設される「ドイツ民主党」で再び合流することになる。帝国結社法成立以後は、右派自由主義の「国民自由党」や保守系の政党が女性団体を動員しはじめる。これらの陣営においては、女性参政権は論外のテーマであった[38]。

三　一九一八年以後のマリアンネ・ヴェーバーの政治的活動

1　女性参政権の導入とドイツ民主党からの立候補

第一次世界大戦期、市民女性運動は女性問題に関する要求を棚上げし、国民的義務を遂行するべく祖国奉仕へと積極的に自らを動員する。当時ＢＤＦ会長であったボイマーは「国民女性奉仕団（Nationaler Frauendienst）」を設立し、宗派や党派を超えて女性団体が結集するように働きかけた。マリアンネはハイデルベルク国民女性奉仕団で、また市委員会で活動した。[39] 一九一七年、ヴィルヘルム二世はプロイセン三級選挙法を廃止し、平等・秘密・直接・自由の普通選挙権の導入を謳う勅書を出した。しかしこの勅書に女性参政権は組み込まれていなかった。この一件が労働者女性運動から市民女性運動急進派および穏健派の女性たちを結集させ、政府に対して女性参政権を要求する動きを引き出した。[40] しかしながらこの陳情の結果というよりは、帝政の崩壊と暫定革命政権の樹立が女性参政権の導入をもたらすことになる。[41]

一九一八年一一月三日キール港での水兵の反乱はまたたくまにドイツ全土でのストライキに発展した。一二日ベルリンの人民委員評議会が二〇歳以上の男女に対する平等・秘密・直接・一般選挙権を告知し、女性参政権が実現する見通しとなった。憲法制定国民議会選挙が一九一九年一月一九日に行われることになった。自由主義陣営においても、進歩人民党と国民自由党の代表による自由主義統一政党樹立に向けての動きが始まった。これとは別に一一月一六日、『ベルリナー・ターゲブラット』にドイツ民主党の設立声明が出された。これは、学者やジャーナリスト、財界人、官僚など既成政党には必ずしも加わっていない左派自由主義者たちによる独自の動きであった。アルフレート・ヴェーバーと本紙編集長のＴ・ヴォルフが積極的に関与しており、設立声明にはゲルラッハの他、女性運動の側からマリアンネとカウアーが名を連ねた。一一月二〇日、民主党、進歩人民党の大部分、国民自由党左派の一部からドイツ民主党が正式に成立した。国民自由党はドイツ人民党へと改名し、広範な自由主義統一政党は誕生しなかった。[42] 同日、憲法制定国民議会のための選挙に関する通達のなかで、女性参政権が組み込まれた（正式に新しい権利として確立するのは一九一九年八月一一日公布のヴァイマール憲法においてである）[43]。この一連の流れのなかでマリアンネ、バウム、ボイマー、ランゲらはドイツ民主党に合流した。

マリアンネが出馬することになるバーデンの動向を見てみよう。バーデンでも九日にマンハイムやカールスルーエで労兵評議会が結成され、一〇日にバーデン臨時政府が成立する。一四日バーデン自由人民共和国の樹立宣言がなされ、バーデン憲法制定国民議会選挙日が一月五日に決定された。これにより一二月が選挙戦の時期となった。バーデン憲法制定国民議会選挙は四週間とされたので、遅くとも一二月第一週までにはマリアンネの立候補は決まったであろう。彼女は第四選挙区（マンハイム）から立候補した。一九一九年一月五日バーデン全土で行われた選挙に当選し、一月一五日議会に召集された。一月一五日から三月二一日までのあいだ、バーデン新憲法のための審議に加わることになる。三月二一日、憲法制定議会はバーデン新憲法を満場一致で採択した。四月一三日、新しいバーデン共和国憲法と憲法制定議会を州議会として継続することに関する国民投票で、有権者の大多数が賛成票を投じた[44]。

この間、バウム、ボイマー、M－E・リュダースはドイツ民主党から国政選挙に立候補した。マックス・ヴェーバーとアルフレート・ヴェーバーも同党から立候補している[45]。一月一九日、ライヒにおける国民議会選挙が開催され、バウムとボイマーが国会議員に当選した。ヴェーバー兄弟は両者とも落選した[46]。

2　バーデン憲法制定国民議会議員としてのマリアンネ・ヴェーバー

一月一五日、バーデン憲法制定国民議会にドイツ民主党から唯一の女性議員としてマリアンネは登場する。一〇七議席のうち女性議員は九名であった。内訳は中央党三九名中四名、社会民主党三六名中四名、ドイツ民主党二五名中一名である。女性議員の比率は約八パーセントだった[47]。この議会に初めて登壇したマリアンネは次のような言葉を発したという。

わたしたち女性は、この使命に共に招聘されていることについてただ大きな喜びと満足を表明しうるばかりです。おそらくみなさんの多くが考えておられるよりも、わたしたちはこの使命のために覚悟は十分にできていると、そう申し上げてもよいでしょう(48)。

「この勇気づける言葉にも関わらず」、彼女は一九一九年一〇月に議員を辞職した(49)。議員辞職の理由はおそらく二つある。一つ目はヴェーバーのミュンヒェン大学からの招聘が関係する。彼は病気のため長らくハイデルベルク大学正嘱託教授を退任・休職していたが、六月末頃にはミュンヒェン大学で授業を開講した。夏学期のあいだ、ヴェーバーは単独でミュンヒェンで過ごし講義と演習を行っている。しかし授業は彼の健康状態に大きな負荷をかけるものであった(50)。この間マリアンネはハイデルベルクとバーデン議事堂のあるカールスルーエを往復する多忙な生活を送っていた。しかし世紀転換期頃のヴェーバーの発病以来、夫の健康状態と仕事環境に対するケアを担ってきたであろう彼女は、夫とともにハイデルベルクからミュンヒェンへと引っ越しをする。引っ越しは冬学期にあわせ秋に挙行された。

二つ目は、九月一五日から一八日にハンブルクで開催されたBDF定例大会で、マリアンネはボイマーの後継としてBDFの次期会長となることが決定したことである。この大きな仕事については、すでに七月頃にはマリアンネは感触を得ていたらしい(51)。おそらく、この巨大な組織を束ねるという仕事をバーデン共和国議員の仕事と両立させるのは難しいと判断したのではないか(52)。一九一九年の夏から秋にかけて彼女の身辺でおきた状況の変化が、議員辞職を選択させたものと考えられる（ただし、政治家としてのキャリアは途切れたわけではなく、一九二二年から一九二六年にかけてハイデルベルク市議会議員として政治的活動に復帰している）。

四　リベラル・デモクラシーと女性の権利

本章と次章では、一九一八年一二月から一九一九年後半にかけて執筆されたマリアンネの政治的文書を中心に見ていこう。本章では選挙戦期に書かれた文書を中心に扱い、その内容を分析する。バーデン憲法制定国民議会選挙に向けての選挙活動に精力を注いだ時期、彼女は一二月八日フランクフルト新聞に「女性と民主党」を掲載し、同月に『女性参政権の意義と政党の特質』という小冊子を出版した。一一月一二日に女性参政権が告知されて一か月ほどのうちに急遽発表されたものである。内容的にこの二つの文書は重なる部分も多い。以下では、①女性参政権の意義、②政治的権利の必要性、③リベラル・デモクラシーと女性の政治的主体性、④政党分析について紹介する。

1　女性参政権の意義

一九一八年の敗戦と革命によって劇的に政治状況が変化するなか、暫定政権による政治的同権が宣言される。マリアンネは女性参政権が「思いがけず」成立したというが[53]、政治的同権そのものが意外であったと捉えているわけではない。彼女は続けて「真の民主主義の出現を違ったふうに考えてきた」と述べる。女性自身の努力と「市民政党の〔男性の〕同僚の理解と支援」を通じて、「女性の一部はすでに長い間、政治的諸権利を獲得しようと努めてきた」[54]。その延長に実現を見ていたのであり、敗戦と革命という政治的一撃による実現は想定外であったということであろう。

しかし、「この革命の贈り物」は重い責任として女性にのしかかるものである。大多数の女性は政治的諸権利に無関心であったし、受け取る準備もなかった。またその「誠実さ」から、自分がその諸権利を行使すべきかどうか真面目に疑問に思っている。しかしマリアンネは、これは女性たちの責任ではないという。家の外へ、公的領域へと女性たちが進出するための努力をドイツ市民層は認めてこなかったし、公的活動に関わることは「女性的ではない」とドイツの男性は判定してきた。「おまえたちは政治についてては何もわかってはいない」と男性から拒絶されてきたことは、女性たちの政治的関心を育む努力に対する害毒であった。しかし、「古い国家の残骸」のうえに建設される新生国家は、「すべての人にとっての正義と自由の国家」となり、古い国家よりも「一層完全なもの」になるであろう[55]。この新生国家に女性が参与することは絶対に不可欠である。マリアンネは晩年の自伝のなかで、「その新しい権利と義務の意義について納得させ」、「女性大衆をも投票箱につれていくことは〔名誉にかけてもはたすべき〕当然の義務（Ehrensache）であった」

と記している[56]。

一九一八年一二月に相次いで発表された文書は、この新しい政治的権利に対して無関心、あるいはとまどいや引け目を覚える多くの女性たちに対して、その政治的権利の重要性を説き、投票させることを自らの「当然の義務」とみなした使命感から、急いで執筆されたものであることが分かる。

2 政治的権利はなぜ女性にも必要なのか

女性が政治に関与することの意義について、マリアンネは第一に、女性に特有の利害関心を反映した国家形成を行うことの重要性、第二に、女性が礼節や文化に与える影響を挙げている。

第一に、女性に特有の利害関心は男性によって代表されるのか。この問に対して、マリアンネは職業集団、階級、身分にわたって、それぞれが固有の要望を代表することが当然であることは、性に関しても当てはまるという。男性が女性の苦境や必要性を強く感じ取って代表してくれるといったことは、ほとんどない。もしそうしたことが実現していたのであれば、女性たちは教育や専門的な職業の権利を闘い取らなくてもよかっただろう。政治的同権も、権威主義的ではない同志的な婚姻法も、父親の扶養義務を強固にした婚外子の処遇の改善もとっくに成立していただろう。女性が労働の領域で「煩わしい侵入者」「男性に対する価値の低い競争相手」として扱われることもなかっただろう[57]。


わたしたちはあらゆる生の領域で、無数の男性の激しい抵抗に抗して、女性にとっての発展を拡大する機会と新しい影響領域を闘い取らなくてはならなかった。また大きな職業諸団体が〔……〕、一方ではその女性の職業仲間の能力を価値の低いものとして評価し、しかし他方では〔……〕その能力を永続的にそのようなものにとどめて、女性の根本的な専門教育の行く手に立ちふさがるということを、わたしたちは苦しみをもって経験しなくてはならなかった[58]。

しかも戦争中、兵士や子どもを支えるために家から出て弾薬やパンを作り、男性の従事した職業に就いた女性たちは、戦争後、復員してくる兵士たちの新しい競争相手として激しい生存競争に放り込まれることになると、マリアンネはその前兆を指摘している[59]。実際に、一九一八年一一月一五日、労働組合と産業界は帰還兵士が元の仕事場所に戻ることを決定していた。ライヒの諸官庁も女性の解雇を命じ、最終的には独身女性と少女たちも解雇されるにいたったため、短期間に女性の収入は戦前の状態まで落ち込むことになる[60]。マリアンネはこうした経験から、「国家そのものにおいてわたしたちの利害関心を代表し、わたしたちが服従すべきところの法形成に共に参加するという可能性」が、女性には絶対に必要だと強調する[61]。

一八九四年の設立時からBDFは、家父長主義的要素を色濃く反映するドイツ民法典の編纂過程に議会の外から声を上げることで、女性の利害関心を訴えた。しかしこの法闘争は失敗する。法形成プロセスから除外され、女性の利害関心を反映させる方法が制限される現実は、最初から女性に参政権がないという問題と直結していたはずである。マリアンネが一九〇七年に出版した『法発展における妻と母』の主題の一つは、一九〇〇年施行のドイツ民法典批判であった[62]。彼女がこれまで論じてきた諸問題を束ねる最後のピースとして女性参政権の意義を積極的に論じるのが、一九一八年の段階である。男性が決して代表することのない女性の困難と必要性を訴えるためには、法形成プロセスに女性が関与することが不可欠である。一九一九年秋に出版された著書のなかで、彼女は婚姻法の差別的構造も、政治的権利を女性がもつことではじめて改革の端緒につくことになったと書き込んだ。ここでは彼女自身が長年主張してきた婚姻法改革が、政治的権利と明確に結びつけられているのである[63]。

第二に、女性が政治的権利をもつことは、文化的業務に関わることであるという。「女性の特別な使命」は、マリアンネが一貫して唱えているテーマである。基本的にそれは穏健派が依拠した立場、すなわち女性を「人間」かつ男性とは異なる本質をもつ者として平等を訴える立場である。その議論は家庭のなかでの主婦業や母親業を肯定するというよりは、公的領域において女性に適した職域を確立することにつながっている。マリアンネの議論もこうした文脈に沿ったものである。「女性の特別の文化的影響」「主婦や母としてのその特別の影響領域」として彼女が示すのは、「人間の支援」に関わる分野である。青少年支援、母性保護、国民の健康、住居問題、弱者保護および公衆道徳問題が挙げられている。とくに戦後復興と共同体の文化的事業に女性が関わるためにも、女性の政治参加が重要であると唱えられている[64]。

3 リベラル・デモクラシーと女性の政治的主体性

「女性と民主党」では、リベラル・デモクラシーと女性の政治的主体性との関係が以下の三点において積極的に論じられている。

第一に彼女は、女性が「真の民主的リベラリズムの一員であることは、偶然ではなく、深い根拠をもつ」という。「国家と家族における男性的独裁に反対して」女性が政治的自由を求めることは、「真の民主主義」の要請であり、その実現以外の何ものでもない。またその根拠とは、「リベラル・デモクラシーのもっとも深い出発点」としての「人間の尊厳の前での個人の絶対的価値への信念の尊重」である。リベラル・デモクラシーは「自由な道徳的自己決定への権利と自己責任」を求め、各個人がその能力と道徳的人格性を十分に発展させるための自由を保障する。「人間の顔をもつ者は誰でも現実の自由に十分な資格を備えている」という理念が、現代の女性たちの要請を裏付けているのだという[65]。

第二に、民主主義の理念とは、誰に対しても、国家における共同責任を認めること、その代表者・調停者・指導者を選ぶ権利を与えることによって、「すべての人間の尊厳」を承認することであるという。とはいえ、政治は少数者によってなされるものであるがゆえに、民主主義は共同体の同胞が自ら選んだ指導者によって統治されること、および能力をもつ者に対して指導者への道筋を閉ざさないことを保障する。マリアンネは女性の政治参加をこの民主主義の理念でもって裏付け、「女性であるのみならず、人間でもあるかぎり、わたしたちは共通の大きな使命を理解するために男性と同じ教育を必要とする」と主張する。ただし、男性と同じであろうとするのではなく、女性の特別の性質に向いた働きができるという。女性が指導者として選ばれること、指導者として統治することの可能性や機会については言及されていない。

第三に、「社会的責任」と「調整された正義」の実現として民主主義が捉えられる。「精神的かつ物質的な生存の財の割り当てが以前より正しく平等に分配され」、「文化の光がすべての能力ある者に届く」とき、はじめて国家は「道徳的基盤の上に成立する」。この民主主義の思想潮流のなかに女性の役割は位置づけられる。女性の使命とは、「日常生活を生きるに値するものに形づくること」、「人間の支援者（Menschenpflegerin）」「生を保護する者（Hüterin des Lebens）」たることにある。すべての階層の人民に対して生命と健康および住居を保障することが、戦後復興に対して女性が果たしうる仕事であり、そのために女性は政治に参加しなくてはならない。マリアンネは女性が福祉事業や支援の領域に進出し生存への配慮に貢献することを、「真に民主主義的で真に女性的なもの」として位置づけている。[66]

自己決定にもとづく自由な個人と、「特別な使命」を担う女性性を強調するマリアンネのフェミニズム思想はどのような特質をもつのか。彼女の思想の原点にあるのは、カントから受け継いだ「倫理的個人主義」である。それは自己責任と意志の自己統制にもとづいて、自由かつ自律した厳格な道徳的主体を肯定するものである。彼女はその個人主義と人間の尊厳というリベラリズムの論理を女性にも拡大することが重要であると考えていた。もちろん、理性と身体を分離するリベラリズムの二元論は、身体性に結びついた「類的義務」が女性に課されている以上、女性の主体化にとっては齟齬をもたらすものである。その齟齬を彼女が根本的に問題視できたかという問いは残るにせよ、彼女の思想がカントの義務論的自由論および人格の相互承認と行為への促しについてのフィヒテの議論からも影響を受けていることは無視できない。[67]

マリアンネは、女性運動という女性たちの連帯による共同体行為そのものが女性の意志と能力を目覚めさせ、女性を人格として形成していくことを重視している。身体性をもつ具体的な諸個人が連帯し協働する関係性こそが、女性を政治的主体として立ち上げていくと考えているのである。また彼女は女性運動を「解放」としての「自由」を求めるものというよりは、為すべきことへ「自らを律して義務づける」ところに「自由」を体現する運動と捉えている。当時市民層女性が福祉や教育の分野に向かったことは、公的領域で活躍する道が彼女たちに十分に開かれていなかったためでもある。現在の視点からみれば女性の職域を限定したともいえるが、当時の文脈ではそれは公的領域への活路でもあった。マリアンネにとっても「女性の特別の文化的影響」を及ぼしうる福祉や支援の領域に貢献する行為の遂行こそが、女性的主体にとっての自由の実現として重要であった。政治的権利や政治参加はその実現のために必要とされるものであり、それゆえに彼女は参政権を目的化する急進派の立場には与さなかった。しかし本稿で論じてきたように、それは女性の政治的権利の軽視では決してなく、彼女は早い段階から政治的関心を有していた。この延長上に、一九一八年の政治状況のなかで、女性の政治参加と参政権の意義が民主主義をより強調する形で論じられるのである。

4　自由主義諸政党の分析と評価

一九一八年の論考『女性参政権の意義と政党の特質』は、選挙権を得た女性たちに、女性にとって政治的権利を行使する意義を説明するために書かれたものである。そのためマリアンネは、保守党、中央党、自由主義諸政党、社会民主党、独立社会民主党の各政党の特色について説明している。ただし女性参政権や新生ドイツにおける女性の位置づけなどに関する各政党の政策的提言について分析されているわけではない。とはいえ、各政党の特徴やその政治理念についての見取図は読み取ることができる。また特定の政党に対する宣伝の意図はないというが、彼女自身ドイツ民主党から立候補しており、時局に合わせて急遽執筆されたものであるから、その政治的立場が反映されたものと見るべきだろう。ここでは彼女がドイツ民主党の属する自由主義陣営をどのように見ていたかに絞って検討する。

第一に、自由主義諸政党は、自己責任と自己決定、個人的自由、国家や教会による個人への干渉の拒絶、内面的事柄としての宗教的信仰、学問の独立をリベラルな価値として重視してきたことが指摘される。ただし、右派自由主義の国民自由党が「国民的理想の保持」を重視し、国家的権力政治、艦隊政策や植民地政策の点で保守派の側に立ったのに対し、進歩人民党、およびそこに合流した「民主的リベラリズム」の系譜は、保守党と中央党が支持する権威主義的国家に抗して人民国家（Volksstaat）を作ろうとしてきた。この進歩人民党が、現在ドイツ民主党へとつながってきたと説明される。

第二に、この「左派リベラリズム」には、右派の国民自由党よりも「民主的要素が作用している」と指摘される。例えば、国家と教会の分離原則にもとづいて宗派の授業を学校教育から排除すること、すべての市民が法の前で平等であり政治的同権をもつことが強調される。その平等な選挙権にもとづいて「人民によって選ばれた指導者が政治を行い、国家を統治する」ことが強調される。さらに「国家は社会正義、搾取に対する無産階級の保護、経済的弱者の保護、社会的困窮の予防に対して責任を負うこと」が掲げられる。これらは元来のリベラリズムとはそぐわないものであったが、ナウマンらによって、民主的リベラリズムは「広範な市民層にすでに長い間、社会的責任感情によってしっかりとしみ込んでいた」。それゆえ、民主的リベラリズムは無産層の人民と近く、労働者の権利と労働者保護を公然と支持する。新生ドイツが君主的基盤と共和主義的基盤のどちらに置かれるのかという問題に対して、ドイツ民主党は「共和主義的憲法を公然と支持」しており、リベラルな市民層はその旗の下に集まるのだという。(68)

第三に、左派自由主義と社会民主党の共闘関係と方針の相違、および独立社会民主党との線引きが指摘される。社会民主党は、左派／民主的リベラリズムの「新しい市民的民主主義」と共通の基盤の上で同じ「共和主義的人民国家」を求めている。多数派社会民主党は、企業家および「大胆さや決定力や指導者への忠誠や創造的な組織能力をもった人間」の必要性を認めている点で、市民的民主主義と一致しうる。また左派の独立社会民主党の方針に対しては、内戦と敵の進駐、さらに飢餓の窮迫がもたらされかねないとして批判する点でも一致する。ただし両党の違いは以下の点にある。階級政党である社会民主党は経済生活への規制を経て、階級対立と諸民族間の対立の消失した「一つの未来」を希望する。これに対し市民的民主主義は、私有財産の不健全な形式に対して国家が経済活動に介入することを要請するが、それは綱領として一般化されるのではなく、ケースバイケースで介入の妥当性が吟味されるべきと唱える点である。(69)

ドイツ民主党に収斂する左派自由主義の位置づけ、指導者民主主義、多数派社会民主党と市民的勢力との共闘関係、独立社会民主党への批判など、マリアンネの記述はヴェーバーがこの時期に政治論において論じた路線とほぼ重なっている。また進歩人民党からドイツ民主党にいたる系譜に、「国民自由主義」、「民主的リベラリズム」および労働者保護などの社会的要素の融合を見ているのは、ナウマンの政治的展望を踏まえたものであろう。国民自由党をはじめ自由主義諸政党が自由主義と民主主義を分離し、後者を綱領から外してきたドイツ・リベラリズムの歴史のなかで、ナウマンおよびヴェーバーは、産業化・大衆社会化に適合させる形で自由主義と民主主義の融合を目指そうとしてきた(70)。マリアンネがドイツ民主党の民主主義的要素を強調しているのは、こうした背景にもとづくものと考えられる。

五　議員活動および議会の政治社会学的分析

一九一九年一月五日のバーデン憲法制定国民議会議員に当選したマリアンネは、先述したように、一月一五日以降、バーデンの議会に初の女性議員として登場する。一〇月に辞職するまでのあいだ、五月に「ゲマインデ行政における女性の任務」、六月に「バーデン憲法委員会における女性職の問題」を新聞に投稿した。七月にはＢＤＦ機関誌『女性』に「議会の活動形式」を投稿した。この論文は最後の部分が加筆されて、一九一九年秋に出版された『女性問題と女性の思考』に「議会の活動形式——雑文」として再録された(71)。本節では、これらの論文から議員としてのマリアンネの活動とその思考を追跡する。

1　議員としての活動

「ゲマインデ行政における女性の任務」では、地方自治体《ゲマインデ》行政のなかで女性は専門職としてどのような働き方ができるかについて語られる。彼女がそこで強調するのは、専門職としての女性官吏（Berufsbeamtin）の必要性とその身分保障である。

マリアンネによると、バーデンでは以前から女性が委員会に属して市の業務に関与していた。しかし実際に女性が責任感をもって仕事に当たれたのは救貧委員会ぐらいで、そのほかの委員会ではただ「象徴的な価値」しかもたなかった。戦前から女性たちは名誉的活動として福祉的支援に関わってきたが、現在必要なのは女性の「社会的職業官吏」が雇用されることである。女性官吏は以下の領域で必要となる。第一に、ラントの下にある行政単位の郡（Kreis）において、乳児保育の正しい方法を教える支援者（Kreisfürsorgerin）のネットワークを作ることである。[72] 第二に、学校支援員（Schulpflegerin）である。それは学校長、校医、家族のあいだを仲介し、子どもの清潔さや身体に配慮をする仕事を担う。第三に、住居政策に関与する職員である。建築技術的業務の仕事だけではなく、無産階級の住居習慣に清潔さや秩序の重要性を説く仕事を担う。第四に警察支援としての女性官吏である。警察に引き渡される少女を保護し市民的生活に導き戻すこと、非行化した青少年の面倒を見ることが要請される。第五に、市の職業紹介所を職業安定所へと拡充・整備し、女性官吏を雇用することである。マリアンネは保育・教育・住居・警察・労働にまたがる業務が慈善事業ではなく、ゲマインデ行政のなかで女性官吏によって担われる必要性を主張する。またこうした大量の福祉的支援の仕事をこなすには、書類やカードボックスを伴う官僚制装置が不可欠なものとも指摘される。[73]

「バーデン憲法委員会における女性職の問題」では、バーデン新憲法の男女同権条項に合致しない法律に関する審議を行っている様子が伝えられる。例えばバーデン学校法における昇進差別や給与差別といった女性教師の不利な扱いは新憲法と一致しないので、その条文は破棄されることになったと伝えられている。男性官吏や男性教師のほうが国民学校女性教師の給料よりも高く設定されるのは、家族を扶養するからという理由にもとづいている。これに対して、女性議員の側から「男性教師や男性官吏は一般に、彼が未婚であり続けても同じ特権を享受している」と異議が出された。「同じ業務には同じ賃金を」と、同一労働同一賃金の原則も唱えられている。

マリアンネはさらに、女性官吏が結婚した場合の退職要請と再雇用問題について政党間で意見の不一致があったことを報告している。保守的な党派からは、既婚女性は「あらゆる経営的生活から家庭に戻ることがすべての社会政策の目標」と主張された。しかし民主的立場からは、すでに戦前から二八〇万人もの既婚女性が本職をもつ就労者であり、戦争を経るなかで彼女たちは家族の扶養をますます担うようになっていると反論されたという。[74]

以上、マリアンネが新聞に投稿した時事的文書からは、女性官吏の仕事を専門職として確立しようとする試み、また女性官吏や女性教員に関する差別的法律を憲法の平等条項に照らして是正していこうとする女性議員たちの努力が読み取れるだろう。[75]

2　議会の政治社会学的分析——マックス・ヴェーバーとの接点

一九一九年七月、ＢＤＦ機関誌『女性』に「議会の活動形式」が掲載された。この論考が興味深いのは、バーデン憲法制定国民議会に女性として初めて足を踏み入れた「新参者」の目から、議会の活動形式の「「社会学的（soziologisch）」構造」が分析されるところである。

議会のドイツ民主党員を観察してマリアンネがまず驚いたことは、国民自由主義者から生粋の民主主義者まで、「出自、教育、人生観」そして「政治的傾向」まで「極度に異なっている」にも関わらず、親しい間柄の二人称である「君（Du）」を使って呼びかけあうことだった。男性議員たちは党内での意見の相違による衝突や調停が困難な場合には、個人的な連帯や共感や親密さなどによって摩擦を減らすという交際習慣をもっていると彼女は観察している。党派の特質は「心情団体や目的団体（Gesinnungs= und Zweckverbände）であるのみならず、一種の古いジッペ、すなわち戦友関係にもとづいて刻印されている」ところにある。それゆえ「党員仲間は別の党員に対しては閉鎖的な統一体としてまとまり、相互に連帯する」ことが求められる。(76) 政治的意思決定プロセスに働くのは、目的合理的なものや価値合理的なものだけにとどまらず、氏族や戦士共同体に見られる仲間意識も強く作用しているという。さらに各議員がそれぞれの信念と党議拘束のはざまで葛藤する様子についても観察している。

このテキストは議会の「「社会学的」構造」、および彼女が属した政党の分析に焦点をあてて記述されたものである。この着眼点には、使用される用語のほか、政党について分析するマックス・ヴェーバーの政治社会学の影響を推定させるものがある。直近のものとしては一九一九年三月に公刊された『職業としての政治』が挙げられるだろう。ヴェーバーはドイツの議会の無力さと指導者の欠如、専門的に訓練された官僚層による支配、「名望家ギルド」としての諸政党の特質を論じていた。(77) マリアンネは、法案は委員会で入念に検討され本会議での評決を待つだけになるまで完成されること、議会では議員に演説の自由が実質的にあるわけではなく、党派の見解はすでに決定されており、どれほど能弁であろうと評決の結果に影響を与えることはないこと、議員はむしろ傍聴と評決だけで満足するしかなく、演説をうわの空で聞いたり新聞を読んだりと散漫な様子が見られることなどを記述した。またこうした状況は「多党に分裂した政党生活」では避けがたいものであると指摘した[78]。

さらにヴェーバーの影響を強く感じさせる点は、彼女が議会にいたる前の委員会において、法律家や政治家が助言・交渉・譲歩・断念でもって審議する様子を描写するところに現れる。

どんな重要な法もどんな重要な措置も、さまざまな利害集団間のみならず、異なる世界観のあいだの闘争の結果であり、それゆえまさに民主的な議会においては妥協となるだろう。というのも、さまざまな政党が互いに折れ合わなければ、一般には何事も実現しないからだ[79]。

マリアンネは、民主的議会においては、「政治は可能なものの技術である」の意味するところが妥当する、よって政治的な権力諸関係は不完全さを伴う妥協に帰結することが常であると述べる[80]。この言葉はヴェーバーの「価値自由」論文にも引用されていたものである。もちろん彼の論文は科学が価値自由でなければならないことを主張し、その立場から実践的問題に対して科学に何ができるのかを論じたものである。彼は、「妥協」や「中道」は「政治的な綱領や役所や議会に属するもの」であり、科学は「政治家的」妥協とは異なるものだと主張した[81]。

マリアンネはこの論考で「科学」について論じたわけではない。彼女の観察眼は、議会という現場で、男性政治家たちが党議拘束への服従と自らの信念のはざまで葛藤する姿、政党間での価値闘争の様相、さらに妥協や調整や駆け引きによる政治的意思決定プロセスなど、「議会の活動形式」の把握に向けられていた。この論考はヴェーバーの「価値自由」論文で扱われた主題を底流にしながら、議会の政治社会学的分析を試みた作品となっているのである。

3 「グロテスクな演劇」としての政治

それでは、こうした議会の活動形式をふまえて女性議員はどのようにふるまい、またふるまうべきなのか。マリアンネは、女性議員は一〇―一五パーセントの議席を獲得する少数派であるが、公的な事柄に長年とりくみ、一般教養と生活経験をもち、しかも法学的・国民経済学的訓練の経験をも望みうる女性が正しく選ばれるのならば、「女性の利害関心」や「女性の文化的意志」の真価を発揮させうるであろうと述べて論文を締めくくっている。

とはいえ、この七月の論考は同年秋頃に出版された著書に収められるさいに加筆された。この加筆部分では、権力や勢力を無遠慮に追求する品のない野心、制御できない虚栄心、不誠実で陰険な手段、選挙戦における各党の煽動、議席やポストや見返りの良い役職の追求など、男性政治家によって遂行される政治権力闘争の生々しさが「グロテスクな演劇」として言及されている。[82] 新参者としての女性は党戦略の倫理的にいかがわしいさまざまな手段を拒否するだろうが、長年党生活に関与してきた女性政治家たちはそうした慣習に染まることに抵抗するものではなかったとマリアンネは述べる。だから、女性であるがゆえにそうした権力闘争から無縁でいられるわけでもなく、ただ女性議員は新参者であるがゆえに、「曇りなきまなざし」をその危険性と醜悪さに対して「まだ」保持している、と控えめに表現した。

マリアンネは、議会は「経済的利害のたまり場」であるのみならず、「純粋な精神的闘争の闘技舞台」でもあり、「卓越した活力に満ちた政治的指導者」を絶対的に必要とするという。そうした人物なしには、「議会は人民に国民的自尊心も誇り高い国家意識も吹き込むことはできない」からである。[83] しかし女性が政治的指導者になる可能性を彼女はきわめて低いものと判定した。

彼女たちが党団体や国民議会の中で政治的な指導性をもつにいたる見込みは非常に薄い。また女性が女性であること（Frauentum）によってこの勝利の栄冠を得ようとすることもないだろう。[84]

消極的ともとれるマリアンネの議論は、もちろん彼女が女性の特別の使命を強調し、性別役割分担を肯定する議論を展開することとも無関係とはいえない。しかし、女性が政治的指導者になる見込みは非常に薄いという状況判断は――政治的指導者になるべきではないとも、なれないとも述べてはいないのだが――初めて議会に足を踏み入れた女性議員の現実的な評価でもあっただろう。女性参政権導入期においてすべての女性団体がそれを肯定したわけではない。宗派的女性団体や主婦団体は参政権に反対してきたし、参政権を行使して議会のなかに入った彼女らは男女平等政策に反対する立場をとった[85]。ヴァイマール期が進むにつれて、リベラル・デモクラシーへの逆風は一層強まっていくことにもなる。ＢＤＦ会長に就いたマリアンネは「ドイツ主婦協会連盟（Verband deutscher Hausfrauenvereine）」を母体とする右派の「国民女性サークル（Ring nationaler Frauen）」を全ドイツ主義的・反ユダヤ主義的と位置づけたが、この団体から激しく攻撃され難しい運営を強いられることになる[86]。この加筆は女性にとっての民主主義の実現の困難さを記録したものとして見ることもできるだろう。

六　おわりに

以上、マリアンネの政治的文書を中心に、女性運動の意義、女性参政権やリベラル・デモクラシーに関する見解、議会での実際の活動、議会の政治社会学的分析について見てきた。とくに一九一八年一二月から一九年にかけての文書は、彼女がリベラル・デモクラシーを擁護する政治的立場をもっとも鮮明に打ち出した時期の成果として位置づけられる。市民女性運動の担い手たちは結社法の縛りがあるなかで、あるいはそれゆえに、早くから女性の政治的権利の必要性を十分に認識し、参政権についてもフェミニスト・プログラムの一つとして要求していた。この要求については、自由主義諸政党が女性の政治的権利を党戦略のなかに十分に組み込まなかったこととの関係を見る必要がある。しかし帝政期を通じて左派自由主義陣営と市民女性運動の担い手たちとのネットワークは一貫しており、だからこそ選挙が目前に迫る時期にマリアンネもまた、そこで培われてきた政治的立場を共有しながら女性の政治的権利を積極的に打ち出すことができたのだろう。

議員になってからは、彼女は憲法の平等理念と既存の法がもつ性差別的規定との乖離を解消することに尽力した。市民女性運動穏健派は、「女性の特別な使命」や「母性」を軸に福祉職や教育職へと女性の職業進出を図ろうとする試みを続けてきた。マリアンネ自身も福祉や教育に対して長年関心を寄せており、こうした職域に女性の専門職を確立していく政策決定プロセスに議員として積極的に関与したのである。

しかし男性の牙城である議会において、男性議員がどのように政治闘争や権力追求を展開するかを間近で体験したであろう彼女は、議会において女性が政治的指導者になる見込みはきわめて薄いと判定した。それはヴァイマール・デモクラシーが辿る道筋の端緒にあって、ジェンダー平等の憲法が成立したにも関わらず、それを実体的なものにすること、民主主義の理念を実現することの困難さを経験するがゆえの判定であったともいえる。さらに、女性に指導者としての適格性があるのかという問題は、政治領域のみならず福祉領域における女性官吏にも実は存在した。即事的に行政事務をこなす官吏に求められる能力は、感情移入や慈しみなどの「母性」に伴うイメージとは相いれないものとみなされたからである。[87] 女性官吏として行政機関のなかで指導力を発揮するというマリアンネの方針にも、その実現には困難がつきまとったことになる。

最後に本稿では十分に展開できなかったが、マックス・ヴェーバーの政治観・国家観、リベラル・デモクラシーに対する見解との類似性も重要な論点であろう。両者の政治的主張については、社会民主主義と市民的民主主義との協調、革命政権批判、指導者民主主義論など、多くの重なりを確認できる。とはいえ、彼女の活動や思想が彼にどのような影響を及ぼしたのかという問いはなお残る。[88] 左派自由主義が女性問題への関心を十分に共有しなかった状況において、ヴェーバーがどの程度女性の政治参加に関心を寄せたかはあらためて検討を要するだろう。[89] 一九二〇年のヴェーバーの死後マリアンネは遺稿の編纂作業に入るが、編纂作業とともに集中的に彼の政治的思考に触れることになったはずである。一九二三年以降、彼女は女性運動からもいったん距離を置くようになる。夫の伝記のなかで彼女は、一九一八年から一九年にかけての自分自身の政治的活動については一言も触れなかった。[90] 帝政期からヴァイマール初期の女性運動のなかで培った経験と思考、そしてヴェーバーの遺稿編集作業を経るなかで、ヴァイマール期・ナチス期におけるリベラル・デモクラシーへの逆風をマリアンネがどのように経験し観察するのかについては今後の課題としたい。

（1）以下マックス・ヴェーバーと区別するため、「ヴェーバー」ではなく「マリアンネ」と表記する。引用はMarianneと表記する。文中の〔　〕は著者による挿入である。原書からの引用は既存の翻訳には必ずしも従っていない。ヴェーバー全集（*Max Weber Gesamtausgabe*, J. C. B. Mohr（Paul Siebeck））については*MWG*とし、巻号を記す。

（2）Cf. U. Frevert, *Frauen-Geschichte Zwischen Bürgerlicher Verbesserung und Neuer Weiblichkeit*, Suhrkamp, 1986, S. 72ff., S. 127, S. 134（若尾祐司他訳『ドイツ女性の社会史』晃洋書房、一九九〇年、六六頁以下、一一八頁、一二五頁以下）. B. Clemens, „*Menschenrechte haben kein Geschlecht!*“*: Zum Politikverständnis der bürgerlichen Frauenbewegung*, Centaurus, 1988, S. 56ff., S. 92-93.

（3）B. Greven-Aschoff, *Die bürgerliche Frauenbewegung in Deutschland 1894-1933*, Vandenhoeck & Ruprecht, 1981, S. 107. 本書によると、具体的な内容に踏み込んでいないのは、政党政治的に分断の起きやすいテーマについてボイマーが紛争を避ける方針をとったためである。一九〇七年の「基本原則と要請」は同書に資料として掲載されている（S. 287-290）。

（4）B. Bader-Zaar, Bürgerrechte und Geschlecht: Zur Frage der politischen Gleichberechtigung von Frauen in Österreich, 1848-1918, in: U. Gerhard（Hrsg.）, *Frauen in der Geschichte des Rechts*, C. H. Beck, 1997, S. 555.

（5）R. J. Evans, *The Feminists*, Croom Helm, 1977, pp. 106-112. R. J. Evans, Liberalism and Society: The Feminist Movement and Social Change, in: R. J. Evans（ed.）, *Society and Politics in Wilhelmine Germany*, Croom Helm, 1978（「フェミニズム運動の右旋回」望田幸男・若原憲和訳『ヴィルヘルム時代のドイツ』晃洋書房、一九八八年）.

（6）C. Koonz, *Mothers in the Fatherland*, St. Martin's Press, 1987, p. 22, p. 32（姫岡とし子監訳／翻訳工房「とも」訳『父の国の母たち（上）』時事通信社、一九九〇年、六八頁、八二頁）.

（7）姫岡は、市民女性運動穏健派は「男女平等という権利要求」を正面から掲げるよりは、「女性の特性」を強調する戦略をとって活動領域を拡大したという（姫岡とし子『近代ドイツの母性主義フェミニズム』勁草書房、一九九三年、一二四―一二八頁。姫岡とし子「ドイツの女性運動と領域分離――ネイション・右派を中心に」『ドイツ近現代ジェンダー史入門』青木書店、二〇〇九年、二三四―二三六頁）。若尾は、穏健派は福祉職の拡大を重視し、その実績の結果として政治的同権化を見据えたが、「政治参加の問題は完全に周辺的な課題に終わる」と評した（若尾祐司『近代ドイツの結婚と家族』名古屋大学出版会、一九九六年、三三二―三三三頁）。

（8）B. Meurer, *Marianne Weber: Leben und Werk*, Mohr Siebeck, 2010, S. 230-231, S. 352, S. 356.

（9）Clemens, *op. cit.*, S. 79, S. 91ff.

（10）I. Hochreuther, *Frauen im Parlament: Südwestdeutsche Parlamentarierinnen von 1919 bis heute*, Landtag von Baden-Würtemberg (Hrsg.), überarbeitete 2. Aufl., Schwabenverlag mediagmbh, 2002, S. 11.

（11）Greven-Aschoff, *op. cit.*, S. 90ff., S. 107-109.

（12）Greven-Aschoff, *op. cit.*, S. 63ff. 若尾、前掲。

（13）I. Gilcher-Holtey, Modelle „moderner Weiblichkeit", in: B. Meurer（Hrsg.）, *Marianne Weber: Beiträge zu Werk und Person*, Mohr Siebeck, 2004, S. 46-47.

（14）Meurer, *Marianne Weber: Leben und Werk*, S. 425.

（15）Hochreuther, *op. cit.*, S. 71-73.

（16）H. von Gelrach, Politiche Frauen, in: *Die Zeit*, Jg. 1, Nr. 2, 1901. Marianne Weber, Politik und Frauenbewegung, in: *Die Zeit*, Jg. 1, Nr. 7, 1901. 以下Politikと表記。

（17）国民社会協会の設立時にはヴェーバーも関わっており、ゲルラッハとはポーランド問題で論争した。協会は帝国議会での議席獲得失敗により一九〇三年に解党し、バルトの「自由思想連合」に合流する。しかしビューロー＝ブロックへの反対により、バルトはナウマンの政治的方向性と袂を分かち、また帝国結社法の言語政策問題を契機に、一九〇八年にR・ブライトシャイト、ゲルラッハとともに「民主連合」を結成した。以下を参照。上山安敏『ウェーバーとその社会』ミネルヴァ書房、一九七八年、二一二―二一四頁。秋山千恵「第一次世界大戦前ドイツの自由主義左派と職員層」『明治大学人文科学研究所紀要』第三七巻、一九九五年、一〇六―一一三頁。

（18）Greven-Aschoff, *op. cit.*, S. 126, S. 245, Anm. 8.

（19）Marianne, Politik, S. 207.

（20）Gelrach, op. cit., S. 35-36.

（21）*Ibid.*, S. 37.

（22）Marianne, Politik, S. 206-207. マリアンネはまた、労働者女性運動が市民女性運動「左派」との根本的な意見の一致にも関わらず、それを拒絶していると述べる。実際、急進派は社会民主党との連携を探ったが、革命的レトリックを唱えるツェトキンから連携を拒絶された。Frevert, *op. cit.*, S. 143-145（邦訳一三四―一三六頁）.

(23) Marianne, Politik, S. 207-209.
(24) H. von Gelrach, Erwiderung, in: *Die Zeit*, Jg. 1, Nr. 7, 1901, S. 211.
(25) Greven-Aschoff, *op. cit.*, S. 126.
(26) Marianne Weber, Politik und Frauenbewegung, in: *Centralblatt*, Jg. 3, Nr. 17, 1901, S. 129-130.
(27) Greven-Aschoff, *op. cit.*, S. 143-144.
(28) *Ibid.*, S. 125-126.
(29) Frevert, *op. cit.*, S. 135（邦訳一二六頁）. 田村雲供『近代ドイツ女性史』阿吽社、一九九八年、一〇七―一〇八頁。
(30) Greven-Aschoff, *op. cit.*, S. 109.
(31) Clemens, *op. cit.*, S. 57. Greven-Aschoff, *op. cit.*, S. 108, S. 252, Anm. 1.
(32) Hochreuther, *op. cit.*, S. 50.
(33) ナウマンの国民社会協会は一九〇三年に解散したが、バーデン大公国では一九一〇年の進歩人民党に統合されるまで存続した。Cf. Greven-Aschoff, *op. cit.*, S. 252, Anm. 1.
(34) Meurer, *op. cit.*, S. 196. Greven-Aschoff, *op. cit.*, S. 142. S. 252, Anm. 1. 夫の伝記のなかで彼女自身が国民社会協会の政治集会に参加した手紙を引用している。Cf. Marianne Weber, *Ein Lebensbild*, J. C. B. Mohr（Paul Siebeck）, 1926, S. 280（大久保和郎訳『マックス・ウェーバー』みすず書房、一九六三年、二一二頁）.
(35) Cf. Marianne Weber, Was Amerika den Frauen bietet: Reiseeindrücke, in: *Centralblatt*, Jg. 6, Nr. 22, Nr. 23, Nr. 24, 1905. 内藤葉子「マリアンネ・ヴェーバーとアメリカ――セツルメントと社会化への関心」『同志社アメリカ研究』第五三号、二〇一七年。
(36) プロイセンの政治状況やプロイセン・リベラル派の「保守性」とは異なり、バーデンの自由な知的風土は、ヴェーバーやナウマンらのリベラル・デモクラシーの拠点となるものであった。上山、前掲、二四四―二四八頁参照。
(37) Marianne Weber, Frauenaufgaben in der Gemeindeverwaltung, in: *Heidelberger Tageblatt, General-Anzeiger*, Nr. 125 vom 22. 5. 1919, S. 3.
(38) Greven-Aschoff, *op. cit.*, S. 142-143, S. 146.
(39) Meurer, *op. cit.*, S. 373ff. 本稿ではマリアンネの戦争中の言行に言及する余裕はないが、一九一六年の論文は彼女の戦争観との関連で重要である。Marianne Weber, Der Krieg als ethisches Problem, in: *Frauenfragen und Frauengedanken*, J. C. B. Mohr（Paul

Siebeck), 1919. 以下*FF*と表記。

（40）Clemens, *op. cit.*, S. 110-114. 一九一八年、福音女性連盟は女性参政権要求に反対してＢＤＦから脱退した。

（41）女性参政権の導入については、戦争中の女性運動側の協力は政治的平等要請には影響力をもたず、労兵評議会は労働者階級の選挙権の考えを表明したのであって市民女性運動の要請にこたえたわけではなく、また評議会に女性はほとんど参画しなかったことが指摘される。Greven-Aschoff, *op. cit.*, S. 159; Clemens, *op. cit.*, S. 114; Frevert, *op. cit.*, S. 164（邦訳一五四―一五五頁）.

（42）横井正信「十一月革命期におけるドイツ自由主義政党統一問題とその挫折（Ⅰ）」『政治経済史学』第三〇四号、一九九一年、四頁以下参照。Ｅ・ハンケ氏より提供された出典不明の資料（Männer und Frauen des neuen Deutschland!）がこの設立声明であるが、その原出典は横井の研究から、*Berliner Tageblatt*, Nr. 587 vom 16. 11. 1918と推測される（五頁、一二頁、注九）。

（43）Hochreuther, *op. cit.*, S. 12.

（44）*Ibid.*, S. 50. バーデンはドイツ国を構成する民主的共和国であった。Cf. *Karlsruher Zeitung*, Badischer Staatsanzeiger, Jg. 162, Nr. 69 vom 21. 3. 1919, Nr. 89 vom 14. 4. 1919, S. 1.

（45）マックス・ヴェーバーはヘッセン-ナッサウ選挙区の国民議会選挙立候補者となり、アルフレート・ヴェーバーはプファルツ選挙区から立候補している。マックスは九日から一二日かけてベルリンに滞在し、プロイスを中心とする新憲法の起草に関わった。Max Weber, Brief an Marianne Weber vom 13. 12. 1918, in: *MWG II/10-1*, S. 357.

（46）一月末の手紙のなかでヴェーバーは、マリアンネがバーデン国民議会で「自分がその下で生きなくてはならない」法律を作成していること（「これよりもフェミニスト的なことなんてまったくありえませんね！」）、および家族のなかでは彼女が唯一当選し、男性陣は落選したことを伝えている。Max Weber, Brief an Martha Riegel vom 29. 1. 1919, in: *MWGII/10-1*, S. 414-415.

（47）Cf. O. Behrig und K. J. Rößler, *Die verfassunggebende badische Nationalversammlung*, A.=G. Badenia, 1919. 本書によると、九名の女性議員の職業的内訳は「無職（妻）」が四名、教員が二名、貧民支援者、支店長、労働者が各一名となっている。マリアンネは自分の経歴紹介を「妻、著述家」と書いているが、職業的内訳表では「無職（妻）」になっている。彼女の出馬したマンハイム第四選挙区からは、彼女を含めて四名の女性議員が誕生した（cf. Hochreuther, *op. cit.*, S. 359）。

（48）Hochreuther, *op. cit.*, S. 73.

（49）*Ibid.*

（50）野崎敏郎『大学人ヴェーバーの軌跡』晃洋書房、二〇一一年、三〇〇頁以下。

(51) Meurer, *op. cit.*, S. 427.
(52) ＢＤＦは戦前の女性団体としては英米に次ぐ規模を誇るものであった。Cf. Meurer, *op. cit.*, S. 352.
(53) Marianne Weber, Die Frauen und die Demokratische Partei, in: *Frankfurter Zeitung und Handelsblatt*, Nr. 340 vom 8. 12. 1918. 以下Demokratische Parteiと表記。
(54) Marianne, Demokratische Partei. Marianne Weber, *Die Bedeutung des Frauenstimmrechts und das Wesen der politischen Parteien*, J. Bensheimer, 1918, S. 5. 以下*Frauenstimmrecht*と表記。
(55) Marianne, *Frauenstimmrecht*, S. 4-5. Marianne, Demokratische Partei.
(56) Marianne Weber, *Lebenserinnerungen*, Johs. Storm Verlag, 1948, S. 81-82.
(57) Marianne, *Frauenstimmrecht*, S. 5-6.
(58) *Ibid*., S. 6.
(59) *Ibid*.
(60) Meurer, *op. cit.*, S. 424.
(61) Marianne, *Frauenstimmrecht*, S. 6-7.
(62) Marianne Weber, *Ehefrau und Mutter in der Rechtsentwicklung*, J. C. B. Mohr (Paul Siebeck), 1907.
(63) Marianne Weber, Vorwort, in: *FF*, S. III.
(64) Marianne, *Frauenstimmrecht*, S. 7-8.
(65) Marianne, Demokratische Partei.
(66) *Ibid*.
(67) Marianne, *Ehefrau und Mutter*, S. 304-305. 彼女のリベラリズムの特質については、内藤葉子「マリアンネ・ヴェーバーにおける女性的主体の形成――ドイツ・リベラリズムと女性運動の交差点から」『アジア・ジェンダー文化学研究』第二号、二〇一八年を参照。
(68) Marianne, *Frauenstimmrecht*, S. 13-15.
(69) *Ibid*., S. 15-19.
(70) 上山、前掲、二〇二―二一四頁を参照。

(71) Marianne Weber, Parlamentarische Arbeitsformen, in: *Die Frau*, Jg. 26, H. 10. 以下 Arbeitsformen と表記。Marianne Weber, Parlamentarische Arbeitsformen: Eine Plauderei, in: *FF*. 以下 Plauderei と表記。掛川は翻訳の解説部分（「はじめに」）で、この論文の第一節と第二節を「新参者の一般的で初歩的な感想」と評している。しかしこの論文は議会の形式に対する社会学的分析が試みられていること、およびヴェーバーの議論との接点を見出せる点が重要であり、一般的な「感想」には留まらないだろう（掛川典子訳「議会的仕事形式――雑談（一九一九）」『昭和女子大学女性文化研究所紀要』第四〇号、二〇一三年、四一―四二頁）。

(72) Fürsorgerin や Pflegerin の語をマリアンネは保健衛生から学校教育、警察活動の諸分野にまたがって使用しており、統一した訳語は難しい。さしあたり「支援員」と訳しておく。ヴァイマール期に制度化される乳児保護政策については、中野智世「乳児死亡というリスク――第一次世界大戦前ドイツの乳児保護事業」『生命というリスク』法政大学出版局、二〇〇八年を参照。バウムは乳児保護協会の事務局長として農村地域での乳児保護制度を設け、有給官吏として専門教育を受けた「農村保健衛生指導婦（Kreispflegerin, Kreisfürsorgerin）」を指導に当たらせた（七二―八四頁）。マリアンネはバウムが担った活動を念頭においていると推察される。

(73) Marianne, Frauenaufgaben in der Gemeindeverwaltung, S. 3-4.

(74) Marianne Weber, Frauenberufsfragen im badischen Verfassungsausschuß, in: *Heidelberger Tageblatt*, Nr. 137 vom 20. 6. 1919.

(75) 給与や雇用に関する女性差別的規定についてクーンズは郵政局の事例を挙げている。男性議員は差別的規定を容認しがちであったのに対して、あらゆる党派の女性議員は憲法の平等権を利用して戦おうとしたが、女性議員の団結はそこまでで、党派性が女性議員にもつきまとったという。Koonz, *op. cit.*, pp. 32-33（邦訳八二頁）。

(76) Marianne, Arbeitsformen, S. 295-296. Marianne, Plauderei, S. 263-264.

(77) Max Weber, Politik als Beruf, in: *MWG I/17*, 1992, S. 218-222（脇圭平訳『職業としての政治』岩波文庫、一九八〇年、六九―七二頁）.

(78) Marianne, Arbeitsformen, S. 299-300. Marianne, Plauderei, S. 270-272.

(79) Marianne, Arbeitsformen, S. 299. Marianne, Plauderei, S. 269.

(80) Marianne, Arbeitsformen, S. 299, Marianne, Plauderei, S. 269.

(81) Max Weber, Der Sinn der „Wertfreiheit“ der soziologischen und ökonomischen Wissenschaften, in: *MWG I/12*, 2018, S. 459, S. 478（松代和郎訳『社会学および経済学の「価値自由」の意味』創文社、一九七六年、二二―二三頁、五二頁）.

(82) Marianne, Plauderei, S. 276-277.

(83) Marianne, Arbeitsformen, S. 301. Marianne, Plauderei, S. 273-274.

(84) Marianne, Plauderei, S. 278.

(85) Cf. Meurer, *op. cit.*, S. 424. Koonz, *op. cit.*, p. 30（邦訳七九頁）. 姫岡「ドイツの女性運動と領域分離」、二五一頁。

(86) Greven-Aschoff, *op. cit.*, S. 113-114, S. 239, Anm. 45. G. Roth, *Max Webers deutsch-englische Familiengeschichte 1800-1950*, Mohr Siebeck, 2001, S. 594.

(87) 中野智世「「母性」と「騎士道精神」と――一九二〇年代の社会福祉に見るジェンダー構造」『ドイツ近現代ジェンダー史入門』、二五六―二五七頁。

(88) 別の論点であるが両者の影響関係について論じたものとして、内藤葉子「マックス・ヴェーバーとマリアンネ・ヴェーバー――性・性愛・結婚に関する議論をめぐる一試論」『現代思想』第四八巻一七号、二〇二〇年も参照。

(89) ヴェーバーはロシア第一革命期における全ロシア農民同盟創立大会で女性参政権が要求されたことを「民主主義の激しい熱気」の現れと評した。彼は、「インテリゲンツィア」の男女の同志意識が男性と共闘する女性たちの地位をアメリカ人女性の地位に近いものに高めていると指摘する。これに対して公的問題に関心を示さない事例として「ドイツの「主婦」」を対比させており、自身の交際圏から知りえたであろうドイツ人女性たちの政治的意識には言及していない。Max Weber, Zur Lage der bürgerlichen Demokratie in Rußland, in: *MWGI/10*, 1989, S. 236, Anm. 72（雀部幸隆・小島定訳「ロシアにおける市民的民主主義の状態について」『ロシア革命論Ⅰ』名古屋大学出版会、一九九七年、一〇六頁、二二七―二二八頁、注七二）.

(90) Cf. Marianne Weber, *Ein Lebensbild*. 第一九章を参照。

＊本稿は二〇二〇年度政治思想学会研究大会にて報告した原稿に修正・加筆したものである。報告に対してご意見を下さった方々、および二名の査読者に感謝申し上げる。なお本稿は科学研究費補助金（19K20584/18H00938）による研究成果の一部である。

徳富蘇峰の「勢」観

望月詩史

一　「日本人らしい人」としての生涯

1　問題設定

本稿は近代日本を代表する言論人、歴史家である徳富蘇峰（一八六三―一九五七年）の「勢」観を検討する。

さて鶴見俊輔は蘇峰について「日本人らしい人」を代表する存在と評価した。ここでいう「日本人らしい人」とは、「つねに時代に順応して、それぞれの時代に精力的に生きるという生き方」[1]を体現した人物を指しており、鶴見は蘇峰の生涯にその典型を見出す。もっともこの生き方を「日本人らしい」と呼べるのかを検討する必要はあるが、蘇峰に限定すれば、確かに彼の生き方をこのように表現することは決して的外れではない。

だが蘇峰の場合、「時代」への順応というよりも、「勢」への順応と表現する方が正確である。人間には逃れられない・逆らえない運命が存在しており、それに抗するのは不可能という感覚が彼の中に存在していたからである。[2]そしてこの感覚が「大勢」や「時勢」といった「勢」という言葉で表現される。けれども蘇峰は、「勢」に対して人間が無力である、つまり「勢」に何ら働き掛けることができないと考えていない。場合によって、人間が「勢」を作り出したり、

「勢」を利導したりするのも可能であると理解していたからである。では蘇峰はなぜこうした「勢」観を持つに至ったのか。これが本稿における筆者の問題意識である。

ところで蘇峰は、「「大勢」を敏感に察知してそれに順応しながら自らの言説を変えていった思想家」[3]と評されるように、「勢」への順応と軌を一にして言説を変化させた。だがその結果、彼は度々同時代人より非難を浴びた。これに対して彼は次のように反論している。

予の一生を見れば、予の意見、議論などは、可成り変化したことがある。而して予は其の変化の為めに、所謂る変節漢、節操を失った者とまで非難されたことがある。／即ち知識上の欠陥に止らず、徳性上の欠陥として、非難されたことがある。併し予自らに於ては、何等疾しいところを感じない。／予の意見を変じたのは、周囲の変化に依って、変じたものであって、謂はゞ冬に外套を著け、夏に帷子を著るの類であって、何等不自然のことは無く、極めて自然と信じてゐる。（「／」は原文の改行を指す。以下同じ）[4]

蘇峰は自らの意見や議論が変化した事実を認める。彼はこれらを「世の中に実行して、所謂る経国済民の業に、貢献せんとする」[5]点を重視したからである。この点は医師と治療の関係を引き合いに出して「世の中の為に実際に行はねばならぬ議論なるものは、所謂る対症の妙薬で、病が変ずれば、処法も変ぜねばならぬは、当然のことである。如何なる病気にても、カッコン湯のみを飲ますれば足るといふのは、藪医者の言であらう」[6]（傍点―原文。以下特に断りのない限り同じ）という説明からも理解できる。[7] 一方で蘇峰は、自己の「正しきことを行ふ」＝「不正不義」を容認しないという「根本思想」[8]は決して揺らいでいないと強調し、「正しきことの為に戦ふといふことは、終始一貫であるが、その戦ふべき対象物は、時と共に異らざるを得ない。これを以て予が変節など、いふことは、全く見当違にして、予としては到底これを識認することが出来無い」と説いている。[9]

このように蘇峰は、状況への順応に応じて意見や議論を変えるのは当然のことであると理解していた。彼のこうした認識は、ジャーナリストという職業にも起因している。ジャーナリストの役割には、時々刻々と変化する情勢を診断し、それに伴って生じる問題を解決するための処方箋を提示することが含まれているからである。そしてこの処方箋が有効性を持つには、情勢の変化に順応できる柔軟さがジャーナリストに要求される。さもなくば処方箋は有効性を失うからである。そうであればジャーナリストは本質的に便宜主義者（オポチュニスト）であるといえる。蘇峰の場合、「勢」を重視する感覚が早い時期より身に付いていたことに加えて、ジャーナリストという職業に就いていたことも、便宜主義者としての性格を一層際立たせる原因になったと考えられる。(10)

2　先行研究

蘇峰の「勢」観を検討するに当たり、まず蘇峰の思想をめぐる研究状況を概観し、それから松浦寿輝、植手通有、米原謙の研究を取り上げて、先行研究において本主題がどのように論じられてきたのかを検討したい。

さて伊藤彌彦は、蘇峰の生涯を①自己形成時代（一八六三―一八八〇年）②社会改良家時代（一八八一―一八九四年）③政権の黒幕時代（一八九七―一九一八年）④立言者ならびに修史家時代（一九一三―一九二九年）⑤大衆伝道家ならびに修史家時代（一九三〇―一九四五年）⑥蟄居隠居ならびに修史家時代（一九四五―一九五七年）に区分する。(11)これに従うと、先行研究は①から③の時期を主題とする研究の蓄積が多い。これは初期の「平民主義」が注目されたこと、それから主に日清戦争及び戦後の三国干渉を契機とする「個人的平民主義」から「国家的平民主義」への「転回」＝「自由主義から権力主義、平和主義から帝国主義への変容」(12)に対する関心が影響している。(13)しかし研究の対象範囲は拡大しており、和田守の研究(14)を通じて時期区分④の蘇峰の思想が明らかにされた。さらに和田は言論活動以外の実態も解明している。(15)だが時期区分⑤は研究の蓄積が少ない。米原謙は蘇峰の評伝を執筆しているが、全体に占めるこの時期の分量は少ない。その理由は米原が述べるように「この時期の蘇峰の言論は精神主義が濃厚で、言葉は生気のない公式主義の羅列」(16)であることが関係している。とはいえ近年では、この時期を対象とする研究成果も発表されている。(17)さらに敗戦直後から記録が開始された日記も出版された。(18)こうした研究状況の進捗により、トータルに彼の思想像を把握できる環境が整いつつある。

続いて先行研究における「勢」観の評価を確認する。まず松浦寿輝は、蘇峰の『将来之日本』（経済雑誌社、一八八六年）を素材に「勢」観を検討する。蘇峰が「武備主義＝貴族主義＝腕力主義」から「生産主義＝平民主義＝平和主義」への移行を主張する点に関して、彼による「操作」や「仕掛け」の一つとして、この移行が「歴史的にすでに決定されているとする宿命論」[19]を導入したことを挙げた。それから同書の独創性を「社会進化論の「左」旋回と「右」旋回の、論証抜きでのほとんど暴力的な重ね合わせ」に見出し、「彼がその香具師的パフォーマンスの全体を通じて、読者の批判意識を鈍磨させる催眠的な符牒として飽きることなく反復した決定的なキー・ワードは、「大勢」である」と指摘した[20]。さらに「徳富蘇峰とは畢竟、「勢ニ従フモノハ栄ヘ勢ニ逆フモノハ亡矣」という一事を、それのみを、それぞれの時代、それぞれの状況に即しつつ繰り返し巻き返し説きつづけた超優秀な煽動ジャーナリストであった[21]」と評した。松浦は、平民主義から帝国主義への「転向」「変節」という説明では把捉できない蘇峰の思想に一貫する性格として「大勢」の存在を指摘した。しかし蘇峰が「勢」を重視した理由についての検討は不十分である。また『将来之日本』にのみ依拠して彼の「勢」観を論じる方法にも疑問が残る。

次に植手通有である。植手は既に初期の蘇峰に「勢」観の変化が生じていると指摘した。具体的には『将来之日本』以前の著作と同書で展開された「大勢」論の間に生じている変化であり、第一に「勢」の中身が「日本の時勢」から「世界の大勢」に変化したこと、第二に「「世界の大勢」が人民の意志とは無関係に、必然的に作用するといった観念が強くでてくる[22]」こと、第三に「必然性」が強調されることである。こうして「勢」の中身は変化したが、日本の現状を変革する蘇峰の志向は変わらないという。だが問題もある。蘇峰が「それ（「世界の大勢」―引用者）は、よいもの、正しいものでなければならない。かりにそうでなくても、最低限それは一義的で明確なものであり、あいまいなものであってはならない」と理解した結果、「多様な世界の現実の一面のみが強調され、彼に都合の悪い面は不当に軽視ないし無視されざるをえない[23]」という問題を生じさせたからである。それに対して三国干渉を契機に「力の福音」（＝「自力の福音」「自主自恃の福音[24]」）を得た後の蘇峰は、「世界の大勢」に対する見方を一変させて、現実の良い面を軽視したり看過したりした。このように植手は、蘇峰の「勢」観が孕む問題点として「世界の大勢」の中身が都合よく入れ替えられていることを明らかにした。これは重要な指摘である。だが松浦と同様に蘇峰が「勢」を重視するに至った背景の考察が不十分である。

最後に米原謙である。米原は「「世界の大勢」という見方は、蘇峰の生涯を貫く歴史観の特徴」であり、[25]「かれの生涯を貫く思考の特徴[26]」の一つに位置付ける。興味深いのは次の指摘である。「かれはそれをスペンサーから得たのではない。むしろ「世界の大勢」に従ってスペンサーを受容したのである。自己の構想と実現とのあいだの齟齬が明瞭になったとき、かれの態度を規制したのはこの歴史観だった[27]」。つまり蘇峰の「世界の大勢」への順応は、進化論の「適者生存」に重なり、一見するとスペンサー思想の受容[28]が彼の「勢」観の形成に影響を及ぼしたように思えるが、実際は逆である。その証左として米原は、「外交術」（一八八一年一月一五日執筆）の中に「宇内ノ大勢」が登場する事実を挙げて、「早くから身につけられていた歴史観が、スペンサーの進化論によってソフィスティケイトされたのが、上記の「大勢」論だった[29]」と評価した。もう一つ重要な指摘は、蘇峰において「「時勢」と個人の営みとの鋭い緊張関係が意識されている[30]」ことである。初期の蘇峰にとって、「大勢」とは「けっして超越的に存在するものではなく、個人の営為と緊張関係に立ち、時に偉大な個人によって作り出されるもの[31]」だったからである。米原は「「大勢」と個人との緊張関係の意識は、蘇峰の歴史観の中心的テーゼ」であり、「独特の「大勢」論と、それを制約する英雄的個人への視点が、蘇峰の歴史観の根幹をなしていたことが看取されるだろう[32]」と指摘した。米原は蘇峰の変化に理解を示しつつも、「その変化の積み重ねの結果は、最初の一歩からは想像できない大きな懸隔を生み出したのだった。／いったん最初一歩を踏みだすと、状況が変化しても元に戻るのはむずかしい[33]」と評価する。また「大勢」の言葉によって「現象の分析はふくらみをもち説得力を増すが、立場の転換に対する痛覚がともなわなくなる。ひとつの立場に固執する原理主義者は、しばしば歴史の転換におそろしく鈍感だが、これとは逆に、蘇峰はつねに時代の数歩先を歩く感受性と先見性をもっていた。だがこのことは「転向」に対する自覚の欠如とセットだったのである[34]」とも指摘した。このように米原は、蘇峰の「勢」観がスペンサー思想の受容以前から形成されていたこと、初期の蘇峰には個人と「大勢」の間に緊張関係が意識されていたこと、昭和期にもこの見方が引き継がれていることを明らかにした。だが米原は、蘇峰がなぜ「勢」を重視するかに言及していない。またこの態度が彼の生涯を貫いた理由についての掘り下げも不十分である。

以上のように先行研究でも蘇峰の「勢」観が検討され、明らかにされた事柄も少なくないが、幾つかの課題も残されている。そこで本稿では、蘇峰がなぜ「勢」を重視するようになったのか、なぜこの態度が一貫したのかに注目して彼の「勢」観を検討したい。

二　日本思想と「勢」

さて「勢」が日本思想における重要概念の一つと指摘した丸山眞男の「古層」論はよく知られている[35]。丸山は日本人の歴史意識の特質を「つぎつぎになりゆくいきほひ[36]」と表現した。蘇峰の「勢」観を検討する上で参考になるのは、第一に日本の「いきほひ」は「「勢」が「変」と連動する兵家的なダイナミックな側面[37]」の影響を受けている点[38]、第二にこの意味の「勢」が「歴史的時間の推移に内在すると観念されるとき、そこに―中国の史書でさえ、稀にしか使用されない―「時勢」、あるいは「天下之大勢」という概念が、日本の歴史認識および価値判断においてきわめて流通度の高い範疇を形成するようになる」点、第三に「勢」には「時運」と同じくほとんど宿命的必然性に近いトーンが前面に出ていることは否みがたい」点である[39]。

丸山が指摘するように、日本では「勢」という言葉が古代より用いられている[40]。時代ごとに「勢」の意味内容は多岐にわたるが、蘇峰の「勢」観を検討する上で注目したいのが、人間が逆らうことのできない動きという意味である。これは「自然に内在する力」であり、「自身の運動法則を持ち、一度発すると、他からはもとより、所持する本人も制御し難くなる傾向を持つ[41]」という認識を生じさせる。実際に人間は「勢」に逆らえないという認識は、その後も脈々と生き続ける。それが顕著となるのが、徳川期における歴史観と商業観である。

この時代の歴史観の特徴として、「公家より武家への政権の移動を不可避と見る見方と結びついて、歴史の変化のうちに不可逆的な流れを認める見方[42]」が指摘される。この歴史観の典型が伊達千広『大勢三転考』（嘉永元年）である。同書は徳川幕府成立までの歴史を「骨の代」「職の代」「名の代」に区分した上で、「時勢」の変化を「人の智にも人に力にも及ぶべき事ならず」と捉えた[43]。また伊達は「時勢は四時の遷るが如く、夏日の葛、冬夜の裘、いかでか一偏を固執せん。（中略）古今の英主賢臣、時に応じ、機に乗じ、さま〴〵思ひはかり賜ひし業は、其時世の勢を、深く考見るべき事にて、膠柱の論は立つべくもあらずなん[44]」と述べて、絶えず変化する「勢」を見極めることが為政者に必要と説いた。苅部直は伊達の歴史観の特徴を「歴史が一つの方向で不可逆的に変化するものであり、それは究極的には、個々の人間によっては予測し統御することのできない、大きな力を動因とすると考える点[45]」にあると評価する。

しかし「勢」という言葉は歴史を捉える以外の場面でも用いられている。それが商業観である。苅部直は徳川期における商業活動の活性化とそれを肯定に捉える姿勢に「勢」観が影響を与えたと指摘して、その事情を次のように説明する。商品経済の普及に伴う人の動きや物の売り買いが活発になることで、見慣れた光景や人々の心の在り様が変化した。変化は一旦動き始めると容易に止められず、行き着くところまで進むほかない。その結果、循環法則で物事を捉える伝統的な見方が揺り動かされた。また「時世の勢」を見すえながら、「勢」の現在での発展段階に応じた政策を考えなくてはいけない[46]」と為政者に要請し始めた。世の中の動きが一つの方向に進み、逆戻りすることもなく、それに逆らうこともできないという社会観が形成されていたことが、古への復帰を目指す儒者本来の歴史観や姿勢からの離脱を可能にした。

このように日本では「勢」が古代から用いられ、徳川期に入り歴史観や商業観に大きな影響を与えた。注目したいのは、人間が「勢」に抗えないという認識が既に形成されていたことである。明治初期の日本でスペンサーの社会進化論が知識人に圧倒的な影響力を持った理由の一つとして、この認識の存在を挙げられるからである。そもそもスペンサーは、社会進化の過程を「同質から異質へ」「単純から複雑へ」と特徴付けたが、同時にこれらの変化によって達成される「有機体の高度化」を「進歩」とみなした[47]。既に徳川期において世の中の動きや人々の心の変化を「勢」として捉え、またそれを肯定的に受け止める素地ができていたので、スペンサーの社会進化論の発想を当時の日本人はさほど違和感なく受容できたと考えられる。

「勢」観と社会進化論の関係で興味深いのは、山泉進の指摘である。彼は進化論が「日本人の伝統的歴史観である「勢い」発想によって解釈されている」点に着目しつつ、そこでは「「勢い」は「極」あるいは「窮」において「変わる」が、同時にこの「勢い」の内側にいて「人」が、この「勢い」を「利導」する、つまり「変える」からこそ、「変わる」のであるとする歴史観[48]」を形成したと指摘する。そしてこの歴史観の担い手として、社会主義者を挙げた。社会主義者は、社会主義の実現は「進化を衝き動かす「勢い」を見きわめ、「利導」する革命家のコントロールによって無事誕生の時を迎えることができると解釈[49]」した。同様の解釈は初期の蘇峰にも見られる。後述するように、スペンサー流の「進歩」観を保持していた当時の蘇峰は、軍事型社会から産業型社会への移行を「進歩」と理解しており、その方向に日本も政策を転換し、徹底しなければならないと説き、為政者が「勢」を見極めて、適切な策を講じよと主張していたからである。当時の蘇峰は、社会進化論を背景としながら、「「勢」を、運動化し、力化し、法則化[50]」していたと言えよう。だが三国干渉を契機に蘇峰の「勢」観に変化が生じる。

三　人間と「勢」

前章で明らかとなったのは、日本では古代以来「勢」が用いられていたこと、徳川期に世の中の動向が「勢」として把握され始めたこと、これらが明治初期に社会進化論を受容する受け皿を準備したことである。以上を踏まえて本章では蘇峰の「勢」観を検討する。

まず「外交術」（一八八一年一月一五日執筆）で「大勢」「力」などの言葉と並んで「天理」が多用されることに注意したい。この時点の蘇峰は、「力」（主に腕力）を制約する存在としてそれを位置付けていたからである。彼は「力」の行使を否定しないが、同時期に書かれたとみられる別の文章で「其ノ用法ヲ厳ニシテ之ヲ用ルヲ謹ムナリ。何トナレハ腕力ハ正理公道ヲ擁護シ権理利益ヲ保守スルノ利器タルニ係ラス、時ニ亦悪逆無道ヲ祐ケ罪悪ヲ播布シ真理ヲ蹂躙スルノ兇器タレハナリ[51]」と述べている。この時点の蘇峰は「勢」に特別な意味を込めていないが、一方で「天理」への言及から人間を制約する何らかの存在を認めていたことが明らかである。ただし注意しておきたいのは、蘇峰が「天理」という言葉を用いているものの、朱子学者と同様に自然の法則として「天理」を把握できると理解していたとは考えにくいことである。後述するように、その後も蘇峰は人間を制約する存在を認めていたが、そこでは「不可知なるもの」として「天」に言及しているからである。

ところで一八八二年八月に蘇峰は箱根に滞在中の板垣退助を訪問した。記録によると、蘇峰の「時勢ノ変化ハ後来如何成リ行ク御考ナル哉」という質問に対して、板垣は「然リ。大凡時勢ハ大人豪傑ノ利導スル所ナラハ、如此セントスレハ如此ナリ、左様ニセントスレハ左様ニナルモノナリ。若シ一個ノ定見ナクシテ漫ニ世ノ先達者ノ意見ヲ聞テ奔走スルモノハ到底時勢ヲ知ラス。亦時勢ニ後ルモノソカシ[52]」と答えた。また板垣は「豪傑」が「国勢ヲ利導」することや国内秩序が乱れるような「斯ル勢ニ至ラセヌコソ朝野有志ノ責任ナレ」とも述べている。このやり取りを通して蘇峰は「勢」を利導することの重要性を再確認した可能性が高い。再確認と表現したのは、板垣との面会より以前に蘇峰は「勢」を利導することの重要性に言及していたからである[53]。したがってこの訪問により、自分の考えの正しさを再確認したと考えられる。

続けて初期の著作を取り上げる。『官民調和論』（刊行年不明）は「萬期流転不須臾[54]」の言葉で始まり、「気勢」「勢」「威勢」「時勢」「国勢」「情勢」など「勢」が多用される。そして蘇峰が繰り返し強調するのは、「時勢」を察する能力が政治家にとって最も重要であるという点である。また「勢」については、輿論を水に例えながら、知識人の意見は「勢」がないが「一タヒ輿論トナルトキハ浩々汨々一瀉千里大原潤野ヲ横流スル（カ）如シ[55]」と述べて「此時ニ於テ其勢ニ従テ此レヲ利導セハ可ナリ[56]」と説いた。ここでは「勢」への順応と利導が一体的に理解されている。『明治廿三年後ノ政治家ノ資格ヲ論ス』（一八八四年）では「社会ニハ恒ニ其運動ヲ制スルノ大勢アルモノ[57]」と指摘し、「天下ノ大勢ニ通シ権変ニ長シ膽識アリ気節アルハ創業家ノ資格ナリ[58]」、「時勢ノ如何ヲ知ラス彼我ノ情勢ヲ顧ミス唯腕力ニノミ是レ依頼セントスルハ無謀無識ノ徒ト云ハサル可ラス[59]」と論じて、改めて政治家に求められる能力として「勢」の見極めを挙げる。『新日本之青年　第三版』（集成社、一八八八年）では、蘇峰の典型的な「勢」観ともいうべき内容が提示される。人間は「社会ノ大勢ニヨリテ制セラル、モノナリ」[60]、「勢極レハ必ス変ス」[61]、それから人間は「勢」に抗せないが「善導」は可能という理解である。[62]

　さて蘇峰の実質的なデビュー作である『将来之日本』（経済雑誌社、一八八六年）は、スペンサーの社会進化論に依拠しながら「武備主義＝貴族主義＝腕力主義」から「生産主義＝平民主義＝平和主義」への移行を「第十九世紀ノ大勢ナリ」[63]と説いた。この移行は世界「全体ノ境遇」「全面ノ大勢」であり、そもそも「勢ニ従フモノハ栄ヘ勢ニ逆フモノハ亡矣」[64]という原則がある以上、日本のみがそれから逃れることはできないからである。[65]それでは日本が採るべき選択とは何か。蘇峰は将来の日本が「此ノ自然ノ大勢ニ従ヒ。之ヲ利導スルニアル而已。横井小楠翁曰ク達人能明了。渾順二天地勢一。ト実ニ然リ。唯タ此ノ天地ノ大勢ニ順フニアルナリ」[66]と説き、「生産主義＝平民主義＝平和主義」への移行を強く訴えた。同書で提示される「勢」観の内容は、それ以前の著作に見られる内容と比べて具体的である。また横井小楠を引き合いに出す点も注目される。ちなみに後年の蘇峰は「固より大勢に順応するといふことは、横井小楠の学問の本旨であって、その伝統の学問に依って養はれたる予が、大勢順応に真向から反対すべき理由は無い」[67]と述べており、「勢」への順応という自らの性格を小楠の思想に由来するものと認識していたことが明らかである。

　『将来之日本』刊行の時点では、軍事型社会から産業型社会への移行、つまり「生産主義＝平民主義＝平和主義」の実現にむけて「勢」への順応と利導を説いた。それはこれらの実現が「進歩」と理解されていたからである。この時点の蘇峰は上記の意味の「進歩」を尺度に「勢」を把握しており、そして「進歩」を達成する上でこの「勢」に順応するのが望ましいと判断していた。しかし蘇峰は三国干渉を契機に「力の福音」[68]を得た。つまり「総ての正理、公道を行ふも力也、総ての不正、無道を破るも力也。力なくしては、福音も其の光を失ふを知る。されは総ての準備として、養力を第一義とせさる可らさるを知る」[69]に至った結果、スペンサー流の「進歩」観から完全に切り離された。その後も引き続き「勢」への順応を説いているが、それが望ましい社会を実現するために必要なのだという論理と価値判断を伴わなくなった。

これらの変化は次のように解釈できる。元々蘇峰は、自らが望む社会を実現する方向と真逆の「勢」が存在していたとしても、何よりも「勢」への順応を優先していた。だがマコーレーの歴史書を介したウィッグ（ホイッグ）史観、マンチェスター派（コブデン、ブライト）の自由主義経済理論、そしてスペンサーの社会進化論を受容したことで、社会は「進歩」する（＝良い方向に進む）という発想を得た。具体的には、スペンサーの説く軍事型社会から産業型社会への移行を「進歩」と見なした。だが三国干渉で国際政治の現実を思い知らされた蘇峰は産業型社会への移行を「進歩」と見なさなくなった。この変化の原因は、蘇峰のスペンサー理解にあると考えられる。そもそもスペンサーにとって産業型社会は「社会進化が絶頂に到達した状態」[70]であり、いわば「理念型」[71]として想定されていたにもかかわらず、蘇峰はそこに到達するまでの過程に関心を持たず、またスペンサーが産業型社会から軍事型社会への逆転を憂慮[72]していたことを理解していなかった。こうして「勢」への順応は軍事型社会から産業型社会への移行、つまり「生産主義＝平民主義＝平和主義」を「進歩」とする価値判断と完全に切り離され、良し悪しに関係なく変化する「勢」への順応が要請されるに至ったのである。蘇峰の「勢」観に生じた変化は、植手が指摘した点（第一章参照）に加えて、価値判断からの分離も挙げられる。

次に「大勢」（『国民新聞』一九一四年四月一六日付）を取り上げる。論題から推測すると、彼の「勢」観が整理されているようだが、ジーメンス事件を契機とする第一次山本内閣の総辞職と第二次大隈内閣の成立を踏まえて書かれたものである。蘇峰が強調するのは、輿論は変化しやすい性質であり恃むに足らないことである。そこで大隈を念頭に置きつつ、政治家は「大勢」を見極め、それに順応、利導せよと訴えた。本論説で注目されるのは「内に於ては政権を国民に分配し、且つ国民をして之を行使せしむる也。外に向っては、国民的発展を遂げ、大和民族をして、世界に於ける有力的民族たらしむる」として、「大勢」に具体的な内容が与えられていることである。この時点の蘇峰は、民衆の政治的台頭を踏まえて、日本の国是として内に「平民主義」、外に「帝国主義」を設定するよう繰り返し唱えている。

この立場がより明確に示されたのが『大正の青年と帝国の前途』（民友社、一九一六年）である。同書では「勢」に関する言及を数多く確認できる。例えば人間と「勢」の関係について「天下の事は、人にあらざれば成らず、而して人をして、其の事を成さしむる所以、亦た実に勢に存せずんばあらず。乃ち人物は大勢を誘ひ、大勢は人物を導く[73]」と述べ、「勢」が全ての物事を決定するという見方に懐疑的であり、人間と「勢」は相互に影響を及ぼすと指摘する。一見すると両者の関係を対等に理解しており、「勢」に及ぼす人為の作用を積極的に認めているようである。だが蘇峰は人間が「勢」を一から作り出したり、その方向を自由自在に操作したりできると考えない。「如何なる有力者も、一人の力のみにて、天下の大勢を左右する能はず。該撤、奈翁、豊公の徒と雖も、要するに時代の要求に応じ、時勢の快風に乗じたるが為めに、彼が如き偉大なる勲業を留めたるのみ[74]」、「大勢に乗ぜずんば、決して大事を成就する能はざる也[75]」というように、偉業を達成した人物は「勢」の方向を見定め、適切な策を講じたので大事を成し遂げたのだと理解する。この背景には「大勢は、個人の意志の如く、描眼的にあらずして、概ね一定の方向を指して、進行[76]」するので、「勢」に乗れさえすれば自ずと目的地に到着する（＝目的を達成）という認識が存在する。要するに蘇峰は全ての偉業の原因を個人の才能や性格に求めなかった。それではそもそも「勢」はどのように見極められるのか。蘇峰によれば「天下の大勢は、最も聡慧、遠識なる少数者と、無我夢中に推移する群衆とに、先づ感得せらる。前者は有心に感得せられ、後者は無心に感得せらる[77]」という。これは意外な印象を与える。蘇峰は二度の焼き打ち（日露戦争の講和時と大正政変の時期）を経験しているので、群衆に対する強い不信感を抱いていても不思議ではないからである。けれども聡明な少数者に加えて、群衆も「勢」を感得できると見なしていた。もとより蘇峰が群衆に対して高い信頼を置いていたとは考えにくいが、二度の焼き打ちに遭遇しても、なお時事を論じ続けたのは、群衆が「勢」を感得できる存在であるという一点に期待を寄せ、そして群衆の「勢」に対する自覚を促すという意図に基づいていたと考えられる。

ここまで『大正の青年と帝国の前途』における蘇峰の「勢」観を検討したが、一つ注目したい点がある。それは大事や偉業を成し遂げた個人の「勢」に対する処し方に関して、蘇峰が何らかの価値基準を想定していた可能性である。「勢」の方向を見定めて適切な策を講じるということは、何らかの価値の実現が前提とされているからである。そうでなければ、そもそも講じられた手段が適切かどうかを判断できない。スペンサー流の「進歩」観から切り離されたことを契機に蘇峰の「勢」観から価値判断が分離されたにもかかわらず、なぜこの時点でそれが復活しているのか。また具体的に価値とは何なのか。次にこの点を検討する。

大正期の蘇峰に顕著なのが「皇室中心主義」の強調である。蘇峰はこれを日本の国是に位置づけており、「平民主義、国民主義、国家社会主義を貫串したる皇室中心主義也。君民徳を一にし、挙国一致的の帝国主義也。即ち内に平民主義を行ひ、外に帝国主義を行ひ、而して皇室中心主義を以て、両者を一貫、統制する也[78]」と説明する。ちなみに蘇峰が「皇室中心主義」を「自己の思想的立場の表現」として特別な意味を込めて使い始めるのは、『吉田松陰』の改訂版（一八九八年）が最初とされる[79]。この時期に蘇峰が「皇室中心主義」を強調し始めた理由について、米原は日露戦後の「個人主義的風潮に対する危機感」と「韓国の保護国化による日本固有のナショナリティ再確認の必要性」を挙げる[80]。だが「皇室中心主義」は漠然とした概念であり、価値基準になり得ないという疑問が残る。確かに具体的に何を実現する立場なのかが分かりにくい。そこで注目したいのが、「皇室中心主義」を大々的に主張し始める時期の蘇峰が、しきりに日本の「使命」に言及していることである。その背景には、世界各国からの尊敬を獲得したいという強い願望が存在していたと考えられる。日露戦後の蘇峰は、日本が「孤立国」であり、「広き世界に孤立せる一箇の旅烏と観念するの外なき」と悲観的だったからである[81]。そこで蘇峰は、日本が孤立状況を脱するには世界的な「使命」に取り組み、各国からの尊敬を得る必要があると判断した。また「使命」を達成するには、国民の一致結束が不可欠であることから、日露戦後、動揺し続けるナショナルアイデンティティの再強化を意図して「皇室中心主義」を強調し始めたと考えられる。

蘇峰は大正前半に繰り返し人間と「勢」の関係を論じていたが、それは日本の現状に対する強い不満が関係している。このことは大正五年時点の日本を「惰力の日本」と批判したり、強国としての方針が確立しないので「無準備」であり「無努力」であって、このままでは「国運衰微」に陥りかねないと警鐘を鳴らしたりしたことからも明らかである[82]。ただし蘇峰は、その原因を明治後半に見出す。確かに三国干渉を契機に日本人が「他力信仰」から目覚めて「上下心を一にし、盛に経綸を行ふは、帝国を維持し、且つ発展せしむる唯一の道たることを、覚醒[83]」した点を評価するものの、日本がこの方針を能動的に選択したのではないことに注意を払う。「周囲の大勢は、我が国民を駆りて、此の如く選択し、此の如く決心するの已む可らざるに到らしめたるのみ。若し日本国民に多しとす可き者あらば、彼等は唯だ大勢に順応して、其の最善を竭したるの一事のみ[84]」と論じるように、日本は当時の「勢」に順応する以外の選択肢を持たなかった。けれども蘇峰は、その結果が日本にとって必ずしも不利益だったのではないと見ており、当時の日本の選択とその後の歩みを否定しない。それではなぜ蘇峰は大正五年時点の日本に不満を抱いていたのか。そもそも彼は日本の選択が能動的・受動的に関わらず、「勢」に乗じればよいと主張していたのではないか。それにもかかわらず、なぜこの時期の蘇峰は日本のあり方を消極的に評価したのか。その理由は、第一に日本の使命として「亜細亜モンロー主義」（「東洋自治主義」）の遂行を考えていたこと、第二に第一次世界大戦勃発期にはっきりと浮かび上がってきた「米国の影」を強く意識していたことである[85]。前者は「白閥打破」と一体の発想であり、米国の存在感が増すにつれて、この使命意識も強化される構造となっていた。だが前述の通り、蘇峰は現状の日本が強国としての方針・準備・努力を怠っていると認識していたことから、このままでは「亜細亜モンロー主義」を遂行できないという焦燥感を抱いていた。「人事を尽さずして、徒らに天祐にのみ依頼する国民は、果して大国民たる資格を有する乎、否乎[86]」という蘇峰の問いは、世界大戦の勃発を「天祐」として楽観的に捉える立場と一線を画す。このように蘇峰は「勢」に対して受動的でも支障がない状況は過ぎ去り、日本は「亜細亜モンロー主義」の遂行という使命を果たすために、現今の「勢」を見極めて適切な対応を採る時期に至った判断した。

世界大戦以降の「勢」に適した政策を採らなければならないという焦燥感はその後も強まる。『国民自覚論』（民友社、一九二三年）では「世界の大勢を通観すれば、孟子の所謂る楊に之かざるものは、必ず墨に之くの有様だ[87]」と述べて、米国の資本主義に感染しなければロシアの赤化主義に感染すると警告した。また「世界は前から前へと進みつゝある。斯る時勢に際して、何時迄も世界大戦前の気分にて、階級思想に捉はれ、我が四方に垣を結ひ廻はし、それにて世界の大勢の外に特立し得るものと考ふるは、余りに浅墓ではあるまい乎。所謂る蠑螺の籠城とは、此事ではあるまい乎[88]」とも述べて、改めて現今の「勢」に順応して適切な方策を講じる必要があることを主張した。

さてここまで論じてきた蘇峰の「勢」観に変化が生じた印象を与える論説がある。それが「大勢と人為」（一九二五年六月）である。蘇峰は「大勢は大勢だが、大勢を作るも人、大勢を興すも人、大勢を導くのも人、大勢を動かすのも人、大勢を転ずるも人、大勢を移すも人。人は大勢に乗ることもあり、又た大勢を避くることもある[89]」と述べ、また個人の「勢」に与える影響を無視できず、「如何に大勢本位でも、其の大勢を作る根源は、多くは個人であり。而して個人の力は、往々にして亦た其の大勢さへも、制することがある[90]」と説いている。この「勢」観は、人間が「勢」を一から作り出せず、また自由自在にそれを扱えないとする「勢」観と明らかに矛盾する。これをどのように理解したらよいのか。

注意したいのは、「世界大戦をなぜ回避できなかったのか」という疑問への回答がここで提示されていることである。蘇峰は世界大戦の原因として「気運」、「大勢」、「環境」の圧迫などの外的要因を挙げる論者に対して、「人事は、左程窮屈のものではない」と反論した。蘇峰は戦争が人間の行動と無関係に起こる、つまり「勢」によって引き起こされるという見方を明確に否定したのである。言い換えれば戦争はある段階まで人間の行動によって回避できる可能性があると考えていた。本論説では蘇峰の「勢」観に変化が生じている印象を与えるが、彼が第一次世界大戦の原因を外的要因に帰する見解に疑問を呈しているという文脈を正確に理解すれば、その変化が生じていないことは明らかである。

ところで蘇峰の「勢」観には頼山陽の「勢」観の影響を確認できる。山陽が「勢」を重視していたことは、例えば『通議』（天保元年）「巻之一」「第一　勢を論ず」で「勢」について詳述していることからも窺い知れる。また蘇峰も『頼山陽』（民友社、一九二六年）で『通議』の中で、「論勢」が最も面白いと評しつつ、山陽が「勢」の変遷を捉えて「夫レ其勢ノ未ダ極マラザルニ及ンデ之ヲ為ス（中略）善ク勢ヲ制スト謂フ也」と説く点を挙げながら、「勢の成らざる前に、其勢の生じつゝある処を察して、吾より進んで其勢を利用するのが、即ち勢を制する者だとは、善くも言うた」と論じた[91]。それでは両者の「勢」観には、どのような共通点を確認できるのか。ここでは第一に人間は「勢」に逆らえないが働きかける余地が残されていると理解する点[92]、第二に「勢」を水の流れに例える点、第三に「勢」は極まれば変化するものと理解する点を挙げておきたい[93]。

その一方で相違点も見られる。それは山陽と比べて、蘇峰には歴史を捉える視点として「勢」を重視していないことである。坂本多加雄は「頼山陽に由来する「大勢」という観念で、歴史の各局面の趨勢を把握するような視点があった」のは事実だが、蘇峰の歴史への関心は「個別的事例とその連関を通して展開される、人間事象の無限の諸相を探求するということだったように思われるのである」[94]と指摘する。確かに蘇峰の主著である『近世日本国民史』が「勢」に重点を置いた歴史叙述であるとはいえない。

この点について杉原志啓の分析が示唆に富む。第一に杉原は蘇峰の史観（杉原は「人間中心主義」と表現）について「あきらかに「個人の自由なる働き」と「人間の意志の力」を重視していた」と指摘する。[95]そしてその原因を「歴史研究が、「科学的傾向」をおびるにしたがって、個人の勢力を軽視するようになってきたこと。そして歴史が何人も何物も手をくだしようもない「大勢」に支配され、「必然の運行」をなすものと受けとられるようになってきたことにあった」[96]と述べる。それに対して蘇峰は歴史を「ある場合には時代が人物を作り、ある場合には人物が時代を作る。時代あっての人物であり、人物あっての時代」[97]と捉えた。第二に杉原は蘇峰の歴史叙述にみられる「二分法」は政治論や思想論の場合のそれと性格を異にすると指摘する。つまり歴史叙述の「二分法」は『将来之日本』に見られる「およそ預言者の御託宣のごとき断定的なパターンもなければ、これらの対極概念が、それぞれをして前者を後者が克服していく対象としてとらえられているわけでもなかった」[98]というのである。そして杉原は白か黒かといった「二分法」を採らない『近世日本国民史』の内容に歴史に対する蘇峰の「公平」な態度を見出した。以上の杉原による説明は説得的である。だがなぜ蘇峰は歴史叙述では「勢」を重視せず、政治論や思想論では「勢」を重視したのかという疑問が残る。この点は次章の内容とも関わるが、人間は不完全な存在だからこそ不確実な現在及び未来を生きるために「勢」に順応するという認識を蘇峰が持っていた、というのが筆者の理解であることをあらかじめ提示しておきたい。

最後に「勢と人」（『東京日日新聞』一九三七年七月六日付夕刊）を取り上げる。前月に近衛文磨内閣が成立したことを念頭に置きつつ、「勢」と人間の相互作用に触れる。そして「勢の未だ成らざるや、人は随意に之を指導することが出来る。然も一たび其勢の成るや、百のナポレオン、千のビスマークも之を如何ともすることが出来ない。油断ならぬは勢の集散、消長だ」と説いた。「勢」は絶えず変化しているため、人間が働きかける余地が残されている状態なのか否かを見極めることが肝要であり、また人間が「勢の奴隷となりて、只だ勢の命ずるまゝに動く」ことを最も警戒する。この状態では、いかなる英雄も対処できないからである。したがって「其の形勢の己に利なるの時を認めて、始めて其力を用ゆ」こと、「其の環境の己に便なる場合を察して、以て其の謀を行ふ」ことが大事となる。日本を取り巻く情勢が混沌とする中、「勢」の方向性を正確に見極めることが改めて強調されたのである。

前述のように蘇峰は戦争の勃発を人為で防げると考えていたが、一九三九年頃になると各国が戦争に向い進み始めていると捉えて、それを世界の「勢」と理解した[99]。それに伴って蘇峰の立場もその方向に舵を切り始める。元々彼は米国を牽制する意図で「亜細亜モンロー主義」を提唱したが、同時に日米親善を唱えており、両国の衝突に最後まで否定的だった。だが一九三九年に米国が日米通商航海条約破棄を通告して以降、態度が明らかに変化した[100]。そして次第に戦争は米国から「売られた喧嘩」であり、「売られた喧嘩は買うしかない」という心境に達して、戦争に突き進む「勢」に順応し、開戦後はそれを利導する役を自ら買って出た。

敗戦後の蘇峰の「勢」観は彼の終戦後日記（『頑蘇夢物語』）が参考になる。例えば敗戦の原因に触れた際に「勢」を引き合いに出している[101]。ただし「勢」に言及する箇所はいずれも過去の内容と重複しており、新たな「勢」観を確認できない。

ここまでの検討を通して明らかとなった蘇峰の「勢」観の特徴を以下に整理する。第一に論壇に登場する前から「勢」を重視しており、しかもそこに「不可知な力」の作用を認めていたことである。第二にそれにもかかわらず人間が無力であるという虚無感に陥ることなく「勢」への順応と利導を重視していたことである。特に「勢」を見極めて適切な対応を採ることが必要であると強調した。第三に『将来之日本』刊行時点から三国干渉までの時期を除いて「勢」の把握に価値判断が伴わないことである。第四に歴史叙述では「勢」よりも人間の働きを重視したことである。

しかし蘇峰の「勢」観について残された疑問点がある。それはなぜ彼が「勢」を重視し続けたのかである。筆者は蘇峰の人間観、つまり「人間には完全なる者が無い[102]」という人間の「不完全性」を認識していたことに起因していたと推測する。そこで次にこの点を検討する。

四　人間の「不完全性」

前章の末尾で筆者は、蘇峰が人間の「不完全性」を認識していたことが「勢」を重視し続けた要因だったのではないかという見解を提示した。本章ではこれを検証する手掛かりとして「運命」、「天」に注目したい。その理由はこれまでの検証を通じて、蘇峰には「「勢」は不可知なるものによって司られている」という認識が存在したと考えられるからである。

それでは蘇峰にとって「不可知なるもの」とは何か。実際にはこの存在を特定するのが困難である。確かに蘇峰がキリスト教信仰に熱心だった時期に限れば、その存在をキリスト教の「神」と特定できるかもしれない。例えば海老名弾正は「勢」を作り出す主体を「神」に見出しており、「神」の「摂理」として「世界の大勢」を把握していた[103]。けれども蘇峰がキリスト教信仰に熱心だったのは同志社英学校時代の一時期[104]であり、生涯を通じて「神」の存在を意識し、また「神」によって「勢」が司られていると理解していたとは考えにくい。

その一方で蘇峰はキリスト教信仰から離れてからも「神」の存在を否定せず、また宗教に対する関心を持ち続けた。蘇峰は自らを「宗教界の無籍者」と自称の上、「一切の宗教に敬意を表し、一切の宗教に愛著を持ってゐる[105]」と述べる。そして宗教はいつの時代にも必要な存在と認める。特に文明社会では「文明人は理智に偏し、主我に専らなるが為めに、之を矯め、之を補ひ、之を調節する為めに[106]」、また「個人に安心を與へ、社会に平和を與ふるもの[107]」として、今こそ宗教が必要と説いた。これは人間が「器械化」されつつあることへの危惧と裏腹である[108]。というのも現代人は物質を尊び、精神を軽んじているように見えるからである。彼は「如何にも敬虔の念が欠乏してゐる、嘆美の情が欠乏してゐる。崇拝の心、感激の志、而して感謝、報恩の精神に至りては、日に稀薄に趨きつゝあるを覚ゆ[109]」と危機感を露にしていた。

このように蘇峰は度々「敬虔の念」の必要性を説いたが、その対象をキリスト教の「神」に限定できない。それでは何か。一つの可能性として「天」が挙げられる。「天」は後述する「運命」（あるいは「抗しがたい事実の力」「不可抗力」）と結び付きがある[110]。ここで「天」を挙げるのは奇異に感じられるかもしれないが、日本における「天」の観念の歴史を辿ると決して的外れではない。

日本では十五世紀から十六世紀頃に天道観が成立した。中国における「天」が客観的な法則性や条理性を指していたのに対して、「人間を超えたある絶対的な存在、人間にとって不可知なある大きな力、人間を裁くある目に見えない存在者といった観念」[111]だったことにその特徴がある。要は日本の「天」は「不可知」的天観[112]だった。また日本では「天人合一」は「われと天（純粋・究極・絶対者）との合一」を意味し、これによって「宇宙的自己の自覚、自己の絶対自由の境位、不可知的な、われ（欲）を超えたある無限的究極」を認識する契機となるが、中国では「人人合一」を意味しており、「自己の社会性の自覚、社会秩序の遵守、共同生存を目的としたところの道徳（仁）的本性の発揮が、合一の紐帯」となり、「天」（条理）は人と人との調和原理となると考えられた[113]。「天」の観念は幕末から明治初期にかけて重大な役割を果たし[114]、少なくとも大正期までは「日本を超えて普遍者としての「天」の観念」が影響性を持った[115]。だがその後次第に平等主義・普遍者の意味が喪失し「「天」の死語化[116]」が進んだ。平石直昭はその要因として、教育が西洋中心的なものに変化したことを挙げる[117]。確かに儒教的意味での「天」が教育課程で教えられなくなれば、自ら儒教書や解説書を紐解かない限り、その意味に触れる機会が大きく減少するのであり、「死語化」は避けられない。だが王政復古によって創られた天皇像も少なからず影響を与えているのではないか。これは「天皇が政治や宗教に関する意見や利害の対立を超越した「公平な第三者」」であり、「公共性」を独占する存在としての天皇像である[118]。その結果、従来、「天」が担っていた役割を天皇が代替することになった。もちろんこの天皇像の形成には教育も密接に関わる。

この観点から重要なのが教育勅語の発布である。きっかけとなったのが、一八九〇年二月に地方官会議による「徳育涵養」の建議である。これを受けて文部省が中村正直に原案の作成を委嘱した。同年五月頃の作成と見られる中村の草案では、「忠孝ハ人倫ノ大本ニシテ其原ハ実ニ天ニ出ヅ」から始まり、その後も「父ハ子ノ天ナリ、君ハ臣ノ天ナリ」、「忠孝ノ心ハ天ヲ畏ル丶ノ心ニ出デ、天ヲ畏ル丶ノ心ハ人々固有ノ性ニ生ズ」と度々「天」「天意」の語が登場する[119]。しかし修正案ではこれらの語が全て削除され、結局のところ、中村の草案は採用されなかった。平石が指摘するように「天職」の意識は大正期にも見られ、教育勅語の発布によって「天」が直ちに「死語化」したのではない。けれども

「天」との接点を持たない教育を受けた世代の増加が、「天」の「死語化」を進行させた要因の一つと考えられる。

以上を踏まえると、蘇峰には「不可知」的天観が存在し、それに基づき「天」によって「勢」が司られているという認識を持った可能性がある。大正期以降、「天」観念の普遍性が失われる（＝「死語化」）中にあって、蘇峰には「勢」と関連して「天」観念が残り続けた。なお昭和期の蘇峰は、度々「天然」や「自然」に言及しているが[120]、このことも彼が「天」観念を持ち続けていたことを裏付ける。

次に蘇峰が「勢」に運命を見出した理由を検討する。日本の「勢」概念に運命や宿命が含意されていたことは第二章で言及した。蘇峰も例えば「インスピレーション」を「神力」であり、人間に理解できない「不可思議力」と定義して、人間の存在そのものが不可思議な存在であり、「人間は迷路を行くの旅客なり。人間の周囲には不可思議恒に付き纏ふ」と述べている[121]。人間には如何ともし難い「力」が世の中に存在し、人間はそれに動かされ抗うことができない。もちろん蘇峰は、人間は「勢」の方向を把握でき、またそれを利導する余地も残されていると考えた。だが蘇峰は「人の一生を支配する、最大の力は運也」、「人外の力」であるとも述べて[122]、人間が運命を自ら切り開けるという考えに懐疑的であり、それよりも人間には限界が存在することを自覚せよという。その上で「人間の力程小なるものはなし。天地万有は愚ろか、我身一個さへも、思ふ様には、支配すること相叶はぬにあらずや。／果して然らは、人間の最後の決心は、天命に恭順するに若くはなし。所謂人事を盡くして、天命を待つとは此事也。但待つとは懶眠して待つにあらず、努力して待つ也。油断して待つにあらず、注意して待つ也[123]」と説いた。運命を強調する言説は歴史叙述の中にも見られる。『近世日本国民史　豊臣氏時代甲篇』（民友社、一九二〇年）では「予は今にして愈よ人間の無力なるを感ず。如何に先見の明に誇るも、寸前は暗黒だ。人を支配する最後にして、且つ最大の力は、運命だ。運命の由来を人繹すれば、種々の解説も出て来るであらう。併し窮極の所は、尚ほ是れ運命は依然運命だ。或は天と云ひ、或は命と云ひ、或は神と云ひ、或は数と云ふも、尚ほ是れ不可思議力である、不可抗力である[124]」と論じる。確かに蘇峰は「人間が微力ではあるが、無力ではない。人は運命を支配すること克はぬが、運命を若干調節することは可能ふ[125]」とも述べており、人間の運命に対する働き掛けの余地を認めているようにみえる。しかし蘇峰の運命観から浮かび上がるのは、彼の中に存在する「諦念」、つまり人間は運命を自由自在に操れないので、それを受け入れるほかないという心情である。

五 「勢」観の比較

前章までに明らかとなった点を踏まえて、本章では山路愛山の「勢」観と比較したい。愛山を比較対象とするのは、彼が民友社社員として蘇峰とともに時論や史論を数多く執筆していたこと、そして彼も度々「勢」に言及していたことである。また思想的背景として、頼山陽、スペンサー、エマソンらの影響、さらにキリスト教信仰に入っていたことなど、多くの共通点が存在するからでもある。

さて愛山は批評家の役割について「時勢は毎日変化して行くものでありますから其時勢の変化して行く様子を善く研究いたしまして、今の時勢はどう云ふ処に落着すると云ふことを見極はめるのが世の中の批評家の仕事であります[126]」と説明する。「時勢」という表現で「勢」に言及するが、ここで「時勢」は状況、情勢の意味で用いられている。しかし蘇峰の「勢」観に見られるように、逃れられない・逆らえない運命といった意味も愛山の「勢」の用法に見出せる。顕著なのが帝国主義論である。

愛山は日露関係の悪化を背景に一九〇三年頃より対露主戦論や帝国主義を唱え始め、帝国主義の勃興を「是れ大勢なり[127]」と断じた。愛山の説く帝国主義は広範な国民の利害と国家の利害の合致が前提となっており、そのための国内改革として国家社会主義の必要性が強調された。また現状は「国民的運動時代」から「帝国的運動時代」に入ったと指摘した上で「余は其の可否を論ずるものに非ず。世運の歩みは議論の善く左右し得べきに非ず。余は大勢と戦ふの愚なるを知る。唯余は大勢の在る所を見て、日本国民が之に適応すべく自己の制度慣習を変ぜんことを望む[128]」と説いている。ここで用いられる「大勢」には、逃れられない・逆らえない運命という意味が含まれているのは明白である。さらに時代の変化は「可否を論ずるものに非ず」と述べるように、自らが望ましいと考える方向に「勢」が向かっているかどうかに関わらず、それに順応することが求められる。このように愛山が帝国主義の到来を「是れ天下の大勢なり。大勢は抗すべからず。日本の国民たるもの唯須らく勇猛心を奮起して此大勢を利用し、時勢に相応せざる劣者、敗者とならざるを期すべきのみ[129]」と論じる時、その根底には、目まぐるしく変化する「勢」に順応し続けなければ、日本は「劣者、敗者」の地位に転落するという危機意識が存在していた。だから彼は「大勢は冷酷なり[130]」と表現したのだろう。なお順応や劣者・敗者などの言葉からも明らかなように、愛山の帝国主義論は社会進化論の影響を確認できる[131]。

続いて愛山の史論を取り上げる。彼は自らの歴史叙述の方法を「先づ時勢の変遷を語り、而る後に人物の位置を語れば、読者は背景と人影とを併せ見て初めて自ら「パノラマ」中の一人たり得べし。而して時勢を論ずるは決して偏狭なる部分的考証家の能くする所に非るなり[132]」と語る。ここで「時勢」は、時代状況や文脈（コンテクスト）の意味で用いているいると解釈できる。しかし時論の場合と同様に、逃れられない・逆らえないという意味を含む「勢」の用法を史論にも見出せる。

まず確認しておきたいのは、愛山の史論の特徴として「英雄」への着目が挙げられることである。つまり行き詰りをみせる時代に英雄が必ず登場するという英雄を基軸とした史観である。英雄史観ともいうべき歴史観が形成された背景の一つに、独自のキリスト教信仰の影響が挙げられる。愛山がキリストを「最大純高の英雄」と評価しているように、キリスト教信仰を通じて「英雄崇拝」の傾向を持ち始めたと考えられる。だが彼は英雄を時代から超絶した存在とみない。時代が英雄を生みだすのであり、英雄は決して超人ではないと理解するからである。また「英雄を以て英雄を作る[133]」のが「天然の法則」、「歴史上の事実」であると説き、英雄の感化力も重視する。

愛山が歴史を捉える視点として英雄という個人の存在に着目していたのは明らかである。けれども英雄が思い通りに事を成し遂げると理解していたのではない。それは「未来の吉凶禍福こそ半は大勢に在り、半は吾人の手に存するなれ[134]」というように、「勢」の作用も認めているからである。それでは英雄は何ゆえに英雄たりうるのか。この点について愛山は「英雄の事を為すを見るに、誰れか是れ時勢の大輪と共に廻転したるものに非る。渠れ唯時勢と共に動く。故に其力を労すること少にして功を為すこと多かりしなり[135]」、「時勢は終に自己の達すべき目的に達し、自己の為すべき経綸を為さずんば休せざるなり。所謂英雄なるものは詳かに時勢の往く所を察して、而して之を善導したるもの、み[136]」と論じて、英雄は「勢」を見極めて、それを利用する能力に長けていることを強調した。一方で「勢」への逆行は「反動思想[137]」と位置付けられる。こうした英雄と「勢」の関係性の理解について岡利郎は「英雄ないし歴史的人物は単なる実体ではなく「時勢を代表する」人物として象徴的機能、すなわち「意味」として、とらえられる。そして人物の背景にある社会的傾向性＝「時勢」の客観的把握が重要となる[138]」と説明する。

以上の愛山の「勢」観を踏まえて蘇峰の「勢」観と比較する。まず共通点として挙げられるのは、第一に「勢」を重視する点、第二に「勢」は固有の目的を達成するまで進み続けるという理解、第三に人間は「勢」に逆らうことはできないが働き掛ける余地が残されているという理解、第四に「勢」を巧みに導くことで自己に有利な状況を生み出せるという理解である。

次に相違点として第一に愛山の「勢」観は社会進化論を背景に形成されていることである。蘇峰の場合、『将来之日本』に社会進化論の影響を見出せるが、第一章で触れたように蘇峰はスペンサーの社会進化論を受容する以前に「勢」観を形成していたのであり、その逆ではない[139]。第二に蘇峰の「勢」観は「不可知なるもの」と人間の「不完全性」の認識を根底に据えるが、愛山にはこれらの認識をはっきりと見出せない。言い換えると蘇峰は「不可知なるもの」によって「勢」が作り出されたと理解するが、愛山には同様の理解を確認できないということである。第三に蘇峰が生涯を通じて「勢」を重視し続けたのに対して、愛山はそのようにいえないことである。蘇峰の場合「不可知なるもの」と人間の「不完全性」の認識が彼の思考を強く規定していたため、逃れられない・逆らえない運命として「勢」を理解し続けたと考えられる。一方の愛山はそうした認識による制約を受けていなかったことから、歴史法則として客観的に「勢」を把握することの必要性を説いたと考えられる。

なお「勢」観の相違点について補足すると、両者の共通点であるキリスト教信仰（及び離教）、そして社会進化論の受容にも差異がある。笠原芳光によると、前者は民友社社員の主だった人物（他に竹越三叉、徳富蘆花、国木田独歩）に共通[140]して見られた傾向であり、蘇峰と愛山に限られたものではない。また岡は愛山に「贖罪」の観念が欠落していたことやキリストは「神の子」と認識していないことを指摘[141]しつつも、彼が「神の父たること」「人類の兄弟たること」をキリスト教の二大教理とし、これらの教理を体現したのがキリストという認識を持ち続けたことを根拠に「ある意味で最後までキリスト教徒だった[142]」と評価した。一方の蘇峰は、愛山のように何らかの形でキリスト者としての認識を持ち続けたといえるだけの十分な根拠が見当たらない。後者については、伊藤雄志が蘇峰と愛山の「進歩」理解の相違を指摘し、その理由を蘇峰やそれ以外の民友社社員の多くが影響を受けたウィッグ史観に現れる二分法を愛山が受け入れなかった点に見出した[143]。そして愛山は「進歩の法則を信じていたが、単線的社会進化論者ではなかった[144]」と評価した。ただしこの指摘には不正確な部分がある。確かにウィッグ史観の特徴を「相互に排他的な一連の対極概念を用いて歴史を裁断し（中略）光が闇を克服していく進化の過程として把握する[145]」点に見出すのであれば、『将来之日本』を出版し、「第二維新」を掲げて『国民之友』を創刊した頃の蘇峰がこの史観に基づく主張を展開していたことは明らかである。しかし帝国議会の開設から日清戦争開戦までの間に、既に楽観的な見通しが徐々に失せつつあり、そして三国干渉を契機に「力」の福音を得たことで、一気に悲観的な見通しへと到達したからである。したがって一八九〇年代中頃以降の両者の「進歩」理解は、それほど距離が離れていないと推測される。

六　おわりに

本稿では徳富蘇峰の「勢」観を検討した。明らかとなった点を以下に整理する。第一に蘇峰が「不可知なるもの」を認め、また人間の「不完全性」を認識していたことである。それゆえ「不可知なるもの」によって「勢」が作り出されるので、人間はその「勢」を逃れられない・逆らえない運命として受け入れなければならないと考えた。なお一時期の蘇峰は「進歩」を基準に「勢」への順応が望ましいと価値判断を下していた。だが三国干渉以降、「勢」への順応と価値判断は完全に分離された。第二に政治論や思想論と歴史叙述では彼の「勢」の位置付けが異なることである。前者では「勢」への順応や利導が繰り返し説かれており、それを見極めることが特に為政者の能力として重視された。一方の後者では「勢」に依拠して過去の出来事を説明したり、「勢」に乗じなかった人物を消極的に評価したりすることがない。その点では頼山陽や伊達千広に見られる「勢」を重視する歴史観との相違を確認できる。

以上の特徴を持つ「勢」観が、約七十年にも及ぶ蘇峰の言論活動を支えていた。蘇峰はいかなる状況に直面しようとも、それを逃れられない・逆らえない運命＝「勢」として受け入れると同時に、またそれに従う限り、どのような困難も必ず打開できるという希望を持ち続けることができたからこそ、これだけの長期にわたって言論活動を続けられたのである。

（1）鶴見俊輔「徳富蘇峰」、和田洋一編『同志社の思想家たち（下）』同志社大学生協出版会、一九七三年、五頁。
（2）この感覚は西洋の「fortuna」に類似する（伊東貴之「勢について」、同編『シリーズ・キーワードで読む中国古典4　治乱のヒストリア　華夷・正統・勢』法政大学出版局、二〇一七年、一六九頁）。
（3）神谷昌史「文明・大勢・孤立——徳富蘇峰における「支那」認識」、『大東法政論集』第一〇号、二〇〇二年三月、九一頁。
（4）徳富猪一郎『蘇峰自伝』中央公論社、一九三五年、六八六—六八七頁。
（5）同前、六八七頁。
（6）同前、六八八頁。
（7）蘇峰は福沢諭吉の言論について「彼（福沢—引用者）の立論の基礎は、対症投薬也。されば彼の議論は、概ね其の時、其の場所限りのものにして、之を如何なる時にも、如何なる場所にも、適用す可きものにあらず」（徳富猪一郎『国民自覚論』民友社、一九二三年、神島二郎編『近代日本思想大系8　徳富蘇峰集』筑摩書房、一九七八年、二〇四頁）と論じており、同様の性格を見出している。
（8）徳富、前掲『蘇峰自伝』、六八八頁。
（9）同前、六八九頁。
（10）米原謙は「便宜主義」を「所与の状況でベターなものを選択するという態度」と定義した上で、これを蘇峰の長所であり短所と指摘している（米原謙『徳富蘇峰——日本ナショナリズムの軌跡』中公新書、二〇〇三年、七一頁）。
（11）伊藤彌彦「徳富蘇峰は自分の人生をどう語ったか（1）」、『同志社法学』第六七巻第七号、二〇一六年一月、二六頁。

(12) 和田守「徳富蘇峰と平民主義」、『聖学院大学総合研究所紀要』第四九号、二〇一一年一月、六八頁。
(13) 近年はこれらの時期を主題とした精緻な研究が進められている。具体的には『国民之友』や『国民新聞』に掲載された無署名論文を分析対象とする研究である。米原謙『近代日本のアイデンティティと政治』ミネルヴァ書房、二〇〇二年、和田守「日清戦後の徳富蘇峰（1）」（『大東文化大学紀要　社会科学』五六号、二〇一八年）、同「日清戦後の徳富蘇峰（2）」（『大東文化大学紀要　社会科学』第五七号、二〇一九年）などである。
(14) 和田守『近代日本と徳富蘇峰』御茶の水書房、一九九〇年を参照されたい。
(15) 和田守「蘇峰会の設立と活動」、『大東文化大学紀要　社会科学』第五三号、二〇一五年、同「徳富蘇峰と国民教育奨励会」、『大東文化大学紀要　社会科学』第五四号、二〇一六年。
(16) 米原、前掲『徳富蘇峰』、二三二頁。
(17) 澤田次郎『徳富蘇峰とアメリカ』拓殖大学、二〇一一年、赤澤史朗『徳富蘇峰と大日本言論報国会』山川出版社、二〇一七年。
(18)『徳富蘇峰　終戦後日記――『頑蘇夢物語』』全四巻、講談社、二〇〇六・二〇〇七年。
(19) 松浦寿輝『明治の表象空間』新潮社、二〇一四年、三七二頁。
(20) 同前、三七五頁。
(21) 同前、三七六頁。
(22) 植手道有「解題」、『明治文学全集34　徳富蘇峰集』（筑摩書房、一九七四年）、三六七―三六八頁。
(23) 同前、三六八頁。
(24) 徳富猪一郎『大正の青年と帝国の前途』民友社、一九一六年、神島編、前掲『近代日本思想大系8　徳富蘇峰集』、一八七―一八八頁。
(25) 米原、前掲『近代日本のアイデンティティと政治』、一五二頁。
(26) 同前、一五五頁。
(27) 同前、一五二頁。
(28) 蘇峰がスペンサーの『社会学原理』第二巻を読んだのは一八八四年八月である（山下重一『スペンサーと日本近代』御茶の水書房、一九八三年、一〇八頁）。
(29) 米原、前掲『近代日本のアイデンティティと政治』、一五五頁。

(30) 同前、一五六頁。
(31) 同前、一五七頁。
(32) 同前、一五七―一五八頁。
(33) 米原、前掲『徳富蘇峰』、一四二頁。
(34) 同前、一九九頁。
(35) 丸山眞男「歴史意識の「古層」」、丸山真男編『日本の思想六　歴史思想集』筑摩書房、一九七二年。同論文の執筆と近い時期の講義（一九六六、一九六七年）でも「勢」を論じている。
(36) 同前、『丸山眞男集　第十巻』岩波書店、一九九六年、四五頁。
(37) 同前、四二頁。
(38) 中国の「勢」観についてはフランソワ・ジュリアン（中島隆博訳）『勢　効力の歴史』知泉書館、二〇〇四年、伊東貴之「勢についいて」（伊東、前掲『シリーズ・キーワードで読む中国古典4』）を参照されたい。
(39) 丸山前掲「歴史意識の「古層」」、四二―四三頁。
(40)「勢」の歴史的用法は下記の辞典を参照されたい。上代語辞典編集委員会編『時代別国語大辞典　上代編』三省堂、一九六七年、室町時代語辞典編集委員会編『時代別国語大辞典　室町時代編一』三省堂、一九八五年、中村幸彦・岡見政雄・阪倉篤義編『角川古語大辞典　第一巻』角川書店、一九八二年、諸橋轍次『大漢和辞典　巻二』大修館書店、一九八九年、修訂第二版、『古語大鑑　第1巻』東京大学出版会、二〇一一年。
(41) 成沢光『政治のことば』講談社学術文庫、二〇一二年、七四―七五頁。
(42) 植手通有「江戸時代の歴史意識」、丸山編、前掲『日本の思想六　歴史思想集』、六四頁。
(43) 伊達千広『大勢三転考』、『日本思想体系48　近世史論集』岩波書店、一九七四年、四一五頁。
(44) 同前、四一六頁。
(45) 苅部直『「維新革命」への道――「文明」を求めた十九世紀日本』新潮社、二〇一七年、二二二頁。
(46) 同前、一九〇頁。
(47) 松本三之介『「利己」と他者のはざまで――近代日本における社会進化思想』以文社、二〇一七年、一一頁。
(48) 山泉進「解説」、『思想の海へ　解放と変革⑧　社会主義事始』社会評論社、一九九〇年、二九一頁。

(49)同前、二九二頁。
(50)山泉進「勢と進化論—近代日本政治思想の基相」、片岡寛光編『政治学：大学基礎講座』成文堂、一九八〇年、二一四頁。
(51)「定制自由党」(作成日不明)、花立三郎・杉井六郎・和田守編『同志社大江義塾　徳富蘇峰資料集』三一書房、一九七八年、一五〇—一五一頁。
(52)「板垣伯との問答記」(作成日不明)、同前、一六二頁。
(53)「逸題」(一八八一年一月十五日)、同前、三一四—三一五頁。
(54)徳富猪一郎『官民調和論』、植手編、前掲『明治文学全集34　徳富蘇峰集』、三頁。
(55)同前、一六頁。
(56)同前。
(57)『明治廿三年後ノ政治家ノ資格ヲ論ス』、同前、一九頁。
(58)同前、二〇頁。
(59)同前、二一頁。
(60)『新日本之青年　第三版』、同前、一一三頁。
(61)同前、一三三頁。
(62)同前、一三六頁。
(63)『将来之日本』、同前、八九頁。
(64)同前。
(65)同前。
(66)同前、一一一頁。
(67)徳富、前掲『蘇峰自伝』、六三六頁。
(68)徳富蘇峰『時務一家言』(民友社、一九一三年)、植手編、前掲『明治文学全集34　徳富蘇峰集』、二七七頁。
(69)同前、三三六頁。
(70)山下重一「ハーバート・スペンサーの社会有機体説」、『国学院法学』第四六巻第四号、二〇〇九年、一八〇頁。
(71)松本、前掲『「利己」と他者のはざまで』、二〇四頁。

(72) 山下、前掲『スペンサーと日本近代』、一一七―一一八頁。
(73) 徳富猪一郎『大正の青年と帝国の前途』、神島編、前掲『近代日本思想大系8　徳富蘇峰集』、一三七頁。
(74) 同前、一九三頁。
(75) 同前、一三七頁。
(76) 同前、二二二頁。
(77) 同前、一三九頁。
(78) 同前、六五頁。
(79) 米原、前掲『徳富蘇峰』、一七〇頁。
(80) 同前。
(81) 「覚醒乎惰眠乎」一九一一年七月、『蘇峰文選』民友社、一九一六年、一一四一頁。
(82) 徳富、前掲『大正の青年と帝国の前途』、二二五頁。
(83) 同前、一八八頁。
(84) 同前。
(85) 米原、前掲『徳富蘇峰』、一九二―一九五頁。
(86) 同前、二二五頁。
(87) 徳富、前掲『国民自覚論』、神島編、前掲『近代日本思想大系8　徳富蘇峰集』、三六三頁。
(88) 同前、三六五頁。
(89) 「大勢と人為」(一九二五年六月)、徳富猪一郎『第一人物随録』民友社、一九二六年、四〇七頁。
(90) 同前。
(91) 徳富猪一郎『頼山陽』民友社、一九二六年、二五三―二五四頁。
(92) 頼山陽(安藤英男訳)『通議』白川書院、一九七七年、二三九頁。
(93) 同前、二四〇―二四一頁。
(94) 坂本多加雄「徳富蘇峰と戦後日本」、杉原志啓・富岡幸一郎編『稀代のジャーナリスト・徳富蘇峰――一八六三―一九五七』藤原書店、二〇一三年、八三―八四頁。

(95) 杉原志啓『蘇峰と『近世日本国民史』――大記者の「修史事業」』都市出版、一九九五年、二〇三頁。
(96) 同前、二〇三―二〇四頁。
(97) 同前、二〇四頁。
(98) 同前、三〇三頁。
(99) 徳富猪一郎『昭和国民読本』東京日日新聞社・大阪毎日新聞社、一九三九年、参照。
(100) 澤田、前掲『徳富蘇峰とアメリカ』参照。
(101) 一九四六年二月二〇日条、同年十二月十九、二十日条などである。
(102) 徳富、前掲『蘇峰自伝』、六九一頁。
(103) 海老名弾正「我活ける神」、『新人』一九〇一年一月号。
(104) 一八七六年一二月に蘇峰は新島襄から洗礼を受けた。一八七八年三月よりデイヴィスのもとで教会活動を開始し、同年七月一九日から祈禱の言葉や当日の「感触」を記した小冊子の「朝夕工課　第一号」を付け始めた。しかし同志社を退学する頃になると信仰心が稀薄になる。蘇峰のキリスト教信仰については杉井六郎『徳富蘇峰の研究』法政大学出版局、一九七七年、を参照されたい。
(105) 「宗教の雰囲気（一）」、『東京日日新聞』一九二九年八月十八日付夕刊「日日だより」。
(106) 「宗教の雰囲気（二）」、『東京日日新聞』一九二九年八月二十二日付夕刊「日日だより」。
(107) 「宗教的雰囲気」、『東京日日新聞』一九三四年八月二十八日付夕刊「日日だより」。
(108) 「人間味」、『東京日日新聞』一九三八年十二月二十七日付夕刊「日日だより」。
(109) 「物質以上」、『東京日日新聞』一九三〇年十月十八日付夕刊「日日だより」。
(110) 松本三之介「天賦人権論と天の観念――思想史的整理のためのひとつの試み」、『近代日本の国家と思想』三省堂、一九七九年、参照。
(111) 溝口雄三『〈中国思想〉再発見』左右社、二〇一〇年、一九頁。
(112) 相良亨『日本の思想』ぺりかん社、一九八九年、一〇四頁。
(113) 溝口雄三『中国思想のエッセンス　Ⅰ　異と同のあいだ』岩波書店、二〇一一年、一六五頁。
(114) 柳父章『翻訳の思想「自然」とNATURE』平凡社、一九七七年、一八三頁。

(115) 平石直昭『一語の辞典　天』三省堂、一九九六年、八頁。
(116) 同前、九頁。
(117) 同前、一〇頁。
(118) 米原謙『国体論はなぜ生まれたか――明治国家の知の地形図』ミネルヴァ書房、二〇一五年、六頁。
(119) 「中村正直草案」、加藤周一ほか編・山住正己校注『日本近代思想大系6　教育の体系』岩波書店、一九九〇年、三七三頁。
(120) 「禍を転じて福と作す」(『東京日日新聞』一九三三年二月十一日付夕刊「日日だより」)、「天然を冒瀆する勿れ」(『東京日日新聞』一九三四年七月二十二日付夕刊「日日だより」)、「悠々たる気持」(『東京日日新聞』一九三六年四月一日付夕刊「日日だより」)、「天然と人間」(『東京日日新聞』一九三八年十月二日付夕刊「日日だより」)参照。
(121) 「インスピレーション」、『国民之友』第二号、一八八八年五月、参照。
(122) 「待命論」、『国民新聞』一九一三年四月六日付。
(123) 同前。
(124) 徳富猪一郎『近世日本国民史　豊臣氏時代甲篇』民友社、一九二〇年、五〇八頁。
(125) 同前、五〇九頁。
(126) 山路愛山『社会主義管見』(金尾文淵堂、一九〇六年)、岡利郎編『民友社思想文学叢書第三巻　山路愛山集(二)』三一書房、一九八五年、一四八頁。
(127) 山路愛山「余が所謂帝国主義(下)」(『独立評論』第三号)、同前、三三〇頁。
(128) 同前、三三八頁。
(129) 同前、三三二頁。
(130) 同前、三三一頁。
(131) 愛山がスペンサーの社会進化論に触れたのは静岡英学校在学中である(坂本多加雄『山路愛山』吉川弘文館、一九八八年、三四頁)。
(132) 山路愛山「ひとり言」(『国民新聞』一九〇七年六月二十一日付)、岡編、前掲『民友社思想文学叢書第三巻　山路愛山集(二)』、三一五頁。
(133) 山路愛山「英雄論」(『女学雑誌』第二四七号、一八九一年一月十日)、『愛山文集』民友社、一九一七年、六頁。

(134) 同前、二頁。
(135) 山路愛山「海舟先生を論ず」(民友社編『勝海舟』民友社、一八九九年)、岡編、前掲『民友社思想文学叢書第三巻　山路愛山集(二)』、三八頁。
(136) 同前、三九頁。
(137) 山路愛山「徳川時代史総論」(佐田和太郎『徳川幕府時代史』五鈴会、一九〇八年)、前掲『愛山文集』、八二八頁。
(138) 岡利郎『山路愛山――史論家と政論家のあいだ』研文社、一九九八年、九七頁。
(139) 米原、前掲『近代日本のアイデンティティと政治』、一五五頁。
(140) 笠原芳光「民友社とキリスト教」、西田毅ほか編『民友社とその時代――思想・文学・ジャーナリズム集団の軌跡』ミネルヴァ書房、二〇〇三年、一二三頁。
(141) 岡、前掲『山路愛山』、三八頁。
(142) 同前、三九頁。
(143) 伊藤雄志『ナショナリズムと歴史論争――山路愛山とその時代』風間書房、二〇〇五年、一〇七頁。
(144) 同前、一〇八頁。
(145) 今井宏『明治日本とイギリス革命』ちくま学芸文庫、一九九四年、一二七頁。

〔政治思想学会研究奨励賞受賞論文〕

レオナルド・ブルーニにおけるプラトン受容と祖国への義務履行
――応酬性・霊魂不滅・徳の教育

横尾祐樹

一　本稿の目的と問いの所在

イタリア・ルネサンスにおけるプラトン受容の思想史的意義として、メディチ家による君主政統治の正当化に、プラトン『国家』の哲人王に関する議論が活用された点が一般に知られている。(1) ではルネサンスのプラトン受容が持つ政治的意義は、君主政支配のイデオローグに過ぎなかったのだろうか。(2) そして、ルネサンス期の著述家に知られていたプラトンの教義は、当時の政治的著作に対する影響力を全く持たなかったのだろうか。かかる問いに応答すべく、本稿は、レオナルド・ブルーニ（一三七〇―一四四四）の政治的・道徳的著作と彼のプラトン翻訳に寄せた文章との比較検討を通じて、ブルーニが、祖国への義務履行や都市における有徳な市民の育成を正当化する際に、プラトン受容に由来する諸要素を活用していた可能性を示す。そして、「市民的人文主義」の潮流におけるプラトン受容との関係性(3)、そしてマキァヴェッリの位置づけの再検討を試みる。

ブルーニとプラトン受容の関連性について、既存の研究はどのような理解を行ってきただろうか。(4) まず、（甲）ルネサンスにおけるプラトン主義、（乙）ブルーニ個人におけるプラトン受容との二点から、既存の見解の整理を試みたい。

（甲）ルネサンス期のプラトン主義とその政治的意義を扱った研究として、代表的なものにA・ブラウンの研究がある。[5] ブラウンによれば、イタリア・ルネサンスにおけるプラトン主義が持つ政治思想史上の意義をメディチ家によるフィレンツェ統治の正当化に求めている。すなわち、血統や伝統ではなく、徳や思慮を持つ君主として支配の正当化を行う際に、メディチ家やその周辺の知識人が、プラトンの議論に依拠したというのである。[6] かかるブラウンの枠組みでは、ブルーニ個人の、ひいては一四〇〇年代初頭のプラトン受容の諸相に対する検討が不十分である。一方、本稿は、メディチ家統治の擁護に活用されたプラトン受容とは異なる側面に注目する。[7]

（乙）ブルーニ個人に対するプラトン受容の影響に触れた研究には、A・ラバッシーニ、J・ハンキンスらの研究がある。ラバッシーニは、プラトン『国家』の受容史に着目しつつ、ブルーニの政治的著作へのプラトン主義の影響について検討している。[8] だが、ラバッシーニは、プラトンがアリストテレス、キケローに比べて、「有益さutilitas」という視点では劣位にあり、[9] そしてユートピア的な色彩が強いという理由で、[10] ブルーニはプラトンを積極的には受容しなかった点を主張している。[11] 同様に、J・ハンキンスは、ブルーニをはじめとする一三〇〇年代から一四〇〇年代の人文主義者によるプラトン受容を詳細に検討しているが、ブルーニによるプラトン受容の影響は、彼の政治的著作の中には見出されないと述べている。[12] だが、本稿がこれから示すように、ブルーニのプラトン翻訳序文では、明確に「有益さ」という観点から、プラトン対話篇への肯定的な評価がなされている。加えて、ブルーニが共和政擁護のレトリックを活用した演説にも、[13] プラトン対話篇に由来する要素を確認することができる。[14]

本稿は主に（乙）の系統に依拠しつつ、応酬性、霊魂不滅、徳の教育の三つの要素に着目して、[15] ブルーニへのプラトン受容の影響力について検討する。そして、上記の三要素が、ブルーニにおける共和政擁護のレトリックと矛盾なく共存し得た可能性を浮き彫りにする。かくして本稿の貢献は、従来その結びつきがあまり意識されないどころか、むしろ相反した運動として理解されがちな二つの知的潮流、[16] すなわち初期近代の人文主義とプラトン受容との連関に焦点を当て、徳の政治学とプラトン受容が結合し得た可能性を示す点にある。[17]

上記の議論を立証すべく、本稿は、ブルーニが依拠したであろうプラトン受容に由来するトピックにしたがって、以下の構成を取る。

第一に、ブルーニが応酬性に基づく義務履行に触れた箇所を検討する。具体的には、祖国への義務履行が、祖国から与えられたものを返すといった視点から正当化されるテクストに焦点を当てる。そして、この種の義務履行に関する見解が、プラトン『クリトン』の受容から成立している可能性があることを示す。

第二に、ブルーニが霊魂不滅と祖国への義務履行を結びつけて理解していた可能性を示す箇所を検討する。すなわち、ブルーニが、祖国への義務履行をはじめとする徳の報酬として、霊魂不滅を前提にした死後の報酬を念頭に置いていた点を明らかにする。そして、彼の『パイドン』翻訳序文などの検討から、霊魂不滅と祖国への義務履行をプラトンに紐づけて理解していた点を示す。

第三に、ブルーニが霊魂と徳の教育をどのように結びつけたかという観点から、彼の教育論を検討する。ブルーニ自身が『道徳上の学説への手引き *Isagogicon moralis disciplinae*』で、「全ての徳は、一般に習慣という名で呼ばれる霊魂の恒常的な状態」と述べるように[18]、ルネサンス期の教育論は、教育や訓練に基づく霊魂の習慣づけと徳の問題を紐づけることが常であり、ブルーニもまたその例外ではなかったと考えられる。そして、霊魂への配慮と徳の教育の結合というトピックに着目すると、ブルーニら共和政におけるフィレンツェ人文主義とメディチ家台頭以後のプラトン主義者との間における一貫した傾向性に焦点を当てることができる。その一方で、祖国への義務履行をどのようなメカニズムで可能にするかという問題をめぐって、ニッコロ・マキァヴェッリ（一四六九―一五二七）と彼以前の人文主義者の間に生じた隔絶を浮き彫りにすることが可能である。

二　ブルーニにおけるプラトン受容と祖国への義務履行――応酬性

本節では、ブルーニが祖国への義務履行を正当化する際に、「応酬性」―祖国への義務履行は、祖国から受け取ったものを祖国へと返すことのゆえに正当化される―に依拠していた点を示す。そして、それがルネサンスにおけるプラトン受容と密接に結びついている可能性がある点を、ブルーニによるプラトン翻訳（本節では主に『クリトン』）の検討から明らかにする。

ブルーニは、『ナンニ・ストロッツィの葬儀における演説 *Oratio in funere iohannis strozze*』において[19]、下記のように、祖国への義務履行を応酬性に基づかせている[20]。

（ストロッツィは）、いかに（自分が）大切であろうとも、いかに愛しく、愛すべきであっても、祖国への忠誠と高潔さをなおざりにしないために、それ（自らの命）を軽んじることを選択するのである。というのも、生を受けたこと、養育、学識、そして人間性に関するすべての贈り物を、彼自身は祖国から受け取ったa patria suscepisseのであり、時勢が要求するのならば、その命を費やすというよりはむしろ、返さなければならないと考えているのだから[21]。

このテクストで着目すべきは、ブルーニがストロッツィの義務履行を、祖国から受け取ったものを「返す」行為として理解している点である。この義務履行を応酬性と結びつけるブルーニの態度は、以下三点の理由から、ほぼ確実にブルーニに対するプラトンからの影響として評価されうる。第一に、『クリトン』翻訳に寄せた文章において、ブルーニは祖国への義務履行の問題に触れているから。第二に、先述のテクストの記述が、『クリトン』翻訳の本文の内容と酷似しているから。第三に、ありうる他の選択肢（この場合、主にキケロー）を棄却できるから。この三点について、以下でそれぞれ検討してみよう。

まず、祖国への義務履行という視点は、ブルーニの『クリトンの初期翻訳における筋書き*Argumentum in critonis versionem primitivam*』、『クリトンにおける筋書き*Argumentum in Critonem*』の双方においても同様に確認でき、彼の関心が応酬性に基づいた祖国への義務履行にある点が窺える。例えば、『クリトンの初期翻訳における筋書き』では、ブルーニは以下のように述べる。「ソクラテスは、彼（クリトン）に対して、はじめに真のまたは偽の名声について、そして次に祖国に対する愛情と信義、そして熱心さについて述べたのでde caritate erga patriam et fide diligenter accurateque desseruit、彼（ソクラテス）は、クリトンに対して、善き男が不正な裁判員に対してすら、こっそりと逃亡することは、祖国に対する最大の不正であるということを説得したのであった」[22]。

さらに、『クリトンにおける筋書き』でも同様に、ブルーニは祖国への義務履行について言及している。そこで、ブルーニは『クリトン』における数多くのトピックを取り上げる一方で、特に重要な論点として、祖国への義務履行を取り上げる。すなわち、「だが、とりわけ祖国に対する市民の義務 officio civis erga patriam について、彼が論じているという部分に関して称賛に値する。というのも、そこでは、いわば哲学の最も深遠な聖堂から、最も価値のある何ものかが、我々の知識と学識へと引き出されているのだから」[23]。よって、ブルーニによる『クリトン』への関心が、祖国への義務履行の問題にあることは明白である。

では、なぜブルーニにおける祖国に対する義務履行が、オリジナルの『クリトン』で展開されているのと同様の仕方で、応酬性と結びつくと言えるのか。ブルーニ自身が『クリトン』51d-e における応酬性に関する議論を翻訳しており、かつその記述が『ナンニ・ストロッツィの葬儀における演説』中の記述と極めて類似しているからである。類似している箇所は、先に引用した『ナンニ・ストロッツィの葬儀における演説』におけるテクスト（「生を受けたこと、養育、学識、そして人間性に関する全ての贈り物を、彼自身は祖国から受け取った se et procreationem et alimoniam et eruditionem et cuncta humanitatis munera a patria suscepisse」）である。この記述では、ストロッツィが「祖国によって」命や教育などを与えられており、彼の義務履行（＝祖国防衛のために死ぬこと）は、与えられたものを返すという視点から正当化されている。そして、全く同様の構図は、ブルーニによる『クリトン』翻訳の中にも見出せる。ブルーニが最初に作成した『クリトン』翻訳では、「すなわち、我々（祖国）が、お前を生み、養育し、教育したNos enim te genuimus, nutrivimus et erudivimus」と記載されている[24]。続いて、訳文を洗練させる形で成立した『クリトン』翻訳も同様に、当該箇所は「我々はお前と他の全ての市民たちを生み出し、教育し、学識を与えたNos enim quae te et alios omnes cives genuimus, educavimus, erudivimus」である[25]。先に引用したテクストと比較した場合、文章・論理の構成から用語の選択に至るまで、『クリトン』翻訳のテクストと酷似していることは明らかである。よって、上述したテクストにおける義務履行は、ほぼ確実にブルーニによる『クリトン』翻訳の影響下で成立していると考えられる。

その一方で、キケロー『義務について*De officiis*』一・七・二十二もまた、祖国への義務履行に関する視点をブルーニに与えた可能性があるテクストである。その箇所で、キケローはプラトンの引用と称して、祖国への義務履行を正当化している。加えて、A・ダイクによる『義務について』の注釈によれば、この箇所の出典はプラトン第九書簡とされている。[26] ここで、ブルーニはプラトンの書簡を翻訳・紹介した人物であるため、彼は『義務について』およびプラトン第九書簡に関心を寄せた可能性が生じるかもしれない。事実、パオロ・ポンズ・ドナートは、プラトン第九書簡に由来する『義務について』のテクストと、『ナンニ・ストロッツィの葬儀における演説』における祖国への義務履行の問題とを紐づけて理解している。[27] だが、以下二点の理由によって、このテクストのブルーニに対する影響といった可能性は否定されうる。第一に、『クリトン』における義務履行の正当化とはその内容が異なっているから。第二に、ブルーニがプラトン書簡を翻訳する際に残したテクストのうちに、第九書簡への関心を看取することが困難であるから。上記二点の理由について、以下でそれぞれ検討してみよう。

まず、キケロー『義務について』一・七・二十二では、祖国への義務履行は、人間が持つ生の一部が、祖国や近親者と共有されているという点から正当化されている。その記述は以下のようである。

> プラトンによって見事に述べられたように、我々は我々自身のために生まれているのではなく、我々の生まれの一部について祖国が所有権を主張し、また友人たちも（我々の生まれの一部について所有権を主張するのである）
> ut praeclare scriptum est a Platone, non nobis solum nati sumus, ortusque nostril partem patria vindicat, partem amici.[28]

このテクスト中からは、市民の「生まれortus」は、その一部分ずつを祖国や友人たちと共有している点のみが看取できる。「生まれ」を祖国や友人たちに依存しているという点までは、『義務について』一・七・二十二から言えようが、その一方で、祖国から受け取ったものを返すといった視座は見いだされない。よって、この『義務について』のテクストがブルーニにおける祖国への義務履行に与えた影響は、さほど過大評価するべきではない。むしろ本稿が述べたように、『クリトン』翻訳の影響を重視すべきである。

また、ブルーニ自身がプラトン書簡の翻訳時に残した史料では、[29]『義務について』一・七・二十二の出典であるプラトン第九書簡への関心がほとんど見いだされない。『プラトンの書簡への翻訳における序文*Praefatio in traducionem Epistlarum Platonis*』また『プラトン書簡における筋書き*Argumentum in Epistolas Platonis*』を紐解くと、ブルーニはプラトン書簡のうち、第七書簡に関心を集中させている。[30]なかでも主な関心は、知恵と徳の優位、[31]プラトン自身の意図が反映されていること、[32]そしてデュオニシオス二世のもとでプラトンが政治参加を試みた点に向けられる。[33]したがって、応酬性、そして祖国に「生まれ」の一部を負っているという視点から、義務履行の問題に関心を向けた形跡は、『クリトン』翻訳に際して執筆した史料ほどには明確ではない。[34]この点でも、ブルーニにおける応酬性に基づく義務履行は、キケローよりもむしろプラトン受容に由来する概念として理解した方が適切である。

本節の議論をまとめよう。『クリトン』翻訳時の史料から、ブルーニが『クリトン』に寄せた関心は、祖国に対する義務履行の問題である。そして『クリトン』内部で展開される応酬性に関する議論は、彼の政治的著作である『ナンニ・ストロッツィの葬儀における演説』で活用されている。そして、その影響関係において、他の可能性のある選択肢（キケロー『義務について』）は否定されうる。

三　ブルーニにおけるプラトン受容と祖国への義務履行——霊魂不滅

本節は、ブルーニの政治的著作において見いだされる他のプラトン受容の痕跡として、霊魂不滅の問題を取り上げる。従来、政治的な関心とはあまり関係のないものとして理解される傾向にあったトピックであるが（事実、政治からは極めて縁遠い議論であったことは確かだと思われるが）、前節と同様に、『ナンニ・ストロッツィの葬儀における演説』とブルーニのプラトン受容に関連するテクストとの比較検討を行うと、彼が霊魂不滅の問題を念頭に置いて、祖国への義務履行を議論していた点が浮き彫りになる。

まずブルーニは、祖国に対する義務履行の報酬として、死後における称賛や名誉を取り上げる。この文脈の中で、彼は霊魂の不滅に関して言及している。

すなわち、あなたの諸々の徳は、決して沈黙させられることはなく、そして後世の者たちが、あなたの栄光について沈黙するということもなく、むしろあなたは、あなたの市民たちの口と会話の中に存在するであろうし、彼らはあなたの真正の賞賛と美点によって感動し、並はずれた好意と永遠の祝福とによってあなたを称えるであろう。すでに死んでしまった者たちにとって、このことは何の関係もないと考える者がもしいるのならば、それは大きな誤りである。というのも、我々の霊魂は滅びないし、死によって感覚が消失するということもない。徳に対する諸々の報酬は、この非常に短い期間だけで終わるのでもなく、むしろ我々の霊魂は持続し、かつ感覚を持つのである。というのも、もし死に際して我々の霊魂が消失し、徳についての諸々の報酬がこの短い生涯の間でのみ終わってしまうとするならば、最高の男たちに対する数多くの後世の者たちの関心が持続しないであろうし、死後において人々が、それについてどのように評価するだろうかということに、これほどまでに配慮することもないであろうから。彼の祖国は彼にとって最も神聖なものであり、かつそれ（祖国）に対して最大の忠誠を持つのは当然であるので、その健康と自由のために戦って命を落とした者たちへの永遠の報酬が、天において返却されるということは、曖昧にされるべきではない(35)。

このテクストの要点は、徳の報酬である名誉や称賛が、現世という短い期間でのみ完結するのではなく、死後においても永久に持続するのであり、そのためには霊魂の不滅が前提となっていなければならないという点である。この箇所が、ブルーニによるプラトン受容の影響下にあると評価しうる理由は、以下の二点が挙げられる。第一に、ブルーニによるプラトン翻訳に関する史料から、徳と霊魂不滅との結びつきを見出すことができるから。第二に、ブルーニの諸作品と同時代の人文主義者たちとの類似性に着目すると、霊魂不死と徳、そしてキリスト教信仰との関係について彼らは関心を共有しており、その媒介項としてプラトンへの言及が確認できるから。この二点について、以下でそれぞれ検討してみよう。

一四〇五年頃に作成し、当時の教皇イノケンティウス七世に献呈した『パイドン』翻訳序文で、ブルーニは、自らの『パイドン』翻訳の動機が霊魂不滅にあることを明確にしている。この点を端的に示している記述は以下のようである。

至聖にして至福なる教皇よ、あなたによってもたらされて、値打ちがありかつ著しく光り輝くものを私は差し出すのである。すなわち、『霊魂の不死について』というプラトンの書物。というのも、私がギリシア人のところでそれを読み、その書物の中に多くの敬虔かつ健全な教えが見いだされたので、私がラテン語に翻訳し、あなたの威厳に結びつけたものは、私にとってふさわしいものであり、かくして霊魂への配慮が天から命じられたものであるということ、すなわち最高の哲学者が霊魂についてどのように考えていたのかということを理解できる。[36]

このテクストから、ブルーニは、『パイドン』における霊魂不滅の教義が「敬虔かつ健全な教えpie ac salubriter dicta」であり、「霊魂への配慮animarum curaが天からcaelitus命じられた」事柄と評価している点が窺える。加えて、『パイドン』翻訳序文における他の箇所に着目すると、ブルーニが「正しい信仰のためにad recte fidei」、プラトンを翻訳することが「有益であるutilis」と見なしていた箇所も存在する。[37] 更に、『パイドン』における霊魂不滅の教義とキリスト教とが数多くの点で一致する点に、彼が驚嘆している箇所を見出すこともできる。[38] よって、ブルーニによる『パイドン』への関心が、まずもってプラトン翻訳を通じたキリスト教教義（この場合、霊魂不滅）の正当化にあることは明白である。

では何故、キリスト教信仰を確証するという『パイドン』翻訳への関心が、ブルーニにおいて徳の問題と結びつくのだろうか。ブルーニは徳の習得に対する報酬、もしくは悪徳に対する制裁として、来世的な賞罰を想定しており、その前提として霊魂不滅とキリスト教信仰を結びつけて理解しているからである。この点を考察するためには、ブルーニが一四三三―一四三四頃に執筆した書簡の記述と、『ソクラテスの弁明』翻訳との関係性に目を向ける必要がある。これらの史料では、ブルーニはほぼ確実にプラトンの記述に依拠している。

まず、ブルーニが執筆した書簡（『レオナルドがニッコラに宛てて *Leonardus Nicolao S.*』）の記述を確認しておこう。この書簡は、ブルーニの友人であるニッコラの母が亡くなった際に、ブルーニが彼を慰めることを目的として執筆した書簡である。この書簡において、ブルーニは、ニッコラの母が亡くなったのは必ずしも悲しむべきことではなく、むしろある意味においては喜ばしいことである点を力説し、その文脈の中で『ソクラテスの弁明』に由来する記述を用いながら、霊魂不滅の問題を扱っている。

そして、彼女が死んだからといって、彼女に何か災難が生じたとは私は考えていないし、全ての感覚がそのまますべて消滅し、いわば決して妨げられることのない何らかの夢に似た安息をもたらすという理由によって、死においては何らの邪悪も存在しないのである。その間における最も甘美なものが、何の中断もない一つの夜の完全な期間を得ることであるとするならば、かの永続する時間の中にいることは、どれほどの甘美さだと考えられるべきだろうか。そして、もし感覚が持続し、死後においても我々の霊魂が生きるというのであれば、運命づけられた道を歩きつつ、より善い住居へと移動して、より善き者たち、そして自分に似た人々と共に住むのだということが疑いなく認められなければならない。かくして、死においては何の邪悪もなく、また多くの善きものがあるのだ。（中略）人間たちの霊魂は永続的なものであり、最高の者にとっては、その人が肉体の束縛から解放された時には、天へと容易く戻れるように途が開けていると私は確信している。そして今や彼女は天にいて、暗闇から解き放たれ、純粋な思考によってかの神的な光景について観照しつつ、我々の虚弱さを哀れみ、そしてついに今この時こそ自分は生きているのであって、我々が生と呼んでいるものは、実際には我々の死であるということを悟っているのである。[39]

このテクストにおいて『ソクラテスの弁明』に由来する箇所は、（甲）「感覚」を失った死後の生を「何らかの夢に似た安息」として理想視している点、そして（乙）「人間たちの霊魂が永続であること」、すなわち霊魂不滅を前提としながら、霊魂の肉体からの離脱と「よりよい住居への移動」により、「最善の者」、すなわち生前に有徳であったニッコラの母の死後における幸福を主張している点の二つである。この二点は、オリジナルの『ソクラテスの弁明』の記述と類似しており[40]、ブルーニがプラトンから借用した部分であると思われる。生前において数多くの徳を実現することができた人物は、死後における永遠の幸福に与ることができるので、その人は決して不幸なものではない。むしろ、美徳の報酬は「天」において享受されるため、死後の世界にこそ真の幸福があるとブルーニは考えているようである。美徳の報酬を天で享受するという点は、先に検討した『ナンニ・ストロッツィに葬儀における演説』における「その健康と自由のために戦って命を落とした者たちへの永遠の報酬が、天において返却されるということは、曖昧にされるべきではない」という記述と共通の視座に立つものである。なお、有徳な人間にとって死は不幸でないという視座は、ブルーニが執筆した他の演説『青年オットーネの葬儀における演説 *Oratio in funere othonis adulescentuli*』の中にも看取される[41]。したがって、霊魂不滅と死後の賞罰を前提にした祖国への義務履行は、ブルーニにおいて一貫した要素である。

そして先述の書簡において、ブルーニが「人間たちの霊魂が永続的 animos hominum esse sempiternos」であることを示す際に、単に「不死性 immortalis」ではなく「永続性 sempiternus」という語句を選択している点は注目に値する。というのも、J・ハンキンスによれば、「永続性」とは神の世界創造後における永続性を意味しており、世界創造の前後および終末後も含めた永遠性とは区別されるキリスト教化された概念であるから[42]。よって、このテクストで示されている「天 Coelum」[43]などの概念もキリスト教に引き付けて解釈する余地がある。そしてこれは、ブルーニが『パイドン』における霊魂不滅の中にキリスト教信仰との一致を見出そうとしていた点とも矛盾しない。

また、徳の習得と生の軽視という視点は、ブルーニが作成した『ソクラテスの弁明におけるレオナルド・アレッティーニによる筋書き *Leonardi Aretini argumentum in Apologiam Socratis*』においても共有されている。すなわち、ブルーニはソクラテスの裁判に関して、「判断を行うのに未熟な大衆 iudicante imperita multitudine」がいる都市としてアテナイを描写し、その中でソクラテス（「最も廉直で正直な最善の男」）が自らの弁明を行った様子を以下のように要約している。

真の善き男への弁護は、無罪の証明を通じたものであるように思われるが、（その弁護には）裁判官たちの心を動かし、唆すための他の仕掛けと技術が利用されていたのだから。そして彼ら（弁護人たち）は、彼ら自身の持つ欠陥ではなく、裁判官たちによる死を恐れる者たちであった。だが、このようなことは、ソクラテスにおいては違っていた。彼は泣いている息子たちを連れてくることなく、また彼自身涙を流したりはせず、同情を利用することもなかったのであり、ついには嘆願したり、阿って語るということも全くなく、むしろ高潔にして自由な魂alto atque libero animoによってすべてを貫いたのである。

このテクストにおいて、確かに先の書簡で確認できた要素の片方、すなわち妨げられることのない夢として死後の生を理想視する側面は見いだされない。その一方で、ブルーニは、ソクラテスの有徳さを霊魂の問題と結びつけて語っている。ここでは、有徳な行為の遂行と生の軽視といった視点は、ソクラテスの描写から引き出されている。(44)

さらに、この徳の報酬と霊魂不滅に関する論点は、ブルーニの同時代人にも共有された一般的な視点であった。この点を明確にするためには、枢機卿ギョーム・フィラストレ（一三四八―一四二八）が、ブルーニの『パイドン』翻訳に付した「序文*Prologus*」が手掛かりになる。その中で、霊魂不滅と死後における賞罰の問題に触れた箇所は、以下のようである。

このような異邦人の哲学に関する教説がキリスト教信仰から逸脱したとき、それら（教説）はキリスト教を動揺させるのではなく、むしろなんと多くの点で（キリスト教と）調和していることかと驚嘆し、喜ぶべきだろうし、信じるべき事柄に向けてよりいっそう自明にするべきであろうし、そして信仰においてはより強固に強められるべきであろう。永遠の霊魂が肉体からの分離の後に、功労に対しては報酬を、罪業に対しては罰を受け取るであろう

animas perpetuas premia pro meritis, penas pro culpis accepturas post seperacionem a corpore と決然として断言するときに。(45)

このテクストの要点は、ブルーニによる『パイドン』翻訳に対する同時代人の反応が、ブルーニ本人と同様に、プラトンの霊魂不滅に関する教義とキリスト教信仰の一致に対する驚嘆・賛美、そして霊魂の永続性と死後における賞罰の問題に言及されている点である。これらの点は、先に『ナンニ・ストロッツィの葬儀における演説』やブルーニのプラトン翻訳に関するテクストの検討によって示した論点(=霊魂不滅と祖国への義務履行、死後における徳の報酬の享受)と確かに一致している。

同じように、他の人文主義者も霊魂の永続性と徳の問題を結び付けて理解している。(46) 例えば、ウベルト・ディチェンブリオ(一三五〇—一四二七)『国家についての書物 *De re publica libri*』は、キケローとプラトンの双方に言及しつつ、死後の生における徳の報酬と霊魂不滅に言及している(「諸々の霊魂の状態について、そしてそれらの報酬と罰についてde statibus vedelicet animarum, earumdem premiis et suppliciis」)(47)。さらに、ディチェンブリオもまた、霊魂不滅に纏わる神話はキリスト教信仰と一致しており、それゆえに何らの論証も必要とはされない真理であることを自明視している。(48)

本節の議論を要約しよう。ブルーニは『ナンニ・ストロッツィの葬儀における演説』で祖国への義務履行を扱う際に、霊魂の不死性や死後の生における徳の報酬を前提にしている。この前提は、ブルーニによるプラトン翻訳(ここでは『パイドン』『ソクラテスの弁明』)の影響下で成立した可能性がある。そして、ブルーニ以外の人文主義者もまた、プラトンに紐づけて同様の前提を共有している。

四　ブルーニにおける霊魂と徳の教育

本稿ではこれまで、ブルーニにおける応酬性および霊魂不滅を前提にした祖国への義務履行の問題を扱ってきた。では、この義務履行を可能にするために、ブルーニはどのような徳を重視していただろうか。そして彼は、徳の習得に際して、どのような手段を想定していただろうか。本節は、このような問いを念頭に置いて、ブルーニの教育論を検討する。彼は自らの教育論の内部においても、霊魂と徳の問題を結び付けて語っており、その中で、外的な条件の如何にかかわらず、魂を一定の仕方で秩序付けることに教育の役割を見出す。

ブルーニは、祖国への義務履行に際して、「勇敢さfortitudo」の徳を最も重要視している。例えば、『ナンニ・ストロッツィの葬儀における演説』において、戦死したストロッツィを「勇敢さの模範 fortitudinis exemplum」と称えつつ、「勇敢さ」を第一の徳に位置づける。

> あなたは祖国への愛のために生命を投げ捨て、祖国の名誉と栄光よりもあなた自身の生涯の方を軽んじたのであり、あなたは真に祖国とあなたの市民たちのために生まれた男であり、勇敢さの模範であり、かつ最高の男という栄光を受け取るのは全く不当ではない。というのも、勇敢さは最も優れた徳であり、おそらくは他の徳を超えているだろうし、精神力に満ち、活力に満ち、正当な怒りに充溢していて、明らかに男性的で無敵であるのだから。[(49)]

このテクストでは、ストロッツィが自らの生命以上に祖国への献身を優先したことが明記されており、その際に重要な役割を担っている徳こそ、まさに「勇敢さ」であった。そして、「勇敢さ」は、戦争における祖国への義務履行と結びつけられている。同様の点は、最も称賛されるべき人間が戦死した市民であり、現に死者を称えて作成される彫像は、つねに軍装によって彩られていることを『ナンニ・ストロッツィの葬儀における演説』と『兵士について *De militia*』[(50)]の双方が述べていることからも明白である。[(51)]

では、ブルーニは、「勇敢さ」をどのような徳として理解していただろうか。彼は、流動的である外的な状況に左右されることなく、思慮を伴って危機や労苦、身体的な損害に耐えるという点に、「勇敢さ」の特徴を見ている。[(52)]その記述は以下のようである。

このこと（勇敢さ）において、屈強な男は最も卓越していた。あなたは常に、高潔かつ無敵の霊魂celso invictoque animoによって、常によく危機に従事し、恐れなく眼前の危機に耐え、そして切迫した危機に対しては恐れずに、また動じずに予期する。そして、恐怖心によってでもなく、偶発的にでもなく、また他の情動によって引っ張られるということもなく、むしろ選択のためにはじめられた強固かつ確固たる判断によってすべてを行うのである facitque hec omnia non temere nec fortuito, nec perturbationeque aliqua tractus, sed firmo stabilique iudicio per electionem susceptor.[53]

このテクストで重要な点は以下二点である。（甲）「勇敢さ」という徳がストロッツィの偉大な「霊魂」と紐づけられている点、（乙）危機を眼前にした際のストロッツィの行為が、恐怖および他の情念の揺らぎや偶発的な行為によってではなく、彼の自発的な「選択のためにはじめられた強固かつ確固たる判断iudicio」によって選択された行為として描写されている点である。ここでは、ストロッツィの義務履行（＝危機や戦争への従事）が、彼の霊魂の偉大さや熟慮によるものであり、危機に際しても情念の揺らぎに一切惑わされることなく判断を下すことが重視されている。これを可能にする徳として、「勇敢さ」が位置づけられる。

このブルーニにおける「勇敢さ」の位置づけは、他の人文主義者においても一貫している。例えば、前節でも取り上げたディチェンブリオは、「勇敢さ」について、「それは苦悩、苦役、苦痛などの逆境の中に、あらゆる労苦への忍耐の中に、フォルトゥナの命令によって支配されている外的な諸事物への軽蔑の中に最も多く見出せる」と述べている。[54]加えて、マッテオ・パルミエーリ（一四〇六―一四七五）もまた、「勇敢さ」に関して、「全くのところ、真の勇敢さとは、そのように行為すること（＝戦闘などの危機に際して、外的な事物を軽蔑し、死や労苦を引き受けること）が有徳であり、逃げることが恥である場合に、忍耐をもって全ての事柄に耐えること」と整理している。[55]このように、「勇敢さ」を危機や逆境に対する忍耐と外的な事物（例えば、財産や身体的な快苦）への軽蔑が「勇敢さ」という徳の特質である点は、ブルーニによる「勇敢さ」の描写と一致している。[56]

そしてブルーニは、この「勇敢さ」をはじめとする徳の習得が、教育や訓練に基づく霊魂の習慣づけによって、血統や生まれの如何に関わらず全ての人間に可能であると見なしている。この点を明らかにするために、彼の教育論の一つである『道徳上の学説への手引き』を検討しよう。ブルーニによる徳の定義とその習得に関する記述は、以下のようである。

全ての徳は、一般に習慣という名で呼ばれる霊魂の恒常的な状態である。（中略）人間もまた、訓練と習慣づけによって、正義についての習慣と節制、そして残りの徳に適合できるように自然によって生まれついているのと全く同じように、自然によって不完全であった者も、経験によって完成されうる。そして、全ての徳に関しては、ほとんどこのような仕方で判断されなければならない。すなわち、習慣とは、霊魂の訓練と実践とによって習得され、経験と知識とによって、その作品が完成するのである。[57]

このテクストで重要な点として、人間が徳に参与する能力は「自然によってa natura」付与されており、仮に現時点で徳において不完全な人物であったとしても、訓練や教育によって徳の習得が期待できるだけの潜在性をブルーニが自明視している点が挙げられる。換言すれば、徳を習得する能力は自然によってすべての人間に存在しており、徳の習得は、霊魂の習慣づけを訓練や教育によって達成できるか否かに依存している。[58]

加えてブルーニは、このような霊魂の習慣づけによって達成されうる徳の一種として、先述の「勇敢さ」を位置づけている。同じく『道徳上の学説への手引き』を紐解くと、「勇敢さ」の定義は、賢明な男たちが不名誉な生よりも栄光ある死を選択することであった。[59] さらには、「勇敢さ」を「疑いなく最も美しい徳speciossisima profecto virtus」と称賛し、徳それ自体と同一視する記述も存在している。[60] したがって、霊魂を「勇敢さ」をはじめとする有徳な状態に維持することが、ブルーニの教育論の前提であった。換言すれば、ブルーニにおいて、祖国への義務履行を支えている前提

（＝応酬性・霊魂不滅）は、徳の教育に基づく霊魂の「習慣づけ」によって実現可能になるものと位置づけられている。

本節の議論をまとめよう。ブルーニは『ナンニ・ストロッツィの葬儀における演説』において、ストロッツィの義務履行を可能にする徳として、四元徳の一つ「勇敢さ」を重視する。この「勇敢さ」は、外的な状況や霊魂内部の情念に惑乱されることなく、熟慮を伴った判断を可能にする徳として位置づけられる。そしてブルーニは、教育や訓練を通じた霊魂の秩序付けによって徳の習得が可能であり、その可能性は自然によってすべての人間に付与されている点を前提にしている。

五　本稿の総括と展望

本稿における議論を総括しよう。本稿は、レオナルド・ブルーニにおけるプラトン翻訳に関する史料と彼の政治的著作との比較検討から、彼が祖国への義務履行を（甲）応酬性、（乙）霊魂不滅の二点に即して正当化している点を明らかにした。そして、ブルーニは（甲）（乙）の二点を可能にする徳の一種として「勇敢さfortitudo」を評価しており、かかる徳の教育を人間の「自然」に紐づけている点を示した。すなわち、ブルーニは霊魂の状態をある一定の有徳な状態に保てるように教育することを重視している。本稿の議論から、如何なる展望を得ることができるか。（甲）ルネサンス人文主義におけるプラトン受容の位置づけへの再考、（乙）祖国への義務履行をめぐる人文主義とマキァヴェッリの相違、との二側面からの展望がありうる。

本稿では、ブルーニによるプラトン受容の要点を応酬性に基づく義務履行、霊魂不滅を前提にした義務履行、そして徳の教育といった側面に見出している。かかるプラトン受容の仕方が、果たして正確なプラトン理解と言えるのかという点は疑問視される。というのも、イデア論や立法者、哲人王に関する論点をブルーニのプラトン理解に見出すことは困難である上に、彼のプラトン理解は多分にキケローに引き寄せられているからである[61]。イデア論をはじめとするプラトンの教義に対する正確な理解、もしくは考察の深まりという点に関しては、一四〇〇年代後半のプラトン主義者であるマルシリオ・フィチーノとの連続性をブルーニに見出すのは困難かもしれない。だが、徳の定義や霊魂と徳の結びつきに関する論点においては、彼らの間に取り立てて大きい差異を確認することはできない(62)。したがって、祖国への義務履行や霊魂不滅とキリスト教との結合、徳の教育といった視点から見た場合、ルネサンスのプラトン受容は、一四〇〇年代初頭から後半まで、政体の如何を問わず一貫した傾向を持つ知的潮流として理解されうるのではなかろうか。

むしろ、一四〇〇年代から一五〇〇年代における人文主義の中で断絶が生じているとすれば、その断絶はマキァヴェッリに見いだされる。祖国への義務履行を促すメカニズムは、ブルーニにおいては応酬性と霊魂不滅の前提、徳の教育であった一方で、マキァヴェッリは、ローマの徳や習俗の健全さが、教育以外の要因である「外敵の脅威metus hostilis」、すなわち共同体の外部者がもたらす恐怖に依存していた可能性に自覚的であった(63)。換言すれば、彼は、ローマの徳がそれ自体の価値によって維持されたわけではなく、共同体の外部者がもたらす恐怖や必然性によって辛うじて維持できたに過ぎず、外部者の不在時にあっては徳の維持が不可能ですらあった点を念頭にローマ史を描写している(64)。個々の市民を対象とした徳の教育により霊魂から除去されるべき諸情念―恐怖、野心、貪欲―は、マキァヴェッリにおいては法制度の構築を行う場合における所与の前提として再評価される(65)。個別の統治者や市民たちを対象とする徳の教育から、都市全体を対象にする法制度の構築とその蓄積―その中で各人の徳や力量が持つ役割は漸進的に減少する―へと主要な関心が切り替わり、その属人性が幾分か希薄化しつつあること。この点に、人文主義一般の傾向とマキァヴェッリの隔絶が看取されうる。かかる展望を記して、結びとする。

[凡例]

ブルーニのテクストについて、『ナンニ・ストロッツィの葬儀における演説』『青年オットーネの葬儀における演説』『兵士について』『道徳上の学説への手引き』は、Leonardo Bruni, *Opere Letterarie e Politiche A cura di Paolo Viti, Unione Tipografico-Editrice Torinese.* を用いた。引用の際は、Opere と表記し、その後にそのページ数を付記した。また、ブルーニの書簡については、*Leonardo Bruni Epistolarum libri VIII recensente Laurentio Mehus,* 2 Teile in 1 Band, Georg Olms Verlag, Hildesheim,

Zürich, New York, 2006を使用した。なお、引用の際は同様にそのページ数を付記してある。そして、彼のプラトン翻訳に関する史料は、Leonardo Bruni Aretino, *Humanistisch-Philosophische Schriften mit einer Chronologie Seiner Werke und Briefe*, herausgegeben und erläutert von Hans Baron, Springer Fachmedien Wiesbaden Gmbh, 1928所収の史料、*Il Critone Latino di Leonardo Bruni e Di Rinuccino Aretino*, edizioni critiche di E.Berti e A. Carsosini, Firenze, Leo S. Olschki Editore, 1983所収の史料、J. Hankins, *Plato in The Italian Renaissance*, E. J. Brill, 1900所収の史料を参照し、引用の際はそれぞれ原典の書誌情報の略記とページ数を示した。

他の人文主義者とマキァヴェッリの史料は、初めて引用した場合はその引用元の書誌情報をすべて記載し、二回目以降の引用は名前、タイトル、引用元のページ数の順に記載した。

（1）主に、A・ブラウンなどを挙げることができる。Cf. A. Brown, Platonism In Fifteen-Century Florence and Its Contribution to Early Modern Political Thought, in *The Journal of Modern History*, vol. 58, no. 2,（1986）, pp. 383-413

（2）メディチ家の政権獲得以前におけるプラトン受容の動向に配慮し、プラトン主義が必ずしもメディチ家の独裁に資する教説ではなかった点を示唆する研究に、根占献一『フィレンツェ共和国のヒューマニスト』、創文社、二〇〇五年、九九頁がある。だが、根占はプラトン主義と独裁との相反性を主張する際に、十七世紀英国における新プラトン主義の動向—個々人の理性が神性を宿すという点で個人主義的であり、個人を抑圧する権力者に対する抵抗理論として機能する—を例に挙げており、本稿とは主な関心が異なっている。

（3）いわゆる「市民的人文主義」の潮流が、必ずしもメディチ家統治と矛盾する理念ではないことを示す研究として、Mark Jurdjevic, Civic Humanism and the Rise of the Medici, in *Renaissance Quarterly*, 52,（1993）, pp. 994-1020などがある。これらに依拠しつつ、本稿は共和政擁護のレトリックとプラトン受容の親和性を示し、フィレンツェにおける政体の変動とプラトン受容の関係を再検討することができる。

（4）ブルーニ研究の鏑矢として、まずH・バロンが挙げられる（Baron, *Crisis of the Early Italian Renaissance: Civic Humanism and Republican Liberty in an Age of Classicism and Tyranny*, Princeton, New Jersey, Princeton University Press, 1966）。そして、バロンの主張は現在まで多種多様な批判の対象となってきた。例えば、バロンはフィレンツェが実質的な寡頭政であった点に配慮していない点を批判する研究として、Nicolai Rubinstein, Il Bruni a Firenze: Retorica e Politica, *Leonardo Bruni Cancelliere della Repubblica di Firenze*, a cura di Paolo Viti, 1987, pp. 15-28がある。特に、ブルーニがフィレンツェの実情からはかけ離れた仕方で、その政体を理想化ないし美化した上でプロパガンダに用いた点に関して、ibid., p. 18を参照せよ。加えて、フィレンツェは従属させた周辺の都市に対しては極めて抑圧的であり、あたかも「僭主的」ですらあった点を示唆する研究に、Riccardo Fubini, La Rivendicazione di Firenze della Sovranità statale e il contributo delle «Historiae» di Leonardo Bruni, *Leonardo Bruni Cancelliere della Repubblica di Firenze*, a cura di Paolo Viti 1987, pp. 29-62がある。特に、ヴィスコンティ家側からのフィレンツェに対する非難に関して、ibid., p. 30などを参照せよ。同様の視点は、Mikael Hörnquist, The Two Mythes of Civic Humanism, *Renaissance Civic Humanism Reappraisal and Reflections*, (ed.) James Hankins, 2000, pp. 105-142にも見出せる。また、類似の視座からバロンに批判的である近年の研究に、Fabrizio Riccardelli, *The Myth of Republicanism in Renaissance Italy*, Belgium, Brepols, 2015がある。フィレンツェにおいて、「自由libertas」という価値に訴えて、ヴィスコンティ家との戦争が正当化されがちであった点、また「自由」／「僭主政」の二分法を用いて、政治的な敵対者の抹殺、そして対外戦争の正当化が生じていた点に関しては、ibid., pp. 47-48をみよ。そして、ブルーニが促進した「フィレンツェの自由」というイデオロギーも、実態はフィレンツェが用いたプロパガンダであった点が示唆される（ibid., p. 49）。なお、一九八〇年以降のブルーニ研究の動向に関して、J. Hankins, The "Baron Thesis" after Forty Years and some Recent Studies of Leonardo Bruni, in *Journal of the History of Ideas*, 56 (2), 1995, pp. 309-338、特にpp. 320-330をみよ。

（5）ブラウンと同様に、フィレンツェにおけるプラトン受容の進展が共和政的な価値観を掘り崩した点を強調する研究には、Q. Skinner, Republican Virtues in an Age of Prince, *Vision of Politics 2: Renaissance Virtues*, Cambridge: Cambridge University Press, 2002 ch. 5, pp. 118-159がある。スキナーは、プラトン受容を行った人文主義者にとって最高次の生が、「閑暇otium」に関する生である点、哲人王の賛美、そして一人支配の優位性といった視点から、ルネサンスのプラトン受容と共和政の賛美が相容れない要素であったことを主張する（ibid., pp. 138-142）。

（6）Brown（1986）p. 384.

（7）ルネサンスのプラトン受容が、単に君主政の擁護のみであった訳ではない点に言及する研究として、J. Hankins, Humanism and the origins of modern political thought, *The Cambridge Companions to Renaissance Humanism*, (ed.) Jill Kraye, Cambridge, Cambridge University Press, 1996, pp. 118-141がある。特に、プラトンを用いても共和政の擁護は可能である点について、ハンキンスはトレビゾンドのジョージの『法律』翻訳序文における混合政体論、フィチーノを含む人文主義者によって、洞窟の比喩が哲学者の政治参加を促すレトリックとして用いられた点、そして偽プラトンによる第九書簡による祖国への義務履行などに言及している（ibid., p. 132）。だが、彼は本稿が取り上げるプラトン翻訳序文（『クリトン』『パイドン』『ソクラテスの弁明』など）には言及しない。

（8）A. Rabassini, Leonardo Bruni, Niccolò Cebà e la Republica di Platone, *I Decembrio e la Tradizione*, a cura di Mario Vegetti e Paolo Pissavino, Bibliopilis, 2005, pp. 403-429.

（9）Ibid., p. 426.

（10）Ibid., p. 427.

（11）また、ラバッシーニはプラトンがヴィスコンティ家の君主政イデオロギーの枠内にあるため、ブルーニはプラトンに批判的であった可能性を示唆している（ibid., pp. 427-428）。ただ、政体の相違（共和政か君主政か）が、特定の古典作家の受容に影響するわけではない。本稿が示すように、共和政擁護のレトリックにもプラトン受容の痕跡を見出すことは可能である。他方で、ヴィスコンティ家統治下のミラノにおいてもフィレンツェと同様の人文主義運動が花開いており、両都市における人文主義の間で、大きい価値観の相違は見られなかった可能性がある。J. Hankins, De Republica: Civic Humanism in Renaissance Milan (and other Renaissance Signore), *I Decembrio e la Tradizione*, a cura di Mario Vegetti e Paolo Pissavino, Bibliopilis, 2005, pp. 485-508をみよ。

（12）J. Hankins, *Plato in The Italian Renaissance*, E. J. Brill, 1900, pp. 63-64をみよ。特にハンキンスは「プラトンの思想における中心的な諸教義でさえ、ブルーニは真正な理解を示さなかったということ、そして彼のプラトン読解は、彼自身の成熟した見通しに対して、識別可能な影響を全く持たなかったということ」を明言し、ブルーニの他著作に対するプラトンの影響を過少に評価する傾向にある。またプラトンの「非一貫性、無秩序、明確な論証の欠如、『国家』の珍妙で役立たずな政治的教説」への否定的な視座がブルーニに看取されうる点は、ibid., pp. 65-66を参照せよ。

（13）ブルーニが共和政のみを唯一正当な政体と理解したかという点は、疑問視されうる。というのも、フィレンツェ共和政を賛美した『フィレンツェ都市に対する賞賛』の述懐を行った後年の書簡（Epistolarum lib 8. 6 pp. 110-115）では、『フィレンツェ都市に対する賞賛』は単なる「遊び」か「学習の訓練」であり、そしてあくまで賞賛演説のため、真実性が評価基準となる歴史叙述とは違い、聴衆の喜びが評価基準となるという陳述を行っているからである。具体的には、「その『賞賛』とは、私にとっていわば少年のころの遊び、もしくは学習のための訓練であったFuit enim ea Laudatio michi tanquam puelis ludus, ac exercitatio ad dicendum（中略）確かに、歴史は真実に従わなければならないが、賞賛は真実以上に多くのものを誉めそやすHistoria quidem veritatem sequi debet, laudatio vero multa supra veritatem extollit」（ibid., pp. 111-112）。よって、ブルーニによる共和政擁護のレトリックは、彼自身の見解を忠実に反映していない可能性がある。歴史叙述と賞賛演説における評価基準の相違をブルーニが念頭に置いていた点に関して、Rubinstein（1987）p. 23を参照せよ。『ナンニ・ストロッツィの葬儀における演説』における共和政の賛美は過度に美化されており、他のテクストに着目すれば君主政の擁護者とも解釈できる点を示す研究に、James Hankins, Rhetoric, history, and ideology: the civic panegyrics of Leonardo Bruni, *Renaissance Civic Humanism Reappraisal and Reflections*, (ed.) James Hankins, 2000, pp. 143-178などがある。実際のところ、『フィレンツェ都市に対する賞賛』『ナンニ・ストロッツィの葬儀における演説』で共和政のみを正当な政体とみなす記述が存在すること自体は確かである。問題は、『賞賛』及び『葬送演説』における共和政擁護の記述が、ブルーニの見解を反映した箇所として信頼できるか否か、またこれらの記述から、ルネサンス人文主義が全体として共和政支持の一色であった点を推論できるかという点である。本稿は、ブルーニが共和政賛美を行った二つの演説のうち、『葬送演説』における徳の賛美の中にプラトン受容の痕跡を見出そうという試みである。

（14）一四四〇年代のブルーニは、ニッコロ・チェーバによって依頼されたプラトン『国家』の翻訳を固辞する際、プラトンに対して若干否定的な見解を示している。すなわち、「だがその本の中には、我々の習俗と相容れないものが多いのであり、プラトンの名誉のために、公表するよりは黙っていた方がよい」（Epistolarum Lib 9. 6 p. 148）。さらに、一四二九年の『アリストテレスの生涯 *Vita Aristotelis*』も、プラトンの理想国家像が「我々の生活の慣習および習俗と多くの点で矛盾する」様子を描写している（Baron（1928）p. 45）。これらの史料を念頭に置いて、ラバッシーニ、ハンキンスの双方はブルーニに対するプラトン受容の影響を低く見積もっているのかもしれない。一四四〇年代の、加えてプラトンに批判的な他の古典作家を翻訳する際のブルーニが、プラトンに好意的でない点には本稿も同意する。だが、ブルーニの古典作家への評価にどの程度の一貫性が認められるかという点には、未だ議論の余地がある。少なくとも、ラバッシーニはブルーニによる古典作家の受容が折衷的であった点を自覚しているように思われる（Rabassini（2005）p. 423）。

（15）本稿は、プラトン翻訳を公表する際に、ブルーニがどのような価値観に訴えたかという視点から、応酬性および霊魂不滅に基づく義務履行、そして徳の教育に関する側面を抽出する。ハンキンスによれば、ソクラテスが神への不敬によって死刑になっているという理由で、彼が登場するプラトン対話篇は危険視され、非難の対象になる可能性があった。その危険視、非難に応答し、プラトン対話篇は有害ではなく、むしろフィレンツェ人ないしキリスト教徒にとって有用である点を示すために、ブルーニは義務履行や徳の教育といった価値観に訴えたのではなかろうか。上記の点に関して、J. Hankins, Socrates in the Italian Renaissance, *A Companion to Socrates*, (eds.), Sara Ahbel-Rappe and Rachana Kamtekar, Blackwell Publishing, ch. 21, pp. 337-352、特に、p. 341をみよ。

(16) Q・スキナーは、イタリア半島における君主政の隆盛に伴って、シティズンシップという伝統的な共和政的概念に対する関心の後退が生じ、キケローからプラトン対話篇へと関心が移り変わったとする（Q. Skinner, The foundations of Modern Political Thought. 1 vols. Cambridge, Cambridge University Press, pp. 115-116．Q・スキナー『近代政治思想の基礎　ルネッサンス、宗教改革の時代』門間都喜郎訳、一〇三頁）。共和政体下ではキケローが盛んに読まれ、君主政的な色彩が強くなるとプラトンへの関心が勃興するという二分法的な理解に対する批判を提示するのも、本稿の狙いである。すなわち、スキナーが想定するほど、両者の間に大きな間隙があるわけではないように思われる。

(17) ブルーニを含む人文主義者全般は、「徳の政治学Virtue Politics」─法制度の整備や政体の相違ではなく、政治に参加可能な支配階級に対する徳の教育を重視する立場─という傾向を共有しているという視点から、ペトラルカ以後のイタリア・ルネサンス人文主義を分析し、マキァヴェッリをその傾向から切り離した研究に、J. Hankins, *Virtue Politics: Soulcraft and Statecraft in Renaissance Italy*, Cambridge, Massachusetts, London, England: The Belknap Press of Harvard University Press, 2019がある。人文主義者の一般的な傾向を把握していく上で、本稿はこの研究に多くを負っている。しかしながら、ハンキンスは徳の政治学を下支えしたと思われる前提の一つ、すなわちルネサンスのプラトン受容に関する記述を当該著作の中では行わない。この点を補完することも、本稿の貢献である。

(18) Bruni, *Opere* p. 148.

(19) かつて追放されたストロッツィ家の政治的復権を示すための公的な性質を持つものとしてこの『葬送演説』を理解する研究として、Viti Paolo, *Leonardo Bruni e Firenze: Studi sulle lettere pubbliche e private*, Roma, Bulzoni Editore, 1992、特にpp. 395-401をみよ。

(20) 『ナンニ・ストロッツィの葬儀における演説』に関する本邦における研究として、厚見恵一郎『マキァヴェッリの拡大的共和国　近代の必然性と「歴史解釈の政治学」』木鐸社、二〇〇七年、二三一─二四三頁および二八七頁、鹿子生浩輝『征服と自由　マキァヴェッリの政治思想とルネサンス・フィレンツェ』風行社、二〇一三年、五二─五三頁をみよ。いずれもフィレンツェにおける望ましい政体についてという観点から検討が進められており（例外的に厚見（二〇〇七）二四〇─二四三頁でブルーニにおける徳の平等性などに関する言及がある）、それらには四元徳に対するブルーニの理解という視点からの分析が希薄である。

（21）Bruni, *Opere* pp. 476-477 邦訳一七八頁。

（22）Hankins（1990）p. 505.

（23）E. Berti e A. Carosini（1983）p. 205.

（24）Ibid., p. 178.

（25）Ibid., p. 218.

（26）A. Dyck, *A Commentary on Cicero De officiis*, The University of Michigan Press, 1996, p. 113.

（27）Paolo Ponzù Donato, Introduction, in *Uberto Decembrio, Four Books on the Commonwealth-De re publica libri IV*, edited and translated by Paolo Ponzù Donato, Leiden, Boston, Brill, 2020, p. 23

（28）キケロー「義務について」、高橋宏幸訳、『キケロー選集』、第九巻、岩波書店、一九九九年、一三九―一四〇頁。訳文は一部改めた。

（29）ブルーニによるプラトン書簡集への言及として、他にPaolo Viti, *Leonardo Bruni e Firenze: Studi sulle Lettere Pubbliche e Private*, Roma, Bulzoni Editore, 1992がある。特に、ibid., pp. 386-389をみよ。

（30）Baron（1928）pp. 135-138.

（31）Ibid., p. 135.

（32）Ibid., p. 136 プラトン書簡集への序文を見る限り、対話篇ではなくプラトン自身の意図が直接読み取れること、そして偽作ではないことが、ブルーニの関心を引く鍵であったように思われる。よって、偽作の疑いがある第九書簡に彼が依拠した可能性は低い。

（33）Ibid., p. 137.

（34）キケロー自身が応酬性に関する主題を扱ったテクストとして、『善と悪の究極について*De finibus bonorum et malorum*』三・五九が挙げられるかもしれない。だが、当該箇所は、正しい理性に基づいてなされた完全に「正しい行為」と中間的な目的を持つ「適切な行為」との区別を議論する中で、「預かったものを返す」行為を例示するに留まっており、応酬性を祖国の問題に紐づけて語っている訳ではない点は留意されるべきである。

（35）Bruni, Opere, p. 478.

（36）Ibid., p. 4.

（37）Ibid., p. 4.

（38）この点に関して、Hankins（2006）p. 340における以下の記述をみよ。「もし異教徒たちが、そのような勇気、純潔、そして自己犠牲を伴って振舞っていたとするならば、キリスト教徒たちは、彼らが神的な恩寵と救済の希望とに助けられているにも関わらず、同様の徳を達成できない場合、どれほど多くquanto maiusより恥じ入らなければならないことだろうか」。ハンキンスは、この視点からなされた記述（Quanto maiusというレトリックとして定式化されている）が、ルネサンスにおける多くのテクストに看取される点を指摘している。この視点を元に、人文主義者がキリスト教の啓示と、宗教上の啓示抜きで達成されうる学識とを明瞭に区別していた点が、人文主義者たちの意図を飛び越えて、図らずも後世の宗教批判者に影響した可能性を示す研究に、Ada Palmer, Humanist Lives of Classical Philosophers and the Idea of Renaissance Secularization: Virtue, Rhetoric, and the Orthodox Sources of Unbelief, in *Renaissance Quarlterly* 70,（2017）, pp. 935-976がある。当該文献において、パーマーは、古典翻訳に付された序文から、人文主義者の古典に対する関心の的がどこに向いたかを割り出そうとする。この手法に関して、ibid., pp. 938-941をみよ。人文主義者が、エピクテトスの伝記に寄せた関心として、古代における異教の哲学者とキリスト教の啓示が一致し、プラトンやエピクテトスを学ぶことは善きキリスト者にとって有益であるとみなした点に関して、ibid., pp. 944-962を参照せよ。そして、「Quanto maius」に関するパーマーの言及に関しては、Ibid., pp. 943-944を参照せよ。

（39）Bruni, *Epistolarum* lib, 6. 8 pp. 55-56.

（40）『ソクラテスの弁明』40c-41cと比較せよ（プラトン『ソクラテスの弁明・クリトン』三島輝夫、田中享英訳、一九九八年、八〇—八三頁）。

（41）Bruni, *Opere*, p. 269における以下の記述をみよ。「彼が死んでいるからといって、オットーネにとって何か悪いことが生じているのではないnichil mali Othoni accidisse quod mortuus sit」。

（42）*The Humanism of Leonardo Bruni Selected Texts*, Translation and Introductions by G. Griffiths, J. Hankins, D. Thompson, Medieval and Renaissance Texts and Studies, The Renaissance Society of America, Binghamton, New York, 1987, p. 397

（43）通常「Caelum」「Celum」と表記される語だが、原典からそのまま引用した。おそらく表記ゆれだと思われる。

（44）無論、霊魂不滅を前提にした祖国への義務履行は、キケロー『国家について*De re publica*』第六巻、通称「スキーピオーの夢」の中にも見出せる（『キケロー選集』、第八巻、岩波書店、一九九九年、一六二頁）。だが、死後における「感覚」の有無という要素がキケローの記述には看取されないため、むしろブルーニはプラトン『ソクラテスの弁明』に依拠したと理解する方が説得的ではなかろうか。

(45) Hankins (1990) p. 497.

(46) ディチェンブリオ以外の人文主義者として、さらにアエネアース・シルビウス・ピッコローミニ（一四〇五―一四六四）が挙げられる。彼の教育論『子供たちの教育についてDe liberorum educatione』二九節でも同様に、霊魂の不死と死後の賞罰への言及、そして霊魂不滅の教義とキリスト教との一致に関する驚嘆が提示されている（*Humanist Educational Treatises*, Edited and transrated by Craig W. Kallendorf, 2002, pp. 162-164）。なお、単なるレトリックの可能性もあるが、ピッコローミニは同書九八節（Ibid., p. 258）において、キリスト教における啓示の神を「魂の創設者animae conditor」と呼称している。ここで彼は、人間を徳に導く前提である霊魂の究極的な基礎を神に置いている可能性はないか。

(47) Uberto Decembrio, *Four Books on the Commonwealth-De re publica libri IV*, Edited and translated by Paolo Ponzù Donato, Leiden, Boston, Brill, 2020, 4. 95 p. 256.

(48) Ibid., 4. 97 p. 256「盲人である人々と同じように、暗闇の中で光を追い求める者たちや残りの哲学者たちには不確かで曖昧であった全ての事柄は、我々には非常に確実であるので、それを証明し、もしくは探究する必要は全くないように思われる。というのも、彼らには欠如していた、もしくは未だ彼らを照らしていなかった真の光が、我々に真理の道を示しており、そのことによって、キリスト教徒に生まれた者たちは彼らよりもはるかに幸福であり、大いに慰められうるのである」。ここでは、異教徒の知恵の不確かさと対比する構図のなかで、啓示に属する真理は証明不要である点が示されている。

(49) Bruni, *Opere*, p. 476.

(50) Ibid., p. 434.

(51)『兵士について』における「勇敢さ」への言及は、ibid., p. 434をみよ。

(52) 無論、「勇敢さ」はキケロー『義務について』一・二十・六十六においても言及される四元徳のうちの一つであり、他の人文主義者と同様の定義が見られる（キケロー「義務について」、高橋宏幸訳、『キケロー選集』、第九巻、岩波書店、一九九九年、一六七頁）。

(53) Bruni, *Opere*, p. 476.

(54) Dicembrio *De re publica libri* 1. 99 p. 108.

(55) Matteo Palmieri *Vita Civile*, edizione critica a cura di Gino Belloni, Firenze, Sansoni Editore, 198, p. 72.

（56）ディチェンブリオおよびパルミエーリ以外の人文主義者による「勇敢さ」の描写として、本稿が入手できた限りでは、ジョバンニ・ポンターノ（一四二六―一五〇三）やシエーナのフランチェスコ・パトリツィ（一四一三―一四九四）を挙げることができる。例えば、ポンターノは『君主について *De Principe*』七七において、逆境時に要求される美徳として、「勇敢さ」を取り上げている。以下の記述をみよ。「あらゆる技芸において、以下のことが追求されなければならない。すなわち、弁論はそれがあなたの魂と思考に、卑猥さ、愚かさ、無分別、悪意、傲慢さ、不吉さ、貪欲、野心、残虐が内在するのを示すものであってはならず、むしろ真摯な事柄においては重々しさを、冗談においては優美さと機知を、疑わしい事柄においては用心深さを、判断と厳格さにおいては真理を、逆境と過酷さにおいては勇敢さfortitudinemを、喜びと順境においては温和さ、親切、そして人間性を示すということである」（Giovanni Pontano, *De principe*, a cura di Guido M. Capelli, Roma, Salerno Editrice, 2003, pp. 88-91）。パトリツィに関しては、『共和国の教育について *De Institutione Reipublicae*』第三巻および『王国と王の教育について *De Regno et Regis Institutione*』第七巻で、危機と労苦に耐えることを可能にする徳、すなわち「勇敢さ」に関する記述がある。それぞれ、以下の記述を参照せよ。「この徳（勇敢さ）はとりわけ、危機と労苦に耐えることの中で、恐ろしいと思われているかの事柄の中で、何らかの安定的で強固な判断を維持することであると理解されている」（*De institutione reipublicae* 3. 1.（1534）Fo. XXXV-XXXVI）。「すなわち、ソクラテスはそれ（勇敢さ）が、恐ろしくかつ有害な諸事物を全く軽んじることの知恵であり、それらの事物を保持する安定的な判断であると述べた（中略）しかるに、プラトン派の人々が述べるには、勇敢さとは、恐ろしいと思われる諸々の事柄に耐え、もしくはこれらを軽蔑することにおいて、判断の保持によって安定的であることである（中略）キケローの文章から、勇敢さとは魂の威厳と高揚で、かつ最高次の従順のことであり、それは苦痛と死の軽蔑において最も多く見いだされる」（*De Regno et Regis Institutione* 7. 1.（1582）p. 409）。特に、パトリツィは「勇敢さ」などの徳を分析する際に、他の古典作家による徳の定義を比較検討することによって叙述を行う傾向にある。その際に、キケローやプラトンが対立的に把握されている構図は確認できない。

（57）Bruni. *Opere* pp. 148-149.

（58）J・ハンキンスは、一四〇〇年代の人文主義者は人間が身分や門地、性別さえも問わずに徳に与る能力を持つと主張したと考え、それを「徳の平等主義virtue egalitarianism」として定式化する（Hankins（2019）pp. 40-41）。だが、ブルーニは『道徳上の学説についての手引き』で「勇敢さ」の徳を男性にのみ限定している（Bruni Opere p. 149）。ブルーニにおける徳の平等性には、どの徳が誰に適するかという徳の内容に関する点で、一定の留保がつく可能性がある点に留意せよ。

(59) Ibid., p. 149.
(60) Ibid., p. 149.
(61) ブルーニに限らず、人文主義者の多くはキケローが読んだようにプラトンを読む傾向にある。結局のところ、プラトン主義そのものというよりもキケロー寄りのプラトン理解に過ぎないのかもしれない。だが、共和政擁護のレトリックを構成する際に、キケローとプラトンが矛盾なく共存し得た可能性は十分にありうる。
(62) 現時点で本稿が確認できているフィチーノの史料は、フィチーノの『書簡集第一巻 *Epistolarum libri. I*』所収の「諸々の徳の定義、機能、そして目的 Virtutum definition, officium, finis」である（Marsilio Ficino, *Opera Omnia*, con una lettera introduttiva di Paul Osker Kristeller e una premessa di Mario Sancipriaano, Volumen 1, Torino, Bottega D'Erasmo, 1962, p. 657）。具体的には、フィチーノは徳を「観察／反省／観想 speculatio」と「道徳 moralis」に関する部分とに分けて説明している。すなわち、「徳とは幸福へと向かう選択による霊魂の習慣 habitus animi である。徳の種類は二つである（中略）一方の種類の中には、知恵、神的な事柄についての観想、知識、すなわち自然的な事柄の認識、思慮、すなわち私的そして公的な事柄を正しく管理することの理解、そして技芸、すなわちあらゆる事柄を正しく行うことの規則である。もう一方の種類の中には、正義、すなわち各人自らのものを各人に割り当てること、そして勇敢さ、すなわち高潔な仕事のために、我々から恐怖という重荷を捨て去ること、加えて節制、すなわち他の高潔な事柄の負荷である欲望という惰弱さを撥ね退けること、しかるに寛大さと偉大さとは正義と相性がよく、そして諸々の他の徳は他のものと類似している」（ibid., p. 657）。観想と実践という二分法的な徳の区分であり、前者に比重が置かれる可能性は十分にある。しかしながら、ブルーニの『道徳上の学説に関する手引き』における徳の区分もフィチーノと同様の区分となっており、かつ後者の徳に関する記述は、ブルーニとフィチーノで大きい差異を見出すことは困難であるように思われる。また根占は、フィチーノの『プラトン神学』における肉体の軽視を踏まえつつ、『愛の書（プラトンの饗宴註解）』ではソクラテスが彼の祖国に大いに役立ったことを述べていると指摘している（根占献一「プラトン神学と霊魂不滅の伝統」、『イタリア・ルネサンスの霊魂論　フィチーノ・ピコ・ポンポナッツィ・ブルーノ』、三元社、一九九五年、五六頁）。だが本稿では、一四〇〇年代後半の人文主義者のテクストへの検討を十分に行えたわけではない。かかる点は今後の課題としたい。
(63)「外敵の脅威」とは、サッルスティウスらによるローマ史叙述において頻繁に用いられた概念である。特に、『ユグルタ戦記』第四一節などを参照せよ。マキァヴェッリ自身の記述として、以下を参照せよ。「共和国の不和 disunione の原因は、たいていの場合は、閑暇 l'ozio と平和 la pace である。結合 unione の原因は、恐怖 la paura や戦争 la guerra である」（*Discorsi Sopra La Prima*

Deca Di Tito Livio, introduzione di Gennaro Sasso, Premessa al testo e note di Giorgio Inglese, Milano, Mondadori Libri S. p. A. 2. 25. 6 p. 365)。また、敵の不在によって習俗が堕落した実例について、D. 1. 18. 17-18がある。ローマにおける領域の拡張が極限に達して、ローマを脅かす敵たちは消滅する。その帰結として、彼らは執政官の選出をヴィルトゥではなく恩顧 grazia に基づいて行うようになった実例である（D. 1. 18-17-18 p. 110）。なお、ブルーニによる『フィレンツェ人民の歴史 *Historiae Florentini Populi*』第二巻六十三節および第九巻一節において、「外敵の脅威」の枠組みを用いた記述を確認できるため、彼は「外敵の脅威」に無知であった訳ではない。例えば、「完全に外部の、そして外国の敵との、もしくは同胞市民とのではない戦闘があったならば、貴族と平民に共通の危険と祖国のための防衛に向けた不屈の意思が、諸々の魂を結びつけていたであろうに」（2. 63）。また、「外部的な平和の後に直ちに続いた内部的な不和は、かつてなかったほど国家を混乱させた」（9. 1）。だが、ブルーニが当該箇所で用いた「外敵の脅威」の枠組みは、恐怖と共同体内部での平和との関係であり、徳の維持ではない点は留意されなければならない。この論点、そして他の人文主義者による「外敵の脅威」の使用について、Pedullà（2018）p. 104を参照せよ。ブルーニはこの議論を自らの義務履行や徳に関する議論には導入しない。諸々の演説、徳や義務履行の議論、そしてローマ・フィレンツェにおける政治的現実を描く歴史叙述とで、彼の論調は変化する、もしくは一貫しない可能性がある。いずれにせよ、マキァヴェッリは応酬性・霊魂不滅・教育を通じた霊魂の浄化etc... の論点をブルーニと共有したというより、むしろ「外敵の脅威」などの文脈を踏襲したように思われる。

（64）ローマ人の徳も実態として「外敵の脅威」に依存していた点から、彼らの徳は真の徳ではあり得ず、キリスト教信仰や啓示のみが真の徳をもたらすという視点は、アウグスティヌス『神の国』二・一八に確認される。人文主義者たちもまた、アウグスティヌスに依拠しつつ、「外敵の脅威」の枠組みを用いて世俗的な徳の不完全さを指摘し、護教論を展開する可能性は十分にありうる。同種の視点が確認できる人文主義者のテクストには、ペトラルカ『宗教的な閑暇について *De Otio Religioso*』一・三がある。なお徳の教育や護教論と「外敵の脅威」の関係に関しては、紙幅の都合上、別稿の課題とする。

（65）マキァヴェッリは『ディスコルシ』を通じて、権力に参加できる平民の野心や貪欲、貴族や外敵のもたらす恐怖は所与の前提として理解されている（D. 1. 5. 10 p. 73, D. 1. 13. 2-12 pp. 101-102, D. 1. 37. 2-7 etc...）。だが、平民に対する教育の可能性、もしくは統治に参加する階級の有徳さへの期待を完全に否定したというより、それら以上に確実かつ実現可能性の高い選択肢として、制度の問題が重要視される。有徳な人間の存在を否定せず、それを加味して制度の構築に関心を向ける箇所として、D. 3. 11. 2-5 pp. 500-501がある。護民官制度の健全化を促す際に、護民官たちの野心や恐怖と同様に、有徳さへの訴えも見出せる。だが、その場合でも護民官全員の有徳さへの期待以上に、所与の条件から制度の構築を試みる姿勢が窺えるのではなかろうか。

〔政治思想学会研究奨励賞受賞論文〕

イギリス保守党における欧州懐疑主義の思想的分析
――マーガレット・サッチャー、ビル・キャッシュ、ダグラス・カースウェル

仲井成志

一 序論――イギリスの欧州懐疑主義

二〇一六年にイギリスで実施された国民投票において、投票者の過半数がヨーロッパ連合（EU）からの離脱――ブレグジット――を選択したことの要因を研究する論文や著書は多数存在する。その多くは様々な社会経済的変化によって「取り残された」人々の不満が国民投票での結果として現れたとして、その過程で英国独立党（UKIP）や保守党の政治家が民意を煽ったと説明している。(1) しかしながらそれらの研究においては、保守党における欧州懐疑主義の存在とその歴史的な持続性が軽視されている。そもそも国民投票が実施されたのは、当時の首相デイビッド・キャメロンが保守党内の欧州懐疑主義者の歓心を買うためであったとされている。(2) 国民投票の直接的契機が保守党内の欧州懐疑主義の存在と、それによる保守党の分裂にあるとするならば、ブレグジットをもたらした一つの要因として党内の欧州懐疑主義それ自体に着目する意義は大きい。したがって本稿では、欧州懐疑主義をヨーロッパ統合に対する反対姿勢ととらえ、欧州懐疑主義を思想的に分析する。

1 思想としての欧州懐疑主義の歴史性

広義の欧州懐疑主義は、一九世紀後半に遡る長い歴史を持つ思想である。ベン・ウェリングスによれば、保守党の欧州懐疑主義者はEUの代替案として「アングロスフィア」という概念を提示した(3)。アングロスフィアは大英帝国の歴史と密接に関連しており、旧植民地であるアメリカやカナダ、ニュージーランドを中心に、シンガポールやインドまで含めることもある。具体的な組織や政策ネットワークは明確でなく、歴史や文化を軸としたゆるやかな連合が想定されている。

二〇一〇年以降、アングロスフィアの概念はEU離脱派の政治家によって多用されたが、思想的な起源は一九世紀後半の「グレーター・ブリテン」という概念まで遡る(4)。思想家によって多少の差異があるものの、大英帝国の国際的優位性を誇示するとともに、当時急速に政治的・経済的影響力を強めていたアメリカの台頭に合わせ、イギリスの影響力を確保するための概念として、歴史家のジョン・ロバート・シーリーなどの思想家や、ジョセフ・チェンバレンなどの政治家が提示した(5)。

2　ヨーロッパ統合と欧州懐疑主義

欧州統合に批判的な姿勢としての欧州懐疑主義は、統合初期の一九五〇年代にはすでに存在していたが、欧州懐疑主義の思想が政治的には周縁に位置していたこともあり、二〇〇〇年代に至るまで欧州懐疑主義の研究は一般的ではなかった(6)。その後イギリスとアメリカでそれぞれ研究が活発化し、欧州懐疑主義の原因を政党システムや国境を越えた政党間の連携に見出す「サセックス派」と、政党別の欧州懐疑主義や、市民レベルでの欧州懐疑主義的な傾向に重点を置く「ノース・カロライナ派」が生まれた(7)。

保守党内の欧州懐疑主義の多様性を論じた研究としては、ポール・タガートとアレク・ザービアックが欧州懐疑主義を、ヨーロッパ統合という理念それ自体に反対する「ハード」と、理念には賛同しつつ国策に照らして政策領域ごとに賛否を判断する「ソフト」に分けた研究がある(8)。この類型をさらに発展させ、保守党議員への質問調査をもとに欧州統合への態度を四つに分類した研究も存在する(9)。これらの先行研究は保守党の内部分裂とキャメロン政権が国民投票に踏み切った理由を説明しているが、欧州統合への反対という政治家の姿勢に注目するあまり、各政治家がいかなる理由で欧州懐疑的となるのかを、その思想的要因や背景を含めて説明できていない。

3 欧州懐疑主義はポピュリズムか？

近年の研究はポピュリズムが欧州懐疑主義を導くと捉える傾向がある。例えばクリス・ギフォードは「ポスト帝国のポピュリズム」として欧州懐疑主義を位置付けた[10]。ギフォードによれば、ポスト帝国の危機の時代にイギリスという国家をまとめる手段として欧州懐疑主義が登場した。ギフォードは、議会主権だけでは政治的正統性を得ることが難しくなっており、議会主権はますます「人民」という概念を用いた正統化に依存しつつあると指摘し、議会よりもむしろ人民に政治的な正統性の根拠を求める考え方を、議会主権と区別して「人民主権」と定義した[11]。

続いてベン・ウェリングスも欧州懐疑主義をポピュリズムととらえており、政治家が人民主権の言説を多用したことでポピュリズム的な欧州懐疑主義が発展してきたと論じた[12]。ウェリングスによれば、イギリスにおいては議会主権の伝統が根強いが、人民主権の考え方が主に保守党の政治家によって多用されることで議会主権が侵害され、それがポピュリズムと欧州懐疑主義とを結びつけるに至った。したがって彼にとって、議会主権の伝統を重視する保守党議員が人民主権を唱えることは「普通ではないこと[13]」である。

保守党の欧州懐疑主義を研究したティム・ベイルは、一九九七年の総選挙で労働党に大敗を喫したあとに保守党党首となったウィリアム・ヘイグが「恥じらうことなくポピュリズムの領域に足を踏み入れた[14]」ことによって、ポピュリズムと欧州懐疑主義が結びついたと論じた。カリー・フォンタナとクレッグ・パーソンズは、マーガレット・サッチャーが自らの新自由主義的な政策から外れるような「ポピュリスト・ナショナリズム」の論理でヨーロッパ統合に反対したと論じる[15]。サッチャーの伝記を著したジョン・キャンベルもまた、彼女がヨーロッパ問題について「支持者に対して最大限のポピュリスト的なアピール」をしたと論じている[16]。

しかしながら、このような議論には少なくとも次の三つの問題が存在する。第一に人民主権と議会主権との関係性についてである。そもそも人民主権という言説の登場をもってすぐさま議会主権が侵害される必然性はない。ギフォード自身も別の個所では「さらなる人民主権への要求が、議会主権の全般的優位性を崩すことなく〔議会主権に〕接ぎ木されてきている[17]」と述べている。

続いて第二の問題点は、保守党の指導者層の欧州懐疑主義に重点を置きすぎるあまり、欧州懐疑主義を選挙戦略的な道具とみる傾向が強く、結果として思想的立場としての欧州懐疑主義の性格が希薄化されてしまっている点である。この点は特にティム・ベイルの著書において顕著である[18]。

第三に、ポピュリズムという用語の定義が曖昧という問題がある。例えばギフォードとウェリングスは人民主権の言説の登場をポピュリズムととらえている一方、ベイルにとってポピュリズムとは得票最大化のために党指導部が用いる戦略的道具である。一方でフォンタナとパーソンズは、サッチャーにみられるポピュリズムとは、イギリスの主権を保護しようとすることであると主張する[19]。さらに、キャンベルによれば「自分の敵を認識すること[20]」で対立軸を作ったことから、サッチャーがポピュリストであると論じる。このようにポピュリズムという曖昧な概念が流布し、それを欧州懐疑主義に結びつけることで、欧州懐疑主義という思想的立場の内実が極端なまでに単純化されている。

二　研究手法——思想研究で明らかにする欧州懐疑主義

1　形態学的アプローチから見た欧州懐疑主義

マイケル・フリーデンはイデオロギーの「形態学的アプローチ」を唱えた[21]。フリーデンによればイデオロギーとは「政治的コンセプトの複雑な組み合わせと重なりが、持続的なパターンとして現れたもの[22]」のことである。政治的コンセプトには自由・合理性・進歩・権威・正統性などが含まれるが、それぞれの政治的コンセプトによって付与される意味合いは論者によって異なる。ただし、あるイデオロギーにおいては、そのイデオロギーにとって「コア」となるコンセプトもあれば「周縁」に位置するコンセプトもある。(23) コアとなるコンセプトは当該イデオロギーにおいて常に参照され、そのイデオロギーを一貫性のあるものにする役割を果たす。(24) ある特定のイデオロギーはそれを主張する論者やグループによってその内実が少しずつ異なるが、フリーデンは「イデオロギーの家族」という概念を用いてその類縁性を表現し、さらにその類縁性を「家族的連続性」と呼んでいる。(25) 類縁性のあるイデオロギーを唱える論者は、それぞれ似たようなコンセプトを用いているものの、コンセプトに付与する意味付けや、それらのコンセプト同士の関係性、そしていかなるコンセプトをコアとしているかによって思想の内実が異なる。

例えばフリーデンによれば、「自由主義」はジョン・スチュアート・ミルが定式化した古典的自由主義をはじめ、イギリスやフランス、ドイツ、アメリカなどで独自の理論的発展をみた自由主義、そしてジョン・ロールズなどが論じた政治哲学の系譜などが「イデオロギーの家族」にあたると論じる。それぞれの自由主義は自由や個人主義、進歩などのコンセプトを用いつつ、そのコンセプトに対する意味付けやコンセプト同士の関係性が異なるとされる。(26) すなわち自由主義や、同様にフリーデンが分析した保守主義などは「イデオロギーの家族」と総称され、それに属する論者は同じようなコンセプトを用いながら、それぞれのコンセプトに異なる意味付けを与えている。このように「イデオロギーの家族」に属する論者には「家族的連続性」がありながらも、それぞれが特徴のある独自のイデオロギーを唱えていると考えられる。

本稿では以上のようなイデオロギーの議論を応用したうえで、ヨーロッパ統合に批判的な立場を表明する姿勢を「家族的連続性」のある欧州懐疑主義と考える。各論者のイデオロギーにそれぞれ異なるコアのコンセプトがありつつ、総体としては類似のコンセプトを重視しているという点で、内実は多様でありながらも、思想的な連続性が保たれた欧州懐疑主義という「イデオロギーの家族」があると考えられる。(27) 欧州懐疑主義という「イデオロギーの家族」に属する論者が唱えるそれぞれの思想においては、周縁的な政治的コンセプトのほかに、その特定の欧州懐疑主義を思想的立場として一貫性のあるものとしているコアの政治的コンセプトがあると想定する。

2 研究対象——三人の政治家の選定基準とその理由

本稿では保守党議員三名を研究対象として指定し、それらの人物の思想研究を行う。政治家の選定基準としては、第一に議員経歴が長いことを挙げた。議員経歴の長い政治家を分析することで、その政治家の欧州懐疑主義が思想として一貫性があるかどうかを検証できるからである。第二に、政治家の思想を具に分析するという本稿の目的に照らして、書籍や新聞記事などの分析素材の豊富さが重要だと考えるため、欧州懐疑主義に関する著作が豊富であることを選定基準とした。第三に、対象とする人物が保守党内で大きな影響力を持っていることも重要であると考えた。

(1) マーガレット・サッチャー

マーガレット・サッチャーは上記の三つの基準に当てはまる。第一に、サッチャーは一九五九年に保守党議員として初当選を果たし、一九九二年に庶民院を引退するまで約三四年間の議員経歴がある。第二に、サッチャーには欧州懐疑主義そのものを前面に出した著書はないものの、彼女の自伝やインタビュー、スピーチには欧州懐疑主義的な言説が多数みられることから、選定基準に当てはまる。第三に、サッチャーが欧州懐疑主義に関して保守党のみならず、イギリス政治全体に与えた影響は極めて大きい。特に一九八八年に彼女が行った「ブリュージュ演説[28]」は保守党の欧州懐疑主義にとって大きな転機となった[29]。以上の三点から、サッチャーは本稿の研究対象として適切である。

(2) ビル・キャッシュ

ビル・キャッシュも同様に三つの基準に当てはまる。第一の議員経歴だが、キャッシュは一九八四年に保守党議員として選出されて以降、二〇二〇年現在まで約二七年間の議員経歴を持つ。第二にキャッシュは著書やパンフレットなどを含め、一九九〇年代前半から多くの著書を出版している。第三に、キャッシュは保守党内の欧州懐疑主義者の中でも大きな影響力をもつ。前述のブリュージュ演説以降、キャッシュもサッチャーの意思を受け継ぐ議員たちが「サッチャー派」を名乗りつつ欧州懐疑主義の論陣を張った。さらにキャッシュは、議会でどのEU公的文書や法律を議論すべきかを決める権限を持つ庶民院の特別委員会「ヨーロッパ調査委員会」の会長を務めるなど、保守党内の欧州懐疑主義者における影響力は大きい。以上から、キャッシュは本稿の研究対象として適切である。

(3) ダグラス・カースウェル

第一に、カースウェルの議員経歴は二〇〇五年から二〇一七年までの一二年間であり、キャッシュと比較すると短いものの、二〇〇一年に保守党候補として総選挙に出馬していることも併せて考えると、政治生活はおよそ一七年と十分な長さであるといえる。むしろここにおいて問題となるのが、カースウェルが二〇一四年八月に保守党を離党したうえでUKIPに入党、さらに補欠選挙に勝利しUKIPの国会議員となった点である。しかしながら、UKIPの議員でありながら、カースウェルはカリスマ党首とされたナイジェル・ファラージの政策理念や手法には常に批判的であった。[30] したがってカースウェルがUKIPに鞍替えしたのは保守党からの乖離というよりも、ファラージの指導下でのUKIPの台頭を抑制するためであったと考えられる。第二にカースウェルは主要な著書を四冊著しており、いずれも欧州懐疑的な論調を貫いているほか、新聞への寄稿が豊富である。第三に、カースウェルは特に二〇一〇年に誕生したキャメロン連立政権への影響が大きいとされている。[31] さらに二〇一六年のEU離脱国民投票ではUKIPの議員としてではあるものの離脱派組織「ヴォート・リーヴ」の中心人物としてキャンペーンを行い、離脱派を勝利に導いた。以上の三点から、保守党の欧州懐疑主義を調べるうえでカースウェルは研究対象として適切である。

3 研究対象からの除外例

二〇一六年の国民投票キャンペーンの過程で何名かの欧州懐疑主義者が保守党内で影響力を持つようになったが、それらの政治家は本稿での研究対象としては適さない。一人目はメイ政権で外相を務め、二〇一九年には首相となったボリス・ジョンソンである。ジョンソンの議員歴は約十年で、ロンドン市長を約八年間務めている。彼は二〇〇〇年頃から全国紙「デイリー・テレグラフ」に毎週コラムを寄稿しているものの二〇一六年の国民投票直前には、残留派を支持するコラムと離脱を支持するコラムの両方を書いており[32]、論調に一貫性がない。したがってジョンソンは本稿の研究対象として不適切である。

二人目はマイケル・ゴーヴである。ジョンソンと並んで国民投票キャンペーンでは離脱派の筆頭として有名になり、メイに次ぐ首相候補ともされた人物である。ゴーヴは約十五年間の議員歴がある。しかし、ゴーヴは著書などの出版物が少なく、彼の署名入りの新聞記事もジャーナリスト時代に書かれた中立的な立場のものが多く、彼の思想を表すものとしては適さない。以上から、ゴーヴも研究対象としては不適切であるといえる。

4 本稿のアウトライン

第三章以降において、サッチャー、キャッシュ、カースウェルの著作や演説を分析し、それぞれの政治家が自らの欧州懐疑主義思想において重視しているコンセプトを明らかにする。各政治家は似たようなコンセプトを用いているものの、コンセプトに与える意味付けや、コアのコンセプトとそれ以外のコンセプトとの関係性が異なると想定される。この分析によって、ポピュリズムとして一括りにされる傾向があるイギリスの欧州懐疑主義における（ポピュリズムのみには還元されない）コンセプトの多様性や、コンセプト同士の関係の複雑さを明らかにする。

三 マーガレット・サッチャーの欧州懐疑主義

第一節ではまず欧州懐疑主義にとらわれず、サッチャーの一般的な政治経済観を明らかにする。その際、アンドリュー・ギャンブルが一九八八年に提示したサッチャリズムの定式「自由経済と強い国家」[33]に基づいて、比較的新しい資料の精査を加えつつ議論を進める。ただしギャンブルによれば「国家による強制力の行使は、それが自由経済の存立を脅かす利権や組織、個人［の行為］を挫き、封じ込めるために用いられる際に正当化される」[34]。したがって強い国家は自由経済の保護に必要な要素であり、政治経済観においてより重要なのは自由経済である。続いて第二節において、サッチャーが欧州懐疑主義的な思想を表明する際に、その背後にいかなるコンセプトが存在するのかを検証する。結論としては、第一節で明らかにする政治経済観がサッチャーの欧州懐疑主義においてコアとなるコンセプトであると主張する。

1 サッチャーの「自由経済と強い国家」

(1) 資本主義と民主主義

サッチャーは「富を生み出すのは個人である[35]」などと論じ、一貫して個人の経済活動を重視している。しかし、利己的な経済活動が社会に混乱をもたらすことはない。なぜなら「個人の利潤の追求は社会全体の物質的利益につながる[36]」からである。サッチャーによれば、「資本主義は、ほんの最小限の規制のもとで最もうまく機能する[37]」が、政府には「法の支配」を構築する責任がある。例えば一九八八年に行われた演説では、

私が熱を込めて信じているのは、人間の自由に対する根本的な権利と、自由が法の支配のもとで初めて機能するということである。なぜなら自由を機能させるものは、法による秩序だからだ[38]

と主張する。サッチャーによれば、国家および政府は「法律、規制、税制の枠組みを作り、その中で企業や個人が自由に活動できるようにしなければならない[39]」。つまり、政府による法の支配が機能してはじめて、個人や私企業が自由な経済活動を営むことのできる資本主義社会が現実のものとなる。

さらにサッチャーは、このような資本主義社会においては民主主義が保障されていると考える。なぜなら彼女にとっての「真の民主主義における根本的教義」とは、「個人的責任の感覚」が人々に植え付けられていること、「政府の権限が制限され、人々にできる限り大きな自由が与えられている」こと、そして「市場の原則と私有財産の権利に基づいた

経済」が保障されていることだからである。[40]

ここで重要なのは、サッチャーが目指すのは人民主権の強化ではないという点である。たしかにサッチャーは個人の権利の拡大や、それと対置するものとしての政府の権限の縮小を唱えているが、それは政策決定における人民の発言権の強化を意味するものではない。一九九三年の著書においても「民主主義は［…］政府の権力の抑制、市場経済、私的所有、そして個人的責任の感覚を必要とする[41]」と論じるにとどまり、人民が自由に活動できる場は経済活動を営む市場に限られることになる。

サッチャーにとって、上述のような資本主義社会における経済的自由は民主主義に先行するものである。たとえば、民主主義の進展のためには「経済的自由のより広範な影響に注意を向けなければならない[42]」や、「市場資本主義の増大［が…］政治的自由」をもたらす[43]などの主張が見られる。このような考え方は、一九七七年の演説における「経済的自由がなくては、政治的自由はすぐに死んでしまう[44]」との主張からも分かるように、首相就任以前の早い段階から提示されている。以上の事から、サッチャーにとっては経済的自由が政治的自由、さらには民主主義の発展に不可欠であることが分かる。

(2) 国民国家間の自由貿易

以上のように、サッチャーは個人主義に基づく資本主義社会を構想し、個人の経済活動を通じて民主主義をも実現できると論じる。それでは、そのような資本主義社会は国際経済においてはどのような役割を果たすのだろうか。結論からいえば、サッチャーが描く資本主義は国民国家間の自由貿易を理想とする。サッチャーによれば、資本主義は「差異と個性のもとで繁栄し、同時に差異と個性を促進する[45]」ため、個々人の経済関係と同じように、資本主義は「国家間の多様性と競争[46]」に依存している。その当然の帰結として、サッチャーは他のいかなるグローバル経済政策の戦略よりも「自由貿易を、とてつもなく重要であると考えていた[47]」。さらに、自由貿易は国際平和をもたらすとされる。なぜなら「国家間の経済的結びつきが、相互利益をともなって相互理解を強くする[48]」からである。

(3) 自由経済を守る強い国家

上述のように、自由貿易は国際平和をもたらす。しかしながら同時に、本章の冒頭でギャンブルの議論を引用して指摘したように、自由経済の維持のためには相当程度の防衛力が必要である。サッチャーは「安全保障」という言葉を多用して平和の実現を論じる。例えば早くも一九七七年の演説で述べているように、「秩序なくして自由がないのと同じように、安全保障なくして平和はあり得ない[49]」。すなわちサッチャーは、安全保障体制の確立によって平和を実現し、そこにおける自由経済の実現を理想としているのである。そこでは自由経済の保護のために、「グローバルな超大国」が主導して世界大の安全保障を行う[50]。サッチャーが理想とする安全保障は「単一の大国、またはその他の大国からの挑戦を退けるに足るほど強力な持続的同盟に支えられてはじめて維持される」が、「現在の世界においては、アメリカが単一の超大国でなければならない[51]」。それでも、超大国の「重い責務」と「負担の分担」の必要性から、「アメリカは頼ることのできる同盟国を必要とする[52]」。

このような安全保障体制を実現する国際機関としては、サッチャーは北大西洋条約機構（NATO）を重視する。一九九〇年に行われたNATOの政策決定会議での演説において「NATOは我々が享受するその他すべてのものの基盤である。それらは自由、法の支配、そして繁栄である[53]」と述べていることからも分かるように、NATOがもたらす安全保障は平和を通じて自由経済の土壌を作ると考えられている。同様に一九九〇年のインタビューでも、「法の支配を伴う市場経済における自由にとって極めて重要である安全保障と安定を維持するために、[NATOは]必要なのです[54]」と論じる。

2 コアとなるコンセプト――自由経済

本節では、第一節で明らかにした自由経済というコンセプトが、サッチャーの欧州懐疑主義を導いていることを論じる。サッチャーはヨーロッパ統合を批判する際、社会主義、自由貿易、強い国家という三つのコンセプトを多用している。以下では、それら三つのコンセプトを詳細に分析することによって、それぞれの背後には前節で明らかにした自由経済の思想が潜んでいると主張する。すなわち本節では、サッチャーの欧州懐疑主義においてコアとなるコンセプトは自由経済であり、社会主義・自由貿易・強い国家は周縁のコンセプトにとどまることを論証する。

(1) 社会主義／共産主義批判と欧州懐疑主義

サッチャーの個人主義思想は、政府や知識人による計画やビジョンへの懐疑的な姿勢をもたらす。サッチャーは「私は青写真というものに懐疑的だ[55]」と述べ、さらに共産主義には「社会において個人の尊厳について考える余地がない」ために、「すべての共産主義は私を恐れさせる[56]」と明かしている。このようなサッチャーの思想は欧州懐疑主義に直結する。なぜなら彼女にとって、ECやEUは計画や社会主義の温床と映ったからである。二〇〇二年の著書では「ヨーロッパ連合［EU］は常に、計画やプログラム、プロジェクトで溢れている[57]」として計画的なヨーロッパ統合のプロセスに批判の目を向ける。中でもEU政治の中心的役割を担うヨーロッパ委員会は「自らの権力を愛している。それは権力のための権力である[58]」と論難する。このような権力の集中は、国家において法の支配を確立する役割をもつ政府の主権を損なうものであり、それは民主主義の侵害をも意味する。

一九八八年の保守党大会で「ブリュッセルにおける中央の管理と官僚主義という裏口から［…］社会主義［…］が忍び込んできた[59]」と述べていることからも分かるように、ヨーロッパにおける官僚主義や中央集権化に対する以上のような批判的な態度は、ヨーロッパ統合を社会主義の試みとみなすサッチャーの姿勢と表裏一体をなす。首相退任後にイギリスでも批准されたマーストリヒト条約については、「中央化された管理」のために「マーストリヒト［条約］の連邦主義は［…］社会主義思想の子どもだった[60]」として、欧州統合を社会主義の試みとみなすことで、自らの欧州懐疑主義を表面化させている。

以上のような態度は前節で明らかにしたサッチャー的な個人主義や資本主義社会、民主主義の考え方に則るものである。したがって社会主義／共産主義批判との関係においては、サッチャーの欧州懐疑主義のコアとなるコンセプトは自由経済であると結論付けられる。

(2) 自由貿易と欧州懐疑主義

一九七七年に行われたインタビューで「我々はヨーロッパ共同体の中にいたほうが豊かになる[61]」と述べているように、当時のECはサッチャーにとって、イギリスのグローバルな視点に適う共同体であった。サッチャーが描くヨーロッパの理想像は、「競争、企業活動、選択、そして自由貿易に基づく共同体[62]」であり、首相として単一市場の完成を目指した[63]。

したがってヨーロッパの共同体が以上の理想と乖離する傾向を見せ始めたとき、サッチャーは自然と欧州懐疑主義的となる。一九九二年の雑誌のインタビューでは、ECが目指す貿易圏としてのヨーロッパ共同市場について、「それでは思考が小さすぎる[64]」としてECが彼女のグローバルな構想から外れてしまったことを示唆する。一九九五年の著書においては、EUの設立について論じる際に「ヨーロッパ連邦主義に懐疑的な根本的な理由」のうち「最も重要」な理由として、ヨーロッパが「実りの多い国際主義の邪魔になって」いることを挙げている[65]。二〇〇二年の著書においても、イギリスの例外主義を持ち出しながらヨーロッパ市場への固執を時代遅れであると非難している[66]。したがって、グローバルなレベルで自由貿易を行うことを理想とするサッチャーは、欧州懐疑主義的となる。

ここで前節における自由経済の議論を再確認しておけば、サッチャーにとって、資本主義国家間の自由貿易は各国に経済的繁栄をもたらすのみならず、個人主義に基づく資本主義を維持する役割も果たす。それゆえEU／ECが、ヨーロッパ共同市場に固執するという意味において保護主義化することは、彼女の自由経済思想に反する。したがって自由貿易の観点からも、サッチャーの欧州懐疑主義においては、自由経済の思想がコアのコンセプトとなっていると考えることができる。

(3) 強い国家と欧州懐疑主義

第一節で明らかにしたように、サッチャーはアメリカを「超大国」とし、それをイギリスなどの同盟国が支援することによる世界の安全保障体制を構想していた。一九九〇年にドイツ紙「デア・シュピーゲル」に対して行われたインタビューでは、ナポレオンの事例や二度の世界大戦においてドイツがヨーロッパを支配しようとしたことに触れながら、「自由の保護という概念は、ヨーロッパにとっては巨大すぎて単独では担うことができない[67]」と論じる。それゆえ「アメリカの存在とそのコミットメントなくしては、ヨーロッパは決して安定的にはならない[68]」。したがって「みずからを『第三勢力』として独立させようとするEUの隠密な傾向は、〔ヨーロッパから〕アメリカを引き離し、〔アメリカの〕軍隊を本国に返してしまうというリスクを冒す[69]」ことになるために、サッチャーにとっては到底受け入れられるものではない。それゆえ一九九八年の英仏サンマロ会談で提示され、その後もEU首脳会談で度々議論されたヨーロッパ軍創設の試みを受けて、サッチャーは欧州懐疑主義を表面化する。サッチャーにとって「EU諸国は〔…〕意図的に〔…NATOと〕敵対する軍事機構と軍隊の創設に乗り出した[70]」と映ったのだ。

第一節で論じたように、サッチャーにとって防衛は自由経済の維持に必要な条件である。サッチャーはアメリカのリーダーシップを基盤とするNATOの安全保障体制を理想とするため、それらに代わる体制をヨーロッパ単独で築く試みに直面すると、欧州懐疑主義的となる。したがって防衛における欧州懐疑主義についても、サッチャーの思想においてコアとなるコンセプトは自由経済であるといえる。

四　ビル・キャッシュの欧州懐疑主義

本章は、ビル・キャッシュ保守党議員の著作をひも解くことで、キャッシュの欧州懐疑主義におけるコアとなる政治的コンセプトが議会主権であることを明らかにする。

1　一九九一年から一九九七年――マーストリヒト条約反対キャンペーン時代

一九九二年二月、イギリスを含むヨーロッパ諸国はマーストリヒト条約に署名した。キャッシュは署名前の段階からマーストリヒト条約の内容に反対し、その後は一九九三年二月から七月にかけてマーストリヒト国民投票キャンペーンを主導した。キャンペーンを通じてキャッシュは国民投票を求める三五万もの署名を集めて議会に提出したものの、ジョン・メイジャー保守党政権は国民投票の実施を拒んだ。[71] 続いて一九九六年には、キャッシュは国民投票法案を庶民院に提出し、超党派の九五名の議員から支持を得たものの否決された。[72]

(1) 人民主権と議会主権

キャッシュは一九九一年の著書で「民主主義は政策決定者に説明責任を負わせる能力に依存している」[73]としたうえで、政府が議会に説明責任を負い、議会が人民に説明責任を負うという、民主主義における説明責任の一連の流れを図式化した。[74] ここでは「議会は政府と被統治者を結び付けなければならない」[75]ため、民主主義の実現には「選挙だけでは不十分である」[76]。キャッシュは議会における議論そのものの意義を強調している。なぜなら「議会の役割は、意見の相違を持ち出してきて公開し、それによって議会と一般の人々に真の選択肢を与えること」[77]だからである。

したがって、キャッシュにとって議会は民主主義になくてはならない存在である。しかし、上記のような機能を備えた議会であれば足りるわけではなく、議会制民主主義には「伝統と慣習が欠かせない」[78]。一九九二年の著書では、イギリスの議会システムを「ヨーロッパ諸国が妬んでしかるべきもの」[79]として、イギリスの特殊性を強調している。具体的に、EUのヨーロッパ議会については、選挙区が広すぎて人民を代表することができないため「国家議会と同じように有権者に説明責任を果たすことはあり得ない」[80]。ここにみられる欧州懐疑主義においては、民主主義の根幹である議会主権が重視されており、その伝統や慣習が異なるとしてヨーロッパ統合を否定している。

上述のようにキャッシュは一九九三年に国民投票キャンペーンを主導したが、一九九二年の著書においても、マーストリヒト条約の批准にあたって国民投票をすべきであると論じる。しかし彼は人民主権の強化を訴えているわけではない。キャッシュは

「一九九二年の」総選挙において、三つの政党［保守・労働・自民］全てが、更なる［ヨーロッパ］統合に好意的であっ

た。したがって有権者には本当の選択肢がなく、ダイシーが論じるように、そのような場合には国民投票が正当化される[81]（傍点筆者）

と主張している。すなわち、民主主義は議会を通じて達成されるべきではあるものの、議会を選出する時点で有権者に選択肢が閉ざされている場合には、国民投票を用いることが正当化される。このようなキャッシュの姿勢は、議会主権の提唱者として高名なアルバート・ヴェン・ダイシーを引用していることからも明らかである[82]。

キャッシュがマーストリヒト条約に反対する大きな理由の一つは、経済・金融同盟と単一通貨の導入であった。キャッシュにとって「単一通貨とは経済的な問題ではなく、政治的な問題である[83]」ため、マーストリヒト条約によって提起されたのは「我々が議会制民主主義であり続けるのかどうかという問題[84]」であり、キャッシュにとってイギリス政治の根幹を掘り崩しかねない経済・金融同盟並びに単一通貨の導入に妥協的な政府の姿勢は許されるものではない。したがって一九九五年の時点で「いかなる主要政党も経済・金融同盟を決定的に拒否しない現状においては、それ［政策決定権］は議会、そして公衆に一任されるべきである[85]」として、キャッシュは国民投票の実施を唱える。ここでも、キャッシュの主眼は人民主権そのものの強化にあるというよりも、議会主権とそれを基にした議会制民主主義という伝統の維持にあると考えるべきである。イギリスの「主権の源泉は［…］人民である[86]」（傍点筆者）と述べている通り、キャッシュにとって主権が実際に存在するのは議会であり、人民はその正当性の「源泉」にとどまる。

(2) 自由経済と議会主権

キャッシュが理想とするのは「ヨーロッパにおける民主主義的な国民国家の連合であり、それが適切な民主主義のための唯一の基盤である[87]」。なぜなら「ヨーロッパは国民国家同士が競争的であるときに最も創造的で、進取的となる[88]」からであり、そこではヨーロッパの国家同士が自由貿易を行う。しかし、キャッシュの欧州懐疑主義においては自由経済よりも、議会主権に基づく民主主義が重視されている。例えばキャッシュは「民主主義とは、その上に経済的安定が築かれるべき重要な基盤である。民主主義的政治、法の支配と議会［に説明責任を負う］政府の、経済運営に対する優位は守られなければならない[89]」、「経済は民主主義的政治に先んじるべきではない[90]」などと主張していることからも明らかなように、キャッシュにとって議会政治の保護が最優先事項であって、経済は二の次である。したがって、キャッシュが議会主権を民主主義の基礎と考えていることを踏まえると、サッチャーのような自由経済的思想は周縁のコンセプトにとどまり、議会主権こそがコアのコンセプトであると考えられる。

２　一九九七年から二〇一〇年——ブレア労働党政権による親ヨーロッパ政策時代

一九九七年に誕生したブレア労働党政権は、イギリスのヨーロッパ統合への参画を急速に推し進めた。一九九九年には、マーストリヒト条約を改訂し、欧州統合をさらに深化させることとなったアムステルダム条約が締結され、さらに締結こそされなかったものの、二〇〇〇年代前半にはヨーロッパ憲法の導入が活発に議論された。

(1)　人民主権と議会主権

労働党がアムステルダム条約締結を推進したことを批判してキャッシュは、労働党政府が「イギリスの民主主義を破壊した[91]」と論じる。一九九八年の記事では労働党政府が議会での審議をないがしろにしていることを批判し、「民主主義とは質疑と説明責任があって初めて、達成されるものである[92]」と論じており、ここでも議会での議論を民主主義の中心と考えるキャッシュの思想が一貫している。

ヨーロッパ憲法の制定が議論されていた時期にあたる二〇〇四年の著作で、キャッシュは国民投票の重要性を訴える[93]。ただしここでも、キャッシュの主眼はむしろ議会主権にあると考えるべきである。というのもキャッシュは「[労働党]政府のヨーロッパに対するアプローチは概して、それに抗するというよりも易々と受け容れるもの[94]」であるとして、政府の機能不全を指摘する。さらに自らが主導する庶民院ヨーロッパ調査委員会の開催を政府が拒み続けていることに関しては「イギリスの国家政体に対する政府の無知[95]」を批判していることから明らかなように、キャッシュは労働党政府やその下での議会では民主主義を維持することができないと警戒する。それゆえ国民投票を持ち出しているのであり、ここでもキャッシュの主眼はヨーロッパ統合の流れを食い止めて議会主権を保護することにあり、人民主権の強化を目指していると考えるべきではない。

(2) 自由経済と議会主権

一九九八年の五月に行われた首相答弁で、キャッシュの質問に対してトニー・ブレア首相は、「イギリス人の職、投資、そして産業の利益になる」として、ヨーロッパの経済・金融同盟を推進する姿勢を鮮明にした[96]。この首相答弁を振り返る記事においてキャッシュは、経済・金融同盟は「誰がイギリスを統治するかという問題、そして民主主義的および政治的自由に関する問題」を提起し、その問題は「商業的自由の問題よりもずっと重要だ」と論じつつ、「政治的自由なくして、商業的自由を確保することはできない。ここにおいて、首相は間違っているのである」とブレアを批判している[97]。ここでも、自由経済よりも議会主権を重視するキャッシュの思想の独自性が浮き彫りになっている。

3 二〇一〇年以降——連立政権の成立とブレグジット

二〇一〇年の総選挙以降、保守党上層部の欧州懐疑的な思想は鳴りを潜め、むしろEUに親和的な態度を示すようになった。それは保守党が自由民主党と連立政権を組むこととなり、連立協定によって保守党はヨーロッパの分野でかなりの譲歩をせざるを得なかったからだ。これに対して、キャッシュをはじめ欧州懐疑主義者は不満を強め、反政府的な姿勢で抵抗しようとした。

(1) 人民主権と議会主権

キャッシュは二〇一一年の著書で国民投票の必要性を訴えている[98]。しかしこれは、連立政権とともに誕生した現行議会への不満を表明しているにすぎず、議会主権を否定するものではない。キャッシュは「連立政権下の議会はそれ「国民投票〕を防ごうとするだろう」[99]と現行議会を批判している。それゆえ国民投票を通じて「イギリスの人民が、自らの議会を救うだろう」と期待する。[100]さらにキャッシュは、

主権とは、裁判所やヨーロッパ連合のような国際機関に対してではなく、議会における人民の民主主義的な代表者たちに究極的な権限を与えることである。それゆえ主権は保護され、再確立されなければならない。議会のメンバー〔政治家〕は有権者を代表して主権を守る絶対的な義務がある。議会主権への脅威は民主主義への脅威である[101]（傍点筆者）

と論じており、民主主義における議会主権の重要性を指摘したうえで、それを理由として欧州懐疑主義を表明している。

(2) 自由経済と議会主権

キャッシュは二〇一一年の著書においても、自由貿易を基盤とする国民国家間の連合を模索する。キャッシュが理想とするのは政府間の協力を基盤とする自由貿易圏としての「ＥＦＴＡプラス」[102]である。しかしここでも、その主眼は自由貿易ではなく議会主権である。キャッシュは新たなヨーロッパ構築の最初のステップとして「ウェストミンスターの議会を通じてイギリスの人民のために法を制定し、人民を統治する権利を、イギリスは再獲得しなければならない」[103]として議会主権の奪還を目指しており、それが必要となるのは「ヨーロッパの統合が国家の民主主義と、国家の議会を掘り崩す」[104]ものだからである。

同様の論調は二〇一五年の著書においてもみられる。キャッシュはＥＵ単一市場を離脱するべきだと論じつつも、「問題となっているのは市場のみにとどまらない。問題なのは、将来的に我々が民主主義的な国家に住み続けるのかどうかである」[105]と論じて、単一市場にとどまることが民主主義を損なうと主張する。さらに単一市場からの離脱によってＥＵとの関係を根本的に変えるべきであると述べるが、その理由は「人民の選挙での選択が、総選挙でウェストミンスター

の議会に選出された人民の代表者たちによって実行されるようにするため[106]」である。ここでは明らかに、市場や自由貿易よりも議会主権の再確立が論じられており、キャッシュの欧州懐疑主義におけるコアのコンセプトが議会主権であることが確認できる。

五　ダグラス・カースウェルの欧州懐疑主義

本章はダグラス・カースウェルの欧州懐疑主義においてコアとなるコンセプトが人民主権であることを明らかにする。

1　二〇〇五年から二〇一〇年——労働党政権下での保守党議員時代

(1)　議会主権と人民主権

カースウェルは「イギリスは結局、議会民主主義の国である」と述べたうえで、その政治体制のもとで「どうして有権者が、その代表者〔議員〕に自らの意思を押し付けることができないことがあろうか?[107]」と論じる。つまりカースウェルが想定する「議会民主主義」では、国会議員は人民の意思を伝達する役割を担う。それゆえ「人民は自分たちにとって重要な議題について、〔人民を代表する〕政治家に議論や投票を強制することができるようにするべきであ[108]」って、それゆえ「さらなる直接民主主義が必要だ[109]」。カースウェルがこのように人民主権の重視を訴えるのは、その背後にウェストミンスター議会への不信感があるからだ。例えば「ウェストミンスターは一般の人民の関心からかけ離れた内向きの村[110]」として、「ウェストミンスターの政治家は、もっと直接的に有権者に対して説明責任を果たすべきである[111]」と論じている。

このような論調は、二〇〇八年に出版されたダニエル・ハナンとの共著[112]の中でもはっきりと表れている。この著書で重要なのは、カースウェルが考える議会主権と人民主権との関係性が浮き彫りになっている点である。あらかじめ注意を促しておけば、カースウェルは議会や政治家に対する不信感をあらわにしているものの、議会主権そのものに否定的であるわけではない。例えばカースウェルは、「議会は最高権威であるべきである」[113]と論じる。さらに、キャッシュと同様に議会主権の歴史と伝統、そしてその世界大の貢献についても誇りを持っている。というのもカースウェルは「我々の議会には、世界に類を見ない歴史、権威、そして正統性がある」[114]と主張するほか、イギリスの政治体制は「人類の幸福に対するイギリスの最も偉大な貢献である」[115]と論じているからである。しかしながら、カースウェルの主眼は議会主権ではなく、人民主権にある。カースウェルによれば、「議会の主権は、結局のところ人民の主権として初めて、擁護することができるのだ」[116]（傍点筆者）。ここにおいて、人民主権は議会主権の前提条件として提示されており、カースウェルの主眼が人民主権にあることは明らかである。

(2) カースウェルの欧州懐疑主義

以上のように、カースウェルは人民主権の強化を一貫して訴えている。この理念は、カースウェルによればヨーロッパ統合とは相いれないものである。カースウェルは、権力の移行が「ブリュッセルからウェストミンスターへ、ホワイトホール［イギリス官庁］から地方の役所へ、そして国家から市民へ」[117]と順に遂行されるべきであると論じる。というのも、「我々の思想を支える包括的な哲学——最も低いレベルへの権力の委譲——は、ヨーロッパ統合と両立することはできない」[118]からだ。したがってEUに権力が集中している現状では、「それらの権力が地方の役所や個々の市民に委譲される前に［…］EUから奪回されねばならない」[119]（傍点筆者）。

2 二〇一〇年から二〇一四年——連立政権下での与党保守党議員時代

(1) 議会主権と「アイデモクラシー（iDemocracy）」

カースウェルは「大きな政府＋説明責任の欠如＝ひどい公共政策」[120]という単純な公式を示しつつ、政府が権力を集中させることで議会や人民の監視機能が弱まり、政府が説明責任を果たすことを怠っていると論じる。このような思想はエリート層に対するカースウェルの不信感によってもたらされるが、ここで想定されるエリート層とは「中央銀行の政策決定者、規制当局、ジャーナリスト、政治家[121]」等である。ただしカースウェルは、議会や議員の役割を否定しているわけではない。なぜなら、そもそも議会が誕生したのは「君主や官僚が人民の同意なく課税することを防ぐため[122]」であったし、「代表制民主主義は政府を小さくするために設計されたものである[123]」と論じているからだ。すなわちカースウェルは、政治家は政府の監視機能を果たすべきだと考えており、それによってはじめて代表制民主主義が機能すると主張している。その意味で彼は議会主権をないがしろにしているとは考えられず、むしろ政府に対しては議会主権の強化を訴えている。

しかしながら、ここでもやはりカースウェルの主眼は議会主権の強化のさらにその先、すなわち人民主権の強化にある。この時期に彼が提示する新たな概念が「アイデモクラシー」である。これはインターネットやソーシャルメディアの発達と一般市民への浸透を背景に、政党や政治団体などの中間組織を介さずに有権者と政治家がより密接な関係を結ぶことを基礎とする民主主義のことで、二大政党を基盤とするイギリスに伝統的な代表制民主主義とは大きく異なる。カースウェルの考えでは、政治家は「もはや人民の意思の運び屋ではなくな［り…］パラサイトに成り果てた[124]」（傍点筆者）。アイデモクラシーのもとでは「有権者が自らにとって重要な議論を主導し、それに投票するという直接民主主義が増えることになる[125]」。

(2) 国民投票と欧州懐疑主義

二〇一一年に、EU離脱についての国民投票を求める法案が十万を超える署名を集めて政府に提出された。国民投票実施の是非が議会で審議される当日に投稿した記事でカースウェルは、「四〇年にわたって、我々はヨーロッパの問題を政治家に一任してきた。しかしその結果どうなったかを見てほしい」と政治家を非難し、さらに国民に対して「あなたが選出した議員は普通のイギリス［人］からの圧力［電子署名］に応えるだろうか、それとも無視するだろうか[126]？」と問いかけて、「人民の意思の運び屋」ではなくなった政治家への不信感を隠さない。このように人民主権の強化を訴えるカースウェルにとって、ブリュッセルにおけるEU官僚による中央集権化は到底黙認できるものではない。なぜなら

「ヨーロッパでは、連邦レベルで執行権力を行使している者たちに対する民主的統制がほとんど無きに等しい」[127]からである。

3　二〇一四年から二〇一七年――UKIP議員時代

保守党離党後に実施された補選直前に書かれた新聞記事で、カースウェルは保守党を離党することで「議員は党議拘束に応えるのではなく、彼らの有権者に応えるのだという、半分忘れられた真実」を再び掘り起こす、と主張している[128]。UKIPについては「ブリュッセルからイギリスへの権力のラディカルな脱中心化だけでなく、ウェストミンスターから人民、そして大企業の利害から消費者への脱中心化を体現している」[129]と、保守党議員時代に好んで用いたフレーズを用いつつ入党の理由を語っており、ここにカースウェルの人民主権の思想の連続性が現れている。

二〇一七年の著書でカースウェルは、「イギリスでは、我々が保持しているのは議会システムであって、大統領システムではない」[130]と論じ、議会を重視する姿勢がここでも表れている。とはいえ、既存議員への不信感は隠さない。例えば「中身のある議論をするのではなく、議員はむしろ些末なことをお喋りしている」[131]と述べて議員を批判している。さらに言えば、カースウェルはやはり議員が「人民の意思の運び屋」であるべきだと考えている。保守党離脱後の補選を前にした演説では「私は何よりも最初に、そして最後にも、あなた方［クラクトンの有権者の声］に答えます。あなた方は私のボスです。決して失望させません」[132]と述べて、議員が人民の意思を伝達する役割を担うことが強調されている。

六　結論――思想としての欧州懐疑主義の多様性

1　欧州懐疑主義はポピュリズムか？

序論で論じたように、近年の研究ではイギリスにおける欧州懐疑主義をポピュリズムととらえる傾向がある。しかしながら、先行研究では欧州懐疑主義という思想において人民主権と議会主権というコンセプトが複雑に絡み合う様相が明らかにされていなかった。本稿で分析した三人の政治家は二つのコンセプトにそれぞれ別の意味付けを行い、両コンセプトの関係を通じて欧州懐疑主義を表面化させていた。サッチャーは自らの自由経済思想において、経済活動に限って個々人の権限の強化を訴えたものの、政治的発言力などの政治的な人民主権の強化には懐疑的で、国民投票についても積極的に導入を訴えることはしなかった。ただし、議会主権はそのような個人の経済活動を保証するための法の支配を確立するものとして必要である。それゆえサッチャーは自由経済の確立を理想として欧州統合を批判しており、その手段として議会主権のコンセプトが用いられていた[133]。

キャッシュは議会主権が民主主義の基盤だと考えており、人民の影響力は総選挙における投票にとどまる。そのような民主主義は経済政策に先立って確立されるものであり、キャッシュにとって議会主権なくして経済的な繁栄はない。したがってウェストミンスター議会から権限を奪うものとして欧州統合を批判する際、キャッシュの念頭にあるのはもっぱら議会主権のコンセプトである。

最後に、カースウェルは人民主権の強化を訴えていた。興味深いことに、カースウェルは自らの思想をサッチャーの思想と連続性のあるものととらえている[134]。彼はサッチャーの自由経済思想への理解とその継続性を示したうえで、「その原則を我々の政治のやり方にまで広げようではないか。人民に権力を与えよ[135]」（傍点筆者）と論じており、サッチャーが避けていた政治的な人民主権の強化を唱える。すなわち、サッチャーが人民に経済的な選択の余地を与えることに重点を置いていたのに対して、カースウェルはそれに加えて政治的な権限をも与えることで人民主権を強化するべきだと考えていた。

先行研究のように人民主権と議会主権との二項対立で欧州懐疑主義を説明しようとすると、上述のような欧州懐疑主義の思想的な多様性を見落としてしまう。たとえば「サッチャー派[136]」と形容されることの多いキャッシュであるが、欧州懐疑主義については自由経済をコアとするサッチャーとの違いが明確である。むしろサッチャーの思想における人民主権の考え方についてはカースウェルとの連続性を指摘することができる。ただしサッチャーは政治的な側面における人民主権の強化には懐疑的で国民投票にも消極的であったが、この点に関してはキャッシュとの親和性が認められる。

以上のように、各政治家の欧州懐疑主義におけるコンセプトの用い方は複雑かつ多様であり、それぞれの思想においてその用法は大きく異なる。したがって欧州懐疑主義をポピュリズムのように一つの概念で説明しようとすることには分析上の大きな問題が存在すると考えられる。

2 イデオロギーの家族としての欧州懐疑主義とブレグジット

最後に、本稿の議論が示唆するところについて論じ、本稿の研究上の有用性を確認する。二〇一六年に実施されたEU離脱を巡る国民投票において、離脱派のキャンペーンであるヴォート・リーヴが用いたスローガン「コントロールを取り戻せ」は、そのシンプルさやメッセージ性によって多くの投票者を離脱票に導いたとされているものの、このスローガンが影響力を持つに至った理由は未だに明らかにされていない。先行研究としては、ジュリエット・リングアイゼン－ビアルドーは、「コントロール」が議会主権のことを指すと限定的に捉えたうえで、議会主権の概念の曖昧さがヴォート・リーヴのキャンペーンに好影響をもたらしたと論じる。[137] またポール・リチャードソンは、「コントロール」が主権概念一般を指すと考え、その概念が「ハイパー・リアル（hyperreal）」であったために、様々な政治家や有権者を包み込むことができたと主張している。[138] 本稿の分析はこのような議論をさらに進め、「コントロールを取り戻せ」というスローガンが思想的に多様な欧州懐疑主義者をどのようにまとめ上げ、国民投票において一致団結させるに至ったのかを考察する糸口を与えるものである。

本稿が繰り返し論じてきたように、保守党における思想としての欧州懐疑主義の内実は複雑であり、類似の政治的コンセプトを用いているという意味においてイデオロギーの家族としての一体性はありながらも、それぞれの欧州懐疑主義者によってコンセプトに対する意味付けや重要性の度合いは異なる。それでも「コントロールを取り戻せ」が各政治家に受容され、キャンペーンにおいて繰り返し用いられたのは、スローガンで用いられている概念の曖昧さが理由であると考えられる。

第一に、取り戻すべき「コントロール」はどの主体が握るべきなのかが明らかにされていない。この不透明さによって、例えばキャッシュは議会によるコントロール（議会主権）を、カースウェルは人民によるコントロール（人民主権）を取り戻すことを念頭に置きながら、言説としては「コントロールを取り戻せ」というスローガンの下で一貫性を保つことができた。第二に、どの主体から「コントロール」を取り戻すのかも不明確である。その主体とは、キャッシュにとっては専らＥＵであるものの、カースウェルにとってはＥＵに加えてウェストミンスター議会であると考えられる。また自由経済をコアのコンセプトとする欧州懐疑主義者にとっては、ＥＵからコントロールを取り戻すことは手段にすぎず、目的はあくまでイギリスが保護主義的な経済圏を抜け、グローバルな自由貿易を軸にした経済圏に属することだった。それゆえ保護主義的とみなすＥＵから脱退する際には利害が一致した。つまり「コントロールを取り戻せ」とは、議会主権や人民主権、自由経済などのコンセプトの相違を乗り越える効果を持っていたと考えられる。

このようにヴォート・リーヴの「コントロールを取り戻せ」というスローガンは、各欧州懐疑主義者が用いる様々なコンセプトを包含したことによって、イデオロギーの家族としての欧州懐疑主義を、選挙戦略において統合することに成功したと考えられる。すなわちこのスローガンは、本稿で明らかにした欧州懐疑主義におけるコンセプトの多様さとコンセプト同士の関係の複雑さを乗り越え、ＥＵ離脱という目標に向けて欧州懐疑主義者を束ね上げる役割を果たしたと言える。

以上のように、本稿を通じて行ったイギリス保守党における欧州懐疑主義の思想的分析は、ブレグジットのみならず、イギリス政治における様々な側面を考察するうえで重要な示唆を与え、議論の糸口になると考える。

（1）たとえば、Robert Ford and Matthew Goodwin, *Revolt on the Right: Explaining Support for the Radical Right in Britain*, Routledge, 2014; Ronald Inglehart and Pippa Norris, "Trump, Brexit, and the Rise of Populism: Economic Have-Nots and Cultural Backlash," in *SSRN Electronic Journal*, June 28th, 2017. なお「取り残された人々」は反移民感情を抱いていたとされるが、反移民の概念は本稿では論じない。政党としてはＵＫＩＰがそのような有権者の受け皿となっており、本稿の検討の対象である保守党と

は競合関係にあるからである。したがって主流を成す保守党政治家の間では、反移民のコンセプトに重要性は与えられていない。Ford and Goodwin, *Revolt on the Right*, pp. 283-284. また保守党からUKIPに鞍替えしたダグラス・カースウェルでさえもＵＫＩＰの反移民的傾向に嫌悪感を示していた。Douglas Carswell, "Britain leaving the EU is a part of a wider anti-elite insurgency", *The Guardian*, Jun 27th, 2016.

（2）キャメロン自身も自伝でおおかた認めている。See, David Cameron, *For the Record*, William Collins, 2019, p. 406.

（3）Ben Wellings, *English Nationalism, Brexit and the Anglosphere*, Manchester University Press, 2019, pp. 18-21.

（4）Michael Kenny and Nick Pearce, *Shadows of Empire: The Anglosphere in British Politics*, Polity Press, 2018, pp. 11-13.

（5）*Ibid.*, pp. 25-29.

（6）Nathalie Brack and Nicholas Startin, "Introduction: Euroscepticism, from the Margins to the Mainstream," in *International Political Science Review*, Vol. 36, No. 3, 2015, p. 239.

（7）Cas Mudde, "The comparative study of party-based Euroscepticism: the Sussex versus the North Carolina School", *East European Politics*, Vol. 28, No. 2, 2012.

（8）Paul Taggart and Aleks Szczerbiak, "Parties, Positions and Europe: Euroscepticism in the EU Candidate States of Central and Eastern Europe," *SEI Working Paper No. 46 Opposing Europe Research Network Working Paper No 2*, 2001, p. 10.

（9）Philip Lynch and Richard Whitaker, "Where There is Discord, Can They Bring Harmony? Managing Intra-party Dissent on European Integration in the Conservative Party", *The British Journal of Politics and International Relations*, Vol. 15, pp. 317-339.

（10）Chris Gifford, "The Rise of Post-Imperial Populism: The Case of Right-Wing Euroscepticism in Britain", in *European Journal of Political Research*, Vol. 45, No. 5, 2006, pp. 851–869.

（11）Chris Gifford, "The UK and the European Union: Dimensions of Sovereignty and the Problem of Eurosceptic Britishness," in *Parliamentary Affairs*, Vol. 63, No. 2, 2010, p. 323.

（12）Wellings, "Losing the Peace: Euroscepticism and the Foundations of Contemporary English Nationalism", in *Nations and Nationalism*, Vol. 16, No. 3, 2010, p. 490.

（13）*Ibid.*, p. 503.

（14）Tim Bale, "Who Leads and Who Follows? The Symbiotic Relationship between UKIP and the Conservatives – and Populism and Euroscepticism," in *Politics*, Vol. 38, No. 3, 2018, p. 266.

(15) Cary Fontana and Craig Parsons, "'One Woman's Prejudice': Did Margaret Thatcher Cause Britain's Anti-Europeanism?," in *Journal of Common Market Studies*, Vol. 53, No. 1, 2015, pp. 89–105.

(16) John Campbell, *Margaret Thatcher Volume Two: The Iron Lady*, Vintage, 2008 [original in 2003], p. 596.

(17) Gifford, "The UK and the European Union", p. 323.

(18) Tim Bale, *The Conservative Party: From Thatcher to Cameron*, Polity, 2010.

(19) Fontana and Parsons, "'One Woman's Prejudice'", p. 93.

(20) Campbell, *Margaret Thatcher Volume Two*, p. 596.

(21) Michael Freeden, *Ideologies and Political Theory: A Conceptual Approach*, Oxford University Press, 1998; Michael Freeden, *Ideology: A Very Short Introduction*, Oxford University Press, 2003; Michael Freeden, "The Morphological Analysis of Ideology", in Michael Freeden and Marc Stears (eds.), *The Oxford Handbook of Political Ideologies*, Oxford University Press, 2013.

(22) Freeden, *Ideology*, p. 51. なお、本稿ではフリーデン的なイデオロギーに関わる概念について述べる際に「コンセプト」と表記する。

(23) Freeden, *Ideology*, 2003, p. 61.

(24) Freeden, "The Morphological Analysis of Ideology", pp. 125-126.

(25) Freeden, *Ideologies and Political Theory*.

(26) *Ibid*., pp. 141-314.

(27) フリーデンはあるイデオロギーの中で、多義的なコンセプトが「脱論争化」されると論じる。本稿で検証する各政治家が利用するコンセプトの脱論争化の過程については、今後の研究上の課題である。

(28) Margaret Thatcher, "Speech to the College of Europe (The Bruges Speech)", Margaret Thatcher Foundation, Sep 20th, 1988. https://www.margaretthatcher.org/document/107332. 2020/01/06 DL.

(29) Campbell, *Margaret Thatcher Volume Two*, pp. 608-609.

(30) Douglas Carswell, *Rebel: How to overthrow the emerging oligarchy*, Head of Zeus Ltd, 2017, p. 42.

(31) Charles Moore, "Who will admit that the Right ways are not the wrong ways?", *The Telegraph*, Jul 2nd, 2010.

(32) Skynews, "Boris Johnson's secret 'Remain' article revealed", Oct 16th, 2016. https://news.sky.com/story/boris-johnsons-secret-remain-article-revealed-10619546. 2019/09/04 DL.

(33) Andrew Gamble, *The Free Economy and the Strong State: The Politics of Thatcherism*, Macmillan Education Ltd., 1988.

(34) *Ibid.*, p. 31.

(35) Margaret Thatcher, *Statecraft: Strategies for a changing world*, Harper Collins Publishers, 2003 [original in 2002], p. 423.

(36) *Ibid.*, p. 415.

(37) *Ibid.*, p. 423.

(38) Margaret Thatcher, "Speech to Centre for Policy Studies (AGM)", Margaret Thatcher Foundation, Apr 28th, 1988. https://www.margaretthatcher.org/document/107228. 2019/12/14 DL.

(39) Thatcher, *The Downing Street Years*, Harper Press, 2011 [original in 1993], p. 688.

(40) Margaret Thatcher, "Speech to the Aspen Institute ("Shaping a New Global Community")", Margaret Thatcher Foundation, Aug 5th, 1990. https://www.margaretthatcher.org/document/108174. 2019/12/26 DL.

(41) Thatcher, *The Downing Street Years*, p. 800.

(42) *Ibid.*, p. 530.

(43) *Ibid.*, p. 530.

(44) Margaret Thatcher, "Speech on Europe ("Europe as I see it")", Margaret Thatcher Foundation, Jun 24th, 1977. https://www.margaretthatcher.org/document/103403. 2019/12/14 DL.

(45) Thatcher, *Statecraft*, p. 421.

(46) *Ibid.*, p. 420.

(47) Thatcher, *The Downing Street Years*, p. 739.

(48) *Ibid.*, p. 739.

(49) Thatcher, "Speech on Europe ("Europe as I see it")".

(50) Margaret Thatcher, "Remarks accepting Clare Boothe Luce Award ("The West Must Prevail")", Margaret Thatcher Foundation, Dec 9th, 2002. https://www.margaretthatcher.org/document/110687. 2019/12/23 DL.; Thatcher, "Advice to a Superpower";

Thatcher, *The Downing Street Years*, p. 821; Thatcher, *The Path to Power*, Harper Press, 2011 [original in 1995], p. 472.

(51) Thatcher, *The Path to Power*, p. 518.

(52) *Ibid.*, p. 519.

(53) Margaret Thatcher, “Speech to North Atlantic Council at Turnberry”, Margaret Thatcher Foundation, Jun 7th, 1990. https://www.margaretthatcher.org/document/108106. 2019/12/14 DL.

(54) Margaret Thatcher, “Interview for Der Spiegel”, Margaret Thatcher Foundation, Mar 23rd, 1990. https://www.margaretthatcher.org/document/107900. 2019/12/14 DL.

(55) Margaret Thatcher, “My Vision of Europe: Open and Free”, Financial Times, Nov 19th, 1990.

(56) U.S. News & World Report, “How the Conservatives would deal with Britain’s Troubles”, Sep 12th, 1977.

(57) Thatcher, *Statecraft*, pp. 341-342.

(58) Forbes, “It just won’t do. It’s not big enough minded”, Oct 26^{t}h, 1992.

(59) Margaret Thatcher, “Speech to Conservative Party Conference”, Margaret Thatcher Foundation, Oct 14th, 1998. https://www.margaretthatcher.org/document/107352. 2019/12/06 DL.

(60) Thatcher, *The Path to Power*, p. 489.

(61) U.S. News & World Report, “How the Conservatives would deal with Britain’s Troubles”, Sep 12th, 1977.

(62) Margaret Thatcher, “My Vision of Europe: Open and Free”.

(63) Thatcher, *Statecraft*, p. 380.

(64) Forbes, “It just won’t do. It’s not big enough minded”.

(65) Thatcher, *The Path to Power*, p. 470.

(66) Thatcher, *Statecraft*, pp. 399-401.

(67) Thatcher, “Interview for Der Spiegel”.

(68) Thatcher, *The Downing Street Years*, p. 800.

(69) Thatcher, *The Path to Power*, p. 472.

(70) Thatcher, *Statecraft*, p. 355.

(71) Bill Cash, "Neill lays down proper standards for National Referendum on Europe", *The European Journal*, Vol. 6, No. 2, 1998.

(72) *Ibid.*

(73) William Cash, *Against a Federal Europe: The Battle for Britain*, Duckworth, 1991, p. 6.

(74) *Ibid.*, p. 52.

(75) *Ibid.*, p. 51.

(76) *Ibid.*, p. 7.

(77) *Ibid.*, p. 65.

(78) *Ibid.*, p. 45.

(79) William Cash, *Europe: The Crunch*, Duckworth, 1992, p. 25.

(80) Cash, *Against a Federal Europe*, p. 44.

(81) Cash, *Europe: The Crunch*, p. 60.

(82) 憲政学者のヴェルノン・ボグダノーによれば、ダイシーの考えでは「議会主権のドクトリンに沿った形で、国民投票は勧告的でしかあり得ず、議会を縛ることはできない」。See, Vernon Bogdanor, *Beyond Brexit: Towards a British Constitution*, I. B. Tauris, 2019, pp. 88-89.

(83) Bill Cash, "Maastricht Created a Political Frankenstein", *The European Journal*, Vol. 2, No. 6, 1995.

(84) Bill Cash, "Referendum & General Election Double Act", *The European Journal*, Vol. 3, No. 6, 1996.

(85) Cash, "Maastricht Created a Political Frankenstein".

(86) Cash, "Referendum & General Election Double Act".

(87) Cash, *Europe: The Crunch*, p. 11.

(88) *Ibid.*, p. 15.

(89) Cash, *Against a Federal Europe*, pp. 7-8.

(90) *Ibid.*, p. 26.

(91) Bill Cash, "We demand a White Paper on the Continental and Political Implications of EMU", *The European Journal*, Vol. 5, No. 2, 1997.

(92) Bill Cash, "Fare Thee Well, Fare Thee Well, Fare Thee Well, My Fairy", *The European Journal*, Vol. 5, No. 5, 1998.
(93) Bill Cash and Bill Jamieson, *The Strangulation of Britain and the British Business: Europe in our daily lives*, London, European Foundation, 2004.
(94) *Ibid.*, p. 18.
(95) *Ibid.*, p. 22.
(96) Hansard, "Economic And Monetary Union debate in Commons Chamber", Volume 311, Column 573, May 5th, 1998.
(97) Bill Cash, "Facing up to Facts", *The European Journal*, Vol. 5, No. 7, 1998.
(98) Cash, It's the EU, *Stupid*, p. 73.
(99) *Ibid.*, p. 14.
(100) *Ibid.*, p. 8.
(101) *Ibid.*, p. 66.
(102) *Ibid.*, p. 19; p. 28; p. 78.
(103) *Ibid.*, p. 35.
(104) *Ibid.*, p. 17.
(105) Bill Cash, Bernard Jenkin and John Redwood, *The UK and the EU: What must change?*, Politeia, 2015, p. 42.
(106) *Ibid.*, p. 1.
(107) Douglas Carswell, "Brussels is doing Britain a diplomatic disservice", *The Daily Telegraph*, Jun 25th, 2007.
(108) Douglas Carswell, "US politics may have a vulgar edge", *The Sunday Times*, Aug 17th, 2008.
(109) *Ibid.*
(110) *Ibid.*
(111) Douglas Carswell, "Speaker Martin Must Go", *Mail on Sunday*, Apr 13th, 2008.
(112) Douglas Carswell and Daniel Hannan, *The Plan: twelve months to renew Britain*, self-published, 2008.
(113) *Ibid.*, p. 61.
(114) *Ibid.*, p. 152.

(115) *Ibid*., p. 62.
(116) *Ibid*., p. 154.
(117) Douglas Carswell and Daniel Hannan, "The modern Tory hero should be the Jefferson", *The Spectator*, Sep 27th, 2008.
(118) Carswell and Hannan, *The Plan* p. 146.
(119) *Ibid*., p. 152.
(120) Douglas Carswell, *The End of Politics: And the birth of iDemocracy*, Biteback Publishing, 2012, p. 86.
(121) *Ibid*., p. 142.
(122) *Ibid*., p. 31.
(123) *Ibid*., p. 33.
(124) *Ibid*., p. 78.
(125) *Ibid*., p. 197.
(126) Douglas Carswell, "Let Britons have their say", *The Express*, Oct 24th, 2011.
(127) Carswell, *The End of Politics*, p. 257.
(128) Douglas Carswell, "Voters have turned against 'politics as usual'", *The Daily Telegraph*, Oct 6th, 2014.
(129) Douglas Carswell, "Like Atlee and Thatcher, Ukip is offering innovative solutions", *The Telegraph*, Nov 27th, 2014.
(130) Carswell, *Rebel*, p. 369.
(131) *Ibid*., p. 60.
(132) Cited in Wellings, *English Nationalism*, p. 41.
(133) 一九九三年の著書で単一通貨を批判する文脈においてサッチャーは、自国の通貨発行権限の自由を放棄することは「国家の経済的独立の終わり」を意味すると述べ、それが同時に「議会制民主主義が意味をなさなくなること」も意味すると論じる。ここで議会は、国家の経済的独立を担保するものとされている。Thatcher, *The Downing Street Years*, p. 691.
(134) Douglas Carswell, "Give voters right to sack bad MPs", *The Sun*, Apr 13th, 2014.
(135) *Ibid*.
(136) Chris Gifford, *The Making of Eurosceptic Britain, 2nd edition*, Ashgate Publishing Limited, 2014, pp. 123.

(137) Juliette Ringeisen-Biardeaud, ""Let's take back control": Brexit and the Debate on Sovereignty", in *French Journal of British Studies* [online], Vol. XXII, No. 2, 2017.

(138) Paul B. Richardson, "Sovereignty, the Hyperreal, and "Taking Back Control"", in *Annals of the American Association of Geographers*, Vol. 109, No. 6, 2019, pp. 1999-2015.

〔政治思想学会研究奨励賞受賞論文〕

グローバル化と討議理論

——越境する政治とシティズンシップ

牧野正義

はじめに

本稿の目的は、現代ドイツの社会哲学者、ユルゲン・ハーバーマスの討議理論を手がかりに、グローバル化時代のシティズンシップ、とりわけ国境を越えた（越境的）レベルにおけるシティズンシップについて検討することである。[1]今日進行しているグローバル化は、さまざまな負の影響や副作用をもたらしているように見える。経済格差・貧困と社会的分断の広がり、ネオリベラリズム的価値観の浸透に伴う「生きづらさ」の深まり、移民やテロリズムの問題に伴う社会的緊張の増大、これらを背景とした「ポピュリズム」や排外主義・反知性主義の台頭、安全保障・経済・公衆衛生・環境等の分野における国際協力の困難、自由民主主義的な体制・理念が持つ影響力の世界的低下、などである。

こうしたグローバル化がもたらすさまざまな影響やそれに対する政治的取り組みの重要性の増大は、従来国民国家という政治的単位を暗黙の前提とする形で構築されてきたシティズンシップ（論）を、越境的レベルにおける政治的課題への取り組みの可能性も視野に入れながら再構成する必要性を含意しているように思われる。シティズンシップ論の観点から見たハーバーマスの討議理論の重要な意義は、それが「複数性」（価値観やライフスタイルの多元化・流動化）という近代以降の社会的条件を真剣に受け止めつつ、そうした条件を最大限に尊重しうるようなルールの形成に向けた取り組みをも放棄しないシティズンシップの可能性を示す点にあると考えられる（cf. 牧野 2019）。ただし、討議理論がグローバル化への対応という点においていかなるシティズンシップ像を含意しうるかは未だ必ずしも明確ではない。ハーバーマスは一九九〇年代以降、ヨーロッパやグローバルなレベルにおける政治体制のあり方について理論的・時事論的著作の双方において発言を行ってきているが（cf. 鈴木 2003）、そうした発言は必ずしもまとまった形でなされているわけではないため、シティズンシップという観点から改めて整理しなおすことが必要である。また、そうした議論が討議理論全体の中にどのように位置づけられるのか、また政治理論的に重要な諸論点とどのように関係するのかを検討する必要もあると思われる。

本稿では、まず第一節でハーバーマス自身によるグローバル化への応答を、理論的に重要と思われる部分を中心に整理し、続く第二節で国境を越えたレベルにおけるシティズンシップについて、討議理論全体を踏まえて再検討することにしたい。グローバル化時代の国際立憲主義やシティズンシップに関する諸構想の一つとしてハーバーマスの議論を取り上げる研究（山崎 2012: 第七─八章、最上 2007: 第一章、中村 2014、古賀 2014: 第四章）や、人道的介入論・正戦論といった個別の論点に関連したハーバーマスの議論に関する検討（別所 2002、権左 2006、橋本 2008、内藤 2009、田邊 2018）はすでに少なからずなされており、討議理論の国際法分野への応用の困難さの指摘（毛利 2007: 七三頁以下）や、ポストモダン的観点を交えた批判的な検討（内村 2009: 第四─五章）もなされている。本稿ではこれらを参考にしつつも、討議理論が含意するシティズンシップの基本原則にまで遡った総合的・体系的な再検討を、より理論内在的な観点から試みたい。

一　ハーバーマスによるグローバル化への応答

ハーバーマスの討議理論は、『コミュニケーション的行為の理論』（一九八一年）において全面的に展開された近代以降における行為調整や社会統合の一般的条件を明らかにする理論を基盤として構築されているが、そうした理論形成の直接の文脈となっていたのは、自身がかつて「後期資本主義」と呼んでいた、福祉国家（社会国家）体制の下における問題状況であった。すなわち、近代以降のコミュニケーションの条件はその潜在力を基本的権利や民主主義的政治体制の確立という形で形式的には一定程度実現してきたものの、福祉国家体制下における生活様式の画一化という重要な問題を残しており、（福祉国家の理念そのものは保持しつつ）そうした問題点を乗り越えうるような形でより全面的に展開させる必要がある、というのである。しかし、こうした討議理論の成熟過程と並行して、理論構築の前提となっていた背景的文脈そのものに大きな変化が起こる。すなわち、福祉国家の財政的危機への対応策としての新保守主義的政策、さらには冷戦終結と経済のグローバル化の進展により、福祉や社会保障の物質的水準そのものが深刻な危機にさらされるようになったことがそれである。

ハーバーマスは『ポストナショナルな布置状況』（一九九八年）所収の表題論文において、グローバル化にまつわる状況認識とそれへの対案に関する基本的な立場を明らかにしている。ハーバーマスは国境を越えた社会的相互関係の範囲拡大・強化の過程としてグローバル化を捉えたうえで（pK: 101）、国民国家を単位とする民主主義の諸前提の自明性はグローバル化によって失われつつあると指摘する（pK: 105ff.）。背景にあるのは、環境問題などの国境を越える新たなリスクの登場、経済のグローバル化に伴う行政国家の実効性の低下、再分配機能の弱体化と民主的正統性の危機、（相互依存の進展や国際レジームの確立に伴ってもたらされる）集合的決定への参加者とそれによって影響を被る人々との不一致（D・ヘルド）、既存の集合的アイデンティティの自明性の喪失、といった諸傾向である。

ハーバーマスは近代社会の成立と変容の歴史を、市場を通じた「機能的統合」と生活世界に基盤を持つ「社会統合」との相互作用の過程として捉えている（pK: 122ff.）。前者は古い社会的紐帯を破砕し個々人の選択肢の幅を広げる解放的な力を持つが、同時に疎外やアノミーの危険性といった負の側面をも有している。こうした市場による「開放」（Öffnung）の過程が持つ解放的側面を生かしながら同時にその負の側面を克服すべく、生活世界の側から新たな段階での「囲い込み」（Schließung）を図るために考え出されたのが一八世紀の人権と人民主権の原則や、二〇世紀の福祉国家であったと位置づけられる。今日の経済のグローバル化は新たな「開放」のプロセスであり、これに対する高次のレベルでの「囲い込み」を施す必要があるというのがハーバーマスの見方である。

ハーバーマスのグローバル化に対する応答の試みのなかには、国内レベルで移民などの少数派の包摂を可能とする、普遍主義的な法的原理を中心とした「憲法パトリオティズム」に基づく連帯のあり方に関する議論もあるが（cf. 牧野2019: 第五章）、このように市民資格の基盤を正義の原則に適う法的原理に置くならば、国境を越えたレベルにおいて、生活形態をあらかじめ共有しない人々の間での市民資格の共有や政治的連帯を構想する可能性も開けてくる（EA: 188ff. 一八五頁以下、ZÜ: 101ff. gW: 68ff. 75ff. 九五頁以下 一〇六頁以下、AE: 105ff. 一四一頁以下）。ハーバーマスによる欧州連合（EU）やグローバルなレベルでの政治のあり方に関する議論は、こうした市民資格の問い直しという観点からも展開されている（EA: 145ff. 175ff. 一四五頁以下、一七二頁以下）。ハーバーマスはすでに一九九〇年代半ばの時点で、経済のグローバル化がもたらす負の影響として、先進国における「新しい下層階級」の出現とそれに伴う社会的緊張に加え、社会の分断（中間層の自己防衛）に伴う社会的モラルの腐食、共和主義的政治体の普遍主義的核心の毀損といった副次的影響をも挙げている（EA: 147ff. 一四七頁以下）。経済のグローバル化は単にマイナスの社会的影響をもたらすだけでなく、それに対抗するための基盤をも掘り崩しつつある、というのである。こうした傾向に対処するためには、国境を越えたレベルをも視野に入れた政治のあり方が新たに構想されなければならない、とハーバーマスは指摘する。ハーバーマス自身によるそうした構想の試みには大きく分けてEUレベルの議論とグローバルなレベルの議論がある。以下でそれぞれについて概観したい(2)。

1 EUレベル

EU統合の深化に関してハーバーマスはすでに一九九〇年代から言及し始めており（EA: 第3部、ZÜ: 第4部）、その後も、欧州憲法、ユーロ危機、ブレグジットといった様々な問題に即して多くの発言がなされているが（gW: 第2部、AE: 第2部、IST: 第1・2部、ハーバーマス 2019）、ハーバーマス自身の考え方が最も体系的な形で整理されたものとしては二〇一一年の『ヨーロッパ憲法論』がある。同書の中でハーバーマスは、ヨーロッパ統合と国際連合（国連）の創設・拡充とを、各国民国家内部において民主的法治国家の建設という形で推し進められてきた「文明化 Zivilisierung」（非暴力的な問題解決）プロセスの継続として捉える視座を提示している（ZVE: 44fff. 57.89 六三頁以下、八七頁、一四二頁）。国民主権の理念は「自由の法の下での自律」（カント）を目指すものであり、国家主権の「恣意的自由」（交戦権など）を制限することと両立しうる、というのである（ZVE: 53 八〇頁）。

ハーバーマスがEUの（いまだ完全には実現していない）成果として強調するのは、各国民国家における個々人に対する権利保障を基盤としつつも、そうした権利保障を超国家機関がより確実なものとすることができるような制度的枠組みを（単なる国家連合とも連邦国家とも異なる形で）創設する試みがなされてきたことである。ハーバーマスはそうした試みにおける二つの大きな革新を取り上げている（ZVE: 55ff. 八二頁以下）。一つは、超国家法（EU法）が独特の仕方で優先するという仕組みである。すなわち、各国家の同意の下で超国家的憲法を創設し、その枠組みの下で超国家的機関の立法・司法の優先権を認める（ただし物理的強制力を伴う執行権は各国家に留保し、憲法の改正も全加盟国の同意を要する）というものである。

これと関連するのが、憲法制定権力の理解に関する第二の革新である。すなわち、超国家的政体の憲法制定権力の源泉はあくまでも一人ひとりの市民であるが、個々の市民は各国民国家の市民とEU市民（ただしどちらの場合も特殊な文化ではなく正義・自由といった普遍主義的原理を中心に連帯する市民）という二つの役割を同時に持つと理解することである。こうした考え方は、制度面ではEU法による権利保障の水準が加盟各国で保障されている水準を下回ってはならないとの原則や、各国家による執行権・EU憲法改正権・離脱権の保持、選挙・政党のトランスナショナル化、および理事会と欧州議会との権限の均衡（欧州委員会が両者に等しく従属すること）といった形で表現される必要があり（ZVE: 62ff. 九四頁以下、cf. Habermas 2015a: 42）、以上の二つの革新に基づく、各国民国家と超国家的政体との間での「主権の分立・分有」（geteilte Souveränität）がスプラナショナルな法の正統性を支える重要な要素となる、とハーバーマスは論じている（ZVE: 69ff. 一〇七頁以下[3]）。

ただしハーバーマスは、越境的な法的共同体が成立するためには、上記のような制度的次元に加えて、それを支える市民の連帯・政治文化[4]や、それをもたらす学習過程の存在という条件が必要であることも強調している。そのための条件としてハーバーマスが挙げるのは、政治的エリートのリーダーシップによるEU共通の社会経済政策の導入、共通の政党システム・公共圏・市民社会（利益集団、NGO、社会運動）の形成、そのためのナショナルな公共圏の相互開放（メディアが他国の事情についても報じること）、などである（pK: 149ff. ZVE: 75ff. 一一八頁以下、AE: 188ff. 二三八頁以下）[5]。

2 グローバル・レベル

以上のようなEUにおける「革新」は、さらにヨーロッパを超えて、グローバルなレベルでの「世界社会の政治的憲法化」（politische Verfassung der Weltgesellschaft）を含む「国際法の立憲化」（Konstitutionalisierung des Völkerrechts）一般への決定的な一歩として位置づけられている（ZVE: 82ff. 一三一頁以下）。市民の権利の保障を確実なものとするためには、グローバルなレベルでの平和・人権の保障や経済的分配、環境問題といった課題への取り組みが必要となると考えられるためである。EU論と同じく、グローバルなレベルでの政治のあり方に関する言及もすでに一九九〇年代から見られるが（EA: 第7章、pK: 156ff. VaZ: 10ff. 一〇頁以下）、「国際法の立憲化」という考え方は、イラク戦争後の二〇〇〇年代半ばに著された『引き裂かれた西洋』所収の「国際法の立憲化のチャンスはまだあるか」および『自然主義と宗教の間』所収の「複数主義的世界社会のための政治体制」において最も詳細に論じられ、前出の『ヨーロッパ憲法論』に引き継がれている。

グローバルな秩序のあり方を考えるにあたってハーバーマスが導きの糸とするのは、カントの「法に即した自由 gesetzmäßige Freiheit」（各人の自由が他者の自由と普遍的な法に従って共存している関係）（gW: 120ff. 一六九頁以下）という構想であり、その理念に基づいて、諸国家の法としての国際法を諸個人の法としての世界市民法に変革する、というアイデアである。ただしハーバーマスは、カント自身は世界共和国と（その代替案としての）国家連合との誤った二者択一に陥っていたために、自らの理念を十分に推し進めることができなかった、と指摘する。世界共和国が「魂のない専制政治」に陥る危険性に対するカントの警戒は正当であるが、その代替案である国家連合のモデルでは、人権保障という観点から国家権力を縛るという契機に関して不十分さが残る、というのである（gW: 125ff. 一七七頁以下）。こうした二者択一を乗り越え、単なる国家連合でも世界共和国でもない途を探るためには、カントのように法的状態を共和主義のモデルと強く結びつけすぎないようにする必要がある、というのがハーバーマスの基本的な考え方である。法の支配や憲法秩序の考え方には、権力を「創設」する共和主義的なタイプと、すでに存在している権力を「制限」する（権力の分割を容認する）自由主義的なタイプとがあり、両者のタイプの適切な組み合わせが見出される必要がある（gW: 136ff. 一九〇頁以下、ZNR: 326ff. 三五二頁以下）。また、グローバルな政治体制の創出を、（諸個人が国家に主権を委ねるプロセスとのアナロジーで）諸国家が世界国家に主権を委ねるプロセスとして描くのは適切ではない、という。民主的法治国家はすでにそれぞれの内部の「学習過程」を経て諸権利を実現してきており、これを闇雲に放棄するわけにはいかないからである（gW: 128ff. 一八〇頁以下）。国家の法制化のための「学習過程」は世界市民的状態へと向かう「学習過程」と「相互補完」的な関係にあると捉えるべきである、というのがハーバーマスの立場である（gW: 129,132 一八二頁、一八六頁）。

ハーバーマス自身が描く「国際法の立憲化」による「政治体制を備えた世界社会」の概要は以下のようなものである。まず、スプラナショナルなレベル（国連に相当する）では、平和の維持と人権の保障（重大な人権侵害の阻止）などの課題に特化した世界機関が、それらの課題を非選別的かつ実効的に（スプラナショナルな法の優位の下で、ただし暴力の独占を伴うことなしに）遂行できるようにする。他方、トランスナショナルなレベルでは、スプラナショナルな法の枠内で、大国や大陸単位のレジームといったグローバル・プレーヤーが、「交渉システム」（これに相当する枠組みはいまだ存在していないとされる）を形成し、「世界政府なき世界内政 Weltinnenpolitik ohne Weltregierung」（貿易・労働・保健・交通分野での分配・格差是正、資本主義の規制、エコロジー、共通のリスクへの対処、文化的権利の保障など）の課題に取り組めるようにする、という秩序像である（gW: 134f. 一八八頁以下、ZNR: 334ff. 三六〇頁以下、ZVE: 84f. 一三五頁以下、cf. pK: 156ff.）。

こうした構想は、国家・地域機構・スプラナショナルなレベルでの主権の分有・分立という点で「自由主義的」要素を持つと同時に、（討議理論的に理解された審議手続き的な正統性創出という意味で理解される）「共和主義的」要素との「間接的」接続を重視している（gW: 139 一九四頁）。個々の国家（あるいは地域機構）の意思決定が人権や討議民主主義の手続きを尊重する必要があることは当然であるが、それに加え、スプラナショナル・トランスナショナルな次元において適用される人権や決定手続きの諸原則が、個々の民主的立憲国家の学習過程において「先取り」された成果を取り入れたものとなっていることが重要である、というのである（gW: 139, 173 一九五頁、二二八頁）。ハーバーマスによれば、スプラナショナルな次元における人権や平和に関わる問題は「法的」性質の問題であり、そこで正当化の根拠となるのは（人間性の否定に対する拒否や怒りのような、各国民や各世界宗教に共通の）「道徳的」性質のものであるから、スプラナショナルな次元における正統化は、（国民国家や地域的共同体におけるような）共有された「政治文化」が存在しなくても、グローバルな公共圏における道徳的反応との接続があれば達成されうるとする（gW: 141f. 一九七頁以下、ZNR: 356ff. 三八二頁以下、ZVE: 89ff., 92 一四四頁以下、一四八頁、pK: 161ff.）。狭義の「政治的」問題を扱うトランスナショナルな次元における正統性に関しても、そこでの交渉がスプラナショナルな次元において正当化される（人権の保障や勢力均衡を図る手続きなどに関する）原則の枠内で行われるようになる（またそれに沿ってグローバルアクターの自己理解が変容する）ことで充足されうるようになるであろう、というのがハーバーマスの見解である（gW: 141 一九六頁以下、ZVE : 94f. 一五二頁以下）。

ハーバーマスはこうした「国際法の立憲化」への道程において、二つの世界大戦と冷戦終結が大きな節目であったと捉える（gW: 145ff. 二〇二頁以下）。第一次世界大戦後の国際連盟は戦争の違法化という点では画期的な試みであったが、国家主権の原則（非介入原則や政府の免責特権）そのものは手つかずのままであった。これに対して第二次世界大戦後の国際連合の創設は、人権保障という観点から国家主権を制限することが想定されているという点で、諸国家の法から世界市民の法への転換に向けた決定的な一歩とみなすことができる。国連憲章は、平和保障という目標と人権政策との明白な絡み合い、刑事訴追・制裁発動という現実的威嚇、および世界組織の普遍性と法の普遍性、という三つの革新を直接・間接にもたらした点で、憲法に等しい性格を（はじめからそのようなものとして意図されたものではないとしても）備えている、という（gW: 159ff. 二二〇頁以下）。冷戦の終結後、国連は国際的・国内的紛争への介入における役割をいっそう増大させているが、その一方で実効性の欠如や判断の偏りといった問題、さらに脱国家化した暴力、グローバルなテロリズムといった新たな脅威への対応という課題も抱えるようになっている、と指摘される（gW: 165ff. 二二七頁以下）。

ハーバーマスはこうした状況理解のうえで、以下のような内容を持つ改革案に肯定的に言及している。すなわち、安保理における代表性の拡大や行動能力を高める決議方式、介入への厳密な条件・法的手続きの確定、国連執行機関における予算や軍事力などの面での実効性の確保、国際刑事裁判所の拡充（捜査に関する構成要件の明確化）、安保理・総会での立法府的決定に対する国際世論による正当化（NGOなどの参加）、国連の権限の一定の範囲（侵略戦争、国際的暴力行為、大規模な人権侵害への対応）への限定、といった内容である（gW: 172ff. 二三六頁以下、ZNR: 348ff. 三七四頁以下）（『ヨーロッパ憲法論』では先述した「主権の分有・分立」という考え方の応用として、各国家の代表と世界市民の直接選挙による代表からなる二院制「世界議会」の設置（国連総会の改組）も提案されている（ZVE: 86ff. 一三八頁以下））。上記以外の経済や環境といった「世界内政」の問題に関しては、前述の「交渉システム」において（国連によって定められる一定のルールの範囲内で）解決が図られることが想定されている。

「国際法の立憲化」をめぐるハーバーマスのこうした議論には、イラク戦争後の米国の覇権主義（「ヘゲモニー的リベラリズム」）への対抗という問題意識が色濃く反映されている。ハーバーマスは上述の通り、人権保障の観点から国家主権を制限する必要性自体は認めている。ただしそうした国際的な人権保障という目標を単独行動主義を通じて追求しようとしても、単なる特殊な「善」の観点の押しつけに終わるだけであり、それが普遍化可能な利害を反映した「正義」の観点に基づいているといえるためには、法的に確立された「討議的手続き」を通じて正当化されうる場合に限って実行されうるようにする必要がある、というのがハーバーマスの考え方である（gW: 178ff. 二四五頁以下）[6]。

本稿では、こうしたハーバーマスの問題意識そのものは真剣に受け止めたい。しかし、ハーバーマスが描く制度や正統化の構想がその目指す目標を実現するうえで十分なものであるか、という点については検討の余地がある。また、『ポストナショナルな付置状況』やEU論において重視されていたグローバル経済への取り組みという課題が「国際法の立憲化」構想においてやや後景に退いている感も否めない。以下ではこうした問題点を念頭に討議理論を踏まえたグローバル化時代のシティズンシップのあり方を再検討するが、そのためには、道徳や法との関連における討議理論の諸前提や、それらを踏まえたシティズンシップの基本原則そのものをいま一度振り返る必要があるように思われる。

二　国境を越えたレベルにおけるシティズンシップの再検討

本節では、前節で概観したハーバーマスによるグローバル化への応答が越境的なシティズンシップのあり方に対して有する意義や含意を検討したい。特に問題となりうるのは、第一に、ハーバーマス自身によるグローバル化への応答と討議理論全体との関係、すなわち、両者はどこまで整合的なものとして理解できるのか、両者の間に齟齬はないのか、という点である。第二は、政治理論においても扱われる主題、特に、国境を越えたレベルでの分配的正義や民主的正統性のあり方、国家や文化的多元性の位置づけといった諸論点との関連で提起されうる疑問点である。検討に入る前に、まずハーバーマスの討議理論がシティズンシップの問題一般に対してどのような基本的含意を有しているかを簡単に確認しておきたい。

本稿では詳細に立ち入ることはできないが、ハーバーマスの討議理論は一般に、価値観やライフスタイル等の多元化・流動化という近代以降の社会的条件の下で、個々人が互いにどのような仕方で共存しあうことが可能か、という問いに対する回答として構成されていると考えられる。そうした条件下で妥当性を認められうる規範や行為調整の仕方があるとしたらどのようなものであるかを示すのが討議倫理学や民主的法治国家論である。これらに対応して、討議理論が含意するシティズンシップの基本原則は、道徳的な次元と法的な次元との二つに大別することができると思われる（牧野 2019: 第一章）。このうち道徳規範に関係する次元において重要となるのは討議倫理学が含意する原則、すなわち、「道徳規範の妥当性に関する（不断の再審可能性を前提とした）最終的な判断の審級として、平等で開かれた、誠実で強制のない合理的討議において普遍化原則（U）[7]という基準に従って関係者全員の納得が得られる可能性という基準を尊重すること、またそうした道徳的観点との両立可能性を、フォーマル・インフォーマルな行為調整や社会的ルールの妥当性が承認されうるための必要条件として位置づけること」である。この原則は、善の構想の多元化・流動化という条件下で相互の行為調整を可能とするためには、討議（パースペクティブの相互交換）を通じて関係者の納得が得られるような、多様な善の構想を尊重しうる正義の観点と矛盾しない方法が必要になるはずだ、という洞察から導かれるものである（こうした道徳的観点との両立可能性は法規範の内容的吟味においても重要となる）。

ただし上記のような道徳的観点に基づく行為調整や社会的ルールの内容的吟味だけでは市民の共存の基盤として不十分である。各人が独力で行う道徳的判断は、行為調整において実効的に貫徹されうるようなルールを導くには、認知的・動機的な面での不十分さを抱えているためである（FuG: 41ff. 135ff. 上四二頁以下、下二〇八頁以下）。そこで各人の意見を実際に汲み上げながら実効的な行為調整を可能にするための制度的手続きに基づく法規範が必要になる。この法規範の次元において追加的に重要となるのは民主的法治国家論が含意する原則、すなわち「法規範については、関連するあらゆる道徳的・倫理的・実用的その他の論拠や利益が汲みつくされることを期待できるような討議手続きの承認（決定過程の「理性性の推定」(8)）に基づく法的決定の受け入れが法共同体の全構成員にとって可能となるように法体系全体がデザインされるべきであるという基本的指針と、そのための必須の条件となる基本的権利や熟議民主主義といった制度の形式(9)を尊重すること」である。この原則は、人々が道徳的論拠を優先させつつ独断を排した形で行為調整を実現していくためには、手続き的な意味での同意を可能とするような法体系による媒介が必要であり、そのような法体系は基本的権利の保障や決定過程に関する一定の形式を完備していなければならないはずだ、という洞察から導かれるものである（ただしここで尊重する必要があるのは法制度の最低限の形式であって、その具体的内容は常に修正に開かれたものとして扱う必要がある）。民主的手続きの中では道徳的論拠以外の倫理的・実用的論拠の使用や「交渉」を通じた妥協形成も認められうるが、最終的には道徳的論拠が優先されうるようなコミュニケーションのプロセスが制度化される必要がある（FuG: 207 上二〇一頁）。上記のような道徳的・法的次元における最終的基準を尊重しつつ選択される戦略的対応や暫定的措置もシティズンシップの要件を踏まえた実践の一部として否定されるものではないが、ただしそうした取り組みと批判的基準そのものとを混同せず、自らの判断を常に再審の可能性に開かれたものとしておくことが重要となる。

1　道徳的次元

以上のようなシティズンシップの二つの基本原則に対応して、越境的レベルのシティズンシップにおいても道徳的次元と法的次元との双方が重要になると考えられるが、前者の道徳的次元については、基本的な考え方は国内レベルでも越境的なレベルでも同様である。紙幅の都合上詳細に立ち入ることはできないが、いくつかの重要な点を確認しておきたい。第一に、道徳規範は法規範と異なり適用範囲の制限がないため、道徳規範の「関係者」の範囲も原理的に制限を持たず無限に広がりうる。国境の内外に関わらず、どのような人々であれ、少しでも規範に関係する行為の影響を受けると考えられるのであれば、道徳規範に関わる「関係者」の中に含まれると考えなくてはならず、その中でもし社会的に通用するに値するルールがありうるとしたら必ず、「普遍化原則」(U)という同一の形式的基準に従って全関係者が同意しうるような道徳規範と両立するものである必要がある。[10]

第二に、普遍化原則(U)は、「一人ひとりの利害状況と価値志向」への配慮を強調しており、越境的なルールの内容を吟味する際にも、基底的な重要性を持つのは政治的・文化的共同体の自己決定ではなく(cf. EA: 175ff. 一七二頁以下)、あくまでも個々人の尊厳や権利の尊重という観点である。[11] またこうした道徳的観点は、個々人の物質的ニーズの尊重という要素も含むものであり、ロールズ以降の正義論は国内的・越境的なレベルの双方において、市民同士がルールのあり方を吟味する際に役立てることのできる具体的提案として位置づけることが可能である(cf. EzD: 46 四五頁、ZVE: 95f. 一五四頁以下)。

第三に、先述した道徳と法との区別は、法規範の正しさの問題を手続的な正しさに還元することを意味するものではない。法と道徳の区別に関するハーバーマスの議論のポイントは、特定の個人や集団の道徳的判断だけでは、人権の貫徹を根拠づけるのには十分ではない、という点にある。人権の具体的規定は常に修正に開かれているものであり、市民がそれぞれの道徳的観点を(それがそのまま貫徹されてよいわけではないことを自覚しつつ)交換し合いながら法規範の内容的な正しさ(道徳規範と矛盾しない権利付与のあり方)を相互に吟味していくプロセスは越境的なレベルでも不可欠である。[12]

2 法的次元

より詳細な検討が必要なのは、シティズンシップにおける法的次元の問題である。EUやグローバルなレベルにおける制度に関するハーバーマスの議論は、前述した法の形式を越境的レベルに展開したものとして位置づけることも可能である。ハーバーマスは「合理的受容可能性の推定」という法的正統性の原則を越境的レベルにおける自らの制度構想にも関連づけている（pK: 166）。そうした原則はハーバーマスが指摘するように具体的制度化の仕方に関してある程度の幅を許容するものであって、国家のレベルと超国家的政体のレベルとで全く同様の制度的アレンジが要請されると考える必要はない。ただしハーバーマスの「国際法の立憲化」構想については、その中で正統性の要件が弱められすぎているのではないかという疑問・批判も――討議理論の原則から見ても問題があるのではないかという点も含め――多くの論者によって提起されている（cf. Humrich 2007: 385ff、Scheuerman 2008: 158ff、Bohman 2011: 273ff、Rensman 2013: 36ff、Trejo-Mathys 2012: 552ff、金 2017: 第八章）。以下では（1）ハーバーマス自身が示している制度構想の問題点を、本節の初めに提示した討議理論を踏まえたシティズンシップ一般との関係において改めて整理しなおし、（2）批判的基準とそれを踏まえた政治的選択肢の位置づけを再検討したい。

（1）制度構想の問題点

前節で確認したように、ハーバーマスはEU統合の深化を他地域の統合プロセスやグローバルなレベルでの「国際法の立憲化」に（後者の場合は一定の変形を伴いつつ）範型を提供するものであると位置づけ擁護しているが、問題は、現状ではそうしたアプローチに対する支持が構造的な理由で得られにくくなっているように思われることである。確かにヨーロッパ規模で共通の社会・経済政策が導入されることによって、域内に対するグローバル資本主義の圧力をある程度緩和することができるかもしれない。しかし、グローバル資本主義の構造そのものの修正ないし変革がなされない限り、統合されたヨーロッパであれ個別の国民国家であれ、資本に有利な政策への強い圧力にさらされ続けるという構造は基本的には変わらない。市民の基本的権利に関わる道徳的問題よりも地域的な経済競争力の強化、あるいはそのためのセキュリティの確保という実用的観点（あるいは関連する国民的・地域的自己主張）が優先されてしまうという事態は討議理論の規範的観点からは望ましからざることではあるが、構造的にみればそれなりに理由のあることでもある。ハーバーマス自身も認めているように、資本主義の馴致は国民国家やヨーロッパのレベルにとどまらず、グローバルな規模での政治的規制を必要とする（pK: 156）。国民国家の限界を地域統合の深化によって乗り越えようとする試みは有益ではあるが、それはグローバルなレベルでの政治的・経済的展望を伴う形で追求される必要があり、それが成功する可能性は、グローバルなレベルでの政治的取り組みを通じて市民の諸権利（社会的権利を含む）がより十全な形で保障されるようになるという見込み（あるいは少なくともそのような方向に向かう見込み）が得られるかどうかにもかかっているように思われる。

前節で確認したハーバーマスの「国際法の立憲化」構想は、そうしたグローバルなレベルでの政治的取り組みの場となる政治体制のあり方を提示したものである。国家連合とも連邦国家とも異なる、暴力の独占を伴わない超国家的機関の法の優先という考え方や、各人が世界市民の役割と各国国民の役割とを同時に持つ憲法制定権者となるという考え方、それぞれの役割に対応した視座を調整するための「主権の分有・分立」という考え方は、各国民国家の学習過程において勝ち取られてきた成果を犠牲にすることなく諸権利の保障をより確実ならしめるための仕組み、（各国の法を補完する）グローバルに通用する法規範の「理性性の推定」を可能とする仕組みを提示しようとする試みとして評価することができる[13]。

ただし、ハーバーマスがその中で示しているより具体的なレベルでの制度、とりわけそれを通じて実現されることが目指される民主的正統性に関する構想にはいくつかの点で疑問が向けられうる。前節でみたように、ハーバーマスが提示しているモデルでは、スプラナショナルなレベルで「道徳」的な次元に関わる基本的権利の保障が図られ、その枠内で社会経済的問題に関するトランスナショナルなレベルでの「交渉」が行われることになっている。しかし後者のトランスナショナルな交渉が公正なものとなりうるのは、超大国との間に十分な程度の勢力均衡を図ることのできる地域機構がすべての中小国を包括しうる形で成立し、かつすべての超大国や地域機構およびその構成国内部で民主的正統化が達成されているという条件が満たされる場合のみであり（cf. gW: 139f. 一九五頁以下）、これらの条件をいかに確実に保障するか、という問題がある。

またハーバーマスの構想では、トランスナショナルな交渉システムの前提条件の公正さはスプラナショナルな制度を通じたコントロールを受けることになっているから（ZVE: 88, 94f. 一四一頁、一五二頁以下、Habermas 2007: 455）、前者の問題は結局は後者のあり方に依存することになると思われるが、後者のレベルの構想自体にも問題点が残っている。それは、ハーバーマスがそこで扱われる問題を「政治的」というよりも「法的」問題であると位置づけ、そこで要請される正統化の水準はそれほど高くないとしている点に関わる。ハーバーマスによれば、超国家機関が担当する人権や平和といった「法的」問題は各国民国家において学習され、世界宗教によって共有されている（はずの）「道徳」によって処理されるものであり、侵略や大規模な人権侵害などに際しての怒りや犠牲者への共感といった「感情的な拒否反応」が総会ないし（各国政府代表と選挙された市民代表からなる）世界議会を通じて決定に反映されることで正統化の要求は満たされうる、という（gW: 141f. 一九七頁以下、ZNR: 356ff. 三八二頁以下、ZVE: 91ff. 一四七頁以下）。

しかし、こうした構想が各国民国家（ないし地域機構）を超えたレベルで行われる「学習過程」を人権や平和の原則に十分に反映させるものとなりうるかどうかについては疑問も残る。ハーバーマスの討議理論自身が示すように、道徳規範の正当化や、それを通じた法規範の正当化は常に関係者間の討議を通じた修正の可能性に開かれていなければならない。たとえ抽象的な原則ではいったん合意できたとしても、個々の道徳規範・法規範は具体的な適用の場面に開かれているのであり、そこで規範自体に問題があると判明した場合は新たに規範自体を修正する必要が生じる。場合によっては、国境を越えたレベルの政治的討議を通じて初めてより明確な形で確立されうるような道徳的・法的原則もありうるかもしれない。いずれにせよ、法の内容が民主的討議を通じた（道徳的観点＝正義の観点が優先するような形での）修正に常に開かれているということが、法の正統性を根拠づける理性性推定のための重要な条件であるように思われる。越境的な討議を通じた道徳規範・法規範の正当化をやり直す可能性を低く見積もる考え方は、結果として人権・平和にかかわる法原則の恣意的な解釈・運用を許してしまう効果や現状維持的な効果をもたらしてしまう恐れがある。(14)

またハーバーマスの構想では人権保障や平和維持といった基本的な秩序維持の問題はスプラナショナルなレベルに、そうした秩序の枠内での再分配を含む社会経済的問題は主としてトランスナショナルなレベルに割り振られているが、人権（社会権を含む）や平和の問題は社会経済的な問題とも深く絡み合っているから、スプラナショナルなレベルで双方の問題を総合的かつ討議的に検討したり、あるいはトランスナショナルな枠組みにより「討議的」な要素を導入したりする必要が生じてくるのではないだろうか。ハーバーマス自身、自らの構想に民主的正統性という点での弱さがあることを認めたうえで、スプラナショナルな世界議会においてグローバルな正義の問題が議論され、トランスナショナルな交渉システムに対して「社会的により公正な秩序を中期的に作り上げる義務」を課すことができるようにする必要があるとも論じている（ZVE: 93ff. 一五一頁以下）。しかしスプラナショナルな機関の権限が基本的な秩序維持（国際平和、失敗国家の再建、犯罪国家等からの人権保護）の機能に限定され（ZVE: 88, 93 一四一頁、一四九頁）、社会経済的問題に関する実際の決定がトランスナショナルな「交渉」によってコントロールされる機関に委ねられることになるのであれば、「中期的な義務」に関する世界議会での決議がなされたとしても弱い勧告程度のものにしかならず、しかもハーバーマスの構想が想定するようにスプラナショナルなレベルにおける民主的正統化が世界公共圏の「感情的反応」を背景としたごく弱いものに留まるのであれば、そこで実質的に意味のある――相互の立場が修正され、現状が批判的に乗り越えられうるような――討議を踏まえた決定がなされうるとは考えにくい[15]。

確かにハーバーマスや国際関係論における構築主義アプローチが主張するように、スプラナショナルな制度の確立に伴う「学習過程」を経て各国家の自己理解にも変化が起きる可能性はある（ZVE: 94f. 一五二頁以下）。しかしここで問題となるのは、そうした変化が越境的レベルで通用する法の正統性を損なわない程度に十分なものになりうると想定してもよいのか、という点、いいかえれば、国家利害間の交渉過程に見られがちな選別的ないし現状維持的傾向を民主的討議が打ち消し、さらなる学習過程を促進し、結果としてその中で少数派の意見も顧慮されうると期待できるような、「理性性」の推定可能性を備えた制度的枠組みをグローバルなレベルでもより積極的に構想する必要性や可能性はないのか、という点である。

ハーバーマスの構想では、「文化間対話」はスプラナショナルではなくトランスナショナルなレベルに割り振られている（ZNR: 346 三七二頁）。しかし、そうした「交渉」の場での「対話」がいかに有益なものであったとしても、それによってスプラナショナルなレベルでの根本規範に修正が加えられうる可能性が開かれていない限り、その政治的な意義や効果は限られたものとならざるを得ない。ハーバーマス自身も、文化的差異の問題を意識していないわけではない。それどころか資本主義的近代化のもたらす文化的独自性の破壊という問題に言及し（「ポスト世俗化社会」における宗教の役割も念頭に置かれている）、そうした問題に関連するニーズや関心を汲み上げることのできるような、「複数主義的世界社会」にふさわしい構想の必要性を主張してもいる（ZNR: 365f. 三九一頁以下）。「人間の安全保障」のような一見中立的な概念も論争を通じて修正されうる余地を有しており、そうしたニーズに関する論争が関係するのは、西洋の先進国と非西洋の途上国との間の問題だけではない。西洋や先進国の内部においても、資本主義的近代化に伴う生き方の強制、文化的一元化の問題は潜在的、顕在的な抗争ラインとなりうるからである。討議理論自体も、「生活世界の植民地化」という視座や「差異に敏感な普遍主義」の構想にみられるように、そうした問題に答えうるような論理の彫琢を目指してきた。しかしハーバーマス自身の提示するグローバルな制度構想は、そうした討議理論自体のポテンシャルを十分に生かしうるものであるかという点で疑問を残すものであり、結果としてそれが「西洋中心主義」やグローバル資本主義の現状追認に陥ってしまっているのではないか（cf. Allen 2016: ch. 1、Bailey 編 2013、Scheuerman 2008: 78ff.）、という疑念にも一定の説得力を与えてしまっているようにも思われる。

ハーバーマスの重視する、戦争やジェノサイドの教訓を踏まえたグローバルなレベルでの人権保障・平和構築の必要性という観点を真剣に受け止める必要があることは疑いない。しかしそれと同時に、国内（ないし地域機構）のレベルだけでなくグローバルなレベルにおいても、貧困や差別・文化的抑圧、あるいは各個人の内面にまで浸透する抑圧や排除といった、あまり劇的でないが同様に深刻で慢性的・構造的な性格を有するあらゆる不正義の問題を、真剣な討議的取り扱いが必要な政治的問題として扱うことができるようにする必要があるように思われる。これらの問題が顧慮され、それがルールの修正につながりうるという期待が成立しえない限り、人権や平和に関する抽象的な法的原則は十全な意味で正統とはなりえず、また（先進国でも途上国でも）そうした原則に対する安定した支持が得られることはないのではないだろうか。ハーバーマス自身が指摘する通り、法規範は平等な自由権・参政権・社会権を「権利の体系」として一体的に保障する枠組みに支えられてはじめて正統なものとなりうるはずである（FuG: 155ff. 上一五二頁以下）。また貧困・差別や様々な抑圧・排除などの問題自体が戦争・紛争や大規模な人権侵害の背景となっているという問題も考慮する必要がある。

さらにこれに関連して、ハーバーマスがグローバルなレベルにおいて共通の「政治文化」が成立する可能性を否定している（このことはグローバルなレベルにおいて民主的正統性の程度が限定されることの背景にもなっている）点にも疑問が向けられうる。討議理論自身が説明するように、「政治文化」は実質的・前政治的な文化とは異なり抽象的な法原理を中心に結晶するものであり、EUなどの国境を越えたレベルにも拡大しうるものである。そうだとすれば、地域機構のレベルをさらに超えて、グローバルなレベルに拡大しうる可能性も初めから排除することはできないのではないだろうか。[16] 確かに基本的人権などの法的原則に関する最低限の合意すら十分には存在していないように見える現状では、近い将来グローバルなレベルで共通の「政治文化」が形成される可能性は高いとはいえないかもしれない。しかしより長期的な時間軸の中で（極めて「薄い」ものであるかもしれないが）共通の法原則の尊重（あるいはそれに基づく学習過程の共有）に基づいたグローバルな政治文化が形成される可能性をはじめから排除すべき必然性は、少なくとも討議理論の内部には見いだしにくいのではないだろうか。

(2) 批判的基準と政治的選択肢の位置づけ

以上の点から言えるのは、ハーバーマス自身が提示する「国際法の立憲化」に関わる制度構想は、討議理論の前提から導かれるグローバルな政治体制・民主的正統性構想の唯一の形態ではないかもしれない、ということである。ウィリアム・ショイアーマンは、越境的レベルにおける民主主義に関するハーバーマス（およびその影響を受けた論者）の議論は、ラディカリズムの要素と現状維持的な要素とに引き裂かれている、と評しているが（Scheuerman 2008: 124）、ここで有益であるかもしれないのは、討議理論（及びそれを踏まえたシティズンシップ）の原則的な立場の問題と、その考え方を用いることで得られうる具体的な政治的選択肢の問題とを分けて考える、ということである。討議理論に基づく、グローバルな法規範の次元に関わるシティズンシップにおいては、少なくとも最終的に参照すべき批判的基準のレベルでは（「主権の分有・分立」という基本的なアイデアを維持する場合であっても）、権利保障の範囲・程度や討議・学習過程の質などに関してより積極的な民主的正統化の構想を念頭におくことが必要、かつ可能であると思われる。

ここで注目に値するのは、「国際法の立憲化」に関するハーバーマスの制度構想が、世界共和国か国家連合かというカントの二者択一以外の概念的選択肢を「例示」するという文脈、あるいは、例示された選択肢に合致する歴史的傾向の存在を指摘するという文脈で提示されているという点である（gW: 135 一八九頁、ZNR: 345 三七一頁）。また、EUやグローバルなレベルでの政治を扱う議論の多くが、「理論的」著作以外の論集に収められているという点にも注目してよいかもしれない[17]。これらの点は、国境を越えたレベルにおける政治体制に関するハーバーマスの提案を、厳密な意味で（たとえば『事実性と妥当性』での議論と同じレベルで）討議理論的に根拠づけられたものというよりも、討議理論を前提としつつ、それを現在の具体的・歴史的状況に適用する試みとして、あるいは理論家としての立場からというよりも（あるいはそれだけでなく）政治的公共圏での論争に介入する知識人の立場から（も）なされた議論として捉えることができる可能性を示している。

先述のようにハーバーマス自身が示している提案はさまざまな問題点を含んでいるものの、現状を踏まえた政治的、歴史的ないし戦略的考慮をも交えたものとして捉えるならば、より肯定的に理解できる可能性はある。まず、多くの国々において個人の権利や民主主義といった価値への尊重が表面的なものに留まっているように見える状況下でグローバルなレベルでの制度的「民主化」を徹底させることはそもそも（少なくとも短期的には）困難である、という問題がある。ただしそうした国々を含め、文言上は（国連憲章や国際人権規約などの形で）人権や平和に関する一応の「合意」が成立しつつあるという側面もあり、そうした既存の原則を出発点に、それらがより確実に保障されるようにすることが優先されるべきであるという判断はありうるかもしれない[18]。さらに上記に加えて、現状では超大国に対抗でき、かつカント的理念を継承しうる勢力として（統合された）ヨーロッパは貴重な存在であり、「国際法の立憲化」はそのグローバル・プレーヤーとしての力を政治的に活用することによってのみ実現しうるとの判断、あるいは少なくともそうした可能性を安易に放棄すべきではないとの判断もありうるかもしれない（cf. AE: 108ff. 一四四頁以下）。またハーバーマス自身も指摘するように、「国際法の立憲化」を実行に移すためには超大国を含む諸国家の支持が不可欠であるという事情もある（cf. gW: 108ff. 一五四頁以下）。もちろんこうした「政治的」考慮には既述の通り討議理論の前提から見ても一長一短がありうるが、討議理論を踏まえたシティズンシップにおいては最終的に尊重すべき基準や指針を見据えつつ状況に応じてさまざまな政治的選択肢を探ることが必要になるのであり、ハーバーマスの具体的な制度に関する提案は最終的解を提供するものというよりも、実際の政治的選択に際して考えうる一つの、あるいは暫定的な（ただし必ずしも唯一のというわけではない）選択肢を提示するものとして受け止めることも可能であると思われる。

ここで付け加えておくべきは、討議理論の立場はそうした具体的な政治的選択のレベルにおいて、越境的な「デモクラシー」や、それに基づく国際機構の機能強化を闇雲に追求することと一直線に結びつくわけではない、と思われる点である。なぜならば、討議理論が法体系構築の指針として重視する「理性性の推定」という原則は、そうした原則が不十分にしか満たされない場合には新たな法体系の構築、とりわけ新たな権限の付与や実力の行使に際して一種の慎重さをも要求するはずだからである。越境的レベルにおいては、新たな法体系や権力コードの構築自体が政治的に重要な論点となるのであり、それが巨大で制御困難な「システム」を新たに出現させることにならないか、国内の場合と同様に（あるいはそれ以上に）注意を払う必要がある（正統性において問題のある超国家的な法体系への従属は、各国家の法体系の正統性をも損なうことになりかねない）。

またハーバーマスはEU統合の深化や国際法の立憲化に際してしばしば政治家（政党）や知識人、マスメディアなどの指導的役割を強調し（AE: 126ff. 一六五頁以下、ZVE: 75ff, 118f. 一一七頁以下、一九九頁以下）、制度形成によるアイデンティティの変容や学習効果という面での「自己成就予言」の役割にも言及しているが（ZÜ: 119、ZNR: 333 三五九頁、Habermas 2007: 453）、これらの点にも部分的に留保が必要である。討議理論の観点からは、道徳規範の妥当性の問題においても法規範の正統性（理性性推定の可能性）の問題においても、特権的な判断を下しうる個人や集団は存在しないはずだからである[19]。たとえ善意によるものであっても、エリートの抱く期待がその通りに実現するとは限らない（一連の「ポピュリズム」現象から「学習」できることの一つはその点である）。

ただしもちろんハーバーマスが強調する通り、各国民国家において保障されるはずの諸権利が越境的な政治的・経済的・軍事的活動によって脅かされる危険――あるいは越境的レベルにおいて形成される公式・非公式のルールがそうした諸権利の侵害を助長したり黙認したりしてしまう危険――が存在する以上、そうした状況の改善に向けた取り組み自体が不要となるわけではないことは確かである。前述のように、討議理論の枠組みにおいては、制度的手続きを媒介した法規範の正統化だけでなく、法的制度化以前の道徳規範のレベルにおける批判も不可欠であり、ジョン・ドライゼックのように法的制度化よりも市民社会の役割を重視する立場もありうる（Dryzek 2000: ch. 5）。

ただ討議理論全体の観点から見るならば、そうした非公式の討議だけで十分だとみなしてしまうわけにはいかないことも同時に銘記しておく必要があると思われる。本節の初めに確認したように、現代の社会統合において法規範は認知面・動機づけの面で道徳規範の欠点を補うという役割を有している。特に重要なのは、道徳規範に欠けている拘束力と決定の公正さを保つための制度手続きを持ちうるという法規範の特質である。たしかに現状を踏まえれば、越境的レベルにおいて正統な法体系を確立することに多くの困難があることも確かであり、そうした試みと並行してドライゼックらの描くより限定的な戦略を採用することも有意義でありうると考えられる。しかしいわゆるグローバルな公共圏や市民社会自体は必ずしも「民主的」なものでなく、またそこでの世論が弱い影響力しか持ちえないという問題を抱えている以上、越境的レベルにおいてより民主的・包摂的な決定手続きを備えた――かつ物理的強制力の当面の主要な担い手である各国家の法体系とも接続した――法制度の創造を模索していくことも必要なことであるといえる[20]。こうした「国際法の立憲化」をどの程度実行に移すことができるかどうかはそのつどの政治経済的状況や世界的なレベルでの公共圏の成立状況（および国家単位の公共圏との接続状況）、相互的な「学習過程」の進捗状況などによると思われるが[21]、事実的に通用する国際的なルールや制度的手続きがより正統なものとなるよう実際に可能な範囲で少しずつ修正していく試みは有益でありうるだろう。

重要なのは、正統な法規範構築のための指針や形式というシティズンシップの基本原則を（道徳的基準とともに）国境を越えたレベルにおける法の正統性を考える文脈でもあくまで保持し、具体的な政治的実践の場面においてそうした基本原則に絶えず立ち返る――越境的な政治的取り組みのどの部分を何のために推進する（あるいは留保する）のかをそのつど再確認する――ことではないかと思われる。そうした観点は、公共圏ないし市民社会のレベルにおける世論や道徳的批判の意義だけでなく、単なる道徳の「限界」や、正統性を生み出す法制度の「必要性」を自覚させてくれるであろう。またそうした法体系の創造に当たっては一定の政治的戦略や漸進的な見通しを併せ持った構想が必要とされると思われるが、そうした場面において基本原則にそのつど立ち返ることは、あるべき法体系という理念に照らした修正の必要性、慎重さの必要性、あるいは少なくとも「不完全さ」や理念との「落差」を自覚した実践の必要性を喚起してくれるであろう（そうした過程では自らの限界を自覚した道徳的批判も重要な役割を果たす）。討議理論に基づくシティズンシップの意義は、よりよいルールの実現を促進するという点だけでなく、不完全なルールを誤って完全なものとみなしてしまうことを防ぐという点にもある。国内においてと同様、国境を越えたレベルにおける政治においても実際の場面では複雑な判断が必要になるが、討議理論は市民がルールの改善への模索とそうした模索の不完全さの自覚との両面において立ち返るべき基本的な考え方を提供するものとして位置づけることが可能であると思われる。

おわりに

以上ハーバーマスの討議理論を手がかりとして、グローバル化という状況下におけるシティズンシップのあり方を、国境を越えたレベルにおける政治との関連を中心に検討してきた。第一節ではグローバル化に対するハーバーマス自身の議論を整理した。第二節では国境を越えたレベルでのシティズンシップについて道徳的次元と法的次元の両面から検討し、両次元におけるシティズンシップの基本原則が越境的なレベルにおいても重要性を持ちうること、また特に後者の法的次元に関しては、少なくとも批判的基準のレベルでは（権利保障の範囲・程度や討議・学習過程の質などに関して）ハーバーマス自身が提示している制度構想よりも積極的な民主的正統化の構想を視野に入れる必要があること――ただし同じ理由で不完全さの自覚や慎重さを伴った実践も必要であること、を指摘した。

先に触れたように、討議理論を踏まえたシティズンシップは価値観やライフスタイルの画一化に抵抗し、「複数性」という条件下における共存の可能性を最大化することを旨としている。グローバル化の進行に伴って互いの生の多様なあり方に配慮しあうことがますます困難になりつつある現在、ニーズの再解釈や新たなライフスタイルの探求と、多様な善の構想の間に成立する正義の観点に基づいたルールの探求との双方を重視する討議理論の観点は重要な意義を有している。もちろんグローバル化の負の側面への対処に際しては各国民国家内部における取り組みも重要であり、「国際法の立憲化」の推進においても各国家の役割は不可欠であって、その意味で越境的レベルのみならず、国民国家のレベルにおけるシティズンシップも依然として重要である（この点については稿を改めて論じたい）。ただし、グローバル化に伴う課題への対処に際しては、問題の背景となっている国際的なルールの不備という状況へのアプローチが伴っていなければ、非常に限られた範囲での取り組みに留まってしまうことも確かである。本稿で論じたように、越境的なレベルにおける討議理論の応用の仕方については考慮すべき問題が残るものの、討議理論の基本的な考え方は、今日必要とされている政治文化の（再）創造に向けた立脚点として活用することができるのではないかと考えられる。

（1）本稿では「シティズンシップ」の概念を、市民の規範意識を含む資質（第二節で触れるように討議理論を前提とする場合は規範の妥当性・正統性承認に関する形式的基準・条件の尊重という要素が核となる）およびそれを踏まえた具体的実践を指すものとして捉え、「市民資格」はそうした実践全体を通じてそのつど再定義されうるものとして位置づけている。

（2）ハーバーマスのEU論や国際法の立憲化論に関連する論争の概観としてPatberg 2019。ハーバーマスの議論において連邦モデルや世界議会の位置づけなどに関しては立場の変化も見られるが、本稿では議論の複雑化を避けるためそうした変化については立ち入らず、基本的に現在のハーバーマスの立場を中心とした整理・検討を行いたい。

（3）超国家的機関と各国民国家との間の垂直的関係よりも諸国民間の水平的関係を重視し、越境的レベルにおいては単一のデモスを想定しない「デモイクラシー」の構想として、Cheneval and Nicolaidis 2017: 241ff。これに対してハーバーマスは超国家的機関の決定において、各国民国家の中で培われてきた正義（成果の保持）のパースペクティブと、超国家的政体の個々の市民の間で直接形成される正義のパースペクティブとが同時に反映される必要がある、という立場をとる。またハーバーマスは実体的に理解された国民文化の保護の必要性を強調するF・W・シャープフの「共同体主義的」な議論では見せかけの国民主権とテクノクラシー的に押し付けられる市場の命法との共犯関係に対抗することができないと批判し、（普遍主義的に理解された意味での）各国民のパースペクティブと欧州市民のパースペクティブとに配慮する「二重の主権」という自らの構想を擁護している（Habermas 2015b）。こうした構想に対しては、各国家の利害関係の影響による現状維持的傾向の強化を許してしまうのではないか、という逆の立場からの批判も存在するが（Eriksen 2016）、ハーバーマスは各国の成果の保持という観点が——単なる利益均衡のためではなく討議的に——超国家的レベルに反映されることが重要だとしてEU議会における逓減比例原則を擁護する議論も展開している（Habermas 2014: 180ff.）。

（4）ハーバーマスはヨーロッパの政治的アイデンティティを形成しうる共通の歴史的経験として、宗教対立・階級対立の克服、全体主義とホロコースト、世界大戦、帝国主義を挙げている（gW: 49ff. 六一頁以下）。

（5）ハーバーマスによるEUをめぐる論争状況の整理として、pK: 135ff.、ZÜ: 99ff.、IST: 83ff., 93ff. = ハーバーマス 2019: 五五頁以下、六七頁以下。一部の国々から先に統合の深化を実現する「段差をつけた統合」というアイデアについて、AE: 122ff. 一六〇頁以下。

（6）道徳だけでなく法手続き的なフィルターをも重視する点は他のグローバルな正義論・運動論と比較した際の討議理論の特徴の一つであり、ハーバーマスはそうした自身の構想を、人権政治が容赦なき暴力の応酬に陥るほかないというカール・シュミットの懸念への応答としても位置づけている（EA: 220ff. 二二六頁以下）。

（7）普遍化原則（U）とは、〈規範は、それにすべての人が従った場合に各人の利害状況と価値志向に対して及ぶことが予想される結果や副次的影響がすべての関係者に強制なくして共同で受け容れられる場合に妥当する〉という原則である（EA: 60 五五頁、MkH: 75f., 103 一〇八頁、一四八—九頁）。この基準に沿って関係者全員が討議を行った場合に相互に納得しあえる結論であるかどうかが道徳規範の妥当性の判断基準となる（討議原理D）（FuG: 138 上一三六頁、MkH: 76, 103 一〇八頁、一四八—九頁、EA: 49, 59 四四—五頁、五四頁）。

（8）「理性性の推定」（Vermutung der Vernünftigkeit）ないし「合理性の推定」（Vermutung der Rationalität）については、nR: 195 三四頁、FuG: 183 上一七頁（cf. 田畑 2019: 六二頁以下）を参照。そこで重要となるのは、法的決定の内容について納得できない少数派にとっても、討議を含むコミュニケーションのプロセスを通じて自らの意見が顧慮されニーズが尊重されるようになることを期待できるという意味で、多数派の意見を反映した法的決定を当面は受け入れることを可能とするような法体系の構築である（EA: 324, 327f. 三一六頁、三一九頁）。すべての法仲間がこうした手続き的な意味で同意しうることが法の正統性の条件となる（民主主義原理）（FuG: 141 上一三八頁）。

（9）ハーバーマスはいかなる憲法秩序においても平等な政治的権利、平等な自由権・構成員資格・司法的権利・社会権（場合によっては文化的権利）を同時に保障する「権利の体系」が必須の形式となると論じている（FuG: 155ff. 上一五二頁以下）。またこうした「権利の体系」の構築に際して政治的手続きの面から重要となるのは、法規範が論拠の説得力から生み出され、行政権力がそのような法によって拘束されるようにすること（「法治国家の理念」）であり（FuG: 187 上一八三頁）、こうした理念を実現するために必要となる形式が、国民主権（議会制、政治的多元主義、自律的公共圏の保障、政党の競争など）、独立した司法による包括的な個人の権利保護、法および司法による行政の拘束、国家と社会の分離といった「法治国家の諸原理」（FuG: 208ff. 上二〇二頁以下）である。

（10）ハーバーマスは道徳規範が関わるのは「人類もしくは想像上の世界共和国」であるとしている（FuG: 139 上一三七頁）。関連する提案・アイデアとして、越境的統治構造を念頭に置いた「被治者限定原則」（all-subjected principle）（N・フレイザー）、特定の主体の意図に還元されない構造的不正義の観点（I・M・ヤング）、デモスの自己定義の反省的・継続的見直し（「民主的反復」）（S・ベンハビブ）などがある。

（11）討議理論のいう道徳的観点は国内レベルの正義と越境的レベルにおける正義の併存を容認しうるものではあるが（cf. ZVE: 68f., 87 一〇六頁、一三九頁）、ただし両者のレベルにおける責任の範囲や程度に関してあらかじめ固定的な限界を設けてしまうことまでを正当化しうるものではないと考えられる。

（12）「人間の尊厳 Menschenwürde」という概念的な蝶番を要とした道徳と法との結びつきについては、ZVE: 22f., 31ff. 二五頁以下、四一頁以下を参照。

（13）グローバルな政治体制の実効性・正統性の問題との関連では、国家に近い性格を持つ政体の必要性をめぐる論争もある（cf. Brunkhorst 2005: 151ff.、Scheuerman 2008: 158ff.）。ハーバーマス自身は人権・平和の保障と「世界内政」それぞれの正統化の流れが最終的に世界議会において合流するという自らの構想を、世界国家という形態をとらずに世界市民と各国市民のパースペクティブの調整、全体としての統一性・実効性の確保を実現しうるものとして捉えている（Habermas 2007: 447ff.）。また国内レベルおよび超国家レベルの法は国家権力の馴致という点で連続性を有するものの、法と強制権力や市民による連帯との関係はそれぞれのレベルにおいて異なる形態をとりうることも強調されている（IST: 72ff.; cf. gW: 135ff. 一九〇頁以下、ZVE: 55ff, 85ff. 八四頁以下、一三七頁以下）。

（14）こうした正統化のレベルを低く見積もる傾向は、ＮＡＴＯによるコソボ空爆を正当化したハーバーマスの議論にも影を落としているように思われる。ハーバーマス自身も国連の決議がない状態での武力介入が正当化されるのは「世界市民的状態の先取り」、すなわち国際的な立憲体制への移行の契機としての例外的な場合であって、それが通例となってはならないと断っているが（ZÜ: 35ff.）、西洋の先進民主主義国家の指導的役割を肯定する傾向もあり（cf. ZÜ: 38f.）、グローバルな支配関係の問題への配慮不足や自身の理論的立場との齟齬の恐れといった点については批判も多い（橋本 2008: 一七二頁以下、内藤 2009: 一七六頁以下、毛利 2007: 七三頁以下、同 2004: 二七八頁以下、Head 2012: chs. 4-6）。

（15）ハーバーマスの国際秩序論には暴力が発生しにくい状況をつくりだすことで介入の必要性そのものを減じるという視点が希薄なのではないかとの問題提起として、Kreide 2009: 109ff.。経済的・社会的権利の普遍的保障という論点と（より急進的・論争的な）経済的平等化の実現という論点とは必ずしも一直線に結びつくと想定する必要はないとの指摘として、Lafont 2008: 56。もちろんハーバーマスは現行の資本主義の無批判な是認を意図しているわけではなく、移民問題やテロの問題を解決するためには、その根本的な原因となっている国際的な経済的不平等の除去、「公正な世界秩序」の構築が必要であるとも指摘している（NDII: 114＝ハーバーマス 2014: 一八一頁）。

（16）共通のアイデンティティの成立にとって地理的な限定は必須の条件ではなく、時間的・想像的に築かれるアイデンティティ（たとえば克服すべき過去の価値観との違いに基づく政治的アイデンティティ）もありうるとの指摘として、Tinnevelt and Mertens 2009: 75f.。「連帯」と「人倫」との対比および前者の作為的・政治的性格については、IST: 100ff. ＝ハーバーマス 2019: 七六頁以下を参照。もとより政治的連帯（憲法パトリオティズム）は、現行の憲法秩序が一定の制度的形式を備えており、かつその中で基本的人権や熟議民主主義といった理念の充実が期待されうる（市民が憲法秩序の「使用価値」を感じられる（EA: 143 一四三頁））という条件の下ではじめて、またその程度に応じて正当かつ効果的に維持されうるものである。

（17）グローバル化に関する議論を含むハーバーマスの著作群のうち、Suhrkamp Taschenbuch Wissenschaft のシリーズに含まれる、厳密な意味での理論的著作は『他者の受容』および『自然主義と宗教の間』のみである。ハーバーマス自身はインタビューの中で、『ヨーロッパ憲法論』についても「学問的」関心に導かれて議論を展開したものであると説明している（IST: 117）。ただ同著作においても、グローバルなレベルでの秩序のあり方に関連して、地球上での均一な生活水準の実現は当面困難であるといった歴史的状況判断を交えた議論が含まれている（ZVE: 95　一五三頁）。

(18) ハーバーマスは普遍的なメンバーシップの達成を国連の重要な成果の一つとして位置づけている（gW: 163ff. 二二五頁以下）。J・ロールズの「理想理論」と「非理想理論」との峻別に対する批判として、ZNR: 347 三七三頁。

(19) ハーバーマスは民主的手続きの「理性性」が成り立つためには、各人のニーズ解釈が原理的に代理されえないという認識的な意味のみならず、一人一人の参加者が決定を「共通の意思」の表現として受け入れうる（自らを決定の「著者」とみなしうる）ことが重要であるという意志的な意味においても、すべての関与者に討議プロセスへの参加可能性が開かれていることが不可欠の条件になるはずだと指摘し、熟議に基づく政治の理念が専門家支配を正当化するのではないかとの疑念を退けている（Habermas 2007: 433f.）。

(20) 道徳的な批判だけでは問題が矮小化されてしまうという側面もある。ハーバーマスは世界金融危機に際して、問題を道義的責任のレベルに留めず、法的な共通のルールづくりの問題としても捉えるべきであると指摘している（ZVE: 99ff. 一六二頁）。

ジェームズ・ボーマンはドライゼックよりも国境を越えたレベルにおける意見・意思形成過程の制度化の意義を積極的に認めているが、その際の議論の力点は越境的レベルにおける統合された「デモス」の確立ではなく、さまざまな規模や機能を持つ複数の「デモイ」間の相互作用の活性化にある（Bohman 2011: 273ff.）。こうした構想もさまざまな領域における討議的実践の定着を図るうえで有益でありうると思われるが、討議理論においては道徳的に正当化されうる基本的人権の優先を法体系全体として制度的に保障できるようにすることが重視されており、ボーマンの構想ではそうした法の機能がいかに果たされるのかという問題が残るのではないかと思われる。

(21) ハーバーマスは、世界の多極化状況（中国の台頭などを念頭に置いていると思われる）が「国際法の立憲化」の機縁になりうるとも指摘している（gW: 148 二〇六頁）。ライバル国家の恣意的な行動の可能性を法によってあらかじめ縛っておくことが最大の超大国（米国）にとっても利益となる、というのである。ハーバーマスはそうした方向への動きを（批判的距離を保ちつつ）サポートする同盟勢力（西欧や日本などが念頭に置かれている）の役割の重要性にも言及している（AE: 116, 160 一五三頁、一六〇頁）。

Habermas, Jürgen

MkH: *Moralbewußtsein und kommunikatives Handeln*, Suhrkamp, 1983（三島憲一、中野敏男、木前利秋訳『道徳意識とコミュニケーション行為』岩波書店、一九九一年）.

EzD: *Erläuterungen zur Diskursethik*, Suhrkamp, 1991（清水多吉、朝倉輝一訳『討議倫理』法政大学出版局、二〇〇五年）.

nR: *Die nachholende Revolution*, Suhrkamp, 1990（三島憲一、木前利秋、山本尤、大貫敦子訳『遅ればせの革命』岩波書店、一九九二年）.

VaZ: *Vergangenheit als Zukunft*, Pendo, 1991（河上倫逸、小黒孝友訳『未来としての過去』未來社、一九九二年）.

FuG: *Faktizität und Geltung*, Suhrkamp, 1992（河上倫逸、耳野健二訳『事実性と妥当性〔上・下〕』未來社、二〇〇二―二〇〇三年）.

EA: *Die Einbeziehung des Anderen*, Suhrkamp, 1996（高野昌行訳『他者の受容』法政大学出版局、二〇一二年）.

pK: *Die postnationale Konstellation*, Suhrkamp, 1998.

ZÜ: *Zeit der Übergänge*, Suhrkamp, 2001.

gW: *Der gespaltene Westen*, Suhrkamp, 2004（大貫敦子、木前利秋、鈴木直、三島憲一訳『引き裂かれた西洋』法政大学出版局、二〇〇九年）.

ZNR: *Zwischen Naturalismus und Religion*, Suhrkamp, 2005（庄司信、日暮雅夫、池田成一、福山隆夫訳『自然主義と宗教の間』法政大学出版局、二〇一四年）.

AE: *Ach, Europa*, Suhrkamp, 2008（三島憲一、鈴木直、大貫敦子訳『ああ、ヨーロッパ』岩波書店、二〇一〇年）.

ZVE: *Zur Verfassung Europas*, Suhrkamp, 2011（三島憲一、速水淑子訳『ヨーロッパ憲法論』法政大学出版局、二〇一九年）.

NDII: *Nachmetaphysisches Denken II*, Suhrkamp, 2012.

IST: *Im Sog der Technokratie*, Suhrkamp, 2013.

Allen, A.（2016）, *The End of Progress*, Columbia University Press.

Bailey, T.（ed.）（2013）, *Deprovincializing Habermas: Global Perspectives*, Routledge.

Bohman, J.（2011）, "Beyond Overlapping Consensus", in J. G. Finlayson and F. Freyenhagen（eds）, *Habermas and Rawls: Disputing the Political*, Routledge.

Brunkhorst, H. (2005), *Solidarity*, trans. by Jeffrey Flynn, MIT Press.

Cheneval, F. and Nicolaidis, K. (2017), "The Social Construction of Demoicracy in the European Union", *European Journal of Political Theory*, 16 (2).

Dryzek, J. S. (2000), *Deliberative Democracy and Beyond*, Oxford University Press.

Eriksen, E. O. (2016), "On the *Pouvoir Constituent* of the European Union", in G. M. Genna, et. Al. (eds), *Jürgen Habermas and the European Economic Crisis*, Routledge.

Habermas, J. (2007), "Kommunikative Rationalität und grenzüberschreitende Politik: eine Replik", in P. Niesen/ B. Herboth (Hrsg.), *Anarchie der kommunikativen Freiheit*, Suhrkamp.

Habermas, J. (2014), "Zur Prinzipenkonkurrenz von Bürgergleichheit und Staatengleichheit im Supranationalen Gemeinwesen", *Der Staat*, 2.

Habermas, J. (2015a), "European Citizens and European Peoples", in *The Lure of Technocracy*, trans. by C. Cronin, Polity.

Habermas, J. (2015b), "Der Demos der Demokratie – eine Replik", *Leviathan*, 43.

Head, N. (2012), *Justifying Violence*, Manchester University Press.

Humrich, C. (2007), "Faktizität ohne Geltung?" in P. Niesen und B. Herboth (Hrsg.), *Anarchie der kommunikativen Freiheit*, Suhrkamp.

Kreide, R. (2009), "Preventing Humanitarian Intervention? John Rawls and Jürgen Habermas on a Just Global Order", *German Law Journal*, 10 (1).

Lafont, C. (2008), "Alternative Visions of a New Global Order: What Should Cosmopolitans Hope For?", *Ethics and Global Politics*, 1 (1-2).

Patberg, M. (2019), "Habermas und die Europäische Union", in L. Corchia u. a. (Hrsg), *Habermas global: Wirkungsgeschichte eines Werks*, Suhrkamp.

Rensmann, L. (2013), "Back to Kant?: The Democratic Deficits in Habermas' Global Constitutionalism" in T. Bailey (ed.), *Deprovincializing Habermas*, Routledge.

Scheuerman, W. E. (2008), *Frankfurt Perspectives on Globalization, Democracy, and the Law*, Routledge.

Tinnevelt, R. and Mertens, T.（2009）, "The World State: A Forbidding Nightmare of Tyranny?", *German Law Journal*, 10（1）.

Trejo-Mathys, J.（2012）, "Towards a Discourse-Theoretical Account of Authority and Obligation in the Postnational Constellation," *Philosophy and Social Criticism*, 38（6）.

内村博信（2009）『討議と人権』未來社。

金慧（2017）『カントの政治哲学』勁草書房。

古賀敬太（2014）『コスモポリタニズムの挑戦』風行社。

権左武志（2006）「20世紀における正戦論の展開を考える」山内進編『「正しい戦争」という思想』勁草書房。

鈴木宗徳（2003）「グローバル化時代における批判理論の課題」永井彰・日暮雅夫編『批判的社会理論の現在』晃洋書房。

田邉俊明（2018）「強制的国際立憲主義の問題点と非武装平和主義の展望」『広島平和研究』第五号。

田畑真一（2019）「ハーバーマスにおける公共」『思想』二〇一九年三月号。

内藤葉子（2009）「グローバル市民社会の展望」『京都女子大学現代社会研究』第一六九号。

中村健吾（2014）「境界線を引きなおして他者を迎え入れる」田中紀行・吉田純編『モダニティの変容と公共圏』京都大学学術出版会。

ハーバーマス、J.（2014）「〈インタビュー〉ポスト世俗化世界社会とは？」J・ハーバーマス他『公共圏に挑戦する宗教』箱田徹・金城美幸訳、岩波書店。

ハーバーマス、J.（2019）『デモクラシーか資本主義か』三島憲一編訳、岩波書店。

橋本直人（2008）「「人権のための戦争」を許す論理」『唯物論研究年誌』第一三号。

別所良美（2002）「平和主義と正戦論」『哲学と現代』第一八号。

牧野正義（2019）「複数性・討議理論・シティズンシップ―ハーバーマスと現代政治理論」博士論文（九州大学）（『討議理論とシティズンシップ―ハーバーマスと複数性の政治学』（仮題）風行社、近刊）。

毛利透（2004）「主権と平和」樋口陽一他編『国家と自由―憲法学の可能性』日本評論社。

毛利透（2007）「国家の時代の終わり？」棚瀬孝雄編『市民社会と責任』有斐閣。

最上敏樹（2007）『国際立憲主義の時代』岩波書店。

山崎望（2012）『来たるべきデモクラシー』有信堂高文社。

【謝辞】

本稿は、政治思想学会第二七回研究大会（二〇二〇年五月、オンライン開催）の自由論題報告（第三会場）原稿「グローバル化と討議理論――シティズンシップの観点から」の一部に加筆・修正を加えたものである。司会の野口雅弘先生、コメントをいただいた田畑真一氏、および二名の匿名査読者の先生方に厚く御礼申し上げたい。

［政治思想学会研究奨励賞受賞論文］

戦後政治学の諸潮流

——計量書誌学的分析一九四五〜一九八九

酒井大輔

一　はじめに

丸山眞男は一九七〇年代末頃から、日本の社会科学、とくに政治学の歴史がほとんど書かれていないことの問題を口にしたという。七八年九月、丸山が個人的な会話のなかで「各分野の学問史が少ない」と述べ、各分野の学問史と日本の政治学史についてひとしきり語ったところを、編集者の小尾俊人が記録している。[1]その二年後の八〇年一一月、大山郁夫生誕百年記念の会で挨拶に立った丸山は、日本の近代政治学の歴史については政治学者の間ですら常識になっておらず、その学問史が研究されていないことは「大変遺憾なことではないか」と訴えている。[2]かつて『現代政治の思想と行動』を増補版として出すにあたり、「戦後日本の政治学史の、ひろくは戦後思想史の一資料としてあらためて提供したい」[3]と言った丸山のことであるから、日本政治学史への関心は高かったに違いない。

それから四〇年以上が経過した現在、確かに、日本政治学史の研究は本格化してきた。例えば丸山眞男については、東京女子大学丸山眞男文庫の整備等によって資料状況が一変し、水準の高い実証研究が出ている。[4]また、岡義武、松下圭一、藤田省三、永井陽之助、高坂正堯、大嶽秀夫らを対象とした個別研究もある。[5]他方で、これらのケース・スタディと補完関係にあるべきマクロな日本の政治学史分析は、大嶽秀夫、田口富久治、渡部純の著書[6]以来ほとんど進展がない。専門分化が進行する中、分野全体を見渡すような研究は、方法的にますます困難となっている。その意味で、丸山が期待したような日本の政治学の発達史について、これを俯瞰的に検討する試みは十分進んでいるとはいえない。

その一方で、近年、計量書誌学をはじめとする「科学の科学」や、デジタル・ヒューマニティーズと総称される史料のデータ化及びデータ分析の発展は、学問史に新たな研究領域を拓きつつある。これらの研究潮流は、データ分析の多様な手法を取り入れ、新たな角度から学史研究のアプローチを可能にしているが、政治学史研究への応用は十分行われていない。

そこで本稿は、計量書誌学で発展してきた引用分析を応用して、戦後の日本政治学史における代表的な研究潮流を明らかにしたい。先行研究では、必ずしも十分なデータを提示することなく、日本政治学の輸入学問的性格を指摘するものや、その代表的な業績を挙げるものがあった。本稿では、後の時代に大きなインパクトを持った文献を重視する観点から、書籍を含む引用データを一定の基準のもとで体系的に収集し、政治学者の被引用数の変遷を記述する。このことを通じて、戦後日本の代表的な研究潮流を特定することを課題とする。

二　先行研究

日本政治学史の特徴づけについては、これまでも様々に論じられてきた。第一に、かつては、学問的知識の蓄積の浅さとその輸入学問的性格が指摘されてきた。一九五八年に学界展望を書いた升味準之輔は、「戦後言論の自由と政治の激動から多彩な政治論が幾度かあったにもかかわらず、業績の蓄積があったかというと、それは疑わしい」と述べている(7)。また、丸山眞男も日本の政治学には「非常に根強い最新流行主義」、つまり「外国に新しい学説が出るとパッとそれを紹介する」風土があり、それが学問の底の浅さをなしているという(8)。丸山もいうように、業績の累積的な積み重ねが学問の本質を形作るとすれば、日本の政治学はその逸脱として理解されることになる。

こうした説明は、いわゆる輸入学問批判に通じるものである。しかし、現状認識としては、その推論の根拠となるバックデータの提示が乏しいことに加え、限定された過去の一時期の観察に基づいているという限界がある。少なくとも近年、累積的な知識体系の構築に関する研究規範は、ある時期から強まっていることが指摘されている。[9]

そこで第二に、より具体的なレベルで、戦後政治学の諸潮流を個別に検討するものがある。例えば田口富久治は『現代政治学の諸潮流』（未來社、一九七三年）のなかで、現在では「二つの政治学の対抗」、すなわち近代政治学とマルクス主義政治学とが「方法的・理論的・イデオロギー的に対抗し合っている」と書いた。このように、ある特定の時期の動向整理は一定の蓄積がある。以下、戦後の各時期について先行研究がどう論じてきたか要約しよう。

まず、敗戦から一九五〇年までの時期は、なにより近代主義とマルクス主義が二大潮流として特徴づけられてきた。「史的唯物論と近代政治学の対決」が一つのテーマとして論じられたのは、一九五〇年に行われた丸山眞男らの座談会においてであった。[10]マルクス主義側でもこうした状況認識に大枠の違いはない。[11]またこの時期は、戦前・戦中派の政治学者たちの活躍した時期でもあった。岩崎卯一は、一九四六年から四九年までを「民主主義政治の解説時代」と呼び、戦前派の大家によって多くの啓蒙書が書かれたことを指摘している。[12]

次の五〇年代は、行動論政治学の先駆的業績が出始めた時期といわれる。丸山の『政治の世界』（一九五二年）がその典型とみなされた。[13]ただこの時点では、「日本の政治学が全面的に『行動論的』一色になったわけではない」。[14]他方、マルクス主義にとっては六全協とスターリン批判による動揺の時代であり、加えて大衆社会論の登場によって、戦後世代のかなりの部分が近代政治学に移行するか、旧来のマルクス主義からの脱却を求めたという。以後、日本のマルクス主義政治学は不振となっていくといわれる。[15]

続く六〇年代は、山川雄巳によれば「アメリカの『行動論政治学』が日本に本格的に摂取され、『マルクス主義政治学』よりも『近代政治学』がより有力になっていった時期」とされる。[16]三宅一郎の投票行動研究や、山川の政治体系論がその代表格である。他方で、六〇年代から七〇年代を「一種の停滞期」とする評価もある。「六〇年安保反対運動をきっかけにして、多くの政治学者がオピニオン・リーダーとして言論界で活躍するようになった」ために、「新しい分析枠組みを示したり、これまで研究されていなかった領域を対象に組み込んだりすることが、できにくくなったのではないか」というのがその理由である。[17]また、「市民の政治学」「運動の政治学」とも呼ぶべき論調や、現実主義と理想主義の論争など注目すべき動向が生じたのもこの頃である。

さて、問題は七〇年代である。この時期は先行研究がほとんどない。大嶽『高度成長期の政治学』はこの時期の手前で叙述を終えており、田口『戦後日本政治学史』はこの時期をとばして八〇年代の記述に進んでいる。唯一、この年代に一節を割いている前掲山川論文は、五五年体制論や市民参加論、政策科学の高まりなどに触れているが、断片的な論述という印象は拭えず、前述のように、政治学の停滞期との印象を強めている。その一方で海外動向の紹介は盛んであり、行動論との関わりでいえばイーストンの演説「政治学における新しい革命」を中心として脱行動論への注目度は高い。[18]

これに比べると、八〇年代はかえってクリアに特徴づけられている。七〇年代末からの多元主義の日本政治分析への導入、そして従来的な近代政治学への批判者としてのレヴァイアサン・グループの登場がそれである。[19]また、佐藤誠三郎・松崎哲久『自民党政権』（一九八六年）、猪口孝・岩井奉信『「族議員」の研究』（一九八七年）などが出て、政治過程の数量分析が本格化した。日本政治学の「科学化」が指摘されるのも、この新たな潮流を受けてのことであった。[20]大嶽は「こうして日本政治学は、論争の時代から分析の時代へ入った」と総括している。[21]

そして九〇年代は、こうした「科学化」がいっそう推進された時期として理解されている。レヴァイアサン・グループの弟子世代が活躍し始めた時期であり、新制度論、レジーム論、合理的選択理論などの道具立てとともに、因果推論の方法論が高度化した。日本政治学における「自然科学的パラダイム形成の完成」ともいわれる。[22]そして、本格的な先行研究が存在するのはここまでである。

さて、これらの先行研究は、その推論プロセスに共通の問題を抱えている。言及された潮流がなぜ当時を代表するのか、その根拠となるデータが示されないか、あるいは情報が断片的で不十分なことである。例えば、大嶽の著書では、「日本政治に関する同時代的な分析のうち、主要な業績と思われる一〇あまりの業績」を取り上げるとしているが、その「主要な業績」の選定は著者の個別判断によっている。[23]大嶽も言うように、これは「取り上げる業績の基準」に関する学史研究の方法の問題である。[24]そこで次に、本稿のとる方法を論じよう。

三　方法

一般に、学者や思想家が何を言ったかに比べて、それらがどう読まれたかを体系的に調べることは難易度が高い。調査範囲が極端に膨大になるためである。同じ理由で、当該時代の代表的な研究潮流を調べることも、方法上の工夫が必要になる。

多量の文献やテキストを処理するには、科学の科学（science of science）の分野において、計量書誌学（bibliometrics）ないし科学計量学（scientometrics）の方法が広く用いられてきた。[25]この方法は、学者の研究行動に焦点をあて、主として文献の書誌情報の集積から研究行動のパターンや因果関係を分析するものである。外形的な書誌情報を通してアプローチする点にこの方法の強みと弱みがある。一方、マス即ち多量の文献群を対象とするため、分野全体の動向をみるのに適している。このため計量書誌学は、デレック・プライスの古典的研究[26]をはじめとして、近年では被引用数の将来予測モデルの開発[27]や、「眠れる論文」の発見[28]、萌芽研究領域の特定[29]など、様々な研究領域で用いられている。

政治学を対象とした研究例も豊富である。例えば、アメリカ政治学会が初めて女性研究者の地位を調査したのは一九六九年であり[30]、その後も調査は継続的に行われている。[31]近年では、査読プロセスのジェンダー・バイアスが問題提起されたことは記憶に新しい。[32]また、二〇〇〇年にペレストロイカ運動が起こって以降[33]、とりわけ関心が高まっているのは政治学の分析方法の多様性である。[34]この他、著者の所属[35]、共著者数の分野別増減[36]など、多様な側面から研究行動の研究が進められている。

さて、学史研究へ計量書誌学を応用するには、計量テキスト分析[37]や共著分析[38]など多様なアプローチが考えられるが、ここでは政治学史上の代表的潮流を特定するため、引用（citation）の分析に注目したい。ここでいう引用とは、他の文献のある部分を抜書きすることではなく、参考文献リストや本文又は注において他の文献を挙示することを指す。計量書誌学においては、引用行為における知識の参照先を示す性質を利用して、論文の被引用数を後続研究へのインパクトの大きさとして解釈してきた[39]。このため被引用数は、研究評価における有力な定量的指標として使用され、計量書誌学における多くの引用分析を可能にしてきた[40]。

政治学での引用分析は、一九七〇年代以降の主要ジャーナルを対象として、引用文献のタイプを調査するものが現れた[41]。ただこれらは、おそらくデータ上の制約から、引用側に焦点をあてるに留まっていた。大規模な被引用データを用いた研究が現れるのは九〇年代以降であり、その一つのアーサー・ミラーらの研究は、引用索引データベースであるSocial Science Citation Indexを利用して、*American Political Science Review*（ＡＰＳＲ）の著者の被引用数と出版論文数を調べている[42]。この他に、引用数によるジャーナルの評価[43]や政治学部の評価[44]のほか、引用文献のタイプ[45]、引用パターンのジェンダー・バイアス[46]、ジャーナル間の引用ネットワーク分析[47]など、様々な試みがある。研究者個人に焦点をあてたものとしては、シャンタル・ムフやポール・ハーストらの被引用数を挙げて、評価指標の妥当性に問題提起をするクレア・ドノヴァンの研究[48]がある。しかし、これらは歴史研究として行われたものではなく、時間的な変化を体系的に検討したものではない。学史研究として行われたものとしては、イスラエル・ワイズメル・マナーとセオドア・ロウィの論文「ポリティクス・イン・モーション」があり、この論文は、アメリカ政治学の歴史を、ＡＰＳＲ掲載論文の計量テキスト分析と引用分析を組み合わせて記述する意欲的研究であった[49]。

このように、時系列の引用データは学史理解への一素材となりうる。これを一般化すれば次のように言えるだろう。学史研究の一要素は当該研究の意義を捉えることにあり、その営為は狭義の研究評価と重なる。このため、研究評価の文脈で開発された評価手法を、学史研究にも応用できるということである。本稿もまた、被引用数を当該文献のインパクトの指標として捉え、これによって政治学史上の諸潮流の評価を測定しよう。多数の同業者から頻回に引用される業績は、その限りで当該分野の代表的業績とみなすことができるだろう。次に調査デザインを述べる。

四　データ

引用データの収集にあたって常に問題になるのは、調査範囲の特定方法である。まず、政治学の外延が明確ではなく、その全文献を網羅した台帳が存在しない以上、一定の観点からデータの収載基準を定める必要がある。次に、政治学では書籍も発表メディアとして依然重視されているので[50]、先行研究がしばしば採用してきたような、ジャーナル論文のデータに基づく方法は問題がある[51]。なお、書籍を含む引用索引データベースとしてはGoogle Scholarがあるが、その収録基準は明らかにされておらず、またワーキング・ペーパーなどの文書も含まれており、信頼性に劣るという指摘も根強い[52]。

そこで提案したいのは、政治学の教科書をもとに、調査対象とする政治学の外延を措定する方法である。教科書は、教育目的のために分野の知識体系を要約したものであり、既存研究においても重要な位置づけが与えられてきた。例えば、トーマス・クーンが『科学革命の構造』において通常科学における教科書の役割をたびたび強調したのは、当該パラダイムにおいて共有すべき知識体系が教科書に反映され、科学史の進展とともに教科書が書き直されることに注目したためである[53]。研究活動においては一般に、論文の新規の知見が後続世代の論文によって引用され、知識体系が累積的に構築され、定期的に教科書にその要約がまとめられる[54]。そこで本稿では、後の時代の学問体系にインパクトを有した文献を代表的な文献として捉え、教科書が引用する文献に着目することにしたい。

以上を踏まえて、本稿では、教科書をもとに政治学の重要文献を特定し、その重要文献の引用する文献を目視で全数調査することによって、データセットを得ることとした。手順は次の通り。第一に、一九五〇年から二〇一九年までに刊行された政治学教科書について、一〇年ごとに一〇冊、計七〇冊を選定する。この作業の目的は、データセットに含めるべき政治学文献の範囲を定めるために、政治学教科書を手がかりとすることにある。教科書のリストは先行研究と同じものを使用しているが[55]、このリストは下記の特徴をもつ。まず、下位分野別の偏りを排除するため、政治学概論に相当する『政治学』や『政治学講義』等のタイトルの書籍に限定している。また、版を重ねた教科書や著名と思われる教科書を中心としている。この選定プロセスは確率的抽出ではないが、教科書は学問体系の見取り図を提供するものであり、テーマ的な偏りは少ないと考えられる。なお、どの年代も同じ冊数としたのは、年代間の比較を容易にするため、特定の時期への重み付けを避ける趣旨である。(56)

第二の手順として、この教科書の引用文献を調査した。この際、国内の政治学を分析対象とする本研究の目的に照らして、日本語文献に限定し、外国語文献やその邦訳書は除外した。なお、複数の版がある場合は初版に名寄せし、シリーズものは各巻を一点としている。

第三に、この教科書の引用データの集計から二、三八二点の邦語文献が得られたので、このうち被引用数が三以上（全体の上位約一〇パーセント）の文献を高被引用文献（Highly Cited Literature：ＨＣＬ）と名付けた。(57)この作業の趣旨は、引用文献のうちには小説や回顧録、他分野の文献等も多数含まれているので、ここでは複数の教科書で三回以上引用されているものを、データソースとする政治学文献として特定するものである。

第四に、分析の対象外とすべき文献を除外した。まず、一九九〇年以後に刊行されたＨＣＬは少数しか得られなかったため、やむをえず対象外とした。これは教科書を経由する調査デザイン上、近年の文献ほど被引用数が少なく出てしまうため、ＨＣＬが少数になったと考えられる。また、一九四四年以前に刊行された文献や、政治学以外の分野に属することが明らかな文献を除外すると、データセットに含めるＨＣＬは二一三点となった。(58)

そして第五に、このＨＣＬの引用文献を全数調査した。ここでは外国語文献も含めて調べている。

引用データの収集は次の基準によった。第一に、引用文献の挙示を巻末文献リストによって行うハーバード方式をとるものは当該リスト、脚注方式をとるものは本文及び注の引用文献を確認した。(59)第二に、著者名又は文献タイトルのいずれかの欠ける引用は除外した。第三に、自己引用（self-citation）は除外した。第四に、共著は第一著者の著書としてカウントした。(60)

この作業により、ＨＣＬから三〇、五三〇件の引用データを得た。このデータセットの特徴は、教科書で三回以上引用される日本政治学史上の重要文献が、他のどのような文献を引用して研究を切り開いたかを示すものである。その一方で、例えば丸山論文の有名な一節、「カール・シュミットがいうように、中性国家たる……」という記述は、文献のタイトル名が欠けているため、引用データとして含めていない[61]。また、そもそも明示的な引用のない、暗黙の参照は把握できない[62]。現代の引用規範から大きく逸脱するケースを補足できないのは、本データセットひいては引用分析の弱点である。

また、一般に引用分析では個別の引用の意味を捨象する。しかし、ある文献を先行研究として肯定的に扱うのか、批判対象であるのか、又は当該文献自体が研究対象であり史料として扱うのかによって、当該引用の意味は異なる。引用の動機に関する分類をデータに加えることは方法上困難なため、本稿では、分析の中で必要に応じて、個別的に周辺情報を補足し、データ解釈に資することとした。

五　分析

1　データの概要

(1)　HCLの分布

まずデータセットの概要を眺めよう。表1は引用データの採取元であるHCLの分布である。分野の欄は、国立国会図書館の所蔵情報をもとに、日本十進分類表の区分を示している。簡略化のため分類の一部を統合した。最大の割合を占める「政治」「政治学、政治思想」の文献数は横ばいで推移するのに対し、八〇年代にかけて「議会」「政党、政治結社」が増加し、全体の総数も増えている。これは教科書における政治過程論の存在感が増した一方、政治思想研究や政治学原論のシェアが相対的に後退したことを意味している。他方、政治史や行政、外交分野のHCLは概ね一〇パーセント前後かそれ以下である。また、女性著者のHCLは二点（約一パーセント[63]）であった。これらの情報は、以下のデー

表1　ＨＣＬの分布

上段：文献数　下段：各年代の文献数合計に占める割合

	1940s	1950s	1960s	1970s	1980s	計
310（政治）	5	22	23	23	21	94
311（政治学、政治思想）	71%	55%	47%	45%	32%	44%
312（政治史・事情）		1	1	7	6	15
	0%	3%	2%	14%	9%	7%
313（国家の形態、政治体制）	4	3	3	4	14	
316（国家と個人・宗教・民族）	0%	10%	6%	6%	6%	7%
314（議会）	1	2	10	4	18	35
315（政党、政治結社）	14%	5%	20%	8%	27%	16%
317（行政）		3	5	6	4	18
318（地方自治、地方行政）	0%	8%	10%	12%	6%	8%
319（外交、国際問題）	2	2	4	3	11	
	0%	5%	4%	8%	5%	5%
その他	1	6	5	4	10	26
	14%	15%	10%	8%	15%	12%
計	7	40	49	51	66	213
	100%	100%	100%	100%	100%	100%

タ分析の結果を解釈するための参考となる。

（2）被引用数の単純合計

　ＨＣＬの引用データの検討に移ろう。表2は学者ごとの被引用数を、一〇年ごとに単純合計したものである。各年代はＨＣＬの刊行年を表している。スペースの関係から表では被引用数の上位者のみ挙げているが、言うまでもなく、本データセットは任意の著者について引用分析が可能である。本稿では、代表的な研究潮流を特定する目的に照らして、上位者に焦点を絞ろう。ここに掲げた学者たちは、戦後政治学を切り開いた重要文献が依拠した主な知的源泉といえる。

　これらの学者を一人ひとり順に検討することも可能だが、本稿ではスペースの関係上、被引用数の総計の多さや各年代の上位の登場頻度の高い人物を中心に、数人ごとにまとめて検討しよう。海外の学者については、国家学／国法学（ケルゼン、ブルンチュリ）、多元的国家論（ギールケ、マッキーヴァー）、マルクス主

表２　被引用数の単純合計

1940s		1950s		1960s		1970s		1980s		総計	
22	H. Kelsen	126	K. Marx	75	K. Marx	109	V. Lenin	66	R. Dahl	305	V. Lenin
20	H. Laski	114	V. Lenin	65	V. Lenin	56	K. Marx	47	猪口孝	291	K. Marx
16	今中次麿	104	H. Laski	61	M. Weber	54	J. Rousseau	43	M. Weber	227	H. Laski
16	恒藤恭	68	F. Engels	53	丸山眞男	53	R. Dahl	41	A. Lijphart	218	M. Weber
16	O. Gierke	54	C. Schmitt	46	H. Laski	50	M. Weber	41	D. Easton	148	C. Schmitt
14	C. Schmitt	53	M. Weber	44	H. Lasswell	45	C. Schmitt	40	松下圭一	144	H. Lasswell
13	R. MacIver	52	J. Stalin	38	F. Engels	44	G. Almond	40	G. Sartori	141	F. Engels
13	戸澤鉄彦	48	蠟山政道	35	柳田国男	39	H. Lasswell	38	村松岐夫	139	丸山眞男
13	J. Bluntschli	39	神山茂夫	31	蠟山政道	39	D. Easton	38	三宅一郎	137	R. Dahl
13	L. Gumplowicz	36	E. Barker	30	辻清明	36	T. Parsons	38	石田雄	125	蠟山政道
13	G. Jellinek	34	今中次麿	29	J. Stalin	34	丸山眞男	37	升味準之輔	119	J. Rousseau
11	M. Weber	30	C. Merriam	27	R. MacIver	34	J. Locke	37	M. Duverger	111	辻清明
11	高田保馬	30	G. Cole	26	T. Parsons	33	辻清明	35	篠原一	107	D. Easton
11	G. Cole	29	R. MacIver	26	C. Friedrich	33	H. Laski	34	辻清明	105	G. Almond
10	中島重	29	H. Lasswell	25	K. Loewenstein	31	T. Hobbes	34	丸山眞男	91	E. Barker
10	小野塚喜平次	28	E. H. Carr	25	S. Beer	27	J. S. Mill	34	G. Almond	86	J. Stalin
10	蠟山政道	27	H. Kelsen	25	G. Almond	24	G. Hegel	32	S. Huntington	86	C. Merriam
9	R. Stammler	27	K. Kautsky	25	C. Schmitt	23	L. Pye	30	H. Lasswell	85	T. Parsons
9	F. Tönnies	25	L. Gumplowicz	24	石田雄	23	I. Kant	29	田口富久治	85	J. Locke
8	神川彦松	25	C. Friedrich	24	プラトン	20	F. Engels	29	S. Lipset	83	R. MacIver

義（マルクス、エンゲルス、レーニン）、行動論（アーモンド、イーストン、ダール）、その他（ヴェーバー、ラスキ、シュミット）などに分類できる[64]。国内の学者については、戦前に活躍した大家（蠟山政道、今中次麿、戸澤鉄彦）、戦後初期の近代政治学（丸山眞男、辻清明）、一九二〇年代世代（石田雄、篠原一、松下圭一）、レヴァイアサン・グループ（村松岐夫、猪口孝）などである。グループのラベルは便宜的に付したものであり、別様の分類も可能だが、ここでは理論や方法の立場に注目して分類し、適当なラベルが見当たらない場合は世代に依っている。これらは暫定的な分類であり、これらの学者が同一の研究潮流に属すると評価しうるか否かは、以下で個別に検討される。

問題は個別の学者がいつ、どのように被引用数を増加又は減少させたかである。順次検討してみよう。

2　外国の学者

（1）国法学、多元的国家論

最初に外国の学者グループから見ていこう。ケルゼン、マッキーヴァー、ギールケの被引用数の推移を示したのが図1である。年によってHCLの数や引用数にばらつきがあるので、被引用数をその年の総引用数[65]で除して標準化し、さらに五年移動平均で平滑化している（以下、図2から図8まで同様）。すなわち、このグラフは、その年の総引用数のうち当該学者の文献が占める割合の推移を示している。

グラフの示す通り、ドイツ国法学と多元的国家論は理論的に大きく異なるにもかかわらず、三者はいずれもよく似たグラフの形状を示している。戦後直後の被参照頻度は三者とも高い。戦前日本において、ドイツ国法学と多元的国家論のもった影響力は再三指摘されているが、この三者はその代表論者であった。しかしその影響力は間もなく急落し、五〇年代半ばまでには目立たない程度になっていく。例外はマッキーヴァーであり、彼は六〇年代前半に上林良一の圧力団体研究や、横越英一と秋永肇の政治学教科書においてたびたび引用された結果、被引用数は再度伸びている[66]。しかし全体として、彼らの日本政治

図1　国法学、多元的国家論

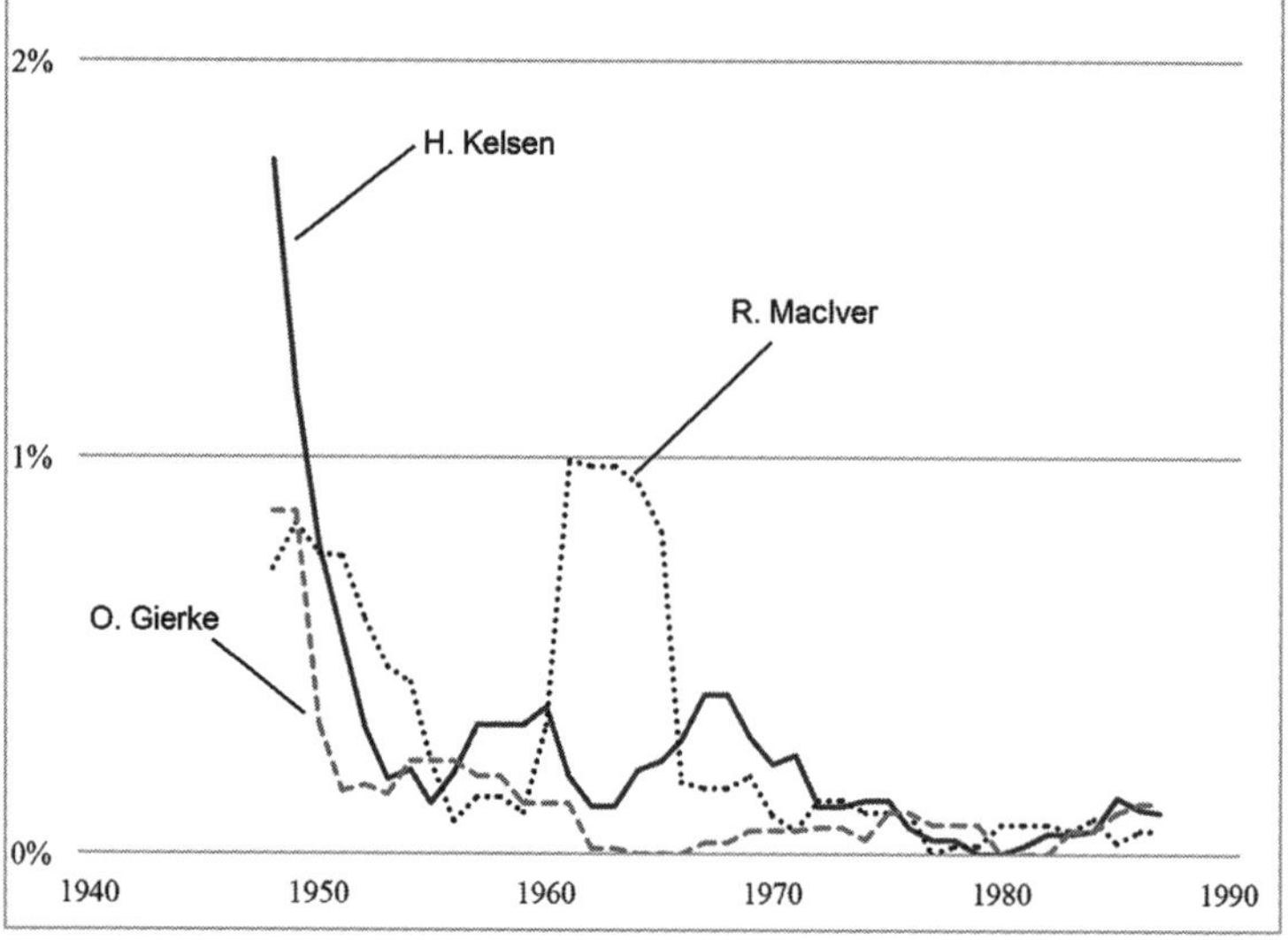

学における存在感は陰に潜んでいったといえる。

(2) マルクス主義

さて、戦後政治学の最大の知的資源はマルクス主義であったといわれる。図2はマルクス、エンゲルス、レーニンの被引用数の推移である。その勢いは目を見張るものがあり、戦後初期から急激に上昇し、五〇年代半ばを頂点として四パーセント前後に達している。この三者の被引用数を合計すれば約一〇パーセントにも達する。学問的影響力において他を圧倒しているといっていい。

その反面、五〇年代末後半から六〇年代半ばに至る急落は激しい。六全協とスターリン批判の直後に重なっており、これらの事件が与えた衝撃の大きさを推察させる。七〇年代前半に一時的に急浮上しているのは、田口富久治『マルクス主義政治理論の基本問題』(一九七一年)及び田口・田中浩編『国家思想史(上・下)』(一九七四年)の二著によって、ほとんど外れ値のような回数の引用が行われているためである。

だが八〇年代までには、マルクス主義はほとんどその知的影響力を失うに至った。この時期に田口が発表した『現代資本主義国家』(一九八二年)では、もはやプーランツァスやミリバンド、オッフェ、ヒルシュなど西欧のネオ・マルクス主義が主に引用され、国家論のルネサンスへと向かう中にあった。その反面、マル

図2　マルクス主義

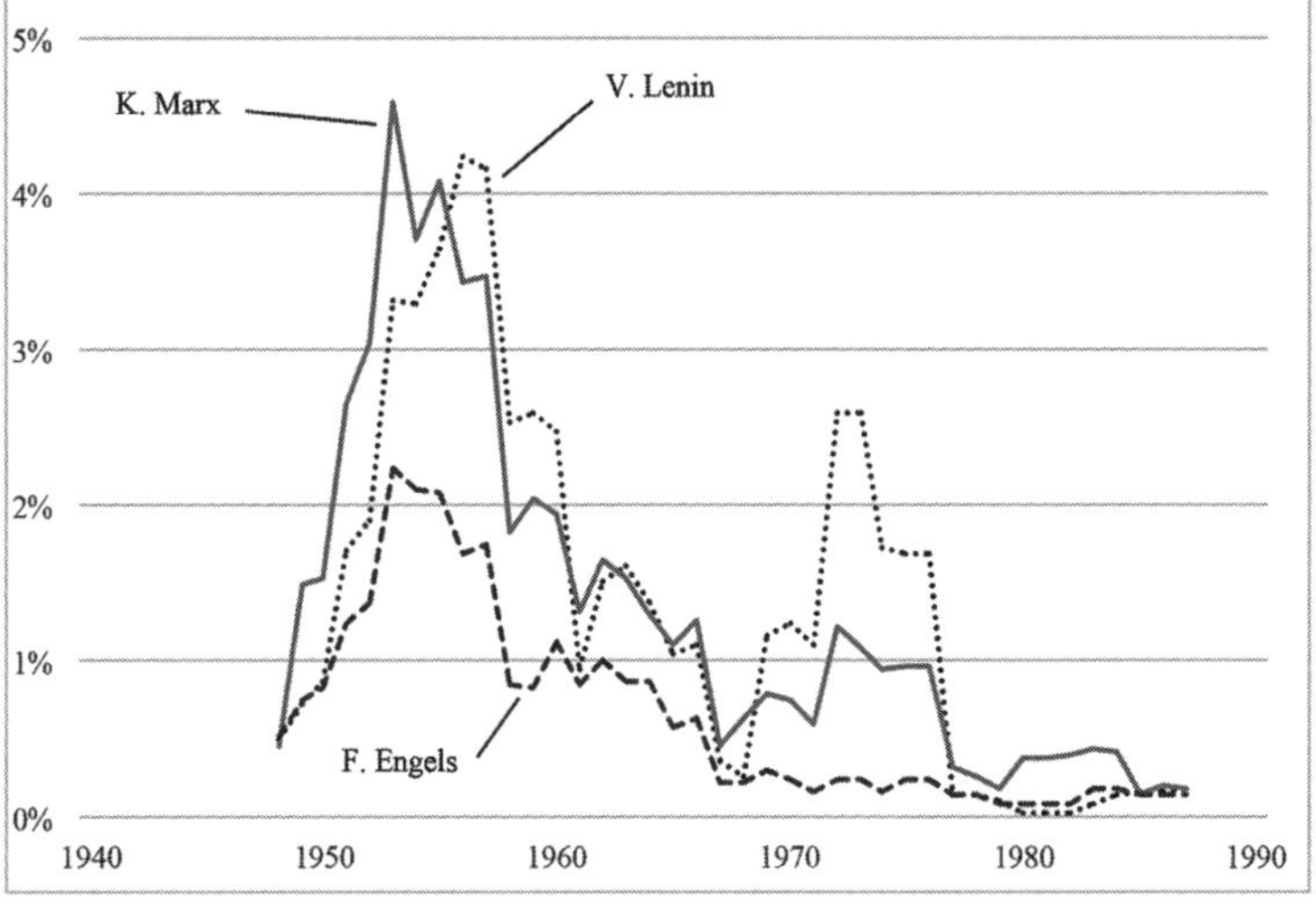

クスやレーニンの引用数は低下している。田口らの奮闘により、マルクス主義政治学の原典主義が相当程度拭われた一方、それにかわる大きな潮流を作り出したとはいえず、かつてマルクス主義が占めていた知的権威を取り戻すには至らなかったことがわかる。

(3) ウェーバー、シュミット、ラスキ

マルクス主義に次いで多くの参照を得たのが、ウェーバー、シュミット、ラスキであった。この三者は、マルクス主義とそれ以外とを問わず、また思想史研究と現代政治研究とを問わず、幅広い研究者から引用された学者たちである。その推移を図3に示した。三者とも右肩下がりという傾向は共通するが、個別には各々の特徴があらわれている。なお、三者とも七〇年代前半に急上昇しているが、これは田口・田中編『国家思想史』の個別チャプターで研究対象として取り上げられたためであり、一般的な先行研究としての引用とは含意が異なるとみるべきだろう。

ラスキへの注目度は一九五〇年初頭までの間に突出している。戦後初期の「ラスキ・ブーム」の加熱が指摘される所以である(67)。ラスキはイギリス多元的国家論の理論家として知られるが、最も引用されたのは後期の『政治学大綱』であり、『国家』、『危機に立つデモクラシー』と続き、多元的国家論に収まらない思想家として受容されたことがわかる。ラスキの引用は鈴木安蔵、蠟山政

図3　ウェーバー、シュミット、ラスキ

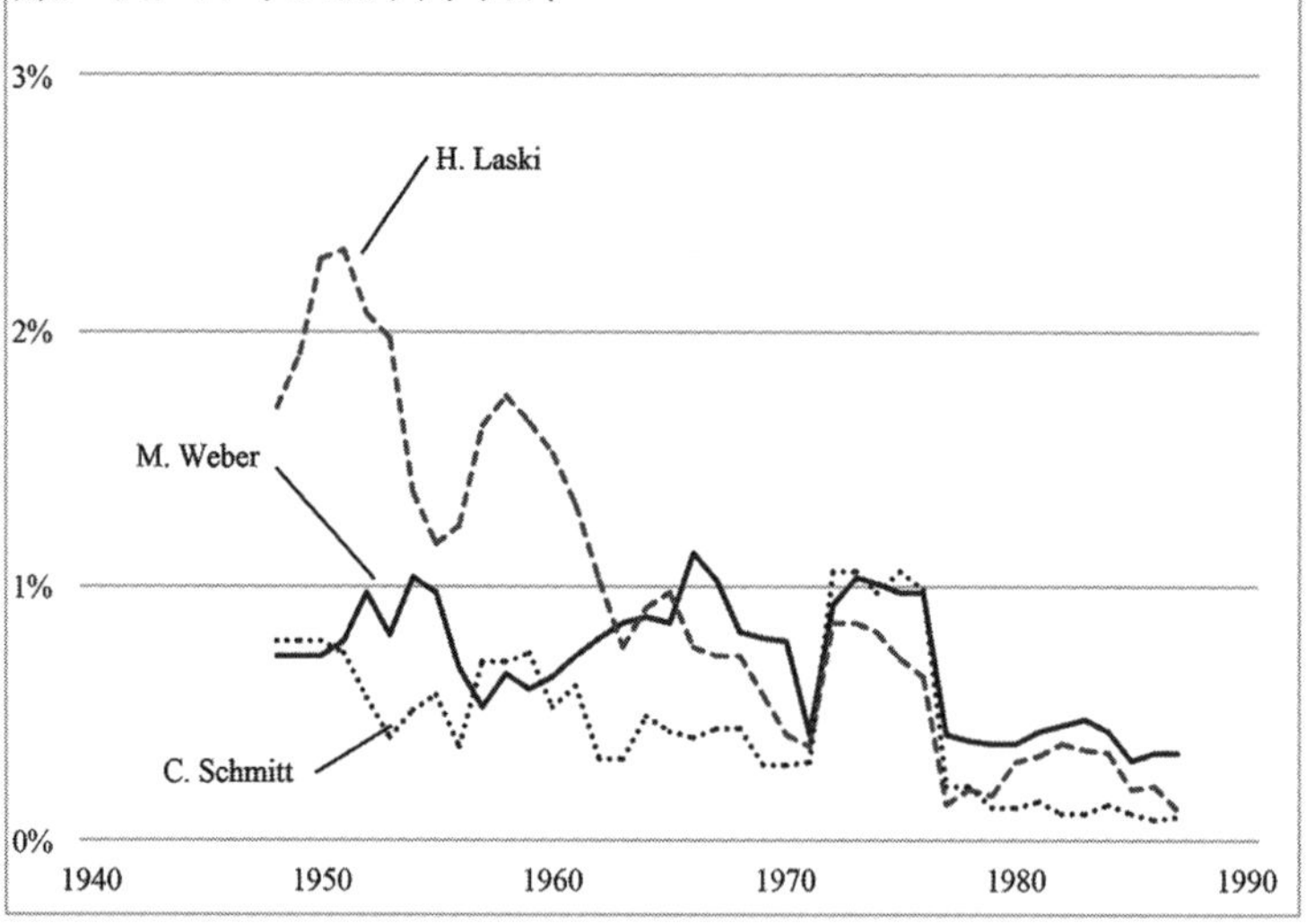

道、今中次麿といった戦前派が中心となったが、堀豊彦から「東洋のラスキ」と呼ばれた丸山眞男[68]や、辻清明[69]のラスキ熱もこれを後押ししている。その一方、若い世代からはあまり引用されておらず、新しい読者を広く得ることはできていない。六〇年代には円藤真一や松下圭一らが頻回に引用し、一定のインパクトを維持するものの、やがてラスキは忘れられた思想家となっていく。

残る二者も基本的な下降傾向は同じだが、ウェーバーは比較的若い研究者からも引用され続け、六〇年代後半にかけて上昇傾向にある。そのインパクトの持続性は比較的長く、八〇年代後半に至るまで日本政治学の知的資源であり続けたといえるだろう。これと比べると、シュミットは思想研究としては取り上げられることはあっても、先行研究として引用されることは漸減していった。

(4) 行動論

さて、旧来派が凋落していくなか、勢力を伸ばしたのが行動論政治学であった。図4はアーモンド、ダール、イーストンの被引用数グラフである。アーモンドの比較政治学の研究は六〇年前後から引用が増えはじめ、共著『現代市民の政治文化』(一九六三年)の発表以後は三宅一郎、山川雄巳、内山秀夫など幅広い研究者から引用を受けるようになる。イーストンについては、早期には『政治体系』(一九五三年)が丸山や篠原一から引用されている

図4　行動論

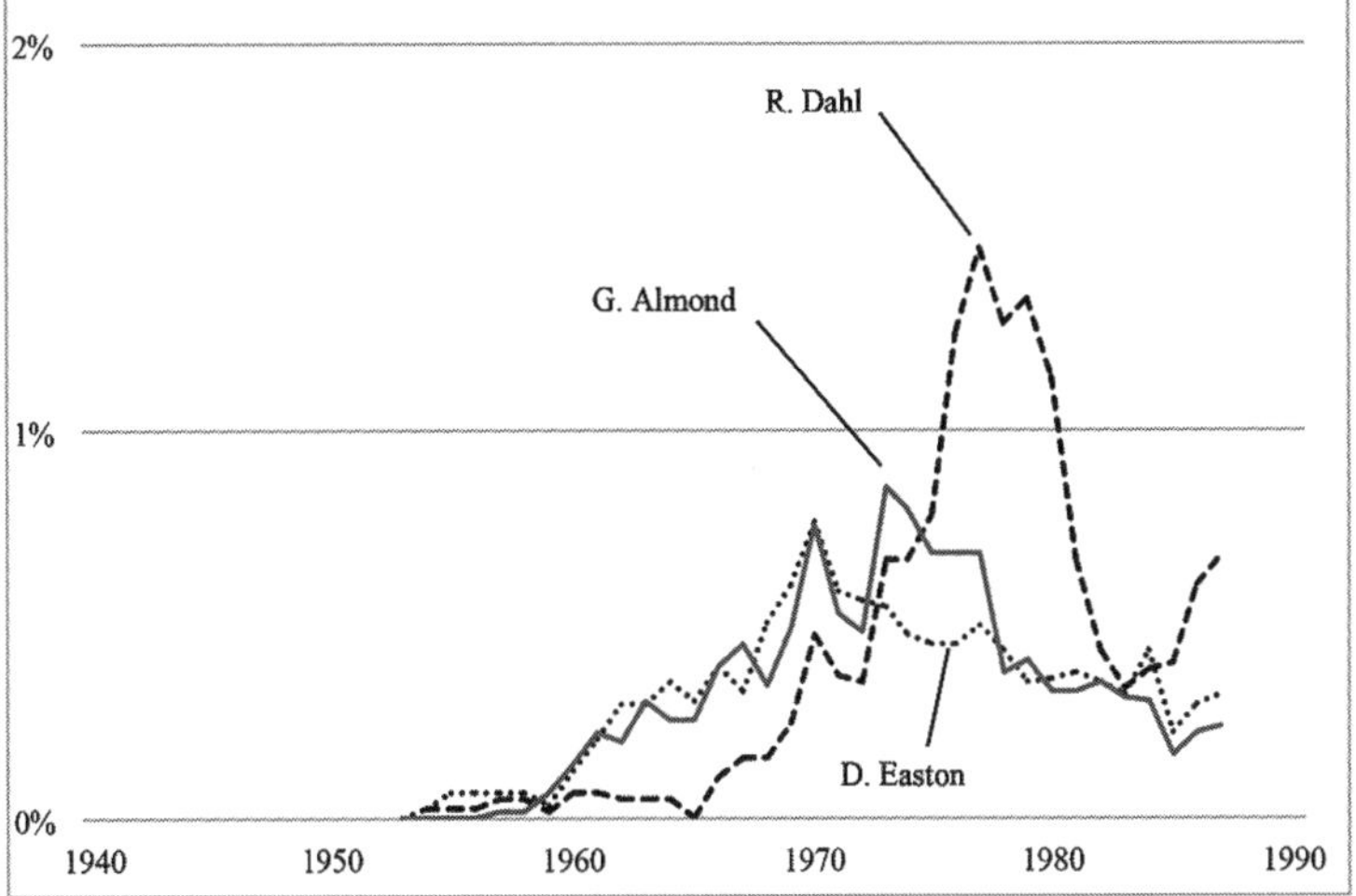

が、大きく伸びたのは六〇年代後半に山川雄巳、綿貫譲治らが本格的に引用するようになってからである。マルクスやウェーバーのインパクトには及ばないものの、その影響は確実に日本政治学に波及したことが見てとれる。

この二者にやや遅れて、ダールの存在感が如実に高まっている。初期の山川、内山らによる精力的な紹介に加えて、七〇年代後半からは内田満、大嶽秀夫らがダールを引用しながら新たな研究を発表している。[70] そして八〇年代末には『現代政治学叢書』の各巻によってくりかえし引用された。HCLの分野別分布に即して見たように、政治過程論の全盛となった八〇年代において、ダールの著作は現代の古典として定着したことがわかる。

3　国内の学者

(1)　戦前の大家

では次に、前節で確認した外国文献の知的潮流を背景として、どのように国内業績が台頭したかを見よう。図5は蠟山政道、今中次麿、戸澤鉄彦の被引用数の推移である。五〇年頃は、引用文献のうち一パーセント弱が蠟山及び今中の文献で占められており、頻回に引用されるのは蠟山『政治学の任務と対象』、今中『政治学』、戸澤『政治学概論』などである。これを引用するのは田畑忍、大石兵太郎、矢部貞治など戦前派の人々であった。

図5　戦前の大家

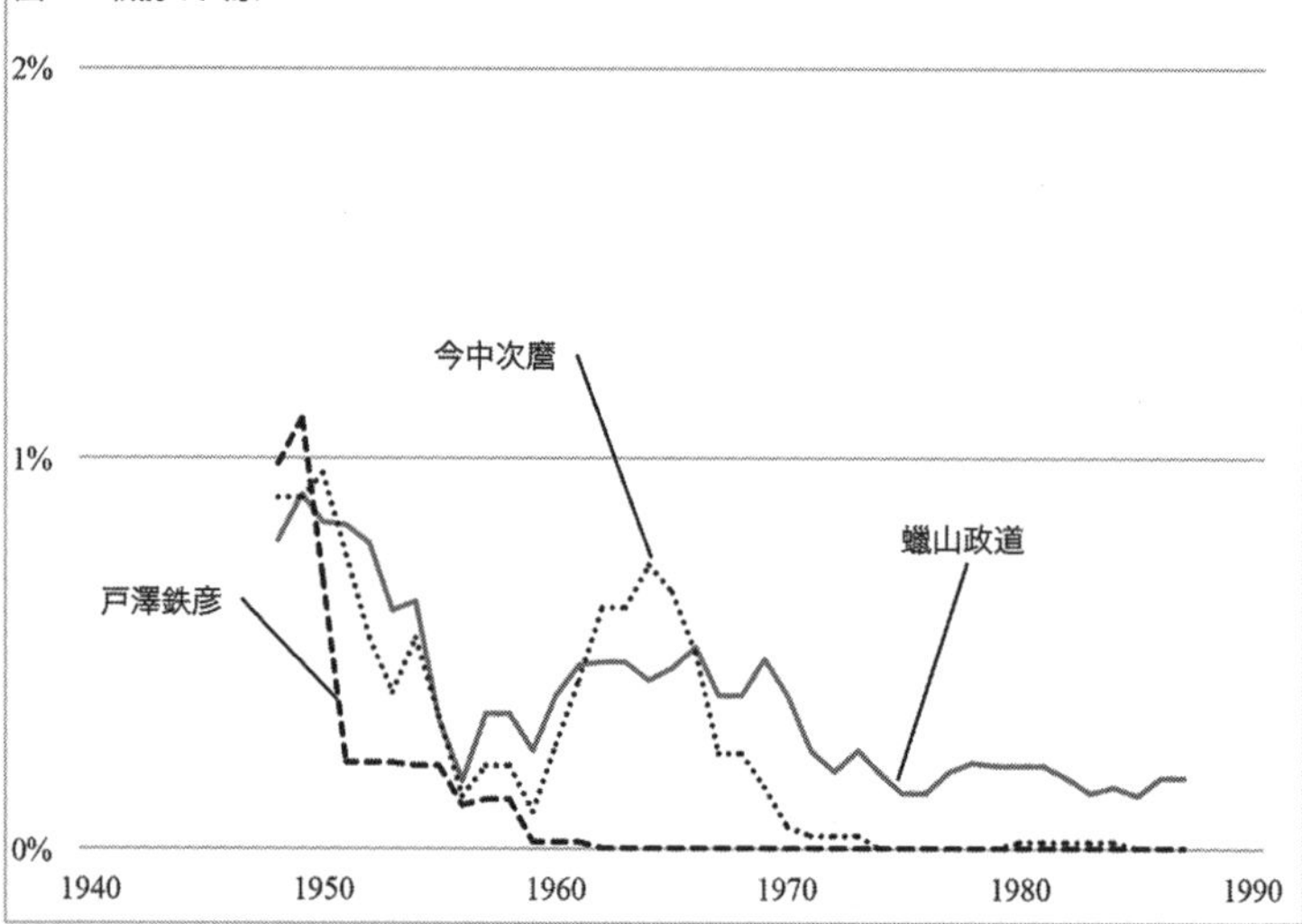

図から明らかなように、終戦から五〇年代前半まで、戦前の大家は依然アクティブであった。後にみるように、丸山・辻ら少壮世代が頻回に引用されるのは、もっと後のことである。戦後初期は、戦前派の著作の刊行点数が多く、引用先となるのもこれらの文献が多かった。そしてこの時期は、丸山によって批判された、あの政治概念論争が紹介され議論されることも稀ではなかったのである。その後、蠟山が六〇年代末まで一定の存在感を示しつつも低落傾向が続き、七〇年代に入るとはっきりと後退する。ここでようやく、一つの世代交代が終わったと見ることもできるだろう。

(2) 丸山眞男、辻清明

続いて丸山眞男と辻清明の検討に移ろう。今日私たちの思い描くイメージとはやや異なり、彼らの被引用数は総じて控え目である。また、両者のグラフは似ている面もあるが、引用元も考慮すると無視できない差異がある。

まず丸山は、五〇年代半ばまで低い被引用数で推移している。これはどう解釈すべきだろうか。しばしば私たちは、丸山の「超国家主義の論理と心理」(一九四六年)など一連の初期作品の印象が強いために、ただちに彼が政治学界の中心を占めたかのように考えがちである。確かに丸山自身が「自分なが

図6　丸山眞男、辻清明

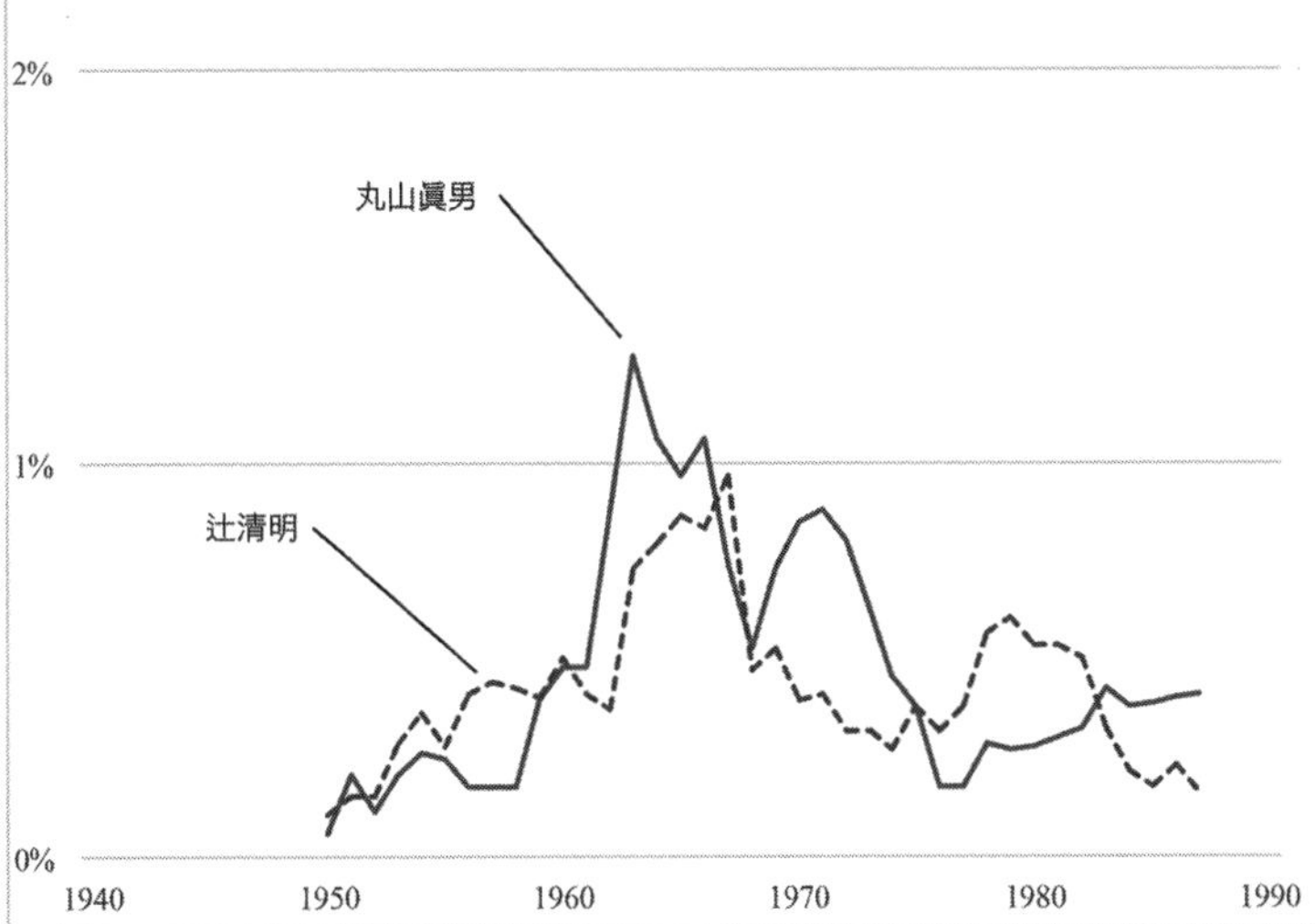

ら呆れるほど広い反響を呼んだ」[71]と語ったように、彼の名声は戦後初期から高まっていたと思われるが、そのこととアカデミックな政治学研究で引用されるかは別の問題である。変化が現れたのは六〇年以降のことであり、神島二郎、石田雄、京極純一、永井陽之助など後続世代の力作が出て、丸山の著作を頻回に引用するようになる。[72]また、柴田高好といったマルクス主義者からも、丸山は批判的摂取の対象として繰り返し引用されることとなった。こうして丸山は最も引用される日本の政治学者となったが、東大紛争を経て七〇年代以降になるとはっきりと下落傾向があらわれている。八〇年代に再び上昇に転じているのは、丸山自身が本格的な研究対象になったことが背景にある。[73]

辻清明のグラフは、六〇年代半ばまで、驚くほど丸山のそれと増減をともにしている。辻への引用は、初期は「社会集団の政治機能」(一九五〇年)、ついで『日本官僚制の研究』(一九五二年、新版一九六九年)に集まった。辻と丸山は、行政学と政治思想史という研究分野の枠を超えて、一つの研究潮流を形成したことが引用データからも裏付けられる。辻の下降傾向は六〇年代末から始まり、丸山より早いが、のちに村松岐夫『戦後日本の官僚制』(一九八一年)による有名な辻批判によって、日本官僚制の先行業績として再度注目を集めることになった。

(3) 一九二〇年代世代

次に石田雄、篠原一、松下圭一ら「一九二〇年代世代」を取り上げよう。この命名は田口によるもので、兵役経験を持ち、彼の言う「戦後政治学の英雄時代」に代表作を発表し始める世代である。[74]彼らに共通する特徴は、図からは判別しづらいが、被引用数のピークが二つあることである。図7の通り、一つ目の頂点は六〇年代であり、篠原『ドイツ革命史序説』(一九五六)、松下『現代政治の条件』(一九六二)、石田『現代組織論』(一九六一)などが一定の参照数を得ている。だが表2の通り、その数は必ずしも多いとはいえず、むしろその勢いの弱さの方が印象的である。これらの研究のインパクトを無視することはできないが、田口の評価とは裏腹に、当時の代表的潮流をなしたとはいいがたい。

彼らの注目度が再び高まるのは、七〇年代後半から八〇年代にかけて、彼らのキャリア上でいえば五〇歳前後の円熟期にさしかかる頃であった。松下『市民参加』(一九七一)と『シビル・ミニマムの思想』、(一九七一)、篠原『市民参加』（一九七七）など市民自治や住民運動の関連著作が多く引用されている。また、石田は『現代組織論』が再び注目を浴びているのが特徴的である。

こうした一九二〇年代世代の被引用数からは、いくつかの示唆を得ることができる。第一に、大衆社会論や市民政治論がアカデミックな政治学に及ぼしたインパクトは局所的・時限的と思われること。第二に、かつての集団研究が八〇年前後に「再発見」されていること。また期間を通して、三者とも一定の引用を得ているものの、先行世代に匹敵するほどのプレゼンスがあったとは評価できない。

(4) レヴァイアサン・グループ

最後に確認するのは、村松岐夫・大嶽秀夫・猪口孝らに代表されるレヴァイアサン・グループである。彼らが評価を高めるのは八〇年代半ば以降のことであって、一九八七年の『レヴァイアサン』創刊時期と符合している。三者の被引用数グラフが同じタイミングで上昇に転じていることも、このグループが同一の「政治学の新しい流れ[75]」に属していると認知されたことを窺わせる。

このことは、引用の内訳を確認するとより明瞭になる。村松は六〇年代後半から行政学の業績によって言及され始めていたが、『戦後日本の官僚制』（一九八一年）の前後からは山川、三宅一郎、

図7　一九二〇年代世代

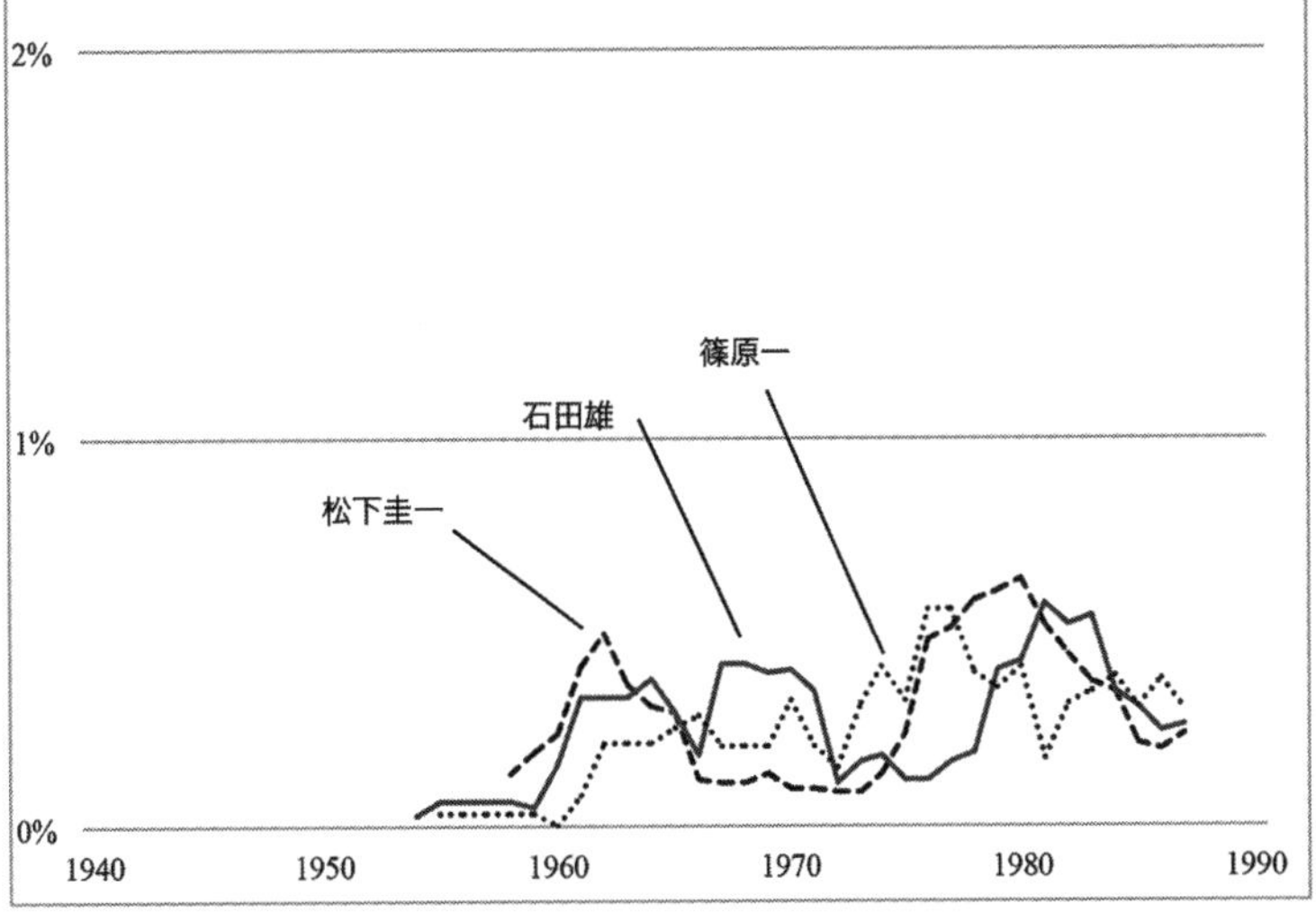

佐藤誠三郎のほか、『現代政治学叢書』によって幅広い引用を受けるようになる。ついで伊藤光利との共著『地方議員の研究』（一九八六年）の出版によって、さらに多くの引用を得るようになる。大嶽と猪口についても、山川、三宅、佐藤や『現代政治学叢書』に多く引用されているのは同様である。大嶽については『現代日本の政治権力経済権力』（一九七九年）や編著『日本政治の争点』（一九八四年）、猪口については『現代日本政治経済の構図』（一九八三年）、前掲共著『「族議員」の研究』の注目度が高い。いずれも実証的な政治過程分析であった。

こうした増加傾向は、八〇年代には政治過程を扱うＨＣＬが増加したことの反映でもあるだろう。選挙・投票行動の行動論的業績は六〇年代から現れていたが、その時点ではまだ日本政治学の傍流であった。それから二〇年、ダールへの注目を経て、ようやく行動論の系譜を継ぐ実証研究のプレゼンスが高まったのである。

本データセットでは、彼らの被引用数が急増し始めるところでデータが終了している。九〇年代以降の記述は今後の課題である。

4　先行研究との対比

さて、以上のデータが明らかにしたことを、先行研究との対比で三点指摘したい。

第一に、先行研究の描く戦後政治学史像は、大枠において本稿

図８　レヴァイアサン・グループ

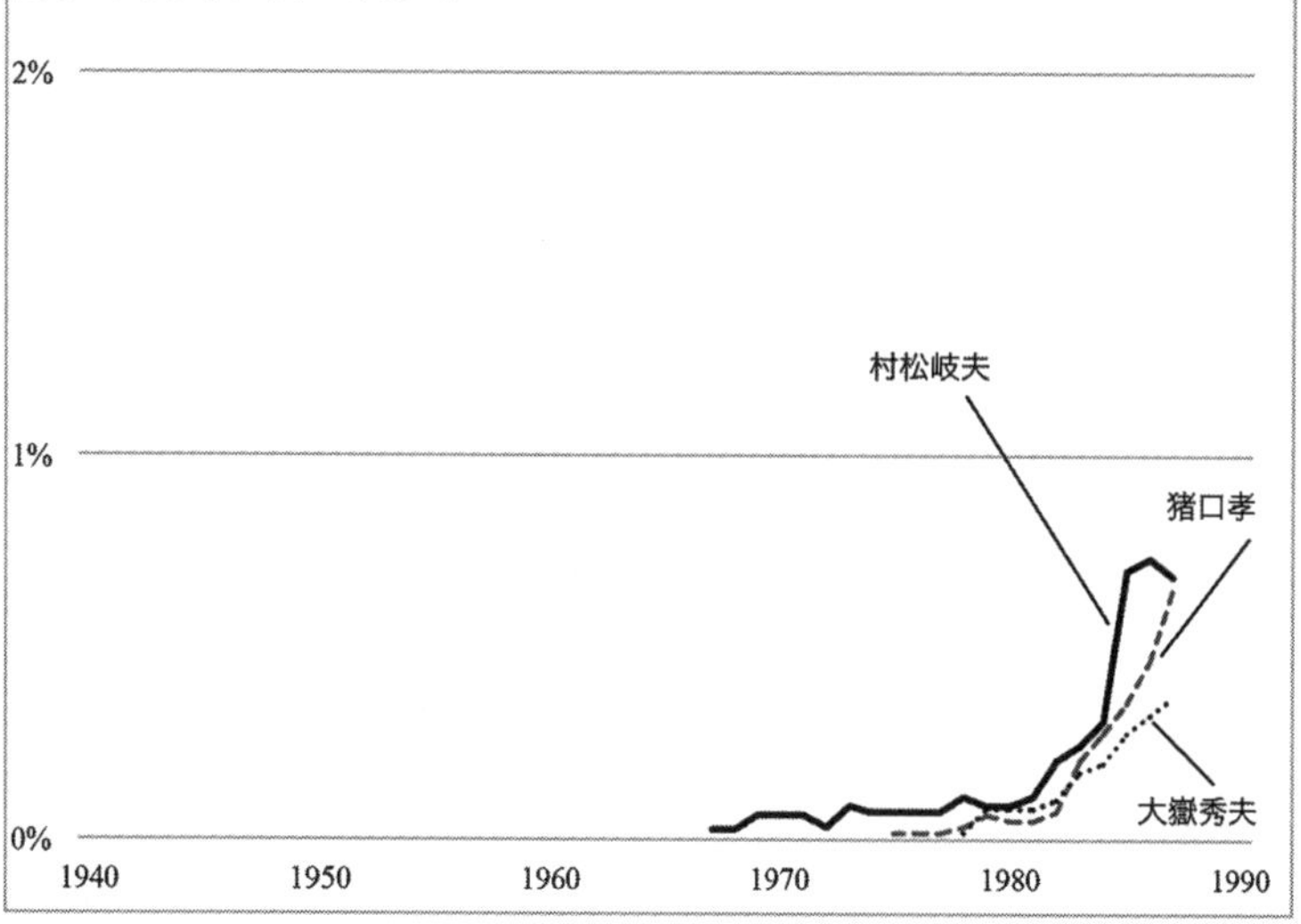

のデータと符合する。戦後初期の戦前派の活躍と、それに続くマルクス主義と近代主義政治学の対抗、七〇年代における停滞、そして行動論の台頭という代表的な潮流の交代は、引用データからも確認された。なお七〇年代の停滞について補足すれば、この時期、丸山らに続く新世代が一定のインパクトを得つつも、前世代に匹敵する被引用数には至っていないことが、一種の閉塞感をもたらしている可能性がある。

第二に、先行研究は、各潮流の盛衰の向きについてはほぼ的確に記述しているものの、その規模の評価はやや大仰である。例えば、近代主義政治学の代表格である丸山や辻の被引用数が大きく伸長するのは六〇年代のことであり、マルクス主義の低調化と並行した現象である。五〇年代においてはまだマルクス主義の圧倒的優位は崩れていない。また、マルクス主義の後退と行動論政治学の台頭が、先行研究ではやや誇張されている。六〇年代のマルクス主義は弱化しつつも依然として相対的に巨大であり、行動論は加速を始めたばかりであった。両グラフが交差するのは七〇年前後のことである。

第三に、先行研究では戦後政治学史上の位置づけが明確でなかった学者や論調について、そのインパクトの大きさや持続性が明らかになった。ウェーバーやシュミット、ラスキが日本の政治学に及ぼした影響力は従来から気づかれていたが、データからは、ウェーバーやシュミットは長期にわたり定番化していること、戦後初期のラスキはマルクスに匹敵するインパクトを有していたことがわかる。また、先行研究がしばしば重視してきた大衆社会論、市民政治論、現実主義と理想主義の論争といったトピックは、アカデミックな政治学に及ぼしたインパクトは局所的・時限的であったことが窺われる。さらに、図には示していないが、イーストンの演説「政治学における新しい革命」の被引用数の多さは、脱行動論をめぐる議論に注目度が高まったことを示す一方、行動論にかかわる業績の被引用数は目立っていない。脱行動論は、日本の政治学に本格的な潮流を生み出すことがないまま、ダールやレヴァイアサン・グループの台頭を迎えている。

六　おわりに

本稿の引用分析は、次のことを明らかにした。第一に、日本における外国学者の受容について俯瞰図を得た。五〇年代半ばまでは国法学や多元的国家論、ついで六〇年代半ばまではマルクス主義、それ以降は行動論が主たる潮流であった。これらと並んで多く参照されたのはウェーバー、シュミット、ラスキであるが、前述の三つとは相対的に独立した引用パターンであった。第二に、国内学者の代表的潮流を記述した。五〇年代半ばまでは戦前の大家、ついで六〇年代は丸山や辻への引用が際立っている。これと比べ、一九二〇年代世代はそれほど目立たない。また、レヴァイアサン・グループは八〇年代末にかけて急上昇していた。これらの知見の先行研究に対する差分は先述の通りである。

このように、引用分析は、学問史の潮流を定量的に記述することを可能にしている。誤解のないよう補足すれば、被引用数の多い文献を学史研究の対象とすべきである、という含意はここにはない。文献や学者に被引用数という変数を付け加えることは、その学史上の位置の立体的な把握に資する。個別の論点に即して触れたように、被引用数の少なさも学史を理解する手がかりになる。引用を指標とした戦後政治学史の俯瞰図は、史料の読解による方法を補完し、学史分析のための基礎的データとなる。

もっとも、本稿の依拠したデータと分析方法は限定的であり、今後の研究によってさらに深化される必要がある。第一に、データをさらに拡充させ、分析対象を包括化又は細分化することが考えられる。例えば、一般に、分野や方法によって引用行動は異なることが知られているため[76]、日本政治学の下位分野や各アプローチにおいてそれがどう現れているかは未検証の課題である。第二の方向として、テキストデータを用いた内容分析が考えられる。前述のように、引用行動に注目したアプローチは、個々の引用やテキストの意味を捨象している。文献の全文テキスト分析はそれを補完できる可能性がある。第三に、共同研究の増加への対応である。本研究の対象期間では共著は少なかったが、日本の政治学でも共著は増えつつある[77]。学者個人に焦点をあてた、既存の学史研究のアプローチを見直すこともおそらく必要となる。

いずれにせよ、学史研究の進展のためには、多様な方法による接近が望ましいのは明らかである。現在進行中の方法論的発展の知見を学史研究に取り入れることは、引続き必要になるといえる。

［謝辞］

本稿のデータの一部は、二〇一八年五月の日米政治学史茶話会で報告したものである。また、二名の査読者のコメントは有益だった。感謝申し上げたい。

（1）小尾俊人『小尾俊人日誌』中央公論新社、二〇一九年、二〇二頁以下。八〇年一〇月にも同様の発言が見える。二二六頁以下を見よ。

（2）丸山眞男「大山郁夫・生誕百年記念に寄せて」、『丸山眞男話文集二』みすず書房、二〇〇八年、三六三頁以下。

（3）丸山眞男「増補版現代政治の思想と行動　後記」、『丸山眞男集　第九巻』岩波書店、一九九六年、一八二頁。

（4）清水靖久『戦後民主主義と丸山真男』（北海道大学出版会、二〇一九年）、西村稔『丸山眞男の教養思想：学問と政治のはざまで』（名古屋大学出版会、二〇一九年）。

（5）最近のものに限っても次がある。松浦正孝「岡義武と明仁皇太子」、『思想』一一五三号、二〇二〇年。前田亮介「戦後政治史学の誕生」、岡義武『明治政治史（上）』岩波文庫、二〇一九年。伏見岳人「近代日本通史への情熱」、岡義武『明治政治史（下）』岩波文庫、二〇一九年。松浦正孝「『近代日本の政治家』執筆の発端から完成まで」、岡義武『近代日本の政治家』岩波文庫、二〇一九年。五百旗頭薫「完成させるということ」、岡義武『転換期の大正』岩波文庫、二〇一九年。小野寺研太「『変革』思想のリアリズム：大衆社会論から見た松下圭一と永井陽之助」、『社会思想史研究』四一号、二〇一七年。趙星銀『「大衆」と「市民」の戦後思想：藤田省三と松下圭一』岩波書店、二〇一七年。服部龍二『高坂正堯：戦後日本と現実主義』中公新書、二〇一八年。酒井大輔「『新しい政治学』の構想：大嶽秀夫の体制論とその方法」、『明治学院大学法律科学研究所年報』三四号、二〇一八年。

（6）大嶽秀夫『戦後政治と政治学』東京大学出版会、一九九四年。同『高度成長期の政治学』東京大学出版会、一九九九年。田口前掲書。渡部純『現代日本政治研究と丸山眞男』勁草書房、二〇一〇年。

（7）升味準之輔「政治学界の動向」、『思想』四〇三号、一九五八年。
（8）前掲丸山「大山郁夫・生誕百年記念に寄せて」三六五頁。また、丸山「日本の思想」、『丸山眞男集　第七巻』岩波書店、一九九六年、一九五頁も参照。
（9）酒井大輔「日本政治学史の二つの転換」、『年報政治学』二〇一七―Ⅱ。
（10）蠟山政道・中村哲・堀豊彦・辻清明・岡義武・丸山真男「日本における政治学の過去と将来」、『年報政治学』一号、一九五〇年。
（11）小林丈児「日本の政治学の到達点と課題」、『季刊科学と思想』一七号、一九七五年。升味準之輔・福島慎吾・田口富久治「政治学」、図書新聞編『座談会戦後の学問』図書新聞社、一九六七年。前掲田口『現代政治学の諸潮流』。
（12）岩崎卯一『理論政治学』関西大学出版部、一九五八年、一一九頁以下。
（13）神島二郎「まえがき（特集：行動論以後の政治学）」、『年報政治学』一九七六年。ただし、丸山自身が同書を行動論的な著作と考えていたわけでは必ずしもない。「丸山眞男自主ゼミナールの記録　第二回（上）」、『丸山眞男手帖』一九号、二〇〇一年、一五頁以下。
（14）京極純一「日本における政治行動論」、『年報政治学』一九六二年、一五八頁（『政治意識の研究』東京大学出版会、一九六八年、二八七頁）。
（15）前掲田口『現代政治学の諸潮流』二三頁。
（16）山川雄巳「日本の政治学」、『関西大学法学論集』三七巻二・三号、一九八七年。
（17）荊部直・宇野重規・中本義彦『政治学をつかむ』有斐閣、二〇一一年、一六五頁。
（18）山川雄巳『アメリカ政治学研究』世界思想社、一九七七年。
（19）前掲田口『戦後日本政治学史』、前掲苅部他『政治学をつかむ』、前掲渡部『現代日本政治研究と丸山眞男』。前掲酒井「日本政治学史の二つの転換」。
（20）渡部前掲書、酒井前掲論文。
（21）大嶽秀夫「日本政治と政治学の転換点としての一九七五年」、『レヴァイアサン』四〇号、二〇〇七年。大嶽はその転換点を一九七五年に求めているが、大嶽論文においても「新しい流れ」の本格的展開が始まったのは七〇年代末から八〇年代にかけてとされており、本稿では八〇年代を特徴づける言説として整理した。

(22) 前掲大嶽「日本政治と政治学の転換点としての一九七五年」、前掲渡部『現代日本政治研究と丸山眞男』。

(23) 前掲大嶽『戦後政治と政治学』i頁。

(24) 前掲大嶽『高度成長期の政治学』iii頁。

(25)「科学の科学」の広がりについて次を参照。S. Fortunato, C.T. Bergstrom, K. Börner, J.A. Evans, D. Helbing, S. Milojević, A.M. Petersen, F. Radicchi, R. Sinatra, B. Uzzi, A. Vespignani, L. Waltman, D. Wang and A. Barabási, Science of Science, in *Science*, Vol. 359, Issue 6379 (2018).

(26) デレック・プライス、島尾永康訳『リトル・サイエンス、ビッグ・サイエンス』創元社、一九七〇年。

(27) R. Xuanmin, Z. Yuanyang, L. Jiang and C. Ying, Predicting the citation counts of individual papers via a BP neural network, in *Journal of Informetrics*, Vol. 14, Issue 3 (2020).

(28)「眠れる論文 (sleeping papers)」とは、長い間注目されなかったが、ある時期から被引用数が急増する論文のことをいう。従来は「眠れる森の美女 (Sleeping Beauties)」と呼称されていたが、二〇一九年に女性の比喩を用いることが問題視され、その後「眠れる論文 (sleeping papers)」という用例が見られることから本稿もこれによった。A. van Raan, Sleeping Beauties in science, in *Scientometrics*, Vol. 59 (2004), pp. 467–472. 国立国会図書館「『眠れる森の美女』の比喩の妥当性をめぐって科学計量学者と情報科学技術協会 (ASIS&T) が論戦」https://current.ndl.go.jp/node/38148 (二〇二〇年五月二〇日閲覧)。

(29) R. Ohniwa and A. Hibino, Generating process of emerging topics in the life sciences, in *Scientometrics*, Vol. 121 (2019), pp. 1549–1561.

(30) V. Schuck, Women in Political Science: Some Preliminary Observations, in *PS: Political Science & Politics*, Vol. 2, Issue 4 (1969), pp. 642–653.

(31) 最近の文献として次がある。K. Alter, J. Clipperton, E. Schraudenbach and L. Rozier, Gender and Status in American Political Science: Who Determines Whether a Scholar is Noteworthy? in *Perspectives on Politics*, 2020.

(32) D. Teele and K. Thelen, Gender in the Journals: Publication Patterns in Political Science, in *PS: Political Science & Politics*, Vol. 50, Issue 2 (2017), pp. 433–447. また、*PS: Political Science & Politics*, Vol. 51, Issue 4 (2018) の所収論文を参照。

(33) K. Monroe eds. *Perestroika!: The Raucous Rebellion in Political Science*, Yale University Press, 2005.

(34) A. Bennett, A. Barth and K. Rutherford, Do We Preach What We Practice? A Survey of Methods in Political Science Journals

and Curricula, in *PS: Political Science and Politics*, Vol. 36, Issue 3 (2003), pp. 373–378. L. Billordo, Publishing in French Political Science Journals: An Inventory of Methods and Sub-fields, in *French Politics*, Vol. 3 (2005), pp. 178–186. M. Pehl, The Study of Politics in Germany: A Bibliometric Analysis of Subfields and Methods, in *European Political Science*, Vol. 11 (2012), pp. 54–70.

(35) T. Boncourt, The Evolution of Political Science in France and Britain: A Comparative Study of Two Political Science Journals, in *European Political Science*, Vol. 6 (2007), pp. 276–294.

(36) K. Chandra, J. Gandhi, G. King, A. Lupia, and E. Mansfield, *Report of APSA Working Group on Collaboration*, American Political Science Association, 2006. D. Henriksen, D. What factors are associated with increasing co-authorship in the social sciences? A case study of Danish Economics and Political Science, in *Scientometrics*, Vol. 114, Issue 3 (2018), pp. 1395–1421.

(37) 論文の全文テキストを用いた内容分析として、例えば次を参照。A. Tontodimamma, E. Nissi, A. Sarra and L. Fontanella, Thirty years of research into hate speech: topics of interest and their evolution, *Scientometrics*, vol. 126, Issue 1 (2021), pp. 157-179. 瀧川裕貴「戦後日本社会学のトピックダイナミクス：『社会学評論』の構造トピックモデル分析」、『理論と方法』三四巻二号、二〇一九年。

(38) 日本の政治学を対象としたものとして次がある。酒井大輔「独立することと孤立すること：共同研究をつなぐ場所と人」、『現代思想』四八巻一四号、二〇二〇年。

(39) 被引用数が何の指標たりうるかは議論が続いている。単純に被引用数は論文の質を表すと考えることはできない。引用には肯定的なものも否定的なものもあるからである。現在では、肯定的であれ否定的であれ、後続研究から注目され参照された頻度という観点から、被引用数は当該研究のインパクトの指標として考えられている。

(40) H. Moed, *Citation Analysis in Research Evaluation*, Springer, 2005.

(41) W. Baum, G. Griffiths, R. Matthews and D. Scherruble, American Political Science before the Mirror: What Our Journals Reveal about the Profession, in *The Journal of Politics*, Vol. 38, Issue 4 (1976), pp. 895–917.

(42) A. Miller, C. Tien and A. Peebler, The American Political Science Review Hall of Fame: Assessments and Implications for an Evolving Discipline, in *PS: Political Science & Politics*, Vol. 29, Issue 1 (1996) pp. 73–83.

(43) T. Nisonger, A Ranking of Political Science Journals Based on Citation Data, in *Serials Review*, Vol. 19, Issue 4 (1993), pp. 7–14. M. Giles and J. C. Garand, Ranking Political Science Journals: Reputational and Citational Approaches, in *PS: Political*

Science and Politics, Vol. 40, Issue 4 (2007), pp. 741–751. D. Samuels, The Modal Number of Citations to Political Science Articles is Greater than Zero: Accounting for Citations in Articles and Books, in *PS: Political Science & Politics*, Vol. 44, Issue 40 (2011), pp. 783–792.

(44) S. Hix, A Global Ranking of Political Science Departments, in *Political Studies Review*, Vol. 2, Issue 3 (2004), pp. 293–313. T. Dale and S. Goldfinch, Article Citation Rate and Productivity of Austrasian Political Science Units 1995–2002, in *Australian Journal of Political Science*, Vol. 40, Issue 3 (2005), pp. 425-434. M. Peress, Measuring the Research Productivity of Political Science Departments Using *Google Scholar*, in *PS: Political Science & Politics*, Vol. 52, Issue 2 (2019), pp. 312–317.

(45) A. Nederhof, T. van Leeuwen and A. van Raan, Highly cited non-journal publications in political science, economics and psychology: a first exploration, in *Scientometrics*, Vol. 83 (2010), pp. 363–374. D. Samuels, op.cit.

(46) M. Dion, J. Sumner and S. Mitchell, Gendered Citation Patterns across Political Science and Social Science Methodology Fields, in *Political Analysis*, Vol. 26, Issue 3 (2018), pp. 312–327.

(47) W. Adams, D. Infeld, K. Wikrent and O. Cisse, Network Bibliometrics of Public Policy Journals, in *Policy Studies Journal*, Vol. 44, Vol. 1 (2016), pp. 118–137.

(48) C. Donovan, Gradgrinding the Social Sciences: The Politics of Metrics of Political Science, in *Political Studies Review*, Vol. 7, Issue 1 (2009), pp. 73–83.

(49) I. Waismel-Manor and T. Lowi, Politics in Motion: A Personal History of Political Science, in *New Political Science*, Vol. 33, Issue 1 (2011), pp. 59–78. この論文への批判は、同号所収のバロウ、グラント、スミスらの論考を見よ。

(50) A. Nederhof et al., op.cit., D. Samuels, op.cit.

(51) C. Barrow, Politics Denied, in *New Political Science*, Vol. 33, Issue 1 (2011), pp. 79–86.

(52) Google Booksを併用すれば一定程度補えるとの指摘もある。山本耕平「Google Scholar/Booksを用いた日本の社会科学文献の引用分析：格差社会論を事例として」『京都社会学年報』二五号、二〇一七年。

(53) トーマス・クーン、中山茂訳『科学革命の構造』みすず書房、一九七一年、一五四頁以下。

(54) 政治学教科書に人種やジェンダーの偏りがないか繰り返し研究されているのは、教科書がそうした性格を有すると考えられているためである。S. Brandle, It's (Not) in The Reading: American Government Textbooks' Limited Representation of Historically

Marginalized Groups, in *PS: Political Science & Politics*, vol. 53, Issue 4 (2020), pp. 734–740. E. Tolley, Hidden in Plain Sight: The Representation of Immigrants and Minorities in Political Science Textbooks, in *International Journal of Canadian Studies*, Vol. 57 (2020), pp. 47–70. A. Atchison, Where Are the Women? An Analysis of Gender Mainstreaming in Introductory Political Science Textbooks, in *Journal of Political Science Education*, vol. 13, issue 2 (2017), pp. 185–199.

(55) 前掲酒井「日本政治学史の二つの転換」。使用した教科書のリストは次のＵＲＬで公開している。https://researchmap.jp/dsakai/appendix

(56) 将来的に、刊行された政治学教科書の全数リストやその販売部数のデータが利用可能になれば、これを加味した抽出も可能になるかもしれない。

(57) この名称は、クラリベイト・アナリティクス社が「それぞれの分野において被引用数が上位一％の論文」と定義する高被引用論文（Highly Cited Papers）を参考にした。https://recognition.webofsciencegroup.com/awards/highly-cited/2019/（二〇二〇年五月二四日閲覧）

(58) ＨＣＬのリストは次のＵＲＬで公開している。https://researchmap.jp/dsakai/appendix

(59) 野村康『社会科学の考え方』（名古屋大学出版会、二〇一七年）三〇一頁以下。伝統的に法学や歴史学の影響の強い日本政治学では、脚注方式をとるものが多い。最初にハーバード方式を採用したのは、今回の調査対象のなかでは、心理学者と社会学者が共著者に加わった三宅一郎・木下富雄・間場寿一『異なるレベルの選挙における投票行動の研究』（一九六七年）であった。

(60) 共著の引用カウント方法は種類があり、一長一短がある（ヴァージル・ディオダート、芳鐘冬樹他訳『計量書誌学辞典』日本図書館協会、二〇〇八年）。ここで第一著者カウント法を採用したのは次の理由による。第一に、共著者名の一部が省略されるケースが多く、全ての著者を把握することが困難であること。第二に、共著者名の並べ方は、研究への貢献順とすることが日本政治学では一般的と思われること。なお、アメリカ政治学ではアルファベット順に並べることが多いとされる。J. Biggs, Allocating the Credit in Collaborative Research, in *PS: Political Science and Politics*, vol. 41, Issue 1 (2008), pp. 246–47.

(61) 丸山眞男「超国家主義の論理と心理」、『丸山眞男集　第三巻』岩波書店、一九九五年、一九頁。

(62) 例えば藤田省三は、関連文献を幅広く読んだ上でなお、引用は「知識の店開き」になりかねず、それに対する抑制が「叙述の象徴的要約性を保証する」という信念を持っていた。藤田省三「市村弘正『都市の周縁』をめぐって」、『藤田省三著作集五　精神史的考察』みすず書房、一九九七年、二三二頁。

(63) 山田正喜子『ロビイング:米国議会のパワーポリティクス』日本経済新聞出版、一九八二年。猪口邦子『戦争と平和』東京大学出版会、一九八九年。
(64) ラスキはイギリス多元的国家論の理論家として知られるが、戦後政治学ではマルクス主義に接近した「後期ラスキ」が注目されたため、「その他」に分類した。
(65) ここで総引用数とは、その年に刊行されたHCLの引用文献数の総和を指している。
(66) 上林良一『圧力団体論』有斐閣、一九六三年。横越英一『政治学体系』勁草書房、一九六二年。秋永肇『現代政治学』富士書店、一九六二年。
(67) 大井赤亥「戦後日本政治学における『ラスキ・ブーム』の位相」、『年報政治学』二〇〇九—Ⅱ号。
(68) 今井寿一郎「押しかけ弟子と丸山先生」、『丸山眞男集　第十二巻月報』岩波書店、一九九六年。
(69) 水谷三公「先生とラスキ」、『回想の辻清明』辻清明追想集刊行会、一九九三年。
(70) 内田満『都市デモクラシー』中公新書、一九七八年。内田『アメリカ圧力団体の研究』三一書房、一九八〇年。大嶽秀夫『現代日本の政治権力経済権力』三一書房、一九七九年。
(71) 丸山眞男「現代政治の思想と行動第一部　追記および補註」、『丸山眞男集　第六巻』岩波書店、一九九五年、二四七頁。
(72) このことは、丸山の『現代政治の思想と行動』と『日本政治思想史研究』の出版部数をもとに、「丸山に多くの読者がついたのは、六〇年代と七〇年代」とする竹内洋の主張とも符合する。竹内洋『丸山眞男の時代』中公新書、二〇〇五年、一七七頁以下。
(73) 藤原保信『政治理論のパラダイム転換』岩波書店、一九八五年。
(74) 一九五〇年代初頭から六〇年代半ば頃までを指す。前掲田口『戦後日本政治学史』四四七頁以下。「英雄時代」という名称は、石母田正の著名な学説を念頭においたものだろう。大平聡「英雄時代論と英雄時代論争」、『日本歴史』七〇〇号、二〇〇六年。
(75) 「発刊趣意」、『レヴァイアサン』創刊号、一九八七年。
(76) 政治学の各アプローチと引用行動の関連については次を参照。F. Dosary, The Relationship between Research Approach and Citation Behavior of Political Scientists, in *Library & Information Science Research*, vol. 10 (1988), pp. 221-235.
(77) 酒井大輔「独立することと孤立すること:共同研究をつなぐ場所と人」、『現代思想』四八巻一四号、二〇二〇年。

◆書評

「根源的契約」の理念にもとづく「市民社会」の再構成

●――杉田孝夫

斎藤拓也『カントにおける倫理と政治――思考様式・市民社会・共和制』（晃洋書房、二〇一九年）

本書の独創は、従来の「法」と「倫理」を分断する「二元性」の観点に抗して、「倫理」と「法」の相互依存という「二重性」の観点からカント「市民社会」を再構成する点にある。この「二重性」の観点から、カントの「自然状態」には「法律的自然状態」（「権利が侵害された状態」）だけでなく、「倫理的自然状態」（「道徳性が損なわれた状態」）も含まれており、かつ「倫理的自然状態」が克服されて「倫理的市民社会」が実現される過程には、「法律的自然状態」が克服されて「法律的市民社会」が実現される過程も含まれている、という本書全体を貫く解釈図式が導きだされる。

　第一部「自然状態の原因」では、カントの人間観と社会観の基礎が道徳哲学の観点から考察され、道徳法則に自ら従うことで実現しうる「自由」は、「意志の自律」として概念化され、「人倫性の最上原理」として位置づけられる。道徳法則に従う「自律」から、「意志の善さ」としての「道徳性」が実現する。その道徳法則の意識こそが「理性の事実」であり、道徳法則に対する意識だけが心術における道徳性を形成する。しかし同時に「根源悪」の問題が考察されなければならない。「根源悪」が生得的であるのは、悪への性癖の在処が自由の使用の主観的根拠としての選択意志にあるからである。「戦争状態としての自然状態」に、法的＝政治的な問題だけでなく、倫理的な問題も見出され、「根源悪」の問題が、個々の人間主体の問題であるだけでなく、同時に集合的＝社会的次元において「善き生」の実現を妨げる困難として現れる。カントがルソーのホッブズ批判と文明社会批判から「利己心」の問題を学び取り、それが倫理的な意味でも、法的＝政治的な意味でも戦争状態をもたらすと考えた次第が明らかにされる。

　では「倫理的自然状態」と「法律的自然状態」という二つの「自然状態」はどのように克服されるのか、それが第二部「市民社会と啓蒙」の主題である。自然状態はまず「国家」＝「法律的市民社会」において「共通の法律」に従うことによって解決される。しかし法律は人間の内面に関わる道徳的な拘束性を持たないので、「倫理的自然状態」は残存する。そこから抜け出すためには「法律的市民社会」の内部でさらに「倫理的市民社会」が形成されなければならない。

　「理念」的には、「倫理的市民社会」は「善き生を目指して純粋理性宗教を信仰する人々の社会」であり、「法律的市民社会」は「共同の意志を通じて制定された法律によって権利を平等に保障された人々の社会」である。だが現実の「教会」と「国家」は、

「原理」的にも「制度」的にもそのような社会になりえていない。そこで、現存する「教会」と「国家」は、ともに「漸次的に改革されるべき諸制度の総体」として把握し直される。そのために必要とされるのが、「言論の自由」と「自分で考える」こととしての「啓蒙」である。そこでカントが重視するのは、「他者と共同して考える」ことである。カントにとって「自分で考える」ということは、他者との意見の交換によって「他者と共同して考える」という社会的行為でもある。こうして「集合的行為」としての「啓蒙」は、様々な先入見を誤謬の源泉として問題化し、社会的諸制度を問い直し、改革の可能性を開くことになる。

「啓蒙」の過程は、法的＝政治的な意味での「市民社会」がもたらす安定と、その制度的発展に依拠している。「倫理的市民社会」は、その発展のために「安定した市民社会」と「言論の自由」の保障を必要とする。他方、法的＝政治的な意味での「市民社会」自体も、「啓蒙」を通じて「誤謬」を「除去」することによって自らの改革を推し進めることができる。しかし「誤謬」を回避するためには、「思考」は閉じた「自省的な営み」であるだけでなく、さまざまな見解の間で誤謬が質される、開かれた「共同の営み」でもなければならない。こうしてカントの「市民社会」の構想は、「市民たちの関与によって実現されるべきもの」として提示される。人々は「啓蒙」の過程を通じて「自分で考える」という啓蒙された「思考様式」を獲得し、「知恵の立場への道」を自ら開くことができるようになる。だが「啓蒙」は、政治権力との緊張を余儀なくされる。その緊張のなかで「啓蒙」は「自由」を「理性の公的使用」へと自己制限することによって、人民の後見人に「自分自身で考える」ことを促し、さらに「他者と共同して考える」ことを促し続ける。社会の中で「啓蒙」が可能になる条件は、「理性の自己保存」という格率から逸脱せずに、「思考における自由」を保持することにほかならない。

第三部「共和制への漸進的改革の諸相」では、法的＝政治的な意味での「市民社会」の発展の条件が主題となる。「共和主義体制」は、「根源的契約」の理念のもとで、まず「人民主権」の原理が、人民の共同立法への参加という「政治的自由」として現れる。この自由は「言論の自由」の保障と「投票」を通じて遂行され、議会は人民の代表として「根源的契約」の理念に従って法を制定し、執行権を担う政府の活動を監視する。これが「代表制としての代議制」の機能である。ではそのなかで統治者（政治家）はいかにあるべきか。「道徳的政治家」（『永遠平和のために』付論）は、「共和制化」のための条件として捉えなおされる。「共和制的統治様式」が漸進的改革を通じて実現されるべき「専制からの脱却」の「制度」的表現であるとすれば、「祖国的思考様式」は漸進的改革において立法の正当性について自ら思考し、判断し、意見を表明するという経験の反復を通じて獲得されるべき「エートス」である。新鮮な指摘である。その主体は政治家と市民である。共同の意志にもとづく法律によって権利を保障する政治体制を求めるとき、「思考様式」は「祖国的」となり、共同の意志にもとづく立法のために代表制度を求めるとき、「統治様式」は「共和制的」となる。

◆書評

一九世紀フランスの、代議制、社会エリート、女性を巡る構想

●――古城　毅

Chinatsu Takeda, Mme de Staël and political liberalism in France, Palgrave Macmillan 2018

フランス革命期から復古王政期に活躍したスタール夫人は、圧倒的に男性中心の西洋政治思想史において例外的に著名な、フランスの女性思想家であるが、本書は彼女の思想と、それが十九世紀フランス政治思想に与えた影響とを検討することを通じて、彼女に代表される十九世紀フランス自由主義の一潮流が、地方分権・政治参加を通じて多元的かつ穏和な政治文化を確立しようとしていたことを強調し、自由主義が多文化主義と親和的でありうると結論づけている。

第一部では、フランス革命期から復古王政期にかけて展開されたスタール夫人の政治論が検討される。彼女は、ド・メストルらのようにフランス革命の意義を全否定し、社会統合における宗教・教会の役割を強調する立場とも、イデオローグやギゾーのように、フランス革命を擁護し、中央集権的な国家と公教育を通じて社会エリートや社会道徳を確立しようとする立場とも一線を画し、父ネッケルの立場を概ね継承する形で、イギリス的な、世襲の上院を有する二院制の導入と、そのような政体を支える社会指導層を形成するための地方分権の推進とが、フランス革命が引き起こした激しい社会対立を収拾する方法であると考えるに至った。しかし、このような政治社会構想は、畢竟、富を有する一部の男性層が主導するものであり、貧富の格差がもたらす道徳的腐敗を糾弾したルソーの議論に親しみ、かつ女性の社会的抑圧の問題を痛感し、女性の地位向上を模索し続けたスタール夫人にとって、必ずしも自明の結論ではなかったことも示唆される。

第二部では、スタール夫人が擁護した、イギリス流の二院制や地方自治論が、一八二〇年代から第三共和政期にかけて、コンスタン、ギゾー、バラント、トクヴィルといった思想家たちにどのような影響を与えたのかが検討される。当時のフランスでは、貧富の格差が著しい寡頭政的なイギリスと、フランス革命の結果、大土地所有制が打破され、社会の平等化が進展しているフランスという対比論が支配的であり、その結果、イギリスをモデルとするスタール夫人の政治社会構想は非現実的であるという反応が大勢を占めたとされる。とはいえ、地方自治の実現によって、地方政治に参加する社会指導層の内部交流が活発化し、穏和な政治文化が形成されるというスタール夫人の見通しは、バラントの「地方自治的自由主義」に継承され、最終的には第三共和政期まで影響力を有したとされる。

第三部では、スタール夫人のフランス革命論が第二帝政期まで

のフランス史学に与えた影響が検討される。イギリスを範とする適切な政治体制変革によってフランス革命を回避すること、あるいは早期収拾することは可能であったとするスタール夫人の議論は、フランス革命は貴族層と平民層の長期的対立の必然的帰結であるとして、革命中の政治体制構想には二次的な意義しか認めないギゾーや、イギリスとフランスの違いを強調するトクヴィルやキネによって批判されたが、スタール夫人の議論は第三共和政期まで一定の影響力を有したことが指摘される。

本書は、スタール夫人の思想の検討を通じて、代議制を機能させるためには、いかなる政治階級、政治文化、あるいは社会道徳が必要なのかという問題を扱い、かつそれとの関係で、知識人・著述家、そして女性の政治的役割についても考察しており、その点で興味深い。かつ、フランス革命期から十九世紀にかけての非常に多くのフランスの思想家たちが取り上げられており、この時代の政治思想を概観するためにも有用な研究書である。

他方、評者は幾つかの疑問も抱かざるを得なかった。著者は、スタール夫人がフランス革命期には、イデオローグとも共闘する形で、代議制を支える新種のメリトクラシーの確立構想に与し、また女性に一定の社会的影響力を与えた十八世紀のサロン文化を継承する形で、新しい社会における女性の政治的・社会的役割を模索したが、結局、それらを断念し、イギリスを範とする有産者男性層の主導する政治社会構想を支持するに至ったとする。しかし、十分に資料的裏付けがなされていないように評者の目に映るこの解釈（革命期に彼女が展開したイギリス批判論は果たして全面的に撤回されたのだろうか？）がたとえ適切だったとしても、このような政治社会構想がいかなる意味で、多文化主義とも共存しうる自由主義として現代において再評価されるべきなのか、判然としない。むしろ、十九世紀前半の彼女の批判者たちが指摘したように、独自性に欠けた時代遅れのイギリス模倣論であるという見方も成り立ちうる。彼女がフランス革命期からナポレオン政権期（彼女の著作群の大半はこの時期に書かれている）に展開した、（挫折した？）諸構想を丁寧に検討する方が、彼女の思想家としての独自性が明らかになったのではないか。

また、本書の後半部は、スタール夫人の思想的影響の検討にあてられているが、そこでは彼女の思想は、二院制論、地方自治論、あるいは国制史といったテーマに還元され、これらのテーマが十九世紀を通じてフランスで議論され続けたことをもって、スタール夫人の思想的影響が残存した証とされている。しかし、これらのテーマは、スタール夫人の専売特許では全くなく、したがって影響史という叙述方法には無理があるのではないか。また、スタール夫人の思想的影響を論じるのであれば、広く読まれた彼女の小説群や『ドイツ論』を検討対象から外す理由が説明されるべきだろう。換言すれば、二院制等を扱うテーマ史の中で、一例としてスタール夫人の議論を紹介する方が適切だったのではないか。

以上の留保は付けざるを得ないものの、興味深い諸テーマを巡る多くの思想家たちの議論が取り上げられた本書は、十九世紀フランス政治思想史の豊かさを伝えることに成功している。

◆書評

シュミットの振り子

●――長野　晃

古賀敬太『カール・シュミットとその時代』（みすず書房、二〇一九年）

一貫した見解の持ち主か、それともオポチュニストに過ぎないのか。このような問いは、カール・シュミットの思想を論ずる上で不可避なものだと考えられてきた。無論、状況に応じて異なる主張を為したからといって直ちに一貫性が疑われる訳ではないが、とりわけシュミットの場合、国民社会主義政権期の「桂冠法学者」としての言動の問題も相俟って、このような問いが熱心な探究の対象とならざるを得ない事情が存在する。またこれと関連して、シュミットを飽くまでも憲法学者として、即ち実定法ドグマーティカーとして把握すべきか、それとも政治思想家としての側面を重視すべきか、も問題となる。一人の理論家が二つの顔を持つことは決して奇妙ではないが、その乖離が余りにも甚だしくなると、当然のことながら、整合的解釈がそもそも可能なのかという問題が発生せざるを得ない。

我が国のシュミット研究を牽引してきた著者の手になる包括的な研究書である本書も、以上の問いを出発点とする。その際に本書の特徴として特筆されるべきは、著者が採用する解釈上のアプローチである。著者はまず緊急権を論ずる憲法学者・国法学者としての側面からシュミットに接近し、その上で政治思想的著作との異同を考察する。これにより、小さな矛盾は時には解消され、時にはアンビヴァレントな立場の発露として説明される。とは言えシュミットの生涯全体を俯瞰するならば、それだけでは到底説明し得ないような立場の劇的変動が存することは、やはり否定し難い。この難問に対して本書は、解消し得ない矛盾についてはそのまま内在的に理解しようとする方針を採用する。そこで持ち出されるのが「振り子」のモティーフである。既に和仁陽は、シュミット思想の基層に、個人と国家との調和的関係を前提とし得ない「無政治的個人主義」を見出していた（『教会・公法学・国家』）。著者もまたこの指摘を踏まえ、このような不調和の結果としてシュミットの思想は常に「両極性」という特徴を持たざるを得ないと主張する。かくして本書では、シュミットが極端な個人主義と極端な国家主義との間を「振り子」のように揺れ動いていく様が、ダイナミックに叙述されることになる。

このような著者のアプローチの有効性は、体制転換及び「緊急権の行使の実態に即した区分」に基づいて通時的な叙述を行なう本論部において、遺憾なく発揮されている。まずヴィルヘルム時代は、まさしく大戦勃発を契機として振り子が国家主義から個人主義に大きく振れていく時期として描き出される。即ち、国家への献身なくして個人は無であると説いた『国家の価値と個人の意義』から、戦争・軍務体験によって惹起された反軍国主義的態度と終末論的カトリック信仰への目覚め、という鮮やかな転換である。この時期の緊急権論である「独裁と戒厳状態」も、一種の法治国家擁護論として叙述される（第一章）。続くワイマール期については、ワイマール憲法の枠内で国家の安定を希求する国法学者としてのシュミット像が描き出される。緊急権論に関して言えば、列挙されたもの以外の基本権の侵害を肯定しつつも法律と措置とを峻別して大統領の緊急命令権を否定するシュミットの（当初の）四八条二項解釈は、同時代の解釈に比して大統領権限を広範に拡張する見解とは必ずしも言えないとし、また大統領を主権者と看做したというシュミット解釈は明示的に否定される（第二章）。施行法制定による緊急権の統制への要請や『憲法論』における前国家的権利としての基本権理解も、シュミットの法治国家論者的側面の表れと解される。尤も「市民的法治国家」に対するシュミットの立場はアンビヴァレントであり続け、実定憲法よりも国家の存立を優先する志向は常に伏在していた（第三章）。このような志向はワイマール後期になると、混乱する時代状況を背景に緊急権を過度に拡大解釈していく傾向に繋がったとして、「状況法学」の陥穽が指摘される（第四章）。振り子は知らず知らずのうちに国家主義へと振れていったということであろうか。これに対してナチス時代は、国家主義へと振り切れた状態から始まる。だが振り子の動きは安定しない。著者は、シュミットが従来の共和国擁護の立場を捨ててナチスに「魂を売り渡した」時期と、失脚後に内面に逃避していく時期を対照させ、一九三八年の『リヴァイアサン』の中にシュミットの矛盾した態度の発露を見出す（第五章）。そして第二次大戦後については、大戦末期の逃避的態度の継続として描き出され、憲法裁判権の拡大を拒否しつつもボン基本法に意外な程好意的で、緊急事態条項の導入に対しても批判的であったシュミットの姿が、同時代の緊急権論を参照しつつ叙述されている（第六章）。

以上のように本書は、ポレーミクに溢れた政治思想的著作のみから得られるシュミット像を一定程度相対化しつつ、しかしそれでも単なるドグマーティカーには還元され得ないシュミット政治思想の変転を総体的に描き出すことに成功している。成程、振り子の動きについては多少の異論もあり得る。例えば、シュミットは既に一九二四年の国法学者大会報告において措置を内容とする命令を許容している以上、ワイマール末期の立場への変化をもう少し緩やかなものと解することも可能であろう。とは言え本書は、同時代の憲法学者の議論の中にシュミットの緊急権論を丹念に位置付けつつも、それに留まることなく日記や書簡を大いに参照し、そして必ずしも緊急権を主題としない著作への配慮も欠かさない点で、シュミット政治思想の全貌を初学者に分かり易く提示する「入門書」にも相応しい。緊急権それ自体の学問的検討にとっても、客観的叙述を通じて貴重な視座を提供する。「普遍的な価値の土台」を持たぬ者は振り子の揺れに逆らえず、時代の状況に翻弄される運命なのか。本書は重い問いを読者に突き付ける。

◆書評

ヴェーバー政治思想の〈可能性〉を求めて

●――亀嶋庸一

内藤葉子『ヴェーバーの心情倫理――国家の暴力と抵抗の主体』（風行社、二〇一九年）

二〇二〇年は、ヴェーバー没後百年にあたる。それを機に、日本ではヴェーバーの伝記と思想を紹介する二冊の新書が刊行された。しかし、一九六四年のヴェーバー生誕百年の頃に比べると、ヴェーバーに対する関心も、そしてヴェーバー研究の状況もかなり変化している。それは、いずれも政治学者を著者とする新書が、それぞれの立場からこれまでのヴェーバー研究のあり方に対する大胆な見直しを提起していることからも窺うことができよう。本書の立場はそれと異なるが、著者自身の問題意識に基づく独自の解釈を通じて、ヴェーバー死後百年を経過した今日の世界におけるヴェーバーの可能性を極限まで問い詰めようとするものであり、その意味ですぐれて意欲的な研究となっている。

まず、本書のタイトルに注目すべきであろう。よく知られているように、「心情倫理」は、ヴェーバーの最晩年の講演『職業としての政治』に登場する政治と倫理をめぐる議論の中で、「責任倫理」と対の形で登場する言葉である。「心情倫理」は、これまでもっぱら「責任倫理」の「引き立て役」と見られてきたが、著者はあえて前者に込められた思想的可能性に注目する。著者によれば、まさにこの「心情倫理」にこそ「国家の暴力」への「抵抗の主体」を可能とする思想的契機が込められているからに他ならない。そして、このような視点の背景には、ヴェーバー死後の百年における政治的暴力の終わることのない世界という歴史的現実がある。これまでの研究の中では、ヴェーバー自身彼の死後に起きた未曽有の政治的暴力との思想的な関係性においてしばしば批判的に論じられてきた。すなわち、ナチズムとの関連である。実際、講演の中で主張された指導者民主主義の議論は第二次大戦直後のドイツにおいてはあまりにもどぎついものであったろう。この点については、戦後モムゼンによっていち早く指摘されて以来今日においても論じ続けられており、先の二冊の新書においてはヴェーバーとナチズムあるいはヒトラーとの関係について章を設けて検討されているほどである。これに対して、本書はその点にではなく講演の後半になって登場する二つの倫理をめぐる議論にもっぱら注目する。そこに、二〇世紀前半の全体主義の時代を遥かに超えて二一世紀に及ぶ現代の、政治的暴力に満ちたきわめてブルータルで不条理な世界という現実を踏まえて、政治と倫理をめぐるヴェーバーの議論に今一度立ち返って検討することこそ、今日求められている思想的課題に他ならないという著者の問題意識を見ることができるであろう。本書の試みが、ヴェーバー及び関連資料を丹念に検討するだけにとどまらず、百年後の時代において書かれるべき新たな『職業としての政治』の可能性を問うことにあるといえるのはそれ故である。

この試みにおいて、本書は心情倫理がヴェーバーの宗教社会学研究の中でどのように位置付けられているのかを確認することから始める。宗教社会学の中で、心情倫理は宗教倫理から見て非合理的な現世に対して拒否的な態度を取る宗教に見られる特徴として描かれている。現世肯定的な宗教とは対極的に、その「内面からの革命的な作用」によって歴史上しばしば大きな役割を果たしてきた心情倫理の宗教は、古代ユダヤ教からプロテスタンティズムに至る系譜において西洋固有の合理化の担い手となったとされており、またイエスや原始キリスト教からロシアのキリスト教文化の系譜では、その「愛の無世界論」の立場から現世との緊張関係をもっとも強く示してきたとされているのである。ここから、著者は一歩進めて、「責任倫理からではなくあえて心情倫理から見ることによって」、政治と倫理との緊張というヴェーバーの政治思想をその深部において規定している特質をより鮮明に捉えることが可能となると述べるとともに、それだけではなく、さらには国家の暴力性という倫理的非合理性と対峙する「近代的主体」を構築することにこそ心情倫理固有の意義があると強調して、もっぱら責任倫理を中心に近代的主体のあり方を論じてきたこれまでの解釈の見直しを迫る。それではなぜ『職業としての政治』では心情倫理が批判的に扱われているのかという疑問に対して、著者はその理由を「神々の闘争」という近代の宿命の下では心情倫理的に生きる近代的主体は「潜在的な不確実さ・不安定さ」を免れることができないというヴェーバーの根本的認識に求めている。このように、著者は心情倫理的な近代的主体が持つ倫理的・思想的な意義を強調しつつ、そうした主体が政治の世界で直面せざるをえない問題性を指摘するのであるが、心情倫理に対するこうした共感と葛藤は、ヴェーバーによって典型的な心情倫理の政治家として批判された平和主義者フェルスターの再評価を含む伝記と思想や「大審問官」をめぐるヴェーバーの議論についての、興味深い考察からも窺うことができる。

けれども、暴力の支配する世界の倫理的非合理性に心情倫理的に対峙することに「近代的主体の存在様式」を見出そうとする著者の立場は、ついにはヴェーバーの枠にとどまることに限界を覚えざるをえなくなる。著者の描く近代的主体と、帝国主義の時代という現実をあくまでも運命として「男らしく耐える」ことを自らの信条としたヴェーバーとの間にある溝を埋めることはやはり困難だからである。実際、本書の第六章以降では著者はあえてヴェーバーの思考に即することから離れると断った上での解釈を試みている。しかし、それはヴェーバー後の今日の世界において政治と倫理の問題について新たな議論を進めていく道筋を、著者がすでに見据えていることを示しているといえよう。百年後の時代に、ヴェーバーとの思想的対話を通じて『職業としての政治』を新たにどのように書き直すことができるのかという、きわめて困難ではあるが必要な問いは今始まったばかりである。

◆書評

実践的な政治理論の提案

●——遠藤知子

松尾隆佑『ポスト政治の政治理論——ステークホルダー・デモクラシーを編む』(法政大学出版局、二〇一九年)

民主主義は集合的意思決定によって個人に対する恣意的支配を防止する制度として理解することができる。その前提となるのは、合理的な自己決定が可能な存在として人々の自由を平等に尊重すべきとする民主的理念である。しかし、法的領域にもとづく主要な政治制度が人々の自己決定に対する恣意的な支配—言い換えれば非民主的支配—を制御する上での限界が指摘されるようになっている。その背景には、グローバル資本主義に見られるような脱領域的な権力の拡大や、個人化した利害関心に対する権力の多元化がある。結果的に大多数の人々は民主的制約から逃れた支配にさらされ、脱政治化・無力化された状態に陥っている。

深刻な社会不安を生み出しているこうした「ポスト政治」の状況において、民主主義をどのように取り戻すことができるのだろうか。すなわち脱領域化し、かつ偏在する政治権力に対する民主的統御はどうすれば可能になるのだろうか。本書は以上の問いに挑み、その答えとしてステークホルダー・デモクラシーの政治理論を提示する。ステークホルダー・デモクラシーは政治主体たるデモスの範囲を特定の属性や法的境界によってではなく、個々の分野・争点ごとの政治的決定による被影響性に基づいて設定する。また、そうすることで事実上の公共権力と既存の政治制度の非対称性を修正し、政治的決定に対する手続き的正統性と人々の政治的有効性感覚を回復させることが目指される。

本書の第一の特徴は政治社会の根拠を各個人の自律保護とした上で、政治権力に対する民主的統御をそのための手段として位置付けることである。すなわち政治参加自体に価値が見出されるのではなく、各個人が自律的な生を営む上での「障害の回避や除去を望むことにおいて」(八〇頁)政治的影響力行使が必要になる。同様に人々の政治的平等と政治的主体化を正義の要請とする規範政治理論研究では、ステークホルディングやロールズの財産所有制民主主義など、それを実現するための制度構想が模索されてきた。これに対し、本書はそのような制度を前提とした上でそれによって目指されるべきデモクラシーの制度構想を提示するものとして位置付けることができる。

第二の特徴は、本書の議論が複数の社会領域と学問分野を横断して展開される点である。本書と問題意識が重なる既存の政治理論研究は、正義論の観点から政治的平等の要請とそのための一般的な制度的条件を考察したり、企業における職場民主主義など、特定の社会領域における民主的統御を焦点化するものが主流である。これに対し、本書は筆者自身が「パッチワーク的」（三一〇頁）な研究と評しているが、その理由は本書の目的と方法によって説明できる。第一にステークホルダー・デモクラシーの政治理論を描くという本書の目的は、民主的統御の対象を各事業体における決定過程に分散させることで「多様な領域での集合的意思決定や紛争解決の過程に現れる個別的な政治を通観できるようにするヴィジョン」（五三頁）を示すことである。このため必然的に企業、NGO、国際機関、国家、地方自治体など多種多様な権力主体が射程に入ってくる。第二に、本書の方法論はデモクラシーを「理念的・制度的・運動的な諸側面にまたがる社会構成原理」（一頁）と捉え、現実の指針となる規範理論とそれを実現する制度論、経験的な社会的現実を出発点としてそこに至るための過程に関する議論を結びつけて体系的に目指すべき政治社会の構想を提示しようとする。したがって、規範政治理論、政治学、社会学、経営学、公共政策など実に多岐に渡る分野の研究に依拠しながら議論が展開される。

ここで本書の幅広くかつ綿密な議論を十分に紹介することはできないが、本書の流れを極簡単に概観しておこう。まず公共政策および経営学における既存手法に修正を加えながら意思決定過程に包摂すべき主体を特定するステークホルダー分析の枠組みが導出され、現実適用における政治的条件が検討される（第二章）。つぎに民主的参加を担うデモスの政治的主体化のための制度的条件を基本権として保障するステークホルディングの理論と制度構想が、歴史的展開や社会政策の流れを背景に論じられる。注目に値するのは、人々の権利保障のための集合的義務が制度構築を通じて多層的なデモイによって担われる得るとされる点である（第三章）。さらに被影響性にもとづく小政治の具体例として企業の政治性・公共性に注目し、企業社会論や経営学の議論を踏まえながらマルチステークホルダー・プロセスの法的、社会的、経済的回路となりうるステークホルダー対話の具体的構想が描かれる（第四章）。最後に各ステークホルダー共同体の代表によるステークホルダー委員会を通じた多回路的な政策形成を前提に、社会一般を代表する議会がそれらを公論と結びつけて吟味・評価するという機能的分業にもとづくステークホルダー・デモクラシーのモデルが示される（第五章）。

以上の通り本書の射程は非常に野心的である。同時に評者からすると理にかなっているとも言える。というのも、第一に個々の社会領域や制度は他の領域から独立して存在するのではなく、互いに影響し合いながら人々の利害を左右するシステムとして作動する。よって、特定の社会領域を焦点化するにしても、諸制度の関係性を考慮しそれらを貫く理念や視座が求められるだろう。第二に、どんなに規範的に望ましい理論と制度構想が描けたとしても、そこから程遠い現実への適用条件と制度変革の過程を示すことができなければ、規範政治理論は現実社会を方向付ける役割を果たせないだろう。本書は幅広い目配りをしながら多分野の議論を踏襲し、実践的な政治理論を提案する。筆者の確かな目的意識と力量があってこその成果であるが、様々な制度の再編が課題の現代社会において本書のアプローチはますます重要になるだろう。

◆書評

政治のリアリティを把握するために

●――乙部延剛

西山真司『信頼の政治理論』（名古屋大学出版会、二〇一九年）

タイトルが示すように、この本の主題は信頼である。だが、射程は「信頼」からイメージされるものよりはるかに広い。なぜなら、この浩瀚な書物が見据えるのは、「政治の外側」と「政治」の結節点に位置する信頼を手掛かりに、「人々が日常的に生きている政治の世界」（一二頁）における「政治のリアリティ」を把握するという、政治学の根幹に関わる取り組みだからである。

同書は序章および、三部に分けられた八つの章からなる。まず序章では、同書の信頼論への大まかな見取り図とともに、「世界観としての政治理論」という政治理論のあり方が示される。この政治理論は、「われわれの政治に対するものの見方」（三二頁）を経験的に妥当なものとするために要請される。すなわち、イーストン以来、経験的な政治学がしばしば「政治学者にとっての政治の見方」を前提としてきたことに対し、人々の日常的な政治の見方にたち、それが有する合理性を積極的に評価するものである。

第1部では、ガブリエル・アーモンドらによる六〇年代の政治文化論が批判的に検討される。筆者によると「政治の領域」がいかに「政治の外側の領域」によって影響されるのかという問題意識を政治文化論は有していた。だが、当時依拠していた行動論的な認識論や、アーモンドによるパーソンズ社会理論のミスリーディングな応用のために、この問題意識に即したリサーチを政治文化論は展開できなかったと結論づけられる。

続く第2部では、ロバート・パットナムを代表とするソーシャル・キャピタル論が扱われる。市民社会における人々の活動と民主主義のパフォーマンスの関係に注目するソーシャル・キャピタル論もまた、「政治の外部の領域」と「政治の領域」との関連を明らかにするという、政治文化論と問題意識を共有していたと示される。むろん、ソーシャル・キャピタル論は、政治文化論以降の合理的選択論や、トクヴィル的な市民社会論の成果を摂取し、分析視座や手法の面での変革がなされている。しかしながら、因果関係の解明志向や、国家と市民社会という区分によって、むしろ政治のリアリティを掴み損ねていると筆者は論じる。

これら政治文化論、ソーシャル・キャピタル論の困難を受けて、第3部では政治のリアリティを把握しうる理論が探求される。筆者が依拠するのは、エスノメソドロジーと、ルーマンの社会理論である。人々が実際に社会秩序を構成し、経験する作法を解明するというエスノメソドロジーの態度を援用することで、人々にとっての政治秩序のリアリティに接近する方策が確保される。また、ルーマンのシステム論を活用することで、国家と市民社会という従来の錯綜しがちな図式に代えて、権力を焦点とした政治システムという把握が可能になると筆者は結論づける。

このように同書の射程は広範囲に及ぶ。それゆえ、同書は複数の側面で政治学、政治理論に対する重要な貢献を達成している。

第一に、政治文化論、ソーシャル・キャピタル論についての、政治理論の側からの包括的な分析がなされている。かつて「政治文化論」や「ソーシャル・キャピタル論」が醸し出す雰囲気に惹かれながら、実際の研究には馴染めなかった政治思想研究者は案外多いのではないだろうか（かくなる私がそうである）。その時の違和感の理由を、筆者は明快に解き明かしてくれる。

第二に、同書は、経験的研究を見据えた政治理論の構想を提起している。政治理論はしばしば経験的政治学を批判するが、では、どのような経験的政治学がありうるのか、あるいは、政治理論と経験的研究がいかに協業しうるのかについてはあまり語ってこなかった。同書は現在の政治理論がおざなりにしてきた領域に果敢に切り込んでいる。

第三に、同書はエスノメソドロジー、社会システム論といった、社会学領域での研究を積極的に政治学へと取り入れようとする貴重かつ重要な試みを敢行している。「社会の分断」が政治の問題としてしばしば語られる昨今、社会学の知見が政治学に寄与する場面は一層増えているように思われる。

他方、大胆かつ遠大な構想ゆえに、より一層の解明を望みたい部分もある。まず、同書が提示する政治理論に対応するような経験的研究がどのようなものか気になる。同書の後半ではひとつのあり方としてリサ・ウェディーンの研究が挙げられているが、あくまで簡便な言及にとどまる。政治理論研究に対して経験的研究の不足を指摘するのは無い物ねだりであることは承知しつつも、「経験的に妥当な政治学」への寄与を目標とする研究においては、経験的な含意が待たれるのも事実である。

また、同書の要である「信頼」について、いくつかの次元を切り分けた議論が必要でないかとの疑問がわく。エスノメソドロジーが語る「信頼」の一部は、筆者も正しく指摘するように、ホッブズ的な自然状態にも存在する（たとえば、両者がお互いを人間と見ているといった）合意の次元であろう。だが、ソーシャルキャピタル論が信頼を語るとき、かれらがこの次元の信頼を問題にしているとは思われない。たとえば、二〇二一年一月に米国議事堂に乱入した人々は、後者の信頼を欠いてはいたかもしれないが、前者の意味での信頼は有していたように思われる。

とはいえ、これらの点も、同書の価値を損なうものではない。同書は長大だが、一貫した構想のもとに論述が進み、読者の理解を助ける工夫も随所にある。政治理論のあり方に関心がある方は序論を、政治文化論やソーシャル・キャピタル論については第1、2部を、エスノグラフィーや社会システム論については第3部を独立して読むだけでも大きな示唆が得られるだろう。

◆書評

上帝・立志・自由
――敬天愛人の思想

●――安西敏三

李セボン『「自由」を求めた儒者――中村正直の理想と現実』（中央公論新社、二〇二〇年）

　今日、中村正直と言えば「明治の聖書」として百万部以上売れたスマイルズの世界的ベストセラー*Self-Help*を『西国立志編原名自助論』として、また自由民権運動に影響を及ぼし今尚読み続けられているJ・S・ミルの古典*On Liberty*を『自由之理』として上梓した翻訳者として有名である。学位論文「中村敬宇の思想――幕末・明治初期における儒学的「道」の展開」に加筆修正した李セボン氏の本書は、その構成・章立からして模範的であるが、内容的にも先行研究の問題点を指摘しつつ地道にしかも執拗に史料考証を踏まえ、一歩一歩、敬宇中村正直の実像に迫る本格的研究である。「歴史的同一性」と把握されがちな儒学を徳川日本、中国及び朝鮮との差異に留意しつつ儒者中村に注目し、その独自性に光を当て、明治思想史に新しい知見を提供し、東アジアの「近代」の始まりについて再考を迫るという壮大な試みである。主眼は儒学が中村の思想の根幹をなしているが故に西洋文明に深い関心と共感を抱き得たという点にあり、既存の「啓蒙」に埋没した不完全な思想家との中村像の転換を図ることである。

　まず注目すべきは中村の国体論の分析である。「名正言順」の状態、即ち「理直」に国があることが「国体」であり、朱子学でいう「理」に適った内政と外交を具現している国本来の姿を指す。国体論の主流となる「皇統連綿」の水戸学国体論とは異なり、「理」に適えば洋学もキリスト教も国体の要素となる。欧米強国の所以を「理直」に求める様相が分かると言うのである。トクヴィル『亜墨利加《アメリカ》民政』の「合邦の教法」を紹介し、その続編を抄訳するのもその問題意識によろう。中村の教育勅語草案を考える上で重要な視点である。背景にあるのは「敬天愛人」の思想であるが、著者はそれを儒学の古典に求める。「上帝の二字」を排し「天即理」を唱える朱子学の「天」に同意せず、「上帝」が立国に必要不可欠な存在と解釈する。「上帝」への「敬」は身分道徳ではない人類普遍の道徳原理である「人」を愛する規範の正当性が担保されるというのである。西洋諸国では「上帝」信仰の下「敬天愛人」による経世済民の大業が行われ、「一人の命は全地球よりも重し」が定着していると『西国立志編』を刊行するに際し論じる所以である。天の神である「上帝」で以て「敬天愛人」を説き、「上帝」に闕字を付し、ロック知性論の神の存在証明に留意するのも「上帝」信仰の確認と言える。

　ところで著者は中村が「罪福の説」を軸に「教」の内容を再構成し、これが『自助論』や『自由論』の翻訳動機を解く鍵であって、晩年まで変わることなき思想の中核と結論付ける。また「人人をして各の其の是とする所に従」わせることが「利」に繋がるという発想から中村の人の善性への確信を見出し、国の優勝劣敗も人民の品行に左右されるとの『自助論』にも『自由論』にも通じる思想を確認する。自己の内面の修業が「人間万事」に連なり、国の治平を保障するということであり、これは朱子学が重視する格物・致知・誠意・正心・修身・斉家・治国・平天下と一致するのである。スマイルズやミルの翻訳理由も人民の性質の改造が「道」に即した「治」につながり、国のあるべき在り方（「理」）の状態となり、中村国体論に合致するという訳である。スマイルズの「真正の君子」(true gentleman) はその意味で重要である。国民一人ひとりが志を立て、それを目指せば立国の前提が生まれる。ミルが論じスマイルズが引用した様に、一国の価値は構成員たる個人の価値によって決まる故、天から賦与された志を立てる「真正の君子」に中村は賭けているのである。それは世襲身分制を前提とする徳川日本の秩序観を排し、「民」の「自治」の可能性を想定しない儒学の統治観を乗り越えるものであった。

　ところで『自由之理』の分析にあたって著者は、中村の誤訳はその思想的文脈に照らせば論理的一貫性と妥当性があり、それ故『自由之理』は中村の思想作品と見なすべきであると主張する。信教の自由を紹介し、「上帝」で以て「愛人」の解説を付しているのも、「敬天愛人」の思想なくして「自由」はあり得ないとのミルと異なる中村思想の防波堤となっていよう。中村の問題関心からミルを読むことの重要性の指摘は「仲間連中即ち政府」の説明にも見ることができ、これは中村の自由論理解を決定するという。「自由の権」は「天」を根源とする「道理」の一環であって政府が云々することは「天理の公」に悖る行為なのである。

　スマイルズが著した『自助論』は、カーライルが仕立て直しの哲学、土井晩翠が『衣装哲学』と訳し、新渡戸稲造が一高の倫理講話の教材とした*Sartor Resartus*に登場する‘Self-help’に沿った作品である。最も尊ぶべき持ち物「自助」が荒野に放り出されて成功し賞讃され羨望の念を持たれた「成り上がり者《パルヴニュー》」を理想とし、これこそが「真正の君子」であったかもしれない。しかしスマイルズは流行思想とはいえ貴族や名望家の「自助」も描き「真正の」を付加しているため何れの階級にもそれは受け容れられた。「聖人学びて至るべし」を学べば、「真正の君子」が多様な相を以て半世紀遅れの立志の時代に歓迎されることにもなろう。自ら省みて「立志」の物語にした中村が「上流士民」間での好評ぶりを認《したた》め、「上帝」信仰の下スマイルズの続編を公にしたのも宜なるかなである。スマイルズと異なりミルに「上帝」信仰を見ることは困難である。中村はその後も「自由」を論じるが、そこにミルの名は登場しないし、ミルの他の作品を翻訳することもなかった。「天」ならぬ「宇」を「敬」することを号とし「正直」に生きる中村にとって「自由」は「天」との関係においてのみ可能であったのである。著者による中村の近代日本における位置づけは説得的である。本書を紐解くことによって啓発されるところも大きい。敬宇中村正直の思想が東アジア世界の近代に如何なる意味を持つに至っているかを著者と共に考えさせる好著である。

二〇二〇年度学会研究大会報告

◇二〇二〇年度研究大会企画について

企画委員長　堤林　剣（慶應義塾大学）

二〇二〇年度（第二七回）の政治思想学会研究大会は、「政治思想における真実と虚偽」を統一テーマとして、五月二三日（土）と二四日（日）の二日間にわたり明治大学駿河台キャンパスにて開催される、はずだった。

実際は新型コロナ禍の影響によりウェブ開催となった。つまり、学会のホームページに報告者のペーパーと討論者のコメントを掲載し、さらに会員からのコメントを受け付けて書面上のディスカッションを行い、そのやり取りを司会者がまとめ、それもホームページに掲載するという形をとった。

もちろん、対面で研究大会を開催したかった。やはり三次元空間で有機的な参加者が相互に引き起こす空気の振動をリアルに感じながら学術交流するのがベストである。懇親会がなくなったのも悲しい。そして基調講演を行うために来日するはずだったケンブリッジ大学のジョン・ダン教授が来られなくなったのも悔やまれる。おのれコロナ、と叫びたくなる。

だが不測の事態とはいえ、このままコロナに翻弄され続けるわけにはいかない。その程度で挫ける学会なら、とうの昔になくなっている。学問の自由があるかぎり、いや学問の自由が危うくなった時にこそ、政治思想学会は立ち上がる。いささか時間軸がぶれているが、ともかく企画に関わったメンバーはこういう思いから、何とか研究大会を開催する道を模索した。私はZoomを使用した遠隔ライブ研究会を提案した。この案は即却下された。大半の大学が授業をどうするかで大混乱し、Zoomの知名度もまだ低かった時期においては、やはりハードルが高すぎるということであった。ちなみにそれから一年たった今、遠隔会議ソフトを使用できない教員や研究者はほとんどいないと思われるので、今後似たような状況になった場合は、Zoomなどによる遠隔ライブ開催も可能かなと思ったりする。

それはさておき、オルタナティブな開催方法について三月下旬から連日のようにメールで審議した結果、ウェブ開催に決定した。そしていざ実施してみると、ウェブ開催にもメリットがあることが判明した。通常の研究会では、発言する機会も時間もかなり制約される。だが書面でのやりとりになることによって、質問者は熟考したうえでコメントや質問を提出することができ、また報告者もじっくり考えたうえでレスポンスができるようになった。結果として、対面ではなかなか実現できないディープな学術的対話が可能となった。このことは各セッションの司会者が作成した大部の「司会者によるまとめ」からも明らかであろう。

ということで、禍福は糾える縄の如しとなったわけだが、今回は「政治思想における真実と虚偽」という統一テーマで基調講演を含む四つの企画パネルを設けた。くわえて、四つの自由論題分科会において計一二名による報告が行われた。

統一テーマの背景にある狙いについては既にニューズレター（第四九号）で言及しているので、ここでは骨子のみ述べさせていただく。

近年、「ポスト真実」や「フェイクニュース」といった言葉が人口に膾炙し、政治における真実と虚偽の問題が新たに注目を浴びている。二〇一六年の英国ブレグジット（Brexit）国民投票およびアメリカ合衆国大統領選挙における情報の錯綜や操作はこうした傾向に拍車をかけ、日本でもさまざまな権力関係における「忖度」の蔓延や批判能力の低下によって真実と虚偽の区別がつきづらくなってきているといわれる。

いうまでもなく、政治思想学会が研究者からなる学術団体である限り、報告者はこうした現実政治の問題を直接扱うことを求められているわけではない。とはいえ、古今東西の政治思想においてどのように真実と虚偽の問題が論じられてきたかを多角的に考察することは、学問的にも今日の政治について考える際にも大きな意義を有すると思われる。

シンポジウムⅠでは「規範的政治理論における真実と虚偽」というタイトルのもと、大澤津会員と田畑真一会員が発表した。討論者は梅川佳子会員で、司会者は早川誠企画委員である。シンポジウムⅡでは「思想史を裏から読む」というタイトルのもと、大竹弘二会員と島田英明会員と梅垣千尋会員が発表した。討論者は杉田敦会員で、司会者は重田園江企画委員である。シンポジウムⅢでは「偽の世界と真理——虚構、嘘、物語」というタイトルのもと、都築勉会員と鹿子生浩輝会員と速水淑子会員が発表した。討論者は相原耕作会員で、司会者は菅原光企画委員である。

自由論題では、井上彰会員司会のパネルにおいて石山将仁会員、田中将人会員、山口晃人会員が、向山恭一会員司会のパネルでは西角純志会員、長島皓平会員、高橋侑生会員が、野口雅弘会員司会のパネルでは寺井彩菜会員、内藤葉子会員、牧野正義会員が、大久保健晴会員司会のパネルでは越智秀明会員、杉山亮会員、古田拓也会員が発表した。

報告者、討論者、司会者、そしてHPやメールを通じて研究会と議論に参加してくださった会員の皆様に感謝を申し上げたい。

また基調講演についても他のセッション同様、ダン教授のペーパーを学会ホームページに掲載する形をとった。討論者は山岡龍一会員と永見瑞木会員、司会者は私・堤林である。ダン教授と討論者のお二方、そしてロジスティクスを担当してくださった国際交流担当理事の宇野重規会員と安武真隆会員には改めて感謝申し上げたい。

最後に、企画委員の重田園江会員、早川誠会員、菅原光会員、そして代表理事（当時）の川出良枝会員、事務局担当（当時）の小畑俊太郎会員に御礼を申し上げさせていただきたい。特に開催校担当も兼任された重田会員は本当にご苦労されたことと思う。皆様ありがとうございました。

【シンポジウムⅠ】

規範的政治理論における真実と虚偽

司会　早川　誠（立正大学）

シンポジウムⅠは、「政治思想における真実と虚偽」という統一テーマの中で、規範理論に焦点を絞った。規範理論が真実と虚偽の問題をどのように論じるかについて、学会の内外で共通認識を得たい、という趣旨である。また、現代の規範的政治理論がロールズを起点とするならば、虚偽という論点はどのように扱われ得るのか、という問題意識もあった。以上の背景から、大澤津会員（北九州市立大学）と田畑真一会員（日本学術振興会特別研究員）に報告を依頼した。

大澤会員の報告「政治において真実と虚偽の居場所はどこにあるべきか――規範理論からの考察」は、政党機関誌やソーシャル・メディアに依拠して政策への支持を呼び掛けた人が、対立する政策の成功によって嘘をついたと非難される場合を想定する（現在日常的に生じ得る状態である）。そのような嘘には、政治に必要な道徳関係の成立を妨げるという問題点がある。この点はロールズの議論とも関連する。ロールズは市民的徳を重視し、権力行使の正統性を問う局面での自由かつ平等な市民間関係の成立のため、市民的友情や誠実さを要請するからである。

同報告はこうした嘘の定義から、二つの言説空間における嘘の扱いの区別へと進んでいく。「市民がつく政治上の嘘は原則的に許容されるべきだ」という論争的な命題が提示された後、まずコーエンによるロールズの公共的理性論の拡張が紹介され、行政官や議員、重要な決定に直面する市民などが集う公的政治フォーラムでは嘘は許容されないと論じられる。しかし、日常生活や結社の領域である背景的文化においては、嘘は許容されるべきだという。各文化内では、生活上の関心から、政治への関与に認知的限界があるため、党派的認知に頼らざるを得ない。そして、背景的文化の自立・自律を認める以上、党派性を否定はできない。さらに、嘘の許容によって、政治参加を促す効果や、寛容や包摂の美徳を涵養する道徳的効果も期待できるとされる。

最後に、嘘の許容が脆弱な公的政治フォーラムに及ぶ場合への対応が検討される。ここでは、背景的文化への政治的認知パターナリズムの導入が示唆され、それが必ずしもリベラルな社会と相いれないわけではないと論じられる。大澤報告は、ロールズ的な正と善の枠組みを前提に真実と虚偽の問題をどう構成することができるのか、一つの見取り図を示したものと言える。

これに対して田畑会員の報告「デモクラシーはどのような意味で正しさを追求できるのか――デモクラシー擁護の必要条件についての考察」は、政治的リベラリズムにおける真理の扱いを批判するエストランドを中心に、正しい決定という認識的価値に基づいてデモクラシーを擁護する認識的デモクラシー論を検討する。報告は、まずラズの通常正当化テーゼを取り上げ、受け手の意志の介在がなくとも受け手に資する場合に権威が正当化される道具主義的な「権威のサービス構想」を紹介する。このテーゼでは、正統性判断のために人々の厚生という実質的基準が想定されている。逆にウォルドロンは、深刻な不一致が存在する「政治の状況」下で、権威は手続き的基準により正当化されると主張する。エストランドを含む認識的デモクラシー論は、ラズのテーゼの継承として位置づけられることになる。

エストランドについては、「適格な受容可能性要求（QAR）」を中心に検討される。QARは、理にかなった適格な人による合意に基づき、内容の真理性を問わない。しかし、適格な人からなる集団の同定には真理へのコミットメントが要請される。エストランドは、理論的権威としての専門家の同定については適格な仕方での反論がありうるとして「知者の支配」を排除する。その上で、QARを満たす意思決定諸手続きの間で認識的価値による選別をおこなう。その結果、最終的に穏当な認識的価値を持つデモクラシーが選択される。

議論はさらに、新たにデモクラシーの非道具的正当化理論として登場した社会関係的平等論にも及ぶ。一見認識的デモクラシーと社会的平等論は異質だが、最終的には両者とも認識的価値と平等へのコミットメントというデモクラシーの二つの必要条件を兼ね備えているとされる。その上で最後に、さらに厚いデモクラシー構想のため、説明責任の導入が提唱される。田畑報告は、政治的リベラリズムに真理概念を導入することで、デモクラシーの厚い正当化への道筋を描き出すものである。

梅川佳子会員（中部大学）による討論は、両報告を「ポスト真実」の政治に対する克服策と位置づける。大澤報告は、公的政治フォーラムでの嘘を否定するが、それがポスト真実時代の科学否定論に対する応答になるという。認知的パターナリズムの導入も、人間一般の認知能力の限界を免れない政治家を導くものとされる。田畑報告は、民主的実践の破壊に対する応答と解釈される。認識的価値と平等というデモクラシーの二つの必要条件は、真実・合理性・理性が攻撃され、被統治者の同意が実質を失う時代への対案となる。討論は全体として、理論的な洗練度の高い両報告を統一テーマの根底にある「ポスト真実」問題に引き付け、その実践的な含意を引き出している。大澤会員からは、実証諸科学の発展に合わせロールズの公共的理性論を更新する必要性が、田畑会員からは時間の経過の中でのデモクラシーの学習過程への期待が、それぞれ応答として述べられた。

質疑応答について詳細を記す紙幅はないが、大澤報告に対しては国民主権下での市民の政治関与の性質や、SNSの位置づけなどについて質問が寄せられた。田畑報告に対しては、エストランドらの真理観の特質や、平等や認識的価値の根拠、アカウンタビリティと熟議民主主義との関連、などが論点となった。

二つの報告によって、真実と虚偽を規範理論においてどのように扱うことができるのか、細かい専攻分野を超え学会全体として共有可能な視座が提示されたと言ってよいだろう。また、討論や質問を通して、現在の社会情勢やこれまでの研究蓄積との関係が一定程度明らかになったと考える。

【シンポジウムⅡ】

思想史を裏から読む

司会　重田園江（明治大学）

このシンポジウムでは、「政治思想における真実と虚偽」という共通テーマを、思想史における「正史」と「裏の歴史」との関係、あるいは裏側から見た近代、という観点から捉えた。それによって、政治思想において暗黙のうちに前提とされている「政治とは何か」の標準的な像を、逆側から照射することを試みた。

大竹弘二会員（南山大学）の報告「危機の時代と「仮面」の政治：両大戦間期ドイツにおけるバロック政治理論の再発見」は、「20世紀に再発見されたバロック」といういかにも「裏」を思わせるテーマ設定である。報告に出てくるプレスナーを私は全く知らなかったが、バロック的な「演技の政治」「仮面の政治」を、同時代批判として意義あるやり方で思想化した人物である。カール・シュミットの同時代認識と対比させることで、ワイマールからナチの時代の政治に関する思想論争の一つの軸を再現している。報告の主題となる「仮面の政治」対「決断の政治」は、近代ヨーロッパ思想史ではあまり取り上げられたことがない主題である。しかしそれぞれの思想の中身を吟味してみると、ルールの下でのふるまいあいからなる仮面の政治が相互行為の集積の中でルール自体を改変する可能性も含めて、政治を社会関係として理解する王道的な観点であることがわかってくる。一方で、シュミットの決断主義は他者関係を絶った独善のようにも見えるが、実は敵がいなければ友は成り立たず、仮面の偽装性と決断の実存性との対立自体が、場合によっては程度問題で、両者をつなげるような政治実践もありうるのではないかと思わされる部分もある。こうして大竹報告ですでに、聞き手は裏が表で表が裏で、何が表で何が裏なのかという迷宮的状況に陥る。

島田英明会員（九州大学）の報告「何を詩題となすべきか：「裏面の英雄」と漢文学の系譜」は、表と裏をめぐって全く予想外の、きわめて新鮮な驚きをもたらすテーマ設定であった。報告依頼のときから、島田会員は「表と裏」という問題設定がそもそも可能なのか、という問いを持ってテーマに挑んでくれたように思う。何かがオモテであると言う場合、話者はたいてい自分はそのオモテには乗らず、それより一枚上手の裏側から物事を見られる優位なポジションに立っているつもりでいるものだ。だが思想史を紐解いてみると、そんな単純な優越感に浸っていられるのは歴史に無知で天下を取ったつもりの楽天家だけであると分かってくる。思想家として、表現者として、社会に対して自らの主義主張を発信し、また自己の存在意義を文筆に求めるような輩は皆、表が裏になり、裏が表になる、そういう思想の反転史の中に生きている。泰平の世であった江戸後期から、激動の幕末明治期にかけて、社会に意見し自己を表明する人たちの「モード」はさまざまに移り変わった。古典作品の権威（古文辞）か真情（性霊）の吐露か。

素直な心の描写か歴史の中の素材か。歴史上の文字通りの英雄か英雄の陰にかくれた真の立役者か。偉人か凡人か。前時代の流儀に挑戦する新しいモードが生まれ、それがまた次代から挑戦を受け、時代が移りかわってゆく。そうしたプロセスのただ中で、「近代的自我」のようなものがぼんやりと立ち現れてくる。島田報告は、蘇峰の周囲にさまざまな表現の試みを配置することで、こうした変転をクリアに描いている（この論点との関係で、高山大毅会員から、本報告の時代から明治期以降の「自伝」あるいは「自己の作品化」「私小説」へのつながりについての質問が出された）。

裏と表のこんがらがった絡み合いにめまいがしてきたところで、梅垣千尋会員（青山学院女子短期大学）の報告「女性思想家の〈マイナー性〉：「愛」をめぐるウルストンクラフトのバーク批判を題材に」に移ろう。女性思想家を論じること自体が多方面への目配りが必要な状況にあるということを、梅垣報告のテーマとその後の質疑でのやりとりは明示している。梅垣氏は報告に当たって、政治思想学会における会員の男女比について、議論をどのように組み立てるかを考える上で参考にしたいとの意向であった。学会の入会申込書に性別記入欄がないという（期せずして?）ジェンダーフリーな仕様になっているため、明確な数字をお知らせすることができなかったが、体感として政治思想研究者に女性はきわめて少ない。そしてなお悪いことにここ数十年増えているようにも見えない（この点については酒井大輔会員からの質問とも関わっている）。こうした現状を鑑みると、二〇〇年以上前にウルストンクラフトがバークに挑んだ頃と現在とで、女性が置かれた差別的状態にはさほど変化がないようにも思えてくる。女性たちは当時もいまも、弱いとか小さいとか言われることにうんざりしているのだ。それと同時に、ウルストンクラフトやアーレントのような思想家の書き方が明断さや論理性に欠けるのは女性だからだというような物言いにも辟易している。明断でも論理的でもない男性研究者は世の中に溢れているし、文体の個性はそれ自体として尊重された上で批評されるべきもののはずだ。

討論者の杉田敦会員（法政大学）は、各報告の概要を示した上で、表と裏をキーワードに、以下の問いを投げかけた。三つの報告全てにおいて、「思想史の方法としての「裏読み」もまた、随所で展開されていた。この思想家がこんなことを言っているのは、こういう事情があるから、という「裏読み」が。そうした形で立派な思想史研究が成り立つことを見ると、「思想史を裏から読む」というのは、新奇な試みというより、実はオーソドックスな方法なのではないかとの感想を持った次第である」、と。こうした意味での裏読みは、思想史研究におけるある種の誠実さ、思想家への敬意と関わっているように思われる。三人の報告者はいずれも、取り上げる思想家たちに敬意を払い、その意図を軽々しく断定することなく、思考の微妙なひだを取り出そうと努めている。こうした真摯な取り組みが、表の思想／裏の思想といった選択を超えて、思想史研究にとってなくてはならないものではないだろうか。

最後に、新型コロナ流行の影響で学会研究大会が予定通りには開催できなかったが、報告者・討論者の積極的な協力によって力のあるシンポジウムとなったことに感謝する。

【シンポジウムⅢ】

偽の世界と真理――虚構、嘘、物語

司会　菅原　光（専修大学）

シンポジウムⅢでは「偽の世界と真理――虚構、嘘、物語」というタイトルを定め、「真理」の対極にあるものとして位置づけられがちな「偽の世界」について、そして両者の関係性について、政治思想史的な検討を行った。もちろんこれは、「嘘はいかん」ということを確認し「真理」こそを目指すべきだなどという単純な話ではない。「偽」と「真理」とは、単に相反するという関係にあるわけではないからである。「偽」の存在にも目を向けることの政治思想史的な意義を考えてのテーマ設定であった。タイトルを確定させる際には、「信の世界に偽詐多く、疑の世界に真理多し」という福澤諭吉の言葉（『学問のすゝめ』）が念頭にあった。「偽」と「疑」の違いがあることは承知の上でのことなので、シンポジウムのタイトル自体にも「偽」の要素を持ち込んだことになる。「疑」がそうであるように、「偽」もまた「真理」に到達するための手段であるかもしれないし、「真理」と思われていたことを破壊して新たな世界を切り開くかもしれない。しかし、新たな世界が善き世界である保証はない以上、「偽」の効用を語ることに無邪気であるわけにもいかないだろう。そう考えるならば、「偽の世界」と「真理」との関係性は、実に複雑である。

以上のような問題意識を共有した上で、都築勉会員（信州大学名誉教授）、鹿子生浩輝会員（東北大学）、速水淑子会員（横浜市立大学）の三人に、それぞれ「丸山眞男と社会契約説」、「立法者の暴力と嘘：政治的古典における理論と実践」、「政治におけるリアリティと虚構：アーレントとマンハイムを手掛かりに」と題した報告をしていただいた。討論者である相原耕作会員（明治大学）からは、一つの報告と見紛うばかりの充実したコメントが提示された。

都築報告は、「秩序が所与ではなく自分たちの形作るものであることを痛感」していた丸山眞男は身体感覚として社会契約説を身につけていたとする理解を出発点としている。丸山はそのような出発点から、目の前にある事実としての所与に安住するのではなく、人生を「所与との闘い」と捉えた。現在を生きている我々にとっては、日本国憲法、日米安保条約のみならず「民主主義の神話」も所与である。「民主主義の神話」を所与として引き受けつつも「闘い」の対象とするには、根源に遡って物語の刷新を続けなければならない。しかし都築会員によれば、「所与との闘い」は、「前向きなものであるよりも、原点に遡ろうとする、根源を求めようとするあえて言えば後ろ向き」なものでもあるという。その意味において、「社会契約説的思考は決して日々ゼロからの出発を期するものではない」という。

鹿子生報告は、ルネサンス期のフィレンツェがいかに古典古代の立法者像を継承したかを検討する。鹿子生会員は、伝統的な政治理論家たちは理想を追うあまり現実を見ていないとするプラトンを想定したと思われるマキァヴェッリの批判を提示した上で、しかしマキァヴェッリ自身の著作の中にプラトンの「哲人王」を思わせる超越的な立法者が登場することに注意をうながし、マキァヴェッリとプラトン主義との関係を考察する。本報告に特徴的なのは、マキァヴェッリの「現実主義」と称されてきたものを、当時の政治状況と政治的理念に着目して捉え直してみせた点にある。例えば、マキァヴェッリは、支配の正当性を既に有している「世襲の君主国」ではなく「新君主国」を擁護するという特殊な政治状況を想定しており、それがプラトンの理想主義的議論を批判せざるを得なかった理由だというが、同時に、当時のフィレンツェにおけるプラトン主義の流行と、それとも関係する預言者サヴォナローラ信奉の高まりがあったという背景が、マキァヴェッリをしてプラトン主義を形式的に受容しつつ「神の力」を借りて暴力と嘘も利用することを勧めるに至らしめたという。

速水報告は、二〇世紀前半の大衆化によってもたらされた現実と認識のズレへの対応という問題を足掛かりに、アーレントの全体主義論とマンハイムのファシズム論を比較するものであった。アーレントが、全体主義の特徴を意図的な虚偽による現実（「事実」）の破壊に求めるのに対して、マンハイムはむしろ、超越的理念（「ユートピア」）による現実変革を積極的に肯定する立場から、人間を生物的本能によって動く即物的存在へと切り詰めるものとしてイタリア・ファシズムを批判する。つまり、全体主義／ファシズムの問題性を、一方は現実からの逃避として、他方は現実への没入として理解した上で、この対照的な議論について、どこまでそれらを共通の土俵で比較しうるかについての慎重な検討が為された。

討論者の相原耕作会員は、記紀神話、国体論、デモクラシー神話といった日本思想史上に存在する「偽」が果たした機能について、もう一本の報告と言えるほどに充実した説明と分析を行った後、「偽」が果たす多様な機能がどの程度の力や有効性を持ち得るのかという問題を提起し、個別の報告についての質問を提示した。鹿子生報告に対しては、マキァヴェッリにおいて暴力や嘘は何のために使われるものとして想定されるのかという質問が出され、『君主論』に基づけば国家の共通善のためであり、『ディスコルシ』に基づけば共和国の維持と繁栄のためだという返答が為されたほか、都築会員、速水会員との間でも、興味深い議論が展開された。

都築報告に対しては塩川伸明会員から、鹿子生報告に対しては谷本純一会員から、速水報告に対しては佐藤高尚会員と川上洋平会員からも質問が出された。オンライン授業の準備に追われ、図書館に行くこともできない中で強いられた報告であり、学会自体もオンライン形式という、未曾有の状況で為されたシンポジウムであった。大きな苦労をともなう報告準備だったはずだが、報告、質疑応答、ともに充実したものとなった。

〔自由論題　第1会場〕

司会　井上　彰（東京大学）

本分科会では、石山将仁会員（早稲田大学）による「道徳的自律について」、田中将人会員（早稲田大学）による「それでも正は善に対して優先する：〈非対称性反論〉をめぐる論争を中心に」、山口晃人会員（東京大学）による「ロトクラシーの正統性」の三つの報告がおこなわれた。

石山報告は、カントによって提起されて以降、倫理学上の鍵概念となった「道徳的自律」にかんして、それがいかなる意味で重要なのかを明らかにするものである。報告では、自律を三つの段階（立法・遵守・反省）に分け、反省の段階の重要性と、それが他者への理由を提示する実践を含意することが示された。その際、経験的自己につきまとう可謬性をふまえて、協働によりバイアスを正しうるとする「関係論的自律」の構想が提示された。この構想に対しては、経験的自己が抱えざるをえないバイアスが、なぜ同様にバイアスを抱え込むと思われる他者との協働によって回避されるのかが不分明である、との疑問等が提起された。

田中報告は、ロールズによって提唱されて以降、政治的リベラリズムの根幹を成してきた「正の優先性テーゼ」を擁護するものである。このテーゼに対しては、善の構想は共約不可能だが、正の構想は共約可能であるとするダブルスタンダードを看て取る「非対称性の反論」（クォン）がある。報告では、この非対称性の反論のヴァリアントを整理したうえで、共約不可能性やコンセンサス、そして公共的正当化といった、政治的リベラリズムにおける根本理念が再定位され、政治的実践の重要性を強調する観点から正の優先性テーゼの擁護が試みられた。この田中会員の議論に対しては、政治的実践や、その行為者としての市民の理想を論点先取的に持ち込んでいるのではないか、との疑問等が提起された。

山口報告は、古くて新しい代表制構想である「ロトクラシー」について、その正統性にかんする疑問に応答する試みである。より精確には、「選挙民主主義」の正統性論が失敗しているか、もしくは、それが同時にロトクラシーの正統性論にもなってしまうかを示す試みである。たとえば、選挙による同意については、選挙民主主義の正統性を立証するものとなっていない。また、選挙システム自体への同意に訴えたところで、それがなぜロトクラシーでは正統性を棄損するのかが不分明である。くわえて、平等主義に基づく正統性論にかんしても、平等主義に基づく要請がロトクラシーによっても充たされてしまう以上、ロトクラシーの正統性を排除するものとはならない。以上を明らかにしたうえで、選挙制議院と抽選制議院から成る混合二院制モデルの正統性についての検討がなされた。この山口会員の議論に対しては、種々の概念が適切に使用されているか、といった質問や、今日の社会的実践との齟齬を指摘する疑問が提起された。

今回はウェブ開催となり、報告も質疑応答も文書（電子メール）を通じてなされたが、各報告者による力の籠もった論考のおかげで、質問およびリプライの水準が高いものとなったことをここに記しておきたい。

〔自由論題　第2会場〕

司会　向山恭一（新潟大学）

本分科会では、西角純志会員（専修大学）「法・正義・暴力――法と法外なもの」、長島皓平会員（慶應義塾大学大学院）「ジョルジョ・アガンベンの政治的存在論」、高橋侑生会員（京都大学大学院）「〈表現主義的な抗議〉としての哲学的人間学――チャールズ・テイラーのヘーゲル論をめぐって」の三つの報告が行われた。

西角報告は、デリダの『法の力』とベンヤミンの『暴力批判論』を手がかりに、これまで正義と結びつけられてきた法それ自体が「法外なもの」をつくりだすことでみずからを基礎づけ、それとの境界線を維持しようとする暴力の痕跡をみいだし、むしろ、法の外に追いやられ、法の庇護を受けられない「法の外の他者」を救済＝解放することに真の「正義」が存在すると論じている。権利の主体とみなされないこれら他者は、しかしながら、みずからを「たんなる生」へと貶めた「神話的暴力」にたいして、それに匹敵するような「強い」救済＝解放の力をもっているわけではない。脆弱であるがゆえに権利を剥奪されたこれら他者の行使する「神的暴力」は、むしろ「弱いメシア的な力」としてしか顕現しえない。しかし、西角報告では、そのような「弱さ」にこそ法を揺さぶる「正義」の力が宿るということが主張されている。

長島報告は、アガンベンの思想形成におけるハイデガー受容の軌跡をたどりながら、その政治哲学の起点となった問題関心に焦点を当てている。とりわけ注目されているのは、全体主義的な「総駆り立て」体制に行き着いた技術＝西洋形而上学の支配にたいして、ハイデガーが提起した「放下」概念である。しばしばナチスとの共犯を指摘されるハイデガーだが、その後期の思想では全体主義的な総動員体制の源流に、存在者を対象化し、操作可能なものとする西洋形而上学の技術支配をみいだしていた。これはアガンベンの生政治批判にも共有される問題関心である。しかし、アガンベンはハイデガーの「放下」概念にも同じ生政治の残滓を認めている。現存在を引き受ける人間という想定もまた、そうではない人間、つまり人間以下の存在を措定しているからである。長島報告では、そのような「放下」概念をいかに彫琢しなおすかが、アガンベン政治哲学の起点となったことが論じられている。

高橋報告は、これまで「共同体主義」政治哲学として論じられてきたテイラーの思想を、そのより包括的な哲学的人間学のなかに位置づけなおし、「近代の疎外」をいかに克服するかというヘーゲル的な問題関心のもとで再構成しようと試みている。テイラーはヘーゲル哲学の企図を（個人の）「ラディカルな自律への願望」と（自然との、あるいは社会における）「表現的統一への願望」の結合というロマン主義的な問題設定にみいだしている。しかし、これら二つの願望が相反する近代においては、そのような企図は形而上学的には挫折せざるをえず、したがって近代への「抗議」という形式で表出されるほかない。高橋報告では、これら二つの願望を媒介するプラットフォームとしての「状況づけられた主体性」に注目することで、テイラーの哲学的人間学それ自体がすでに政治的な課題に開かれていたことが明らかにされている。

〔自由論題　第3会場〕

司会　野口雅弘（成蹊大学）

本年度の研究大会はオンラインでの開催となり、本分科会も報告原稿のウェブ掲載とメールを通じた質問という形で行われたが、報告はいずれも力作であり、司会として感謝と敬意を表したい。

この分科会の報告はつぎの三つ。寺井彩菜（慶應義塾大学大学院）による報告「ハンナ・アーレントと事実性――『政治的な意見』の限界」、内藤葉子（大阪府立大学）による報告「帝政期ドイツにおける市民女性運動と女性の政治参加――マリアンネ・ヴェーバーを中心に」、牧野正義（九州大学）による報告「グローバル化と討議理論――シティズンシップの観点から」であった。

寺井報告は、アーレントにおける意見と事実の関係、あるいは嘘についての議論を検討した。「ポスト・トゥルース」がいわれる状況で、アーレントの「嘘」をめぐる議論はあらためて注目を集めている。政治権力が用いる嘘に対して警鐘を鳴らす一方で、彼女は単数の「真理」に対して複数の意見を擁護し、このため嘘に一定の評価を与えている。この両義性を考えるうえで、報告者は『革命について』の最終章で持ち出される詩人に注目する。「記憶は、そのなかで自らさらなる発展をなしうるような概念の枠組のなかに濃縮され、蒸留されるのでなければ、確実なものとして残らない」（OR）。物語が「現実を虚構ではないものとして形づくり、それを持続させる役割」を持つことが強調された。

内藤報告は、一九世紀末からワイマール初期にいたるまでの時期におけるドイツ市民女性運動を取り上げた。報告の中心はマックス・ヴェーバーのパートナーであり、市民女性運動の統括的組織の「ドイツ女性団体連合」（BDF）穏健派に属したマリアンネ・ヴェーバーだった。彼女は当時の社会問題に積極的に取り組み、一九一八年一一月に設立されたドイツ民主党から立候補して当選し、バーデン憲法制定議会議員になった。彼女のパートナーが落選したのに対して、マリアンネは実際に政治家として活躍した。報告では、この時代のドイツ市民女性運動における女性の政治参加をめぐる議論の見取り図を示しながら、『女性参政権の意味と政党の特質』など、彼女が一九一八年一二月から一九一九年にかけて書いた数多くの政治的文書の紹介がなされ、女性の政治的権利とリベラル・デモクラシーの関係が論じられた。彼女とマックスの関係についても質疑のなかで論じられた。

牧野報告では、格差・貧困の拡大やポピュリズムの台頭など、グローバル化の「負の影響」が顕在化するなかで、ユルゲン・ハーバーマスの討議理論を手がかりにしながら、求められる市民のあり方（シティズンシップ）が探求された。国境を超えたレベルのシティズンシップについては、とくに法的次元において、ハーバーマス自身が提示している制度構想より積極的な民主的正統化の構想も視野に入れる必要があると論じられた。また国民国家のレベルについては、憲法パトリオティズムにおいて福祉国家の理念・成果をより明確に位置づけるとともに、そうした国民的自己理解をグローバルな文脈の中にも位置づけ、越境的課題への取り組みと接続しうるものにしていく必要があるとの主張がなされた。

〔自由論題　第4会場〕

司会　大久保健晴（慶應義塾大学）

本分科会では、越智秀明（東京大学大学院）「啓蒙思想の理論と実践―スタニスワフ＝アウグスト期ポーランドに対するヴォルテールの眼差し」、杉山亮（東京都立大学大学院）「国民道徳論におけるイギリス理想主義の潮流―島本愛之助の場合」、古田拓也（広島大学）「ラズレットなしで失われた世界へ―クェンティン・スキナーの初期方法論」、という三つの報告が行われた。

越智報告は、一七七二年の第一次分割直前のポーランドを巡るヴォルテールの思想を論じた。当時のポーランドを巡っては、バール連盟が民主化運動として評価され、ルソーやマブリといった共和派の政治思想がしばしば取り上げられるが、本報告では、その裏に位置づけられるヴォルテールの持つ進歩観に光が当てられた。越智会員によれば、ヴォルテールの分割勢力への援護は、決してエカチェリーナ二世への愛着やシュラフタへの嫌悪感の発露だけでは解釈できない。むしろヴォルテールは、より広くデンマークやスウェーデンを含む「北方」の発展を肯定的に認め、寛容と正義の実現を目指し、ポーランド王スタニスワフ＝アウグストによる啓蒙君主としての統治に強い期待を抱いていた。質疑では、ヴォルテールの寛容論における理論と実践との摩擦や、祖国愛と普遍的正義との間の緊張関係について、討議が展開された。

杉山報告では、島本愛之助（一八九七―一九三一）の紹介を通じて、国民道徳論における英国理想主義導入の足跡の解析が試みられた。島本は日露戦争後の理想主義的思潮の中で学問の道を歩み始めており、同時期の論稿には彼の理想主義への親近感が現れている。大学卒業後、島本はカルフォルニア大学・シカゴ大学で学び、英国理想主義から派生した米国独自の理想主義の影響を受けた。帰国後の島本は国民道徳論の改造に着手する。それは集団主義的な国民道徳論に帰結主義的な功利主義の導入を図るものであった。このような島本の研究は晩年、カントの道徳哲学研究を通じた、功利主義の改造へと結実した。しかし、その突然の死によって個人主義と国民道徳の調和は未完に終わった。質疑では、アメリカのプラグマティズムとの関係性や、功利主義と國體論の結合、朝鮮経験の影響などについて質問があり、議論された。

古田報告の目的は、歴史家クェンティン・スキナーの方法論に適切な歴史的背景を与え、それによって、思想史におけるケンブリッジ学派自体の位置づけを変えることにある。多くの先行研究は、同学派の祖としてピーター・ラズレットを挙げ、ラズレットからスキナーへの連続性に注目してきた。本報告が明らかにしたのは、それとは逆の側面である。古田会員によれば、実際には、特にスキナーのコンテクスト主義批判に注目する限り、ラズレットはむしろスキナーの論敵であった。スキナーによるコンテクスト主義批判の主題は、ラズレットを含めた歴史の科学化の潮流から、いかに思想史を守るかにあり、そこにこそ彼の方法論の最大の眼目があった。会員からは、「スキナーの方法論は狭隘に過ぎる」という批判にどう応答するか、また英国におけるマンハイムの影響をいかに考えるかといった質問が寄せられ、議論がなされた。

【海外研究者招聘講演】

ジョン・ダン教授（ケンブリッジ大学、キングス・カレッジ）

民主的正当性における真実、信頼とインプレッション・マネジメント

Truth, Trust and Impression-management in Democratic Legitimacy

John Dunn

Japanese Conference for the Study of Political Thought
Meiji University, Tokyo May 23rd 2020

Democracy has not always had a good name. For much the greater part of the intellectual history of the west it was viewed not with admiration but with chilly disdain or open fear. In what may well have been the first seriously sourced large scale assessment of the character of democracy in ancient Greece since Aristotle's, the *History of Greece from the Earliest Period*, published between 1784 and 1810 by William Mitford and heralded by Europe's leading Philhellene Lord Byron, for all his antipathy to its political allegiances, as "the best modern history of ancient Greece in any language", by "perhaps the best of all modern historians whatsoever", (1) the central message carried by its ten volumes was "the inherent weakness and indelible barbarism of democratic

government". What brought democracy back in from the cold was not the consolidation of the new American republic or the disconcerting dynamics of France's great revolution at home and abroad, but the pressing need to re-establish and reconstruct the authority of government across the European continent in the wake of Napoleon's fall and the ensuing need for Britain itself over much of the rest of the century to adjust its own representative arrangements to fit more plausibly with the needs and demands of its changing society and economy. In this protracted, discontinuous, and frequently acrimonious process of adaptation the predominant force was less the cumulative imaginative impact of any particular way of conceiving democracy itself than a steady fall in the load bearing capacity of its two antique rivals, monarchy and aristocracy. The exemplary instance in this case was the British experience of political representation, principally because this united much the best secured structure for linking membership in a national legislature to the nation's component communities and at least a measure of consequent governmental accountability. It did so too in what for a substantial period of time became the most powerful state in the world. Espousal of or resistance to democracy had their own rhythms and distinctive valences from one European country to another, but no other European country, not even France, focused so long and so intently on the puzzle of how best to institutionalize the representation of its people in their state institutions and on how best to organize the latter to ensure that political deliberation and choice would capture most fully their understanding of their own interests and respond most accurately to their judgment of how best to secure and serve these. As Gregory Conti's superb new study *Parliament the Mirror of the Nation* makes arrestingly clear [(2)] this did not prove a process of steady convergence in judgment on a compelling solution.

From one angle it can only coherently be seen as a struggle to secure and exercise personal power on the commanding heights of the nation's high politics [(3)] in the aftermath of the Great Reform Bill and the demise of Britain's own ancien regime, [(4)] a struggle in which truth was pre-condemned to the role of helpless shuttlecock, trust was permanently in question and even legitimacy itself on occasion was effectively at stake. But from a second angle, more instructively pertinent to the political challenges of today, it was also an urgent

inquiry into how best to structure the country's political representation to ensure that the interests of its people were served effectively and the legal and governmental structure through which they were to be so could be trusted to achieve that demanding outcome and its authority be accepted accordingly.

This framing took much as given and some of what it took to be so abridged the issues at stake sufficiently to leave room for hope that the question might find a convincing answer. Most importantly, it took for granted not only that there was at least a structure of government in place which already recognized this as its responsibility, whatever vagaries it might display in judging how best to discharge it, and also that this structure could in fact discharge the task if only the connections between it and the society it needed to govern were engineered as best they could be. Judgment was divided more durably (and hence less consistently confident over) the scope of territory for which that hope was realistic: a verdict strongly confirmed subsequently by the history of the island of Ireland, and wide open to re-confirmation in the imminent future by that of Scotland. It was not addressed, accordingly, to the challenge of vindicating to its subjects the authority and legitimacy of a state consciously in jeopardy at its core or for most of those it governed. This framing took the existence of an authoritative state as an evident need and its potential availability and efficacy as a reasonable expectation. It presupposed the inanity of anarchism, and the happy absence, for the Kingdom of England at the very least, of any need for revolutionary reconstruction. It was not an episode of inquiry which aspired to address the political needs of all times and all places, but a consciously national exploration by a people within a state at least the central component of which was fully at ease in viewing itself as a nation (5). For a territory which was itself the core of a strikingly variegated global empire it was also in some ways markedly insular. (6) Yet, despite these pronounced limitations, it proved remarkably influential in lending credibility to the political efficacy of representative democracy on the basis of an expanding franchise. The two greatest twentieth century interpreters of this state form, Max Weber (7) and Joseph Schumpeter, (8) for all the disparities between the demands they saw it as facing, each took this British experience as paradigmatic for the form of state which history had by then come to require; and Schumpeter, although he wrote

about it in the United States and in the heat of world war, in practice passed that assumption on to the very different context of the United States of America.

It was of course challenged from the outside by groups, initially of very modest scale and restricted distribution, but growing and spreading at varying paces as the century advanced; but none of these groups ever broke through to seize the commanding heights of power and occupy them even momentarily in any state in Europe, and by the later stages of the century were being effectively sidelined into organized political parties competing for office in the state legislatures and offering careers and even status to aspirants to press the interests of the hitherto massively excluded on or within the core institutions of the state. The image of the party as bureaucracy and vehicle of personal mobility, increasingly open to oligarchical capture from the top, (9) was supervening on and supplanting its guise as direct and effective channel of judgment and purpose from national citizenry to state government.

On Christmas Eve a hundred years ago the liberal statesman and academic James Bryce concluded the Preface to the spacious two volume study of *Modern Democracies* on which he had set out before the First War broke out, ending it more than twelve hundred pages later with a thoughtful chapter on democracy's future. (10) At that stage in his appraisal, he struck a chastened note, acknowledging with audible regret that: "Democracy has become all over Europe and to some extent even in North America also, desired merely as a Means, not as an End, precious in itself because it was the embodiment of Liberty. It is now valued not for what it is, but for what it may be used to win for the masses." (11) Bryce himself clearly saw this depletion in aspiration not merely as distasteful but also as dangerous, since he attributed the prospects for continuing government on any robust basis but force and fear to the capacity of religious belief to hold in check what he called, without apology or much in the way of further explanation, "the powers of evil". (12) This meant that he saw democracy's future as resting on the outcome of "two larger branches of enquiry, the future of religion and the prospects of human progress." (13) This was very much a vision from the aftermath of a catastrophe which Bryce himself saw as unparalleled in the preceding millennium and a half in grounds it presented for terror and dismay: "the worldwide disasters which began in

1914 and have not yet passed away".[14] If, as he insisted, the blame for these disasters ought not in any way to fall on democracy itself, they plainly darkened its prospects for the future and Bryce himself could muster nothing clearer or more potent to sustain those aspirations amidst the gloom than the somewhat ethereal virtue of hope.[15]

Hope is an affective as much as an epistemic category (some would say more so).[16] What happened over the subsequent quarter of a century in Europe, Mark Mazower's *Dark Continent*,[17] lent little, if any, support to the epistemic force of hope, even though by the end of that journey it had managed, narrowly and very painfully, to avert a far worse catastrophe than the First World War itself. Looking at the issue of democracy's future once again a century later, how far is it still rational to judge that democracy does merit a good name, and what exactly, after this punishing Darwinian ordeal, might it deserve such a name for? Some have been inclined to ascribe its principal virtue to its resilience,[18] but that can hardly be right. For sheer resilience it would be hard to match, let alone surpass, the model of China's celestial empire, with its extraordinary capacity to loom back out of the murk of dynastic collapse time after time over millennia in what could at least be presented as essentially the same form. By now we certainly have acquired good reason for trying to assess seriously democracy's "inherent weakness" and it is less evident today than it seemed to a sophisticated observer in 1991 that we should dismiss out of hand the charge of "its indelible barbarism".[19]

The verdict of the ancient world on democracy attributed its massive infelicity to the confusion of purpose which lay at its centre, the instability of judgment this confusion inevitably generated, the acrimony it was all but certain to prompt, and the erratic and dangerous course of state policy it was therefore apt to promote. If in domestic politics its principal immediate menace was to the security of property, in the international arena it was more prone to fitfulness and discontinuity of attention, insensitivity to danger, and irresolution in face of serious external threat. All of these limitations featured quite prominently in the rationale for the novel political structure of a state which has proliferated across the world since 1789, which Thomas Hobbes had set himself to explain a century and a third earlier,[20] and which now in so many settings prefers

to describe itself as, or even name itself, a democracy. The rationale for this novel category was precisely to keep its citizens safe at home and abroad, to secure their property, contain their mutual animosities, coordinate their force and direct it against anything or anyone that might threaten them from within their own borders or menace them and it from elsewhere. The period of time over which democracy won back its good name has been one throughout in which it had to do so as a basis for formatting and operating a state. Such good name as it has managed to muster and sustain has come to it largely because of the very real services the latter structure has contrived to supply. The clearest rationale for a state was arguably always that offered on its behalf by Hobbes; and Hobbes himself of course regarded a democracy as the least prudent of the options compatible with establishing and sustaining a state at all. Its imprudence lay in the limited degree to which it could hope to unify judgment and the will and capacity to enforce this, and in the prominent role it allotted to public deliberation and dispute amongst a relatively large number of participants in reaching its sovereign judgment. (21) Hobbes's most dramatic and counter-intuitive argument on the state's behalf was that it was rationally authorized by every one of its citizens, a claim as hard to reconcile in 1651 with a state whose decisions were subject to bitter public dispute, as it has proved in most contemporary representative democracies over the last decade.

If the future of democracy, like that of any other regime, must at best be reasonably seen as a matter for hope, what exactly (and also distinctively) is it now right to hope for from it?

The state, in Hobbes's stern construal, (22) draws its legitimacy not from divinely sacralized dynastic descent but by default from its own categorical antithesis, the State of Nature, that condition of universal and boundless danger which human beings pose to one another wherever they face each other unprotected and on their own. The state's legitimacy is not a solid fact but a precarious hypothesis, apt rapidly to fail in practice as soon as the hypothesis loses credibility for too many of its citizens. Hobbes's own feeble palliative for this vulnerability was an educational programme imparting the truths of *Leviathan* to each fresh generation, (23) an approach frequently adopted by states in subsequent generations but in itself in no way dependent on citizen

endorsement and hence apt to jeopardize any legitimatory potential which the idea of citizen choice could hope to carry.

As a state form, representative democracy was devised and refined essentially to supplement this forceful but implausible assemblage of ideas with a warmer and more immediate mode of ingratiation: the offer, in due course extended to every adult citizen, of the opportunity at reasonably regular intervals to make and attempt to keep their state fully their own. Hobbes himself placed very little hope in ingratiation, arguing against the bulk of his contemporaries' sentiments that security alone was always a sufficient reason for gratitude and personal taste an inherently divisive and parlous basis on which to try to provide it; but he never faced the task of constructing viable political institutions or judging what within them could bear political weight over time. For him, all legitimacy was essentially performative and ex post, and the states of his day, virtually without exception, quite evidently commonwealths by acquisition rather than by institution.[(24)] Military victory, frequently within bitter civil wars, may still discernibly form the historical origin of most regimes in the world today, but few of them are any longer content to rest their current claim to legitimacy bluntly on that fact alone. Since 1651, and more urgently since 1789 and 1918, incumbent states have devised a considerable range of expedients under the name of democracy to supplement ingratiation.

One of these, following American and French precedent,[(25)] was the drafting and ratification of a Constitution setting out the state's commitment to serve its citizens, defining the ways in which it must make and apply its laws, form its successive governments, secure the personal rights of the citizens, guarantee to each of them the political opportunity to assess their own interests for themselves, and prescribe the institutional forms through which it volunteered to ensure them the opportunity and capacity to organize and promote those interests together.

Any such constitution inevitably faced in at least two directions. It opened up a space, at least on paper, for unconstrained and vigorous activity on the part of the citizenry and it closed down and shut off, again at least on paper, a miscellany of forms of direct coercion by agencies of the state itself in face of which they might otherwise find themselves helpless. In which of these two

directions a particular constitution proved to tilt was seldom determined mainly by the wording of its text; but none could readily avoid tilting in one direction or the other, and none, certainly, could contrive to tilt in both at once. The tilt towards personal security in face of state power both required and favoured a high degree of passivity on the part of the citizenry. Its antithesis, which opened up a multiplicity of avenues for citizen action, not merely permitted but actively fomented a seething mass of forceful exertion. Of the two it was clearly the second which resurrected the lingering appeal of ancient democracy to its champions: the exhilaration and personal fulfillment which Constant labeled "the liberty of the ancients" (26) ; but it has proved on the whole to be the former, the extension and effective provision of personal security in pursuing their own purposes and doing what they liked which meshed more comfortably with the needs of changing societies and economies across the world. (27) The result has not ensured the untrammeled triumph of either ancient or modern liberty anywhere, still less a harmonious fusion between the two, but it has definitely tilted more one way than the other.

Bryce's *Modern Democracies* treats with some care the experiences of a number of assorted instances, from the United States, on which at an earlier point he had published his impressive study *The American Commonwealth*, to France, Canada, Australia, New Zealand, Switzerland and the Republics of Spanish America, but only in the case of the United States and Switzerland does he devote much space to their distinctive constitutional features, and the chapter near the end of his book which assesses the prospects for democracy amongst those he terms unflinchingly "the Backward Races", while it contains some reflection on the qualifications for exercising the suffrage, simply ignores the issue of constitutional form. Bryce himself had few expectations about democracy's future across large areas of the map: "The prospects for popular government in Persia and Mexico are dark." (28) ; so too, unsurprisingly in 1921, those for its fate in Russia, and "A monarchy would probably suit China better than a republic, because the traditional habit of obeying the sacred autocrat has been hallowed" there "by long tradition". (29) He did, however, reluctantly recognize the inherent precariousness of combining the proud embrace of representative democracy at home with its protracted denial to those you have

come to rule abroad, the most vulnerable element in John Stuart Mill's own *Considerations on Representative Government.* (30)

That last anomaly at least is now largely a matter of history, but its evanescence is testimony more to the political force of the demand to authorize subjection for oneself than to any vindication of the felicity of a particular framework for doing so. (31) It registers a plausible precondition for the durable legitimacy of subjection, not a reliable means for rendering the latter at all likely. Now that legitimacy is once again actively in question within the territorial setting which first explored it protractedly and without disaster, there is good reason to re-examine the clarity and coherence of the case made out for its prospective efficacy against the forms of skepticism it now faces in so many settings and against which, if it is to survive and thrive, it must prove that it can defend itself more effectively.

You can assess the force of that skepticism illuminatingly from innumerable angles, starting from more or less any setting at present in which representative democracy in a reasonably plausible guise has been in place for a decade or more beforehand. You can do so, too, of course, in settings where its arrival has been more recent and disorderly – precipitated for example by the collapse of prior autocracy, but in such cases its inefficacy is scarcely surprising and unlikely to prove very illuminating about its prospects in more comfortable circumstances.

Even in a settled and well-established representative democracy, it is hard to defend the efficacy of the incumbent regime against protracted economic failure. So it is hardly surprising that the view from so many settings at present where democracy has fallen sharply in favour across the age grades is apt to attribute that disrepute to the maladroitness with which it has handled the economy and the proclivities it has shown in distributing its proceeds. The first of those shows nothing whatever about the merits of representative democracy as a state form, since every other regime so far established has proved just as unreliable in both respects. To gauge the distinctive strengths and vulnerabilities of representative democracy as a state form, therefore, you must look at the regime form itself, not at its vicissitudes at particular times or in particular places.

Once you do consider it directly as a regime form, you can begin to identify both its strengths and its vulnerabilities by recognizing that, while representative democracy aspires to combine the strengths of democracy with those of representation, it is ill-placed to escape the vulnerabilities of either. I want to argue, as my title hints, that the key to that imbalance over time and space is the way in which it needs to and proves able to handle the relation between truth in public and private communication, trust in the relations between citizens and those who purport to represent them, and the rapidly mounting degree to which those who do aspire to do so must rest their competing claims to on the hectically competitive and increasingly blatant management of impressions. None of these elements was simply absent from the workings of ancient democracy, [32] or irrelevant to the bad odour into which it fell and remained for over two thousand years after it ended; but the balance between the three was very different in representative democracy from the outset, and even that balance has tipped a very long way since that now quite distant entry onto the world's stage.

In its first glad confident morning, when Tom Paine extolled its merits in *The Rights of Man*, he saw these expansively. It was "capable of embracing and confederating all the various interests and every extent of territory and population." [33] It was "the easiest of all forms of Government to be understood and the most eligible in practice, and excludes at once the ignorance and insecurity of the hereditary mode, and the inconvenience of the simple Democracy." [34] It was "preferable to simple Democracy even in small territories. Athens by representation, would have outrivaled her own Democracy." [35]

Some of these judgments have stood the test of time. The model has indeed proved simple and intuitive enough to ensure that it was from the outset (and remains today) quite easy to understand the point of representative democracy, and hence to install and operate it for a time in a surprisingly wide range of settings, though its prospects for longevity have naturally varied greatly from one to another. Other judgments, however, were woefully overoptimistic from the start. Representative democracy neither embraces nor confederates all the relevant interests, as history has shown irrefutably;

and it is lethally underequipped to handle innumerable extents of territory and assemblages of population over time. Once the scope of its territory or the composition of its citizen body come seriously into question, neither democracy nor representation can dissipate the question; and no state forms which purport to ensure both have a clear answer to it. No state today is genuinely autochthonous. The state was a de facto concept from birth (36) ; but the claim to govern as a representative is inherently normative and democracy today has lost touch with the specificity of its origins (37) and become normative too. To stay eligible, representative democracy has to achieve and maintain trust and constantly search for and sustain the means to do so. Free and regular mass suffrage elections offer a means for this attempt and have in many ways proved surprisingly effective at doing so, as Adam Przeworski's work in particular has documented extensively. (38) They do so by guaranteeing regular opportunities to try to restore a bare modicum of trust by switching its immediate beneficiaries sharply. They are definitely not proof against sustained failure to confederate or embrace too many interests, and they are no defence at all against secession.

Ancient democracy handled the challenges of trust quite differently. It seethed with distrust and constructed and reshaped its institutions for handling it by shrinking trust to the bare minimum. (39) Systematically and over time it confined it as tightly as it could to circumstances in which there was plainly no alternative: when its citizens needed to choose someone to lead them into battle. It is no accident that the greatest work of history which has reached us from the ancient world should be a sustained reflection on the betrayal or misallocation of trust, (40) or that Thomas Hobbes, that incomparable expositor of the pervasive rationality of distrust, should have honed his political sensibility by choosing to translate it into English. (41)

When representation commenced its European career as a device to sustain legitimacy, it did so on a relatively parsimonious basis – as a means for feudal monarchs in England or elsewhere to induce their landed nobilities and in due course also their urban merchants to furnish them with the financial means to make war. (42) The zest to be taxed is moderate in any setting and most medieval taxation was more a matter of succumbing to harassment than of conferring active consent. But unwelcome though the summons to assemble

to represent their communities for the purpose inevitably long remained, the opportunities it provided to press the ruler over other matters in due course won it considerable appeal. In England, by the reign of Elizabeth I, the momentum of that appeal had reshaped the relations between monarch and people irreversibly, (43) and opened up by doing so the route to a new sort of political community. It was for that community that Conti's book (44) explores the nineteenth century effort to define the conditions for democratic representation. As he shows lucidly and in impressive detail, that effort focused principally on two issues: on what basis to select representatives to ensure that they fully reflected the needs and preoccupations of the national population in its entirety, and on how to ensure that they then deliberated on and chose felicitously together how to respond most fully to them. It is very striking in his lengthy and remarkably thorough book how seldom and fleetingly the issue of trust between representatives and those they were deemed to represent figures in his pages. Conti himself fully recognizes that the view that the suffrage is a trust or duty was "the mainstream Victorian view". (45) But his cast list, between them, show remarkably little concern with the question of how the citizens, once they have exercised it, could hope to sustain their confidence in those they had chosen in the very protracted interlude before they could do so again.

The deepest frailty in representation as a political instrument had been captured earlier by a cruder thinker in more hectic political conditions. Writing from the Conciergerie prison on July 4th 1790, Gracchus Babeuf, as he has since become better known, insisted bluntly that "If the People are the Sovereign, they should exercise as much sovereignty as they absolutely can themselves...to accomplish that which you have to do and can do yourself use representation on the fewest possible occasions and be nearly always your own representative." (46) Babeuf too shrunk trust to the bare minimum; but, unlike Cleisthenes, he signally failed to set up durable sovereign institutions through which to do so; and no one who has followed, consciously or otherwise, in his footsteps has yet been lastingly successful in doing so either. It is extraordinarily unlikely that that discomfiting outcome has been just one lengthily protracted accident. Modern politics, with all its queasy compromises, has been founded on recognizing that bleak fact and on accomodating to it from one angle or another.

No institutional expedient could eliminate the grounds for distrust between human beings, still less so for those who must live, as everyone now has to, within the force field of a globalized capitalism. [47] Any political structure which purports to eliminate such grounds denounces itself by the very terms of its allegation. Good political institutions for human groupings on any scale must shape themselves to minimize the grounds for acute distrust between the members of a political community and be flexible enough to adjust promptly and fluently to fluctuations in their force and urgency. After two centuries of sustained experiment electoral democracies with two mass parties, selecting their representatives personally and by localities, still have a stronger record of success in this attempt than any equally determinate rival. [48] They can assure only the barest minimum of personal accountability of governors to governed [49] and they offer no specific against the impulse to secede. What they can offer is the continuous and protracted opportunity to choose between competing conceptions of a common good and do so without evident absurdity. Without this simplifying structure it is hard to link the miscellany of local interests to plausible champions in governing over time and hard for those who do govern to resist the focused pressure of concentrated economic power with no inherent incentive to understand or care about the costs it will inflict on others. There are innumerable ways to supplement this structure by proliferating avenues for pressing information on a legislature or public bureaucracy, and some devices for separating careful deliberation across the diversity of a society from authorized choice on the basis of its outcomes [50] (citizen juries to assess rival cases in advance of especially divisive referenda offer one promising example[51]).

None of these is proof against cumulative failure in political economy, or long entrenched and readily fanned communal enmities. All depend on public communication to filter information which is true from fantasy or carefully orchestrated mendacity. Because the media through which they must now try to do so tilt insistently and ever deeper into privacy, trust too is becoming ever harder to win or sustain. [52]

The efficacy of that filtration is a precondition for rational trust in its government for any political community, but it is far from being the sole such precondition. Even if that filter is not already clogging itself irreversibly, there

are still two other salient preconditions for sustaining rational political trust in a government. The first, both consequential and epistemic, is that the government in question understands the causal nexus within which its people's livelihood must be secured well enough to enable it to go on securing it.

The judgment that governments were reasonably well equipped to do so has seemed plausible for quite lengthy periods of time in a range of countries since the Bretton Woods institutions for assisting them to do so were established by the victors of the Second World War. The judgment that they remain so equipped, however, is increasingly hard to credit; and it is difficult now to imagine a combination of political, economic, and epistemic processes which could resurrect it intact in the foreseeable future. In the field of politics epistemology and wish fulfillment pull in brutally opposite directions. Between them today they are pulling the carpet out from under the rationality of political trust.

Where you cannot trust rationally you must do so irrationally or surrender any hope of trusting at all. The extremity of this predicament has been a long time coming, but the forces which have driven it on its way were acting powerfully quite long ago. (53)

Epistemic rationality and political rationality, however, are far from the same. The criteria for the former are a matter for philosophical and scientific judgment. Those for the latter are set, for historically given groups of human beings, by the conditions for living together in practice. They depend not just on a pre-existing and potentially surveyable structure of facticity, but just as much on the sequences of different choices in response to that structure by each member of those groups (to say nothing of the huge range of other groups with whom, between them, they could, and will in fact, interact). Those choices too in turn depend on how their members happen to perceive and feel about the settings of their lives. (54)

You can certainly abridge this dense and dynamic mass of experience and response for the purpose of particular arguments. You can think of public opinion as what lends legitimacy to representative democracy in action, and also, less plausibly, as what in the last instance can be expected to cause it to govern accordingly. (55) You can view, as one of the most thoughtful students of

American voting behavior did more than half a century ago, the nature of belief systems in mass publics as what limits its capacity to do so, and track their wandering dispersions through the subsequent history of opinion surveys. What you cannot hope to do by either approach is hone your judgment of the stability conditions for, or the prospective harmony of, the groups in question over time. Regime forms are quite abstract ideas. Deployed in the world they must always defer to the historical actuality of particular human groupings.

To enhance judgment of their stability in action today in particular settings you need to look more directly at the third category in my title, the role of impression management in moulding political perception and sentiment in democratic states. Impression management, of course, is a human universal. (56) All of us are trained overtly and covertly from the beginning of our lives to try to control the effect we have on other human beings. The very small proportion of us who prove impervious to such training are recognized in every human community as very odd indeed and treated, once they are so recognized, with corresponding wariness and anxiety.

The role of impression management in the politics of a democracy was singled out and analysed in considerable depth at its first coming. Both rhetoric as a genre and efficacy at and susceptibility to public speaking were fully recognized, in Athens as in Rome, as central and load-bearing elements of their political community. (57) One of the most blatant frailties of contemporary representative democracy in action is the loss of any coherent synoptic interpretation of how the competitive orchestration of impressions by politically motivated agents in current circumstances could reasonably be expected to succeed in carrying any such load. Very few recent political thinkers have even attempted to address this issue as it figures in the world now. (58) One of the few who has tried to do so, Jeffrey Green, reasserts the sense in which the People may still really be Sovereign (the least disputable criterion for democracy) as the extent to which "leaders and other high officials are compelled to appear in public under conditions they do not control". (59) There are very few settings in which that remains a wholly plausible judgment and increasingly many in which its absurdity is already glaringly obvious to anyone who takes the trouble to watch. This is never, in extant representative democracies, because the control

achieved has become complete – totalitarian in outcome. It is for precisely the opposite reason – because the struggle to complete control, or even to sustain a decent semblance of well intentioned public commitment on the part of the competitors, is ever more glaringly forlorn. What appears to be the case is very largely what is the case: a process of sustained and incremental corruption in ever fuller view of the citizenry solicited to suspend their disbelief. In face of this process the legitimacy of representative democracy as a state form is subsiding in front of a mass audience into an ever deepening sink hole of implausibility. This is not in itself a ground for despair. No one can know for sure that we cannot and will not in due course clamber painfully out of it. But what we can know, and urgently need to recognize, is that that is what has long been happening. (60) In face of that recognition, mere hope is simply jejune. As always in politics the task is to judge as coolly and clear-headedly as we can how and how not to hope, (61) and then and only then to decide what is to be done.

(1) James Kierstead, "Grote's Athens: the Character of Democracy", Kyriakos N. Demetriou (ed), *Brill's Companion to George Grote and the Classical Tradition*, Leiden: Brill, 2014, 168; The broader context of European reception of the promise and menace of the democracy of Athens is explored invaluably in Dino Piovanti & Giorgio Giovanni (eds), *The Brill Companion to the Reception of Athenian Democracy*, Leiden: Brill, 2021.

(2) Gregory Conti, *Parliament the Mirror of the Nation: Representation, Deliberation and Democracy in Victorian Britain*, Cambridge: Cambridge University Press, 2019

(3) Maurice Cowling, *1867: Disraeli, Gladstone and Revolution*, Cambridge: Cambridge University Press, 1967, *The Impact of Labour:1920-1924*, Cambridge: Cambridge University Press, 1971; *The Impact of Hitler:1933-1940*, Cambridge: Cambridge University Press, 1975

(4) Jonathan Clark, *English Society 1688-1832*, Cambridge: Cambridge University Press, 1985

(5) Seen from today Linda Colley, (*Britons: Forging the Nation 1707-1837*, New Haven: Yale University Press, 1992), has proved over-confident of the degree to which it ever came to be so over the whole of its largest island.

(6) Despite the lifetime experience of figures as central to the inquiry as James and John Stuart Mill, James Fitzjames Stephen or Henry Sumner Maine: Karuna Mantena, *Alibis of Empire: Henry Maine and the Ends of Liberal Imperialism*, Princeton:

Princeton University Press, 2010

(7) Max Weber, *Politics as a Vocation, Political Writings*, ed Peter Lassman & Ronald Speirs, Cambridge: Cambridge University Press, 309-369

(8) Joseph Schumpeter, *Capitalism, Socialism and Democracy*, London: George Allen & Unwin, 1943. For a particularly thoughtful study of the construction of the exemplarity of this experience see William Selinger, *Parliamentarism: From Burke to Weber*, Cambridge: Cambridge University Press, 2019 and cf Timothy Stanton, Popular Sovereignty in an Age of Mass Democracy: politics, parliament and parties in Weber, Kelsen, Schmitt and Beyond, Richard Bourke & Quentin Skinner eds, *Popular Sovereignty in Historical Perspective*, Cambridge: Cambridge Unversity Press, 2016, 320-358

(9) Moisei Ostragorski, *Democracy and the Organisation of Political Parties*, 2 vols, ed S. M. Lipset, Garden City, New York: Doubleday, 1964; Roberto Michels, *Political Parties*, tr E & C Paul, New York: Dover, 1959; *First Lectures in Political Sociology*, tr A de Grazia, New York: Harper & Row, 1965, chapters 5 & 7

(10) James Bryce, *Modern Democracies*, 2 vols, London: Macmillan, 1921, Vol 2, Chapter LXXX.

(11) Bryce, *Modern Democracies*, Vol 2, 663

(12) *Modern Democracies*, Vol 2, 666

(13) *Modern Democracies*, Vol 2, 667

(14) *Modern Democracies*, Vol 2, 667

(15) *Modern Democracies*, Vol 2, 669-670

(16) For interrogation see John Dunn, *The Cunning of Unreason: Making Sense of Politics*, London: HarperCollins, 2000

(17) Mark Mazower, *Dark Continent: Europe's Twentieth Century*, London: Penguin, 1999

(18) David Runciman, *The Confidence Trap: A History of Democracy in Crisis from World War I to the Present*, Princeton: Princeton University Press, 2014

(19) Mitford, *History of Greece from the Earliest Period* (Kierstead, Grote's Athens, Demetriou ed, *Brill's Companion to George Grote*, 168).

(20) Thomas Hobbes, *Leviathan*, ed Noel Malcolm, 3 vols, Oxford: Clarendon Press, 2012.

(21) *Leviathan*, Vol 2, Chapter XIX, 284-305; cf also Thomas Hobbes, *De Cive: the English Version*, ed Howard Warrender, Oxford: Clarendon Press, 1983, Chapter X; It is easiest to follow the development of Hobbes's views on this subject now in Deborah Baumgold's Three Text Edition, *Thomas Hobbes's Political Theory*, Cambridge: Cambridge University Press, 2017, 257-275; see also Thomas Hobbbes, *Behemoth*, ed Paul Seaward, Oxford: Clarendon Press, 2010

(22) Thomas Hobbes, *Leviathan*, ed Noel Malcolm, 3 vols, Oxford: Clarendon Press, 2012; cf Quentin Skinner, The State, in Terence Ball, James Farr & Russell Hanson eds, *Political Innovation and Conceptual Change*, Cambridge: Cambridge University Press,

1990, 90-131, an analysis since extended and further refined in Quentin Skinner, The Genealogy of the State, *Proceedings of the British Academy*, (2008), 162, 325-370

(23) Hobbes, *Leviathan*, Review and Conclusion, Vol 3, 1140-1141

(24) *Leviathan*, chapters XIX & XX.

(25) The sources and trajectory of this development are set out stimulatingly in Richard Tuck's *The Sleeping Sovereign:The Invention of Modern Democracy*, Cambridge: Cambridge University Press, 2015. It is traced out elaborately in the rich literature on the history of constitutional law and practice in innumerable countries: See, for example, for Britain Vernon Bogdanor, *The New British Constitution*, London: Hart, 2009; Anthony King, *The British Constitution*, Oxford: Oxford University Press, 2007; For France, Michel Troper, *La Séparation des pouvoirs et l'histoire constitutionelle française*, Paris: Librairie Générale de Droit et de Jurisprudence, 1973; *Terminer la Révolution: La Constitution de 1795*, Paris: Fayard, 2006; and more expansively the oeuvre of Martin Loughlin. *The Idea of Public Law*, Oxford: Oxford University Press, 2003; *The British Constitution: A Very Short Introduction*, Oxford: Oxford University Press, 2013

(26) Benjamin Constant, *Political Writings*, ed Biancamaria Fontana, Cambridge: Cambridge University Press, 1988, 307-328

(27) John Dunn, The Identity of the Bourgeois Liberal Republic, in Biancamaria Fontana (ed), *The Invention of the Modern Republic*, Cambridge: Cambridge University Press, 1994, 206-225

(28) *Modern Democracies*, Vol 2, 560

(29) *Modern Democracies*, Vol 2, 559

(30) John Stuart Mill, *Considerations on Representative Government*, (1861), ed A. D. Lindsay, London: J. M. Dent, 1910, chapter 4 (Under What Social Conditions Representative Government is Inapplicable), 218-19: "the people should be willing to receive it; they should be willing and able to do what is necessary for its preservation; they should be willing and able to fulfill the duties and discharge the functions which it imposes on them"; "When a people have no sufficient value for, and attachment to, a representative constitution, they have next to no chance of retaining it." "Representative institutions necessarily depend for permanence upon the readiness of the people to fight for them in case of their being endangered." Chapter 14 Of the Government of Dependencies by a Free State, especially 382-383. This form of government can be as legitimate as any other; "it is already common and is rapidly tending to become the universal condition of the more backward nations", but "It is always under great difficulties, and very imperfectly, that a country can be governed by foreigners."

(31) John Dunn, *Breaking Democracy's Spell*, New Haven: Yale University Press, 2014

(32) M. I. Finley, Athenian Demagogues, *Past & Present*, 21, 1962, 3-24; *Politics in the Ancient World*, Cambridge: Cambridge University Press, 1983

(33) Thomas Paine, *The Rights of Man* Part II (1792), Everyman ed, London: J. M. Dent,

1915, 176-77.

(34) Paine, *Rights of Man*, 176-77

(35) Paine, *Rights of Man*, 177

(36) Skinner 1989 & 2008

(37) John Dunn, *Setting the People Free*, 2nd ed, Princeton: Princeton University Press, 2018

(38) Adam Przeworski et al, *Sustainable Democracy*, Cambridge: Cambridge University Press, 1995; *Democracy and the Limits of Self-Government*, Cambridge: Cambridge University Press, 2010; *Why Bother with Elections ?*, Cambridge: Polity, 2018; but cf now *Crises of Democracy*, Cambridge: Cambridge University Press, 2019

(39) Mogens H. Hansen, *The Athenian Democracy in the Age of Demosthenes*, Oxford: Blackwell, 1991; *The Tradition of Ancient Greek Democracy and its Importance for Modern Democracy*, Copenhagen: Royal Danish Academy, 2005; M. I. Finley, *Democracy Ancient and Modern*, 2nd ed, London: The Hogarth Press, 1985

(40) Thucydides, *History of the Peloponnesian War,* 4 vols, tr Charles Forster Smith, Cambridge, Mass.: Harvard University Press, 1919-1923

(41) Thomas Hobbes, *The History of the Grecian War by Thucydides, translated by Thomas Hobbes* (1629), *Works of Hobbes*, ed William Molesworth, London: Bohn, 1843. The volume in the Clarendon edition of Hobbes's *Collected Works* is not yet available.

(42) Cf throughout Jonathan Sumption, *The Hundred Years War*, London: Faber, 4 volumes to date 1990-2015; G. L. Harriss, *King, Parliament and Public Finance in Medieval England to 1369*, Oxford: Clarendon Press, 1975. For an influential recognition of the long shadow cast by these expedients see Adam Smith, *Lectures on Jurisprudence*, ed R. L. Meek, Oxford: Clarendon Press, 1976, 269.

(43) J. E. Neale, *Elizabeth I and Her Parliaments 1559-1581*, London: Jonathan Cape, 1953; *Elizabeth I and her Parliaments 1584-1601*, London: Jonathan Cape, 1957

(44) Conti, *Parliament the Mirror of the Nation*

(45) Conti, op cit, 299

(46) François Noel Babeuf, *Journal de la Confédération*, July 4th 1790, cited from R. B. Rose, *Gracchus Babeuf: the First Revolutionary Communist*, London: 1978, 77

(47) John Dunn (ed), *The Economic Limits to Modern Politics*, Cambridge: Cambridge University Press, 1990

(48) Frances McCall Rosenbluth & Ian Shapiro, *Responsible Parties: Saving Democracy from Itself*, New Haven: Yale University Press, 2018

(49) John Dunn, Situating Democratic Accountability, Adam Przeworski, Susan C. Stokes & Bernard Manin (eds), *Democracy, Accountability and Representation*, Cambridge: Cambridge University Press, 1999, 329-344

(50) James S. Fishkin, *Democracy When the People Are Thinking: Revitalizing Our Politics through Public Deliberation*, Oxford: Oxford University Press, 2018

(51) As in the case of Ireland's 2019 referendum on the legalization of abortion

(52) For an especially thoughtful framing of the implications of the novelty of this predicament from an unusual angle see Colin Burrow, Fiction and the Age of Lies, *London Review of Books*, 42, 3, Feb 20 2020, 21-25; for its political damage, John Dunn, Fatalismes contrefaits et manquements réels dans les démocraties contemporaines, Yves-Charles Zarka ed, *Démocratie, état critique*, Paris: Armand Colin, 2014, 199-213

(53) Istvan Hont, *Jealousy of Trade*, Cambridge, Mass.: Harvard University Press, 2005; John Dunn, Indeterminate Primacy: Domestic Politics and International Relations across the Millennia (in Hungarian: Meghatározatlan Elsöbbség: A Belpolitika És A Nemzetközi Viszonyok Évezredei), BUKSZ, Budapest, 28, 2, 2017, 139-147

(54) John Dunn, Legitimacy and Democracy in the Contemporary World, Justice Tankebe & Alison Liebling (eds), *Legitimacy and Criminal Law: An International Comparison*, Oxford: Oxford University Press, 2014, 5-14

(55) Consider the consecutive response to the unfolding experience of the French Revolution by Germaine de Staël as traced in Biancamaria Fontana, *Germaine de Staël: A Political Portrait*, Princeton: Princeton University Press, 2016 and summarized by Staël herself in Germaine de Staël, *Considerations on the Principal Events of the French Revolution*, ed Aurelian Craiutu, Indianapolis: Liberty Fund, 2008. See also its lasting impact on Benjamin Constant's understanding of the value of representative government and the continuing challenges it must always face: Selinger, *Parliamentarism from Burke to Weber*, Chapter 4.

(56) Irving Goffman, *The Presentation of the Self in Everyday Life*, New York, Garden City, 1959

(57) Josiah Ober, *Mass and Elite in Democratic Athens*, Princeton: Princeton University Press, 1989; *Political Dissent in Democratic Athens*, Princeton: Princeton University Press, 1996; H. Yunis, *Taming Democracy: Models of Political Rhetoric in Classical Athens*, Ithaca: Cornell University Press, 1996; Joy Connolly, *The State of Speech: Rhetoric and Political Thought in Ancient Rome*, Princeton: Princeton University Press, 2007; *The Life of Roman Republicanism*, Princeton: Princeton University Press, 2014

(58) One impressive exception is Bryan Garsten, *Saving Persuasion: A Defense of Rhetoric and Judgment*, Cambridge, Mass.: Harvard University Press, 2006

(59) Jeffrey Edward Green, *The Eyes of the People: Democracy in an Age of Spectatorship*, Oxford: Oxford University Press, 2010, 207; compare its relative conceptual centrality in a drastically different society and polity: Hiroshi Watanabe, *A History of Japanese Political Thought 1600-1901*, tr David Noble, Tokyo: International House of Japan, 2012, 57

(60) Dunn, *Breaking Democracy's Spell; Setting the People Free*, 2nd ed, Princeton: Princeton University Press, 2018, Conclusion

(61) John Dunn, *The Cunning of Unreason: Making Sense of Politics*, London: HarperCollins, 2000, xiii

Comments and questions on Professor John Dunn's paper, "Truth, Trust and Impression-management in Democratic Legitimacy"

Ryuichi Yamaoka (1)

Considering the wide range of fields which Prof. Dunn's theoretical inquiry covers (from the thought of John Locke to revolutions in 20th century and the economic limits to politics, for example), (2) it is astonishing or inspiring that he has been engaging in the intense examination of the one subject for almost 20 years, (3) namely democracy. This proves that the concept of democracy is inherently enigmatic, at least in the sense that it invites any serious student of political theory to the unending project of theoretical scrutiny.

Prof. Dunn's theoretical activities have been in general the historical explanation over our predicament; in this paper, therefore, he deals with the democracy as we now experience it, that is, representative democracy. However, when he examines the main features of democracy, he, quite naturally nonetheless, uses the classical example of the Athens, and attributes the idea of "the confusion of purpose" to its essence. The modern state as we usually learn from Hobbes is a solution to this essential defect of democracy because it can supply the order and security, and the security of property in particular. The state therefore contributed to the recovery and survival of democracy, and the function of the latter for the former Prof. Dunn understands as justificatory, namely giving a legitimacy of certain kind, although he calls this task in a rather disdainful way "the ingratiation".

The crisis of democracy today (though we may say it has always been in

crisis) which this paper deals with concerns how well it can accomplish this task of ingratiation in the context of modern politics equipped with high technologies in mass communication, and Prof. Dunn accordingly chooses as his main topics, truth, trust, and impression-management. When one of them, truth is invoked in discussion, democracy appears to be driven to a disadvantage, because the very champion of the idea of truth is Plato, the most stringent enemy to democracy. Indeed, there are, as Prof. Dunn admits, many thinkers who showed optimistic views on the democracy's task like Thomas Paine, but it is relatively easy to enumerate the sceptical views on its prospects as this paper cautiously has done.

Another keyword, trust, is also the concept that has been examined by Prof. Dunn for many years. (4) Truth and trust are closely related, because defects in the former should seriously undermine the latter. "Where you cannot trust rationally", he writes, "you must do so irrationally or surrender any hope of trusting at all". (p. 375) However, he make a very significant distinction concerning this point, that is, the distinction between epistemic rationality and political rationality. (p. 375) These two concepts uphold different kinds of criteria, and when we deal with democracy, it is needless to say that we should appeal to the criterion of *political* rationality. (5) It is extremely difficult to explain this criterion (which I insist is intimately related with the issue of political judgement), and given the limit of space that is allowed to this paper, it is not reasonable to expect this paper to solve this problem fully. Indeed, Prof. Dunn gives us some clues for investigation, such as "public opinion" and "stability" (pp. 375-4) , and brings out the third keyword, impression-management, in this context.

Prof. Dunn's insightful distinction reminds me of recent debates over what is called political realism. (6) Realists in political theory (7) typically criticize the tendency in recent analytical political theorists to demonstrate the validity of political arguments from philosophical principles. Political rationality, according to realists, should be distinctively "political", and it should therefore be sensitive to history. What is particularly problematic in this argument is that political rationality should appreciate proper and sometimes positive functions which

morally tricky actions such as deception, hypocrisy, and the dirty-hands would perform in politics. Then I just simply like to hear from Prof. Dunn about these realist arguments and their relevance, if any, for our understanding of democracy as he understands it.

The argument for "the political" appears to raise another interesting question over democracy: namely, is democracy sufficiently political at all? This point would become clearer when we examine the problem of secession, which Prof. Dunn insists modern democracy fails to solve, and which will surely become the crucial issue for the Britain after the Brexit. We can understand this problem well if we consult a classical argument for it by John Locke. If we apply the Lockean principle of government (the principle of government by consent, at least as modern libertarians understand it) to the question of secession, it appears natural that Lockean theory should justify it. (8) However, Locke himself clearly held the opposite opinion on it, and his reason should be considered political, since the acceptance of secession he understood contradicts the maintenance of nation state. (9) If Locke is right, and as Prof. Dunn insists the modern state is a fundamental reality of modern politics, democracy is essentially defective as a political principle. It is needless to say that answer to this question depends on our understanding or definition of democracy itself. Recently, certain attempt has been made to reconsider democracy as a statecraft. (10) This idea of democratic statecraft might rescue the idea of democracy as a political notion. Again, I would like to hear Prof. Dunn's opinion over it.

The doubt over democracy for its politicality seems to provoke another thought. Prof. Dunn, following Mitford, describes ancient Greek democracy as barbarous. Although there are many ways to make distinction between barbarous and civil, considering his espousal of the concept of modern state, democracy appears here to be barbarous because it contradicts the practice of the modern state. Then democracy is supposed to be non-political in the sense of state-based politics. It follows that if we can separate the merit of democracy from the politics of the state, we might come up with another political notion

of democracy. The barbarous element of democracy might contribute to our political life, if it can stand back from state government in some way. This suggestion might appear to be an application of Rortyan distinction of public and private to the problem of democracy, in the way that its barbarous elements should be contained within the sphere of the private. It is partly true, because it is the primary role of the state to tame barbarism in modern societies, but my idea is partly different, because I understand the distinction between the private and the public is slippery, and the boundary that divides them is permeable. Indeed, lots of Japanese political theorist in the younger generation hold high expectations for radical democracy and are exploring its potential. They regard the barbarism of democracy as politically attractive. (11) Is this kind of understanding of democracy too optimistic to be a serious political argument? Again, I will be happy if I have an opinion of Prof. Dunn on this question.

(1) The Open University of Japan, yamaoka@ouj.ac.jp

(2) John Dunn, *The Political Thought of John Locke*, Cambridge University Press, 1969; idem, *Modern Revolutions*, Cambridge University Press, 1972; Dunn ed. *The Economic Limits to Modern Politics*, Cambridge University Press, 1990.

(3) See, for example, John Dunn ed. *Democracy: the unfinished journey, 508 BC to AD 1993*, Oxford University Press, 1992; Dunn, *Setting the People Free: The Story of Democracy*, Atlantic Books, 2005; idem, *Breaking Democracy's Spell*, Yale University Press, 2014. If we count Dunn, *Western Political Theory in the Face of Future*, Cambridge University Press, 1979, he then spend more than 40 years for this subject.

(4) See, for example, John Dunn, *Rethinking Modern Political Theory*, Cambridge University Press, 1985; idem, *Interpreting Political Responsibility*, Polity Press, 1990; idem, *The History of Political Theory and Other Essays*, Cambridge University Press, 1996. On Dunn's theoretical achievements, see Richard Bourke and Raymond Geuss eds. *Political Judgement*, Cambridge University Press, 2009.

(5) Although there are many recent attempts to explore the notion of epistemic democracy.

(6) There are increasing number of articles on this topic. As a recent achievement, see Matt Sleat ed. *Politics Recovered: Realist Thoughts in Theory and Practice*, Columbia University Press, 2018. Sometimes Dunn is included in the list of realists.

(7) The representative figures are Bernard Williams and Raymond Geuss.

(8) See, Hillel Steiner, "Libertarianism and the transnational migration of people" in Brian Barry and Robert E. Goodin eds. *Free Movement*, The Pennsylvania University Press, 1992; idem, *An Essay on Rights*, Blackwell Publishers, 1994.

(9) See, John Locke, *Two Treatises of Government*, ed. by Peter Laslett, Cambridge University Press, 1988, II: 117. See also, Cara Nine, *Global Justice and Territory*, Oxford University Press, 2012,

(10) J. S. Maloy, *Democratic Statecraft: Political Realism and Popular Power*, Cambridge University Press, 2013.

(11) This might be natural considering Japanese are barbarous according to the original account of politics by the Greeks.

Comments on Professor John Dunn's paper, "Truth, Trust and Impression-management in Democratic Legitimacy"

Mizuki Nagami [(1)]

It is well known that Professor John Dunn has, over the years, focused attention on the historical and theoretical problems of democracy. This paper, based on a variety of his works on democracy, reflects his acute concern about ongoing changes in the political world today, with a clear recognition of 'the historical actuality of particular human groupings'. In what follows, I point out and comment on some key ideas and arguments in the paper.

(1) Representative democracy – from a historical perspective

As the title suggests, Professor Dunn proposes paying particular attention to truth, trust and impression-management for a better understanding of democratic legitimacy. Before taking up these issues, however, it is necessary to grasp his point of view on representative democracy. How does he view representative democracy and describe it from a historical perspective?

There is a wide variety of views about what representative democracy implies, depending on how the notion of representation is interpreted. Since democracy and political representation have distinct historical origins, representative democracy is inevitably ambiguous with regard to the relationship between representatives and those represented. Such ambiguity derives from the fact that representative democracy as a set of political institutions combines both democratic and undemocratic elements (thus, some scholars regard it as a sort of 'mixed constitution' [(2)]).

In this paper, Professor Dunn approaches representative democracy

particularly as a state form, a governmental structure, whose legitimacy and authority must be drawn from members of society (reference is made to names such as Max Weber and Joseph Schumpeter). What is in question here is, in a sense, the vertical relationship between authoritative government and those it governs, while the exploration of representative democracy in relation to the idea of popular sovereignty or self-government is relatively laid aside.

Overviewing the historical and intellectual background of the representative democracy as a state form, Professor Dunn notes some epochal instances, above all ancient democracy, the political theory of Hobbes, and the British experience of political representation since the 17th century. For Hobbes, the key person who offered theoretical grounds for the sovereign state, ensuring personal security and safety had primordial importance for the legitimacy of the state. Nevertheless, in the representative democracy since the end of 18th century, the state had to offer its members supplementary expedients as "ingratiation". The drafting and ratification of a Constitution is considered to be one of these measures. What is emphasized here is that, only at that time of reconstruction of authoritative government, did democracy begin to regain its reputation. In this regard, Professor Dunn's account seems to imply that he is somewhat skeptical about using the word "democracy" to describe such a state form.

(2) Dealing with democracy's "inherent weakness" - preconditions for good political institutions.

Professor Dunn repeatedly reminds us of democracy's "inherent weakness". Representative democracy has to deal with the vulnerabilities of both representation and of democracy. He poses the question of how representative democracy should handle the relation between truth, trust and impression management. My second remark concerns the issue of trust.

As argued in the paper, even if regular elections based on mass suffrage can maintain a certain degree of connection between governmental structure and society, and accordingly a modicum of citizens' trust can be secured, the more imminent question of how their confidence in their representatives can be sustained remains to be resolved. In this respect, Professor Dunn's approach is

particularly insightful. Taking a different approach to that from which ancient democracy and French revolutionaries such as Babeuf dealt with the issue, he argues about the essential preconditions for good political institutions. According to his account, good political institutions should not try to eliminate the grounds for distrust between human beings, which is impossible, but only to "minimize the grounds for acute distrust" (3), while remaining flexible enough to adjust promptly and fluently to any fluctuations and urgency.

This point of view invites us to further develop the argument. For instance, we might more positively take the issue of distrust into consideration, since trust and distrust are two sides of the same coin. Contemporary scholarship on representative democracy has explored positive aspects of "distrust of citizens" as opportunities likely to induce reflexive procedures on the part of political institutions (4). Distrust can be manifested in various ways, through various forms, from movements of political contestation to civic organizations charged with monitoring, supervising and evaluating governmental performance. Moreover, we might consider how to evaluate so-called populist movements in relation to the question of the legitimacy of representative democracy. Is this phenomenon something that endangers representative democracy, or will it offer opportunities to reshape the entire system of political institutions ? (5)

(3) A few remarks regarding the current crisis

Last but not least, reading Professor Dunn's suggestive paper in the face of the current global pandemic crisis, one can't help taking into consideration numerous questions about democratic government revealed by the crisis. Is democratic government capable of effectively coping with such crisis? How can the emergency expedients be consistent with liberty, civil rights and other principles of justice? How will the crisis reshape democratic society and government? And so on. In times of emergency, we need concentrated authority to take necessary measures for the safety and security of members of society. However, we should not overlook the question of how to conceive of the power bestowed by such emergencies and how to circumscribe it from the viewpoint of democratic legitimacy. Avoiding simplistic dichotomies such as "surveillance society vs

privacy", we need to find clear-headedly the way to adjust the balance between the imperative of security and other fundamental values in democratic society. In such a critical situation as today, the question of the legitimacy of democratic government seems to be more urgent than ever before. This crisis also reminds us of the role played by experts (and expert knowledge) in democratic government. This role could be reconsidered in relation to the issue of trust and truth in public communication.

As for the possibility of 'rational political trust in a government' (6) argued for in the paper, it seems that we are now still a long way from its achievement in Japan, where the notion of political responsibility is almost forgotten among politicians. The language of political leaders is deplorably unconvincing and lacks any clear and sincere political vision. The issue of political language should be taken seriously by politicians, as well as by the public, in order to ensure that public communication works effectively.

(1) Osaka Prefecture University. mizuki.nagami@las.osakafu-u.ac.jp

(2) Bernard Manin, *The principles of Representative Government*, Cambridge University Press, 1997.

(3) John Dunn, *Truth, Trust and Impression-management in Democratic Legitimacy*, Japanese Journal of Political Thought, No. 21, 2021, p. 376.

(4) See a series of works by Pierre Rosanvallon, *La Contre-Démocratie. La politique à l'âge de la défiance*, Seuil, 2006; *Le Bon gouvernement*, Seuil, 2015.

(5) In recent scholarship, there is also an attempt to regard populism as a new form of representative government. See, Nadia Urbinati, *Me the people – how populism transforms democracy*, Harvard University Press, 2019.

(6) Dunn, op.cit., p. 375.

[Reply to the Discussants]

John Dunn

I would like first to thank Ryuichi Yamaoka and Mizuki Nagami warmly for their generous and thoughtful comments on my argument and to apologize for any of the respects in which I failed to make myself clear.

Reply to Professor Yamaoka

I will, if I may, make four points in response to Professor Yamaoka.

In the second paragraph of his opening page, he terms my characterization of the 19th and 20th century adoption of democracy by European states as ingratiation "disdainful". That was certainly not an effect which I intended. It would be futile, as well as ludicrously self-important, for me to view a historical political process of that scale with disdain. I meant simply to point to its occurrence, not to evaluate it. (Evaluate it in contrast to what exactly?)

On his second page, he asks very reasonably and at some length how my views relate to the extensive recent academic literature on the nature and merits of political realism, as associated most conspicuously with the later work of my friends Bernard Williams and Raymond Geuss. I do not myself think of realism as a distinct method or a definite body of belief (or disbelief), though I fully share their pungently expressed judgment that much academic writing in political theory is blithely oblivious to the character of the political world at which it is directed and to which it purports to apply.

More consequentially and pertinently to my central concern, I believe this failure to be especially pervasive in the broad field of democratic theory, which expresses and depends upon a way of envisaging democracy which I see as completely incoherent.

As I have long tried to suggest, and as I think my *Setting the People*

Free has shown (more explicitly and stridently in its second edition (Princeton University Press 2018)), the history of democracy as a term, and hence as a concept, has endowed it with a toxic combination of radical indeterminacy of reference with rationally unwarranted normative endorsement. To register its genealogy is to recognize how it came to carry this hazardous combination of elements and hence also to recognize its extreme unsuitability for clarifying any issue in real politics (or indeed anywhere else).

It is also to be better positioned to handle the degree of political overstrain inherent in its current usage. The issue of secession, like the far broader and even more intractable issue of where particular human beings should or should not be, is a well chosen example for illustrating this point. No one with the least sensitivity to its genealogy could possibly look to democracy as a normative criterion for determining the territorial scope of a modern state, still less a compelling ground for endorsing or repudiating the entitlement of any particular group of citizens to secede from it.

The claim to have been freely endorsed by their own citizens to determine and exercise a state's sovereignty is a powerful claim to do so legitimately (in the world as it now is, the strongest claim at present on offer). But, as the citizens of the United Kingdom are now painfully aware, it is no more proof in political use against their judgment of its infelicity than any other claim could hope to be. Democratic statecraft is an aspirational conception, but so too is autocratic statecraft, and indeed theocratic statecraft.

On his final query, the concept of democracy does not in my view gain or lose in normative political authority with scale; but as an aspiration for the ongoing conduct of life with others, it gains fairly steadily in plausibility, and even to some degree in directiveness, as you shrink the scale on which you hope to apply it. If it cannot eliminate the potential attractions of ostracism or secession, it at least supports the imperative to distribute the burden of sustaining any viable form of collective life across voice as well as loyalty (cf Albert O. Hirschman, *Exit, Voice and Loyalty*, Cambridge, Mass.: Harvard University Press, 1970) and underlines the central role in bearing it which must thus always be carried by the mutual tolerance of the members of the grouping in question.

Reply to Professor Nagami

In response to Professor Nagami, I would like firstly to endorse her perceptive assessment of my scepticism about the felicity of construing electorally legitimated representative government in a modern state as a form of democracy at all. I recognize, of course, the pervasiveness of the current usage; but I believe that this forcibly suggests something which is very evidently not the case. I also believe that the conception of popular sovereignty is at best misleading in circumstances in which the sovereign is necessarily in a condition of all but permanent narcolepsy. (1) I certainly do not see a permanently ruling party, actuarially whimsical dynastic succession, or presumptive legitimation from on high as more plausible proxies for the People; but in any of these instances assignment of either rule or power to the latter seems to me acutely strained, and to function in political life almost exclusively as an apologia for the performance of those who are in fact ruling, irrespective of the actual structuring of power in the society in which they are doing so.

On her second point, I very much welcome her emphasis on the practical centrality of trust and the essential role of active distrust in keeping incumbent governments to any degree responsible to those whom they are governing.

The balance of evidence on the efficacy of prospective electoral retribution as a directive sanction on incumbent governments is very discouraging; but, at least intermittently, active popular denunciation and obstruction can serve more successfully.

I do not see populism as a well defined political phenomenon; (2) but what is currently described as populism is at least good evidence, where it prevails electorally, for the political failure of previous incumbents. I see no sign at all of its generating institutional innovations of a kind which are likely to enhance the quality of governmental performance or to reconcile citizens more reliably to the levels of performance to which they find themselves subjected.

It is not for me to comment on the current experience of Japan itself; but I unequivocally applaud all that she says about the nature of the challenges which face contemporary representative democracy in its multiple current crises, and most of all over the eschatological issue of ecological degradation.

(1) Cf Richard Tuck, *The Sleeping Sovereign: The Invention of Modern Democracy*, Cambridge: Cambridge University Press, 2015

(2) John Dunn, The Challenge of Populism: Why Populist Politics Spreads in the World, *Populism*, 2, 2019, 1-15

ジョン・ダン「民主的正当性における真実、信頼とインプレッション・マネジメント」について

企画者代表　**堤林　剣**（慶應義塾大学）

2020年度政治思想学会研究大会では、英ケンブリッジ大学の名誉教授にしてキングス・カレッジの終身フェローであるジョン・ダン教授を招聘し、基調講演をお願いすることになっていた。だがパンデミックの影響で、ダン教授の来日はかなわなかった。おのれコロナ、と叫びたくなる。

とはいえ、他のセッション同様、基調講演のペーパーは討論者のコメントとともに学会ホームページにて（会員に対して）公表された。しかもありがたいことに、この度、こうして本誌にも掲載されることになった。掲載を認めてくださったダン教授および討論者の山岡龍一会員と永見瑞木会員には心より感謝申し上げたい。なお、本誌には（HPでは公表されていない）ダン教授の討論者に対するレスポンスも収録されている。

さて、ダン教授の人と業績については、ここで改めて紹介するまでもないだろう。ケンブリッジ学派の代表的論者、そしてジョン・ロックの思想の画期的解釈を提示した研究者としてあまりにも有名であり、その現代政治に関する理論的考察も世界的に注目されている。

基調講演のペーパーは後者に属するものであり、数十年にわたって取り組んできたデモクラシー研究の延長線上にある。なお、そのデモクラシー研究は数年前に刊行された *Setting the People Free* 第2版 (1) をもって一応の完成をみたとご本人は述べているので、興味のある読者には、ぜひ今回のペーパーと合わせてご参照いただければと思う。

ただ、今回のペーパーはダン教授にとっても特別な意味があり、（私信においてではあるが）「40年余りこのトピックについて私なりに探求し続けたすえの結論を、概要とはいえ最大限包括的かつ明確に示したもの」という位置づけを与えられている。そもそもこのペーパーを執筆した状況が尋常ではない。ダン教授は1940年生まれなので、現在80歳である。そして周知のごとく、新型コロ

ナウイルスは特に高齢者にとって危険であるといわれている。日本への渡航はおろか、自宅からの外出さえままならないなか、「もしかしたらこれが私の最後の文章になるかもしれない」と縁起でもないことをいいながら、全身全霊を傾けて執筆したのがこのペーパーである。しかも、2020年度の研究大会テーマ「政治思想における真実と虚偽」に符合するよう心配りまでされている。本当に感謝に堪えない。と同時に、今も頗るご息災の様子なので、胸をなでおろしている次第である。

本誌では、ペーパーを英文のまま掲載する。これは、ダン教授の定評ある文体とレトリックの妙を読者に味わってもらいたいからである。(あと正直にいうと、その難解にしてリズミカルかつユーモラスな英文を日本語に訳すのは至難の業であり、私の手に余るというのもある——その点、過去にダン教授の文章を訳された半澤孝麿、加藤節、安武真隆諸会員には脱帽する。)

また、ペーパーの要約も試みない。というのも、このペーパーに限らずだが、ダン教授の議論において重要なのは、問題をとことんまで突き詰める批判的思考のプロセスであって、定式化された原理的主張でも結論でも解決策でもない(と私は思う)からである。彼は常に人間の歴史的経験に基づき、そのなかで得られた知見(その多くは、目指すべき理念や具体的な解決策というよりは、避けるべき誤謬や危険への警告である)をもとに思考し、政治について語るというスタイルをとる。そこでは人間の知的営為と歴史との複雑な関係性と緊張に注目がいき、人類史を血に染める数々の惨禍を背景としつつ、政治的思考の苦悩に満ちた軌跡を描こうとしている。それは往々にしてペシミスティックな描写に傾きがちである。少なくとも読者はそうした印象を受ける。だが実のところ、ダン教授の視点からすれば、それは(ペーパーでも述べられているように)冷静かつ明晰に「希望をどう抱き、どう抱くべきでないか」を判断する試みなのである。

したがって、解説としては不親切と思われるかもしれないが、ここではペーパーの要約ではなく、ダン教授の思考を根底で支えていると思われる重要な論点をいくつか示すにとどめる。

その一つは、ダン教授の伝記的背景にある。子供のころに滞在したドイツ、イラン、インドで目撃した数々の悲惨な人間の境遇は、「極端に不正で陰惨な世界」(drastically unjust and grim world)という認識を幼心に刻印し、以来、これが知的探求を突き動かす原動力になっている——いかなる歴史的過程を経て今の世界があり、いかにして「不正と陰惨さを少しでも減ずることが可能とな

るのか」、こう問い続けてきたのである。

なお、ダン教授は、最近行われたインタビューでこうした自らの体験や思考の遍歴について詳しく語っている。このインタビューは、バーリン研究者のジョニー・ライオンズが企画したものであり、ダン教授はコロナ禍で自宅から外出できないなか、Zoom を通じてなんと 3 時間近くも話している。このインタビューは YouTube で視聴することができるので、ペーパーをより深く理解されたい方にはおすすめである(2)。

若干余談になるが、同インタビューでダン教授は自らの知的営為においてもっとも大きな影響を受けた研究者としてモーゼス・フィンリー、ダンカン・フォーブス、クエンティン・スキナー、マイケル・クック、イシュトファン・ホントをあげている。そして（私にとっても初耳なのだが)、学生時代はアラスデア・マッキンタイアが自分の「インテレクチュアル・ヒーロー」だったと述べている。

ところで、ここに名前の挙がっているクエンティン・スキナーは学部時代からの親友であり、二人は協働ないし共闘する形でケンブリッジ学派の思想史方法論と思想史叙述を築き上げた双璧である。ちなみに、スキナーもライオンズによる Zoom インタビューを（ダン教授の数か月後に）受けているが、当然ながら影響を受けた重要人物のなかにダン教授が含まれている(3)。

両者にはこうした共通点がある一方、ケンブリッジ学派の研究に親しんでいる人には周知のとおり、ダン教授とスキナーのアプローチは同一ではない。くわえて、ダン教授は次第に政治思想史研究から現代政治の理論的考察の方に力点を移していく。70 年代以降、革命論、アフリカ諸国を中心とした比較政治論、そしてデモクラシー論を含む現代政治理論に研究テーマをシフトしていくのである。とはいえ、そこで繰り広げられる理論的営為は、常に歴史的思考に裏打ちされたものであり、このことの意義については後に触れる。ただ興味深いことに、ダン教授自身は、インタビューのなかで、「私は本格的な歴史家であったことはない」し、ロック研究が一段落ついてからは、「過去のこと〔ばかり〕を考えることに自分の人生を費やしたくない」と思うようになったといっている(4)。

このような道のりを経てダン教授はデモクラシー研究に辿り着くわけだが、既述のとおり、今回のペーパーはその 40 余年にわたる研究成果（ないし政治的思考プロセス）の縮図となっている。以下においては、ダン教授と討論者とのやり取りのなかで浮き彫りとなった論点について若干の補足説明をできればと

思う。

さて、両討論者は、いみじくもダン教授のデモクラシー研究の一環として今回のペーパーを捉えている。

永見会員は、ダン教授のデモクラシー理解が制度（代議制民主主義）に力点をおいたものとなっていて、人民主権ないし自己統治の理念をあまり考慮していない点を指摘している。しかも、制度としてのデモクラシーがデモクラシーの名に値するかにさえ懐疑的であると。

ダン教授はこうした指摘を是認したうえで、畳みかけるかのように、現実のデモクラシー制度においては人民による自己統治などおよそ実態を伴っていないし、人民主権も有名無実化していると述べる。

さて、これだけ読むとダン教授は極端なペシミストであり、代議制民主主義のメリットも、その背景にある人民主権の理念も完全に否定しているかのような印象を受けかねない。だがダン教授の今までの研究（特に *Western Political Theory in the Face of the Future* と *The Cunning of Unreason*[(5)]、そして先ほど言及した *Setting the People Free*）に注目するのであれば、実はもっと複雑な問題が背景に潜んでいることがわかる。というのも、それらの著作では、統治の組織形態（制度）としても、正当性原理としても、今日、デモクラシー以外信憑性を持ちえないと結論しているからである[(6)]。

代議制民主主義は他の制度と比較して、わずかながらも政治権力に対するチェック（アカウンタビリティ）を可能にしており、また人民による支配権力への権威付与ないし最低限の同意（また、場合によっては同意を取り下げ、支配権を行使できる人間を変更する集団的権利）とも、選挙制度などを通じてある程度連動している。少なくともそのようなインプレッションを人びとは共有し、政治に対する一定の信頼と（自発的服従の根拠たる）正当性の感覚をもつことができている。これがデモクラシーの名に値しないとしても、これがあるとないとでは雲泥の差である、とダン教授は考える。しかも、多くの人びとが理念としてのデモクラシーに魅かれ、それを求め続けていることも百も承知である。

問題は、このような理念およびそれに由来する要請と、現実の制度としてのデモクラシーがなしえていることとのギャップであり、両者間の緊張関係や乖離が不可避的にデモクラシーを危うくするということである。この危うさは *Western Political Theory in the Face of the Future* で次のように説かれている。「われわれは今日すべて民主主義者であるとしても、その運命は、必ずしも共

にするのが心楽しいものとはなっていない。今日の政治においては、民主主義とはわれわれが持ちえないもの、しかも欲することを止めえないものの名称なのである」[7]。

こうしたデモクラシー理解が依然としてペシミスティックであるというのであれば、ダン教授はペシミストということになるだろう。ただ忘れてはならないのは、こうした認識を出発点としつつ、いかなる幻想も抱かず（幻想が悲惨な帰結をもたらすことも多々あるから）、そのなかで少しでも不正と陰惨さを減ずることがいかに可能かをダン教授が模索し続けてきた点である[8]。

永見会員は、政治における信頼（trust）の問題にも触れるが、これはダン教授のデモクラシー論にとって枢要概念の一つである[9]。永見会員は、「強い不信」（acute distrust）を極小化することの重要性を説くダン教授の議論に賛同しつつも、不信がデモクラシーにとって有効に働きうる局面もあるのではと論じ、不信の政治的効用について問う。その際、代議制民主主義にとってポピュリズムがいかなる作用をもたらしうるかについても意見を求めている。これに対して、ダン教授は、不信が政治のアカウンタビリティに貢献することもあるとし、永見会員の指摘に同調する[10]。ただ、ポピュリズムに対しては否定的な見方を示す。そもそもポピュリズムは政治的現象として明確な輪郭を有していないという。こうしたダン教授の主張の背景には、信頼も不信もデモクラシーにとって不可欠であるが、いずれも多すぎても少なすぎてもよくなく、しかも両者の正しいバランスを保つ必要があり、そのためには、真実を語り、インプレッション・マネジメントをうまく行う必要があるという考えがある。

さて、以上の論点は、山岡会員のコメントともオーバーラップしている。しかも山岡会員は、信頼の問題を真実およびインプレッション・マネジメントの問題とも関連づけ、ダン教授がペーパーで言及している「認識的合理性」（epistemic rationality）と「政治的合理性」（political rationality）の区別とそれがデモクラシーに対して持つ意味について追求している。これは非常に重要であるとともに複雑な論点であり、山岡会員が指摘しているように、ダン教授の短いペーパーのなかで十分に説明されているとはいいがたい。だが、ある意味でこれこそダン教授が長年にわたって考察してきた問題のコアの部分であり、ペーパーでも触れられているように「政治的合理性」はさまざまなコンテクストにおける人間の歴史的経験と関連して理解しなければならないため、数行で説明できるような内容ではない。したがって、この問題に興味のある方には是非ダン教授の研究書をお読みいただければと思う。

ここでは、山岡会員が以上の論点との関連で取り上げた政治的リアリズムの問題について補足説明するにとどめたい。山岡会員は、政治理論におけるリアリズムという近年注目を集めている一潮流に言及しつつ、ダン教授の意見を求めている。この学問的潮流の代表的論者としてしばしばあげられるのはバーナード・ウィリアムズとレイモンド・ゴイスだが、山岡会員の指摘のとおり、ダン教授が含まれることもある。そしてこれらの論者は、政治的リアリズムの立場からジョン・ロールズらに代表される分析的政治哲学ないし規範的政治理論を批判し、哲学的原理による正当化ではなく、歴史を重視した政治的合理性に力点をおく必要性を訴える。

山岡会員の問いに対してダン教授は、政治理論におけるリアリズムが必ずしも明確な方法や信条体系を有しているわけではないと述べたうえで、しかしウィリアムズやゴイスの規範的政治理論への批判に共感しつつ、今日の政治理論の多くは（ことにデモクラシー理論は）政治的現実とおよそ乖離した支離滅裂（completely incoherent）なものになっていると断じている。

こうした規範的政治理論に対するダン教授の辛辣な批判は、今回のペーパーに限らず、さまざまなところで展開されている。先述のインタビューのなかでも、今日のデモクラシー理論の大半は「完全なゴミ」（absolute rubbish）だと言い切り、活字になった研究書のなかでも（より穏やかな表現を用いつつも）同じような主張を繰り返している。またある論稿においては、規範的政治理論が学界においては絶大な影響を誇りながらも、現実世界では微々たる影響しかないことを嘆いている(11)。

さて、こうした一刀両断的な発言に違和感を覚える者は、現代政治理論研究者に限らず、少なからずいると思われる。正直なところ、私も長い間、規範的政治理論の研究に身も心も捧げている人びとに対していささか失礼だし、現実の政治社会に影響を及ぼした例もあるので、ちょっと言い過ぎではないかと思っていた。だが、ダン教授のこうした批判の根底には、実は対話を求める強い姿勢があることに最近気づいたので、私的な逸話の紹介となって恐縮だが、その対話的側面について触れたい。

ダン教授の毒舌は個人的な付き合いのある者にとっては有名であるが、その辛辣な批判は、内輪だけで（いわば裏で）ささやかれるわけではない。そうではなく、しばしば当事者に面と向かって発せられるのである。しかも、それをきっかけとして活発な学問的対話がはじまることも珍しくない。そうしたキャッチボールがなされるなかで、活字には必ずしもあらわれない研究者間の

相互影響がみられる。批判される側は、それに耐えうる規範理論を構築しようとするし、ダン教授も反論に耳を傾けつつ、自らの考えを修正していく。例えば、意外と思われるかもしれないが、ダン教授はジェラルド・コーエンと長年にわたって非常に有意義な対話を行ってきたと述べており、ロールズについても（どの程度直接的な対話があったかは知らないが）、『政治的リベラリズム』を高く評価しているのである。

このように対話重視の批判であることを押さえたうえで、次にダン教授の「リアリズム」（彼自身がこの言葉を用いるわけではない）がどのようにその批判に反映されるかをみることにしよう。とはいえ、それを数行で要約することはできないので、あくまでも私が理解している範囲で、その一側面を紹介するだけとなる。

まず注目していただきたいのは、政治理論の目的についてダン教授が語っている以下の言葉である。（私が訳すとぎこちなくなるので、英文のまま引用することをお許しいただきたい。）

The purpose of political theory is to diagnose practical predicaments and to show us how best to confront them. To do this it needs to train us in three relatively distinct skills: firstly in ascertaining how the social, political and economic setting of our lives now is and in understanding why it is as it is; secondly in working through for ourselves how we could coherently and justifiably wish that world to be or become; and thirdly in judging how far, and through what actions, and at what risk, we can realistically hope to move this world as it now stands towards the way we might excusably wish it to be.(12)

つまり、平たくいうと、現実にある世界の特徴を可能な限り把握したうえで実現可能と思われる未来を構想すべきということだが、その際にまずはどのような経緯を通じて今日の世界が存在するに至ったか、その過程を歴史的かつ思想史的に理解する必要がある。そうすることによって理論や構想の可能性と限界がある程度把握可能になる。少なくとも、歴史的現実が示唆する限界を無視して理論を構築すると、それは空回りする無益なファンタジーか有害なユートピアになるとダン教授は警鐘を鳴らす。そしてダン教授自身は、考慮すべき現実的制約として、政治への経済的制約（economic limits to politics）を重視してきたのである(13)。

さて、これはデモクラシーないしデモクラシー理論との関連では次のことを意味すると、*Setting the People Free* では述べられている。デモクラシーの理念と制度の可能性および限界を理解するためには、グローバル・キャピタリズムという現実——それはほぼ必然的に社会経済的な不平等をもたらすとされる——によって課される制約と挑戦を考慮しなければならない。ただ注意すべきは、ダン教授がここでマルクス主義的な経済決定論を唱えているわけではないということである。というのも、ダン教授は、常に政治における人間の意志的行為が人間社会に対して絶大な（そして時には破壊的な）影響を及ぼしうる点を強調するからである[14]。政治の場で誤った決断を下せば、「極端に不正で陰惨な世界」に改善の余地すらなくなる。したがって、政治的思考においては、政治への経済的制約と同時に、経済への政治的制約について、とりわけ両者間の緊張対立関係について考える必要がある。

Setting the People Free では、第一義的に「デモクラシー」という言葉の（古代ギリシア以来の）数奇な運命を辿ることによって、近代以降（ことに18世紀後半以降）、いかに二つの体系が緊張対立関係にありながら、デモクラシーの名によって正当化される世界を形づくってきたかを説明する。その二つの体系とは、“order of equality” と “order of egoism” である。前者がデモクラシーの理念（そしてある種の制度的改革）を推し進めるモーメントで、後者が資本主義のモーメントを意味するわけだが、ダン教授は “order of egoism” が “order of equality” を圧倒する形で代議制民主主義が成立し、したがってデモクラシーはその理念的魅力にくわえて正当性原理として唯一信憑性を持ちうるという地位にありながら、常に危うく、今日益々その危うさが顕在化しているという。そうしたなか、デモクラシーの喫緊の課題となるのは、（不可逆的に勝利した）資本主義がもたらすダメージを可能な限り少なくすることにほかならない。

と、以上のように議論の大枠だけを述べると、ダン教授の批判的思考の鋭さと強靭さが十分に伝わらないかもしれない。少なくとも、書いていて私はそう思った。ということで、読者には是非 *Setting the People Free* も合わせて読んでいただきたい。そうすれば、ダン教授の歴史的思考に裏打ちされた政治的思考から大いなる刺激を受け、有益な対話が実現するのではないだろうか。そう思い、そうなることを願い、期待する次第である。

（1） John Dunn, *Setting the People Free*, second edition, Princeton University Press, 2018.

(2) https://www.youtube.com/watch?v=eaIl_2BXDe8
本稿の校正段階でダン教授より、本年1月にキングス・カレッジによるインタビュー・シリーズ企画（College's series of talks by Distinguished Fellows）にも出演されたことを伺った。こちらもYouTubeの以下のサイトから視聴可能である。インタビュアーはリチャード・バークで、インタビュー時間は45分程度である。
https://www.youtube.com/watch?v=dljo-Efvimo

(3) スキナーのインタビューは以下のURLから視聴できる。
https://www.youtube.com/watch?v=VAguvPt3aTU

(4) 2019年5月4日にキングス・カレッジでダン教授のフェロー勤続50年祝賀カンファレンスが催されたが、その時のスピーチ原稿には次のような言葉が記されている。"I didn't for many years think or feel that my own work in the discipline had shown me (or a fortiori shown anyone else) anything of the slightest practical significance; and once I had secured a University job which entitled me to study politics very much in the present I assumed that I would leave history as such mainly behind me and that it in turn would docilely comply with the desertion."

(5) *Western Political Theory in the Face of the Future*, Cambridge University Press, 1979（半沢孝麿訳『政治思想の未来』みすず書房、1983年）; *The Cunning of Unreason*, Basic Books, 2000.

(6) *Setting the People Free* では、次のように述べている。"Why should it be the case that, for the first time in the history of our still conspicuously multi-lingual species, there is for the present a single world-wide name [democracy] for the legitimate basis of political authority? Not, of course, uncontested in practice anywhere, and still roundly rejected in many quarters, but never, any longer, in favour of an alternative secular claimant to cosmopolitan legitimacy" (pp. xviii-xix).

(7) *Western Political Theory in the Face of the Future*, p. 27（『政治思想の未来』46-47頁）.

(8) イシュトファン・ホントは、2007年12月に台湾で開催されたダン教授退職記念カンファレンスにて発表したペーパーで、ダン教授は初期近代的な懐疑主義者に近いとし、さらにはその思想的立場を「ホッブス的ロック主義」と形容した（Istvan Hont, "David Hume and Adam Smith on China," International Conference in Honor of Professor John Dunn conference proceedings, p. 249）.

(9) John Dunn, "Trust," in *The History of Political Theory and Other Essays*, Cambridge University Press, 1996, pp. 91-99; "Trust and Political Agency," in *Interpreting Political Responsibility*, Polity Press, 1990, pp. 26-44. 次も参照。"But the key task of political philosophy is not the task of grasping why power usually deserves to be distrusted (seldom an arduous task). It is that of seeing how power could or can be fashioned and maintained so that it *deserves* trust and loyalty" ("The Future of Political Philosophy in the West," in *Rethinking Modern Political Theory*, Cambridge University Press, 1985, pp. 171-189 [p. 184]).

(10) 上述のダン教授退職記念カンファレンスで、ダン教授は自らのペーパーで次のよ

うに述べた。"Democracy is ill-equipped to guide its friends and at best flimsy as an answer to any normative question. But its power as a political conception across the world has been shown, again and again, not by the clarity or stability of the authority it confers, but by its unique capacity today to de-legitimize – to strip legitimacy, the claims to be obeyed of those who openly despise and spurn it, of all normative weight" ("Taking Unreason's Measure," International Conference in Honor of Professor John Dunn conference proceedings, pp. 21-22).

(11) *The History of Political Theory and Other Essays* では、次のように述べている。"The intellectual influence of this body of thought has been singularly at odds with its depressingly modest impact upon political struggle, not least in its own heartlands [North America]. (…) It remains striking how little attempt has thus far been made to explain the imbalance between its considerable intellectual appeal and its exiguous political efficacy" (p. 3). "A harsh view of the politics of modern liberalism, accordingly, would be that these are essentially unreal, founded on a simple refusal to acknowledge what is really going on in politics or economics (or indeed social life). But a fairer verdict might be that they, like all other reasonably morally ambitious styles of modern politics, have lost their strictly political nerve and exchanged the attempt to judge how moral purpose can be effectively inserted into the political world for the more comfortable topic of what that purpose would consist in if only it were to be so inserted" (p. 5).

(12) "Reconceiving the Content and Character of Modern Political Community," in *Interpreting Political Responsibility*, pp. 193-215 (p. 193).

(13) 以下も参照。John Dunn (ed), *The Economic Limits to Modern Politics*, Cambridge University Press, 1990.

(14) "It also taught me for the first time in my life to face up to the decisive destructive power of politics: its capacity to take rapidly, and for a time irreparably, to pieces the everyday life of virtually an entire population, not by the simple expedient of full scale war (...), but simply by incompetence, greed and ruthlessness" ("Taking Unreason's Measure," p. 12).

執筆者紹介〔掲載順〕

田畑真一
一九八二年生。日本学術振興会特別研究員。博士〔政治学〕。「ハーバーマスにおける公共」〔『思想』第一一三九号、二〇一九年〕、『政治において正しいとはどういうことか――ポスト基礎付け主義と規範の行方』〔玉手慎太郎・山本圭との共編著、勁草書房、二〇一九年〕。

大竹弘二
一九七四年生。南山大学国際教養学部准教授。博士〔学術〕。『正戦と内戦――カール・シュミットの国際秩序思想』〔以文社、二〇〇九年〕、『公開性の根源――秘密政治の系譜学』〔太田出版、二〇一八年〕。

島田英明
一九八七年生。九州大学法学部准教授。博士〔法学〕。『歴史と永遠――江戸後期の思想水脈』〔岩波書店、二〇一八年〕。

梅垣千尋
一九七三年生。青山学院大学コミュニティ人間科学部教授。『女性の権利を擁護する――メアリ・ウルストンクラフトの挑戦』〔白澤社、二〇一一年〕、「ウルストンクラフトのフェミニズム――理性・徳・知識における平等」〔『青山学院女子短期大学紀要』第七三号、二〇一九年〕。

内藤葉子
一九七〇年生。大阪府立大学人間社会システム科学研究科准教授。博士〔社会科学〕。『ヴェーバーの心情倫理――国家の暴力と抵抗の主体』〔風行社、二〇一九年〕、「マリアンネ・ヴェーバーにおける女性的主体の形成――ドイツ・リベラリズムと女性運動の交差点から」〔『アジア・ジェンダー文化学研究』第二号、二〇一八年〕。

望月詩史
一九八二年生。同志社大学法学部准教授。博士〔政治学〕。『石橋湛山の〈問い〉――日本の針路をめぐって』〔法律文化社、二〇二〇年〕、『ハンドブック近代日本政治思想史――幕末から昭和まで』〔共編著、ミネルヴァ書房、二〇二一年〕。

横尾祐樹
一九九四年生。「マキァヴェッリの聖書宗教批判――神的な立法者への懐疑とローマ国制の再評価」〔『政治哲学』第二八巻、二〇二〇年〕。

仲井成志
一九九六年生。ジャーナリスト。

牧野正義
一九七九年生。九州大学大学院比較社会文化研究院特別研究者。博士〔学術〕。『討議理論とシティズンシップ――ハーバーマスと複数性の政治学』〔仮題、風行社、近刊〕。

酒井大輔

一九八四年生。会社員。Who is Peer Reviewed? Comparing Publication Patterns of Peer-reviewed and Non-peer-reviewed Papers in Japanese Political Science, in *Scientometrics*, Vol. 121, Issue 1 (2019), pp. 65-80.「日本政治学史の二つの転換――政治学教科書の引用分析の試み」（『年報政治学』二〇一七―Ⅱ、二〇一七年）。

杉田孝夫

一九五一年生。お茶の水女子大学名誉教授。「シュトラウスにおける古典的自然権と近代的自然権」（石崎嘉彦・厚見恵一郎編著『レオ・シュトラウスの政治哲学――『自然権と歴史』を読み解く』ミネルヴァ書房、二〇一九年）、「二つのカント平和論――朝永三十郎と南原繁」（『思想』第一一六〇号、二〇二〇年）。

古城　毅

一九七五年生。学習院大学教授。博士（法学）。「商業社会・宗教感情・連帯――コンスタンとボナルド」（宇野重規・高山裕二・伊達聖伸編『社会統合と宗教的なもの――十九世紀フランスの経験』白水社、二〇一一年）、「商業社会と代表制、多神教とデモクラシー――バンジャマン・コンスタンの近代世界論とフランス革命論（一）～（五）」（『国家学会雑誌』第一二七巻第三・四号～第一一・一二号、二〇一四年）。

長野　晃

一九八七年生。慶應義塾大学法学部・東洋大学社会学部・大妻女子大学文学部非常勤講師。博士（法学）。『カール・シュミットと国家学の黄昏』（風行社、二〇二一年）。

亀嶋庸一

一九四九年生。成蹊大学名誉教授。法学博士。

遠藤知子

一九七九生。大阪大学大学院人間科学研究科准教授。D.Phil. (Politics).「ロールズの制度的正義論と労働者管理型企業の位置づけ」（『年報政治学』２０２０―Ⅱ、二〇二〇年）。

乙部延剛

一九七六年生。大阪大学大学院法学研究科教授。Ph.D in Political Science. *Stupidity in Politics: Its Unavoidability and Potential* (Routledge, 2020)、「エートスの陶冶とは何か？」（『年報政治学』２０１９―Ⅱ、二〇一九年）。

安西敏三

一九四八年生。甲南大学名誉教授。博士（法学）。「福沢におけるJ・S・ミル問題――実学・功利・自由」（『福澤諭吉年鑑』四五、二〇一八年）、「昭和精神史における平生釟三郎――機関説・学制改革・国体論」（『甲南法学』第六十巻第一・二・三・四号、二〇〇〇年）。

ジョン・ダン John Dunn

一九四〇年生。ケンブリッジ大学名誉教授／キングス・カレッジ終身フェロー。*Setting the People Free*, second edition,

Princeton University Press, 2018; *Breaking Democracy's Spell*, Yale University Press, 2014.

山岡龍一
一九六三年生。放送大学教授。Ph.D.（ロンドン大学）。『西洋政治理論の伝統』（放送大学教育振興会、二〇〇九年）、『西洋政治思想史——視座と論点』（共著、岩波書店、二〇一二年）。

永見瑞木
一九八〇年生。大阪府立大学高等教育推進機構准教授。博士（法学）。『コンドルセと〈光〉の世紀——科学から政治へ』（白水社、二〇一八年）、「デモクラシーをめぐる一考察——ダルジャンソンの王政改革論を手がかりに」（『大阪府立大学紀要（人文・社会科学）』第六八巻、二〇二〇年）。

堤林　剣
一九六六年生。慶應義塾大学法学部教授。"Deparochializing Political Theory from the Far Eastern Province," in Melissa Williams (ed), *Deparochializing Political Theory*, Cambridge University Press, 2020、「カント—コンスタン虚言論争におけるコンスタンの論理と狙い」（『法と哲学』〔信山社〕、第六巻、二〇二〇年）。

●政治思想学会規約

第一条　本会は政治思想学会（Japanese Conference for the Study of Political Thought）と称する。

第二条　本会は、政治思想に関する研究を促進し、研究者相互の交流を図ることを目的とする。

第三条　本会は、前条の目的を達成するため、次の活動を行なう。

（1）研究者相互の連絡および協力の促進

（2）研究会・講演会などの開催

（3）国内および国外の関連諸学会との交流および協力

（4）その他、理事会において適当と認めた活動

第四条　本会の会員は、政治思想を研究する者で、会員二名の推薦を受け、理事会において入会を認められたものとする。

第五条　会員は理事会の定めた会費を納めなければならない。会費を滞納した者は、理事会において退会したものとみなすことができる。

第六条　本会の運営のため、以下の役員を置く。

（1）理事　若干名　内一名を代表理事とする。

（2）監事　二名

第七条　理事および監事は総会において選任し、代表理事は理事会において互選する。

第八条　代表理事、理事および監事の任期は二年とし、再任を妨げない。

第九条　代表理事は本会を代表する。
理事は理事会を組織し、会務を執行する。
理事会は理事の中から若干名を互選し、これに日常の会務の執行を委任することができる。

第十条　監事は会計および会務の執行を監査する。

第十一条　理事会は毎年少なくとも一回、総会を召集しなければならない。
理事会は、必要と認めたときは、臨時総会を招集することができる。
総会の招集に際しては、理事会は遅くとも一カ月前までに書面によって会員に通知しなければならない。
総会の議決は出席会員の多数決による。

第十二条　本規約は、総会においてその出席会員の三分の二以上の同意がなければ、変更することができない。

付則　本規約は一九九四年五月二八日より発効する。

【論文公募のお知らせ】

『政治思想研究』編集委員会では、第二二号の刊行（二〇二二年五月予定）にむけて準備を進めています。つきましては、それに掲載する論文を下記の要領で公募いたします。多数のご応募を期待します。

1　**投稿資格**
査読用原稿の提出の時点で、本会の会員であること。また原則として修士号を取得していること。ただし、『政治思想研究』本号に公募論文もしくは依頼論文（書評や研究大会報告などは除く）が掲載された者は、次号には応募することができない。

2　**応募論文**
応募論文は未刊行のものに限る。ただし、インターネット上で他者のコメントを求めるために発表したものはこの限りではない。

3　**エントリー手続**
応募希望者は、二〇二一年七月十五日までに、編集委員会宛（morikawa@law.kyoto-u.ac.jp）に、①応募論文のタイトル（仮題でも可）、②執筆者氏名、③メールアドレス、④現職（または在学先）を知らせること。ただし、やむを得ない事情があってこの手続きを踏んでいない場合でも、下記の締切までに応募した論文は受け付ける。

4　**審査用原稿の提出**
原則として、電子ファイルを電子メールに添付して提出すること。
締切　二〇二一年八月三十一日
メールの「件名」に、「公募論文」と記すこと。
次の二つのアドレスの両方に、同一のファイルを送付すること。morikawa@law.kyoto-u.ac.jp　nenpoeditor@yahoo.co.jp

5　**提出するもの**：ファイルの形式は、原則としてWord形式にすること。
（1）論文（審査用原稿）
審査における公平を期するために、著者を特定できないように配慮すること（「拙稿」などの表現や、特定大学の研究会や研究費への言及を避けること。また、電子ファイルのファイル情報（プロパティ欄など）の中に、作成者名などが残らないように注意すること）。

ファイル名には、論文の題名をつけること。題名が十五文字を超える場合には、簡略化すること（ファイル名には著者の名前を入れないこと）。

例：「社会契約説の理論史的ならびに現代的意義」→「社会契約説の意義.doc」
（2）論文の内容についてのA4用紙一枚程度のレジュメ
（3）以下の事項を記載した「応募用紙」
（「応募用紙」は本学会ホームページからダウンロードできるが、任意のA4用紙に以下の八項目を記入したものでもよい）。

①応募論文のタイトル、②執筆者氏名、③連絡先の住所とメールアドレス、④生年、⑤学部卒業年（西暦）月、⑥修士以上の学位（取得年・取得大学）をすべて、⑦現職（または在学先）、⑧主要業績（五点以内。書誌情報も明記のこと）。

6　**審査用原稿の様式**

（1）原稿の様式は、一行四〇字、一頁三〇行とし、注や図表等も含め、全体で二七頁以内とする（論文タイトルとサブタイトルを除く。また、この様式において、字数は、改行や章・節の変更にともなう余白も含め、三万二四〇〇字以内となる）。二七頁を超えた論文は受理しない。なお、欧文は半角入力とする。

（2）論文タイトルとサブタイトルのみを記載した「表紙」を付けること。

（3）本文及び注は、一行四〇字、一頁三〇行で、なるべく行間を広くとる。注は文末にまとめる。横組みでも縦組みでもよいが、A4用紙へのプリントアウトを想定して作成すること。詳しくは「執筆要領」に従うこと。

（4）図や表を使用する場合には、それが占めるスペースを字数に換算して、原稿に明記すること。使用料が必要なものは使用できない。また印刷方法や著作権の関係で掲載ができない場合もある。

7　**審査**

編集委員会において外部のレフェリーの評価も併せて審査した上で掲載の可否を決定する。応募者には十月下旬頃に結果を通知する。また編集委員会が原稿の手直しを求めることもある。

8　**最終原稿**

十二月初旬に提出する。編集委員会から修正要求がある場合には、それに対応することが求められるが、それ以外の点については、大幅な改稿は認めない。

9　**転載**

他の刊行物に転載する場合は、予め編集委員会に転載許可を求め、初出が本誌である旨を明記すること。

10　**ホームページ上での公開**

本誌に掲載された論文は、原則としてホームページ上でも公開される。

以上

【政治思想学会研究奨励賞】

本賞は『政治思想研究』に掲載を認められた応募論文に対して授与されるものである。

・ただし、応募時点で政治思想に関する研究歴が一五年程度までの政治思想学会会員に限る。
・受賞は一回限りとする。
・受賞者には賞状と賞金（金五万円）を授与する。
・政治思想学会懇親会で受賞者の紹介をおこない、その場に本人が出席している場合は、挨拶をしてもらう。

【執筆要領】

1 入稿はWord形式のファイルで行うこと。ただし特殊なソフトを使用しているためPDF形式でなければ不都合が生じる場合は、PDF形式も認める。

2 見出しは、大見出し（漢数字一、二……）、中見出し（アラビア数字1、2……）、小見出し（(1)、(2)……）を用い、必要な場合にはさらに小さな見出し（i、ii……）をつけることができるが、章、節、項などは使わないこと。

3 注は、文末に（1）、（2）……と付す。

4 引用・参考文献の示し方は以下の通りである。

①洋書単行本の場合

K. Marx, *Grundrisse der Kritik der politischen Ökonomie*, Diez Verlag, 1953, S. 75-6（高木監訳『経済学批判要綱』（一）、大月書店、一九五八年、七九頁）.

②洋雑誌掲載論文の場合

E. Tokei, Lukács and Hungarian Culture, in *The New Hungarian Quarterly*, Vol. 13, No. 47（1972）p. 108.

③和書単行本の場合

丸山眞男『現代政治の思想と行動』第二版、未來社、一九六四年、一四〇頁。

④和雑誌掲載論文の場合

坂本慶一「プルードンの地域主義思想」、『現代思想』第五巻第八号、一九七七年、九八頁以下。

5 引用・参考文献として欧文文献を示す場合を除いて、原則として数字は漢数字を使う。

6 「、」や「。」、また「 」（ ）等の括弧類は全角のものを使う。

7 校正は印刷上の誤り、不備の訂正のみにとどめ、校正段階での新たな加筆・訂正は認めない。

8 『政治思想研究』は縦組みであるが、本要領を遵守していれば横組み入力でも差し支えない。

9 「書評」および「学会研究大会報告」は、一ページの字数が二九字×二四行×二段（すなわち二九字×四八行）という定型を採用するので、二九字×○行という体裁で入力する。

10 その他、形式面については第六号以降の方式を踏襲する。

二〇二〇―二〇二一年度理事および監事（二〇二〇年度第一回総会において承認）

政治思想における真実と虚偽（政治思想研究　第21号）

2021年5月1日　第1刷発行

編　者　政治思想学会（代表理事　松田宏一郎）
学会事務局　〒101-8425　東京都千代田区神田神保町3－8
専修大学1号館914号室
E-mail：admin-jcspt@senshu-u.jp
学会ホームページ：http://www.jcspt.jp/

発行者　犬塚　満

発行所　株式会社 風　行　社
〒101－0064　東京都千代田区神田猿楽町1－3－2
Tel.・Fax. 03-6672-4001／振替 00190-1-537252

印刷／製本　中央精版印刷株式会社
装丁　古村奈々

ISBN978-4-86258-137-2　C3031　Printed in Japan